KNU 경북대학교 인문학술원 HK+사업단 자료총서04
INSTITUTE OF HUMANITIES STUDIES

일본목간총람(상)

日本木簡總覽(上)

윤재석 편저

주류성

경북대학교
인문학술원
HK+사업단
자료총서
04

일본
목간
총람
(상)

발 간 처 | 경북대학교 인문학술원 HK+사업단
편 저 자 | 윤재석
저   자 | 오수문, 하시모토 시게루(橋本繁), 팡궈화(方國花), 김도영
펴 낸 날 | 2022년 1월 31일
발 행 처 | 주류성출판사 www.juluesung.co.kr
서울특별시 서초구 강남대로 435 주류성빌딩 15층
TEL | 02-3481-1024(대표전화) · FAX | 02-3482-0656
e-mail | juluesung@daum.net

이 저서는 2019년 대한민국 교육부와 한국연구재단의 지원을 받아 수행된 연구임
(NRF-2019S1A6A3A01055801).

잘못된 책은 교환해 드립니다.

ISBN 978-89-6246-467-2 94910
ISBN 978-89-6246-463-4 94910(세트)

* 이 책의 일부에는 함초롬체가 사용되었음.

일본목간총람(상)
日本木簡總覽(上)

윤재석 편저

차 례

24. 京都府

1) 平安宮跡內酒殿·釜所·侍從所跡
2) 平安京跡左京三條一坊十町
3) 平安京跡左京三條二坊十町(堀河院跡)
4) 平安京跡左京四條一坊一町(2次)
5) 平安京跡左京八條三坊二町(2次)
6) 平安京跡左京九條二坊十三町
7) 平安京跡右京三條一坊三町
8) 平安京跡右京三條一坊六町(17次)
9) 平安京跡右京三條一坊六町(西三條第跡)
10) 平安京跡右京三條二坊八町
11) 平安京跡右京四條四坊十六町(10次)
12) 平安京跡右京五條一坊二·三町
13) 平安京跡右京五條一坊六町
14) 平安京跡右京五條一坊六町
15) 平安京跡右京六條三坊六町
16) 平安京跡右京六條三坊七·八·九·十町
17) 平安京跡右京七條二坊十二町(西市外町)
18) 平安京跡右京七條二坊十四町
19) 平安京跡右京八條二坊二町(2次)
20) 平安京跡右京八條二坊二町(立會調查)
21) 平安京跡右京八條二坊二町(3次)
22) 平安京跡右京八條二坊八町(西市外町)
23) 嵯峨院跡(史跡大覚寺御所跡)
24) 壬生寺境內遺蹟
25) 河守遺蹟(3次)
26) 里遺蹟
27) 千代川遺蹟
28) 長岡宮跡北邊官衙(宮31次)
29) 長岡宮跡北邊官衙(宮33次)
30) 長岡宮跡東邊官衙(宮87次)
31) 長岡宮跡東邊官衙(宮125次)
32) 長岡宮跡北邊官衙(南部)(推定大藏)(宮141次)
33) 長岡宮跡北邊官衙(北部)(宮200次)(殿長遺跡)
34) 長岡宮跡東邊官衙·左京二條二坊一町(宮210次)
35) 長岡宮跡北邊官衙(南部)(推定大藏)(宮301次)
36) 長岡宮跡(北苑)(宮316次)
37) 長岡宮跡東邊官衙(推定春宮坊)(宮329次)
38) 長岡宮跡東邊官衙(推定春宮坊)(宮341次)
39) 長岡宮跡北邊官衙(南部)(宮351次)

82) 長岡京跡左京三條二坊八町(舊左京二條二坊六町)(左京第208次)
83) 長岡京跡左京三條二坊八町(舊左京二條二坊六町)(左京89137次)
84) 長岡京跡左京三條二坊八·九町(舊左京二條二坊六町)(左京51次)
85) 長岡京跡左京三條二坊十·十一町(左京358次)
86) 長岡京跡左京三條二坊十四·十五町·三坊二·三町(舊左京二條三坊四町·三條三坊一町)(左京196次)
87) 長岡京跡左京三條二坊十六町(舊左京二條二坊十四町)(左京7708次)
88) 長岡京跡左京三條二坊十六町·三坊一町(左京301次)
89) 長岡京跡左京三條二坊十六町·三坊一町(二條大路·東二坊大路交差点)(左京291次)
90) 長岡京跡左京三條三坊一·二町, 三條條間北小路(左京428次)
91) 長岡京跡左京三條三坊二·三·四·六·七町(舊左京三條三坊一·二·八町·二條三坊四·五町)(左京151次)
92) 長岡京跡左京三條三坊四町(舊左京三條三坊二町)(左京221次)
93) 長岡京跡左京三條三坊四町·四條二坊十三·十四町·三坊一町·五條二坊九·十六町(舊三條條間小路·四條第一小
　　路·四條條間小路·四條第二小路·東二坊第二小路)(左京242次)
94) 長岡京跡左京三條三坊八町(左京387次)
95) 長岡京跡左京四條一坊十·十一·十五町(舊左京四條一坊十·十一·十四·十五町)(左京353次)
96) 長岡京跡左京四條一坊十五·十六町·二坊一·二町(舊左京三條一坊十三町·三條二坊四町)(左京257次)
97) 長岡京跡左京四條二坊六·七町(舊左京四條二坊八町)(左京171次)
98) 長岡京跡左京四條二坊七町(舊左京三條二坊五町)(左京119次)
99) 長岡京跡左京四條二坊七町, 四條條間小路(左京310次)
100) 長岡京跡左京四條二坊十·十一町(舊左京四條二坊九町)(左京71次)
101) 長岡京跡左京四條二坊十一町(舊左京四條二坊九町)(左京27次)
102) 長岡京跡左京五條二坊八町(舊左京四條二坊六町)(左京106次)
103) 長岡京跡左京五條二坊八·九町(左京289次)
104) 長岡京跡左京五條二坊九町(舊左京四條二坊十一町)(左京170次)
105) 長岡京跡左京五條二坊十六町·三坊一町(左京四條二坊十四町·三坊三町)(左京140次)
106) 長岡京跡左京五條二坊十六町·三坊一町(左京四條二坊十四町·三坊三町)(左京164次)
107) 長岡京跡左京五條三坊一·八町(左京四條三坊三·六町)(左京93次)
108) 長岡京跡左京五條三坊九·十六町·四坊一町(左京四條三坊十一·十四町·四坊三町)(左京76次)
109) 長岡京跡左京五條四坊二町(左京四條三坊四町)(88年度No.12試掘)
110) 長岡京跡左京六條一坊十二町·七條一坊九町(舊左京六條一坊十町)(左京269次)
111) 長岡京跡左京六條二坊二町(舊左京五條二坊四町)(左京212次)
112) 長岡京跡左京六條二坊三町(左京326次)
113) 長岡京跡左京七條一坊六町(舊左京七條一坊八町)(左京245次)
114) 長岡京跡左京七條一坊九·十·十五·十六町(舊左京六條一坊十一·十四町)(左京204次)
115) 長岡京跡左京七條三坊三町(左京七條三坊一·二町)(左京251次)
116) 長岡京跡右京二條二坊十三町·三坊四町·三條二坊十六町·三坊一町(右京二條二坊十四·十五町)(右京
　　285·310·335次)
117) 長岡京跡右京三條二坊九町(舊右京二條二坊十一町)(右京386次)(今里遺跡)
118) 長岡京跡右京三條三坊三·四町(舊右京三條三坊四町)(右京488次)
119) 長岡京跡右京四條二坊十町(舊右京三條二坊十二町)(右京168次)
120) 長岡京跡右京四條二坊十六町(舊右京三條二坊十四町)(右京239次)
121) 長岡京跡右京六條二坊五町(右京410次)
122) 長岡京跡右京六條二坊五町(右京985次)

2) 深江北町遺跡(9次)

3) 行幸町遺跡(1次)

4) 辻井遺跡(82年度調査)

5) 辻井遺跡(85年度調査)

6) 前東代遺跡

7) 今宿丁田遺跡

8) 境谷遺跡

9) 豆腐町遺跡

10) 高畑町遺跡(5次)

11) 三條九ノ坪遺跡

12) 但馬國分寺跡(16次)

13) 但馬國分寺跡(25次)

14) 福成寺遺跡

15) 川岸遺跡

16) 深田遺跡(舊, 但馬國府推定地)(確認調査)

17) 深田遺跡(舊, 但馬國府推定地)

18) 祢布ヶ森遺跡(86年度調査)

19) 祢布ヶ森遺跡(14次)

20) 祢布ヶ森遺跡(19次)

21) 祢布ヶ森遺跡(20次)

22) 祢布ヶ森遺跡(31次)

23) 祢布ヶ森遺跡(36次)

24) 祢布ヶ森遺跡(41次)

25) 砂入遺跡(Ⅰ區)(87年度調査)

26) 砂入遺跡(Ⅱ區)(89年度調査)

27) 砂入遺跡(Ⅴ區)(93年度調査)

28) 袴狹遺跡(1次)

29) 袴狹遺跡(內田地區)(3次)

30) 袴狹遺跡(內田地區)(4次)

31) 袴狹遺跡(內田地區)(6次·7次)

32) 袴狹遺跡(下坂地區·國分寺一區·內田地區)(2次確認調査)

33) 袴狹遺跡(國分寺一區)

34) 袴狹遺跡(大坪一區)(確認調査)

35) 袴狹遺跡(88年度調査)(2次確認)(舊, 坪井遺跡)

36) 袴狹遺跡(國分寺二區)(2次)

37) 袴狹遺跡(大坪一區)(3次)

38) 袴狹遺跡(深田一區)(7次)

39) 袴狹遺跡(內田一區)(9次a = 舊8次)

40) 袴狹遺跡(谷外地區)(9次b = 舊9次)

41) 香住ヱノ田遺跡

42) 岩井枯木遺跡群

43) 宮内黒田遺跡

44) 溝之口遺跡

30) 平城宮跡(102次)中央區朝堂院地區
31) 平城宮跡(104次)東院地區西邊
32) 平城宮跡(110次)東院庭園地區
33) 平城宮跡(111次)中央區朝堂院東第二堂
34) 平城宮跡(117次)第一次大極殿院地區東邊
35) 平城宮跡(120次)東院庭園地區
36) 平城宮跡(122次)壬生門地區
37) 平城宮跡(128次)東院地區西邊
38) 平城宮跡(129次)內裏北方官衙地區
39) 平城宮跡(130次)朱雀門東方南面大垣
40) 平城宮跡(133次)若犬養門地區
41) 平城宮跡(136次)中央區朝堂院地區東南隅
42) 平城宮跡(139次)內裏北方官衙地區
43) 平城宮跡(140次)中央區朝堂院地區
44) 平城宮跡(143次)朱雀門西方南面大垣
45) 平城宮跡(150次)中央區朝堂院地區南邊
46) 平城宮跡(154次)東方官衙地區
47) 平城宮跡(155次)壬生門東方南面大垣
48) 平城宮跡(157次)朱雀門北方地區
49) 平城宮跡(157次補足)朱雀門東方南面大垣
50) 平城宮跡(164-1次)北面大垣(御前池)
51) 平城宮跡(164-21次)馬寮地區北方
52) 平城宮跡(165次)壬生門東方南面大垣
53) 平城宮跡(167次)壬生門西方南面大垣
54) 平城宮跡(171次)中央區朝堂院地區東南邊
55) 平城宮跡(172次)內裏東大溝
56) 平城宮跡(177次)佐紀池南邊
57) 平城宮跡(222次)式部省·式部省東官衙地區
58) 平城宮跡(241次)造酒司地區
59) 平城宮跡(242-13次)東邊地區·法華寺北方東二坊坊間路
60) 平城宮跡(243·245-1次)東院地區
61) 平城宮跡(245-2次)東院庭園地區
62) 平城宮跡(248-13次)小子門·東一坊大路西側溝
63) 平城宮跡造酒司地區(250次·259次)
64) 平城宮跡(261次)東區朝堂院東第六堂
65) 平城宮跡(267次)東區朝堂院南面築地·朝集殿院
66) 平城宮跡(273次)式部省·神祇官地區
67) 平城宮跡(274次)東面大垣·東一坊大路西側溝
68) 平城宮跡(276次)東院園池地區
69) 平城宮跡(280次)東院庭園地區
70) 平城宮跡(284次)東院庭園地區·二條條間路
71) 平城宮跡(301次)東院庭園地區南邊·二條條間路
72) 平城宮跡(315次)第一次大極殿院地區西邊

116) 平城京跡左京三條二坊七坪(141-35次)

117) 平城京跡左京三條二坊七坪·東二坊坊間路(178次)

118) 平城京跡左京三條二坊七坪·東二坊坊間路(184次·186次)

119) 平城京跡左京三條二坊七·八坪·三條條間北小路北側溝(193次A區)·平城京跡左京三條二坊八坪·二條大路·東二坊坊間路(193次B區)·平城京跡左京三條二坊八坪(193次E區)·平城京跡左京三條二坊八坪·東二坊大路·二條大路(200次)

120) 平城京跡左京三條二坊八坪(193次F區)

121) 平城京跡左京三條三坊五坪(三條大路北側溝)

122) 平城京跡左京三條三坊七坪(141-28次)

123) 平城京跡左京三條三坊十一坪(東堀河)(市499次)

124) 平城京跡左京三條三坊十二坪

125) 平城京跡左京三條三坊十二坪(三條大路北側溝)

126) 平城京跡左京三條四坊七坪(市320次)

127) 平城京跡左京三條五坊十坪(縣)

128) 平城京跡左京四條二坊一坪(151-1次)

129) 平城京跡左京四條二坊三坪(市550次)

130) 平城京跡左京四條二坊七坪

131) 平城京跡左京四條三坊九坪(東堀河)

132) 平城京跡左京四條三坊十坪(市314次)

133) 平城京跡朱雀大路·四條條間路(市328次)

134) 平城京跡左京五條一坊十五坪(市316次)

135) 平城京跡左京五條四坊九坪·五條條間北小路(市622-C次·D次)

136) 平城京跡左京五條四坊九·十六坪(市541次)

137) 平城京跡左京五條四坊十六坪(市568次)

138) 平城京跡左京五條四坊十六坪(市638次)

139) 平城京跡左京五條五坊七坪

140) 平城京跡左京七條一坊十六坪·東一坊大路西側溝·六條大路北側溝(252-253次)

141) 平城京跡左京八條三坊六坪(東市跡推定地12次)

142) 平城京跡左京八條三坊九·十·十五·十六坪(東市周邊)(93次)

143) 平城京跡左京八條三坊十一坪(東市跡推定地4次)

144) 平城京跡左京八條三坊十一坪(東市跡推定地36次)

145) 平城京跡左京八條三坊十二坪(東市跡推定地27次)

146) 平城京跡左京八條三坊十四坪(市613次)

147) 平城京跡左京九條三坊五坪(東堀河)(141-23次)

148) 平城京跡右京一條北邊二坊二·三坪(103-16次)

149) 平城京跡右京一條·北邊二坊

150) 平城京跡右京一條北邊四坊三坪(市HJ532次)

151) 平城京跡右京一條二坊一坪(79-24次)(舊, 72年次數外 縣營住宅)

152) 平城京跡右京一條三坊一坪

153) 平城京跡右京二條二坊八·九坪(市576次)

154) 平城京跡右京二條三坊三坪(市431-4次)

155) 平城京跡右京二條三坊三·六坪(市310次)

156) 平城京跡右京二條三坊四坪(市276次)

28. 奈良縣·飛鳥藤原
　1) 藤原宮跡北邊地區
　2) 藤原宮跡西邊地區(68年度調査)
　3) 藤原宮跡(1次)南面中門地區
　4) 藤原宮跡(2次)內裏地區
　5) 藤原宮跡(4次)內裏地區
　6) 藤原宮跡(5次)西方官衙南地區
　7) 藤原宮跡(10次)西南官衙地區
　8) 藤原宮跡(11次)內裏西官衙地區
　9) 藤原宮跡(18次)北面中門地區
　10) 藤原宮跡(18-7次)東面中門南東地區
　11) 藤原宮跡東面中門南東地區(19-1次)
　12) 藤原宮跡(19-2次)西南官衙地區
　13) 藤原宮跡(20次)大極殿院地區
　14) 藤原宮跡(24次)東方官衙北地區
　15) 藤原宮跡(27次)東面北門地區
　16) 藤原宮跡(29次)東方官衙北地區
　17) 藤原宮跡(75-13次)東方官衙北地區·東面北門南方地區
　18) 藤原宮跡(29-6次)南面西門西方地區
　19) 藤原宮跡(34次)西南官衙地區
　20) 藤原宮跡(36次)西北官衙地區
　21) 藤原宮跡西面中門地區(37次)
　22) 藤原宮跡(37-6次)南面西門南西地區
　23) 藤原宮跡(41次)東方官衙北地區
　24) 藤原宮跡(55次)內裏·內裏東官衙地區
　25) 藤原宮跡(58次)內裏·內裏東官衙地區
　26) 藤原宮跡(58-1次)西面南門地區
　27) 藤原宮跡(59次)西南官衙地區
　28) 藤原宮跡(60-20次)南面西門地區
　29) 藤原宮跡(61次)內裏東官衙地區
　30) 藤原宮跡(67次)內裏東官衙地區
　31) 藤原宮跡(69-4次)南面西門地區
　32) 藤原宮跡(70次)內裏·內裏西官衙地區
　33) 藤原宮跡(71次)內裏東官衙地區
　34) 藤原宮跡(72次)西南官衙地區
　35) 藤原宮跡(78次)內裏東官衙·東方官衙北地區
　36) 藤原宮跡(79次)西方官衙南地區
　37) 藤原宮跡(80次)西方官衙南地區
　38) 藤原宮跡(82次)西方官衙南地區
　39) 藤原宮跡(107次)內裏·朝堂院·朝堂院東地區

83) 四條遺跡(30次)

84) 和田廢寺(3次)

85) 本藥師寺西南隅

86) 山田寺跡(1次)

87) 山田寺跡(4次)

88) 山田寺跡(7次)

89) 山田寺跡(8次)

90) 阿部六ノ坪遺跡

91) 上之宮遺跡(5次)

92) 安倍寺跡(20次)

93) 下茶屋地藏谷遺跡

94) 下田東遺跡(五位堂區劃第5次)

95) 丹切遺跡(3次)

96) 上宮遺跡(14次)

97) 下永東方遺跡(4次)

98) 薩摩遺跡(8次)

99) 飛鳥京跡(28次)

100) 飛鳥京跡(51次)

101) 飛鳥京跡(104次)

102) 飛鳥京跡(111次)

103) 飛鳥京跡(129次)

104) 飛鳥京跡(131次)

105) 飛鳥京跡(152次)

106) 飛鳥京跡苑池(2次)(飛鳥京跡143次)

107) 飛鳥京跡苑池(3次)(飛鳥京跡145次)

108) 飛鳥京跡苑池(4次)(飛鳥京跡147次)

109) 飛鳥京跡苑池(6次)(飛鳥京跡170次)

110) 坂田寺跡(1次)

111) 坂田寺跡(2次)

112) 坂田寺跡(23次)

113) 縣立明日香養護學校遺跡

114) 大官大寺跡(3次)

115) 紀寺跡

116) 小山廢寺東南部(舊, 紀寺跡(1987-1次))

117) 飛鳥寺南方遺跡(84年度調査)(舊, 飛鳥寺南方の調査)

118) 飛鳥寺南方遺跡(1次)

119) 飛鳥寺南方遺跡(3次)

120) 橘寺(1986-1次)

121) 山田道跡(3次)(飛鳥藤原63-14次)

122) 山田道跡(8次)(飛鳥藤原104次)

123) 飛鳥池遺跡(飛鳥寺1991-1次)

124) 飛鳥池遺跡(飛鳥藤原84次)

125) 飛鳥池遺跡(飛鳥藤原93次)

7) 江分遺跡

8) 稲城遺跡

9) 三田谷Ⅰ遺跡(94年度調査)

10) 三田谷Ⅰ遺跡(95年度調査)

11) 三田谷Ⅰ遺跡(97年度調査)

12) 三田谷Ⅰ遺跡(98年度調査)

13) 青木遺跡(02年度調査)

14) 山持遺跡(6區)(7次)

15) 白坏遺跡(1次)

16) 白坏遺跡(2次)

17) 五丁遺跡

18) 中尾H遺跡

19) 大婦け遺跡

32. 岡山縣

1) 肩脊堀の內遺跡

2) 川入·中撫川遺跡(法万寺Ⅳ調査區)

3) 美作國府跡(縣3次)

33. 廣島縣

1) 安芸國分尼寺跡(1次)

2) 安芸國分寺跡(12次)

3) 安芸國分寺跡(25次)

4) 郡山城下町遺跡

5) 下岡田遺跡(2次)

34. 山口縣

1) 長門國分寺跡(國分寺地區)(81年度調査)

2) 長門國分寺跡

3) 延行條里遺跡(八幡ノ前地區)(08年度調査)

4) 二刀遺跡

5) 周防國府跡(47次)

6) 周防國府跡(62次)

7) 周防國府跡(112次)

8) 周防國府跡(121次)

9) 周防國府跡(125次)

10) 長登銅山跡(90年度調査)

11) 長登銅山跡(91年度調査)

12) 長登銅山跡(94年度調査Ⅱ期3年次)(大切ⅡC區4T)

13) 長登銅山跡(96年度調査Ⅲ期1年次)

14) 長登銅山跡(97年度調査Ⅲ期2年次)

22) 九州大學筑紫地區構內遺跡
23) 本堂遺跡(7次)
24) 大宰府跡藏司西地區(4次)
25) 大宰府跡大楠地區(14次·71年度)
26) 大宰府跡學校院地區東邊部(74次)
27) 大宰府跡大楠地區(76次)
28) 大宰府跡不丁官衙地區(右郭五條二坊)(83次)
29) 大宰府跡不丁官衙地區(右郭六條一坊·六條二坊)(85次)
30) 大宰府跡大楠地區(14次補足·83年度)
31) 大宰府跡不丁官衙地區(87次)
32) 大宰府跡不丁官衙地區(90次)
33) 大宰府跡廣丸地區(96次)
34) 大宰府跡不丁官衙地區(98次)
35) 大宰府跡月山東官衙地區(99次)
36) 大宰府跡不丁官衙地區(124次)
37) 觀世音寺跡東邊中央部(119次)
38) 大宰府條坊跡(256次)
39) 大宰府條坊跡(277次)
40) 大宰府條坊跡(289次)
41) 脇道遺跡(1·2次)
42) 國分松本遺跡(11次)
43) 國分松本遺跡(13次)
44) 長安寺廢寺跡(8次)
45) 泊リュウサキ遺跡
46) 松崎遺跡
47) 雨窪遺跡群

40. 佐賀縣
1) 中原遺跡(99年度調査)
2) 中原遺跡(00年度調査)
3) 千堂遺跡
4) 吉野ヶ里遺跡(吉野ヶ里地區Ⅳ區)(87年度調査)
5) 吉野ヶ里遺跡(志波屋四の坪地區)
6) 吉野ヶ里遺跡(志波屋三の坪甲地區)(87年度調査)
7) 中園遺跡(Ⅲ區)
8) 荒堅目遺跡
9) 多田遺跡

41. 長崎縣
1) 原の辻遺跡

42. 熊本縣
1) 北島遺跡群(舊, 北島北遺跡)(99年度立會調査)

발간사

    인류가 문자 생활을 영위한 이래 기록물의 효용성은 단순히 인간의 의사소통과 감성 표현의 편의성 제공에만 머물지 않았다. 각종 지식과 정보의 생산·가공·유통에 기초한 인간의 사회적 존립을 가능케 하고, 축적된 인류사회의 경험과 기억의 전승 수단으로서 역사발전을 추동하는 원천으로 작용하였다. 이 과정에서 기록용 도구는 기록물의 제작과 보급의 정도를 질적 양적으로 결정하는 중요 인자로서, 특히 종이는 인류사회 발전의 창의와 혁신의 아이콘으로 작용하였다. 그러나 인류사에서 종이의 보편적 사용 기간이 약 1천 5백 년에 불과한 점에서 볼 때, 종이 사용 이전의 역사는 非紙質 문자 자료의 발굴과 연구에 의존할 수밖에 없다. 한국·중국·일본 등 동아시아지역에서 공통으로 발굴되는 목간을 비롯하여 이집트의 파피루스와 서양의 양피지 등은 종이 사용 이전 역사 연구의 필수 기록물임은 잘 알려진 사실이다.

    경북대 인문학술원에서 2019년 5월부터 7년간 수행하는 인문한국플러스(HK+) 지원사업의 연구 아젠다인 "동아시아 기록문화의 원류와 지적네트워크 연구"의 주요 연구 대상이 바로 非紙質 문자 자료 중 한국·중국·일본에서 발굴된 약 100만 매의 '木簡'이다. 이들 목간은 기록물 담당자 또는 연구자에 의해 가공과 윤색을 거치지 않은 1차 사료로서 당해 사회의 면면을 고스란히 간직하고 있다. 따라서 목간은 문헌자료가 전해주지 못하는 고대 동아시아의 각종 지식과 정보를 함축한 역사적 기억공간이자 이 지역의 역사와 문화적 동질성을 확인하는 터전이기도 하다. 그런 만큼 목간에 대한 연구는 고대 동아시아세계의 역사적 맥락을 재조명하는 중요한 계기가 될 것이다.

    지금까지의 목간 연구는 주로 문헌자료의 부족으로 인하여 연구가 미진하거나 오류로 밝혀진 각국의 역사를 재조명하는 '一國史' 연구의 보조적 역할을 하거나, 연구자 개인의 학문적 취향을 만족시키는 데 머문 경향이 없지 않았다. 그 결과 동아시아 삼국의 목간에 대한 상호 교차

연구가 미진할 뿐 아니라 목간을 매개로 형성된 고대 동아시아의 기록문화와 여기에 내재된 동아시아 역사에 대한 거시적이고 종합적 연구가 부족하였다. 이에 우리 HK+사업단에서는 목간을 단순히 일국사 연구의 재료로서만이 아니라 고대 동아시아 기록문화와 이를 바탕으로 형성·전개된 동아시아의 역사적 맥락을 再開하고자 한다. 그리고 기존의 개별 분산적 분과학문의 폐쇄적 연구를 탈피하기 위하여 목간학 전공자는 물론이고 역사학·고고학·어문학·고문자학·서지학·사전학 등의 전문연구자와 협업을 꾀하고자 하며, 이 과정에서 국제적 학술교류에 힘쓰고자 한다.

본서는 이러한 연구목표를 달성하기 위한 기초작업으로서, 1900년대 초반부터 지금까지 한중일 삼국에서 발굴된 모든 목간의 형태와 내용 및 출토 상황 등을 포함한 목간의 기본 정보를 망라하여 『한국목간총람』『중국목간총람』『일본목간총람』의 세 책에 수록하였다. 이를 통하여 동아시아 목간에 대한 유기적·통섭적 연구를 기대함과 동시에 소위 '동아시아목간학'의 토대가 구축되기를 희망한다. 아울러 본서가 학문후속세대와 일반인들에게 목간이라는 생소한 자료를 이해하는 길잡이가 되기를 바란다. 나아가 이러한 학문적 성과의 나눔이 고대 동아시아세계가 공유한 역사적 경험과 상호 소통의 역량을 오늘날 동아시아세계의 소통과 상생의 에너지로 재현하는 중요한 계기가 되기를 희망한다.

짧은 기간임에도 불구하고 방대한 분량의 원고를 집필해주신 HK연구진에 감사를 드린다. 아울러 본서의 완성도를 높이기 위해 꼼꼼하게 감수와 조언을 아끼지 않으신 한중일 목간학계와 자료 정리 등의 궂은 일을 마다하지 않은 연구보조원들에게도 감사의 마음을 전한다. 그리고 본서의 출간을 포함한 경북대 인문학술원의 HK+연구사업을 지원하고 있는 한국연구재단과 본서의 출간을 흔쾌히 수락해주신 주류성 출판사에 고마움을 표한다.

윤재석
경북대학교 인문학술원장
HK+지원사업연구책임자
2022년 1월

서문

이 책은 경북대학교 HK+사업단 '동아시아 기록문화의 원류와 지적 네트워크 연구'의 일환으로 간행하는 『동아시아 목간 총람』의 일본편이다. 일본열도에서 출토된 고대 목간에 대해 목간이 출토된 유적의 개요와 목간의 출토현황, 목간의 석문 및 내용에 대해 해설하였다.

일본에서는 1961년 나라문화재연구소가 헤이조큐(平城宮)를 발굴하면서 본격적으로 목간이 출토되었다. 이전에도 단편적으로 발견되기는 하였으나 역사 사료로 인식되기 시작한 것은 이 헤이조큐(平城宮)에서 목간이 발견되고 난 이후였다. '郡評論爭' 등 고대사의 과제가 목간으로 해결되는 등 연구가 활발해지면서 1979년 목간학회가 결성되었고 현재까지 목간 조사 및 연구의 중심역할을 하고 있다. 이후 헤이조쿄(平城京)에서 1988년에는 나가야오(長屋王)의 저택지에서 35,000점의 목간이 출토되었고 인근에서도 二條大路 목간 74,000여 점이 출토되는 등 대량의 목간이 연이어 발견되면서 수량이 급증했다. 현재까지 홋카이도에서 오키나와에 이르기까지 전국의 유적에서 총 45만점 이상의 목간이 출토되었으며 그중 70% 이상이 고대의 수도가 있었던 기나이(畿内)에 집중되어 있다.

가장 오래된 목간의 연대는 630년경으로 6세기까지 올라가는 목간은 아직 확인되지 않고 있다. 7세기 후반에 이르면 율령제의 정비와 함께 목간이 증가하며 8세기가 되면 목간이 급증하여 가장 많은 목간이 확인된다. 이후 중세와 근세에 사용한 목간만이 아니라 심지어 20세기에 사용된 목간이 보고되기도 한다. 이 책에서는 본 사업단의 연구 주제와 직접적으로 관련된 일본의 목간을 10세기까지 한정하여 소개하였다.

일본 목간의 연구 성과에 대해서는 지금까지(2021년 12월 현재) 다음과 같은 몇 권의 연구서가 한국에서 번역·소개되었다. 도노 하루유키(이용현 옮김) 『목간이 들려주는 일본의 고대』(주류성 2008년), 이치 히로키(이병호 옮김) 『아스카의 목간 : 일본 고대사의 새로운 해명』(주류성 2014년), 사토 마코토(송완범 옮김)『목간에 비친 고대일본의 서울 헤이조쿄』(성균관대학교 출판부 2017년), 바바 하지메(김도영 옮김)『일본 고대 목간론』(주류성, 2021년) 등이 있다. 또 한국목간학회의『목간과 문자』에도 일본 목간에 대한 연구논문과 새로이 출토된 자료를 소개하고 있다. 그러나 일본 목간의 전모를 알 수 있는 자료집은 국내에서는 지금까지 출판되지 않았다.

일본에서 출판된 고대 일본의 목간 전모를 알 수 있는 자료집으로 목간학회에 의한『日本古代木簡選』(岩波書店 1990年),『日本古代木簡集成』(東京大學出版會 2003年), 그리고 沖森卓也·佐藤信『上代木簡資料集成』(おうふう 1994年) 등이 대표적이다. 이러한 자료집에는 목간 도판과 함께 석문 및 해설이 수록되었다. 이 밖에도 목간학회에서 매년 간행하고 있는『木簡研究』는 각지에서 출토된 목간을 소개한다.

또 나라문화재연구소는 목간에 관한 많은 데이터베이스를 공개하고 있다. 목간이 출토된 유적에 대해서는 '전국목간출토유적 및 보고서 데이터베이스'에서 2012년까지의 발굴성과를 정리하여 공개하고 있는데 수록된 유적의 수는 1,364곳, 발굴조사 건수는 2,855건에 이른다. 2020년 6월 현재 '木簡庫'는 목간의 종합적인 데이터베이스로 석문, 용도, 형태 등의 다양한 검색이 가능하며 이미지도 참조할 수 있다.

이 책에서는 고대 목간이 출토된 유적을 망라하여 출토된 유적 및 목간의 석문과 내용을 소개한다. 수록된 목간은 약 3,200점에 이른다. 11세기 이후의 것은 제외하였고 목간의 내용이 불분명하거나 문자가 판독되지 않아 내용을 알 수 없는 경우에는 생략하였다. 기본적으로는 위에서 언급한 데이터베이스와『木簡研究』를 참고하여 집필하였고 일부 보고서를 참조한 것도 있다. 수록된 목간은 각 유적에서 출토된 목간 가운데 대표적인 사례로 한정하였다. 여러 목간이 출토된 경우는 숫자((1) (2) (3)…)로 표기하였는데 이는 연구서 말미에 게재한 "총람 수록 목간 크기 일람표"의 번호와 대응한다. 또 보고서를 바탕으로 한 내용에 대해서는 목간 번호도 기재하고 있다. 석문은 가급적 목간학회의 기재방식을 따르되 원래 세로로 쓴 문자를 가로로 표기하였고 기술적인 문제로 부득이하게 생략하거나 변경한 부분도 있다.

또 독자의 이해를 돕기 위해 첫머리에 일본 목간의 다양한 종류, 목간의 내용과 관련된 용어,

목제품, 대표적인 유적 소개, 고대사 용어, 지도, 연표 등을 추가하였다.

이 연구서는 일본의 고대 목간을 전체적으로 파악할 수 있다는 데에 그 의의가 있다. 데이터베이스를 통해 특정 문자, 특징적인 목간을 검색할 수는 있어도 그 목간의 출토 상황, 출토된 유적의 성격, 공반된 유물에 관해서는 확인하기 어렵다. 이 연구서를 활용하면 유적 속에서 목간을 이해할 수 있을 것이다. 이 연구서를 다양한 분야의 연구자가 참조하여 여러 연구에 도움이 되었으면 한다.

마지막으로 일본 목간 총람의 원고는 HK+사업단의 오수문, 하시모토 시게루, 방국화, 김도영이 집필하였다. 또 총람의 원고를 작성하는데 필요한 자료 수집, 데이터 정리는 우근태, 야마다 후미토, 주지송, 한승희 보조연구원이 수고해주었다.

일본 목간 자료 연간 조사량 및 증가량

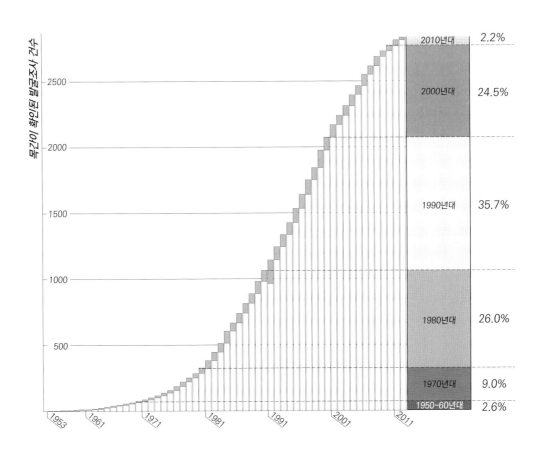

사진·도판

문서 목간
平城宮1-1

8C 하찰 목간
平城宮1-403

제첨축
木研11-18쪽-(1)

봉함 목간
平城京1-454

일본 나라문화재연구소/奈良文化財研究所 제공

7C 하찰 목간
飛鳥藤原京1-193

습서 목간
平城宮4-4688

나가야왕 목간
木研11-14쪽-(67)

일본 나라문화재연구소/奈良文化財研究所 제공

부찰 목간
平城宮3-3565

新羅 서사 목간
木研12-22쪽-3(6)

百濟 서사 목간
木研12-15쪽-1(52)

高麗 서사 목간
平城宮4-3767

일본 나라문화재연구소/奈良文化財硏究所 제공

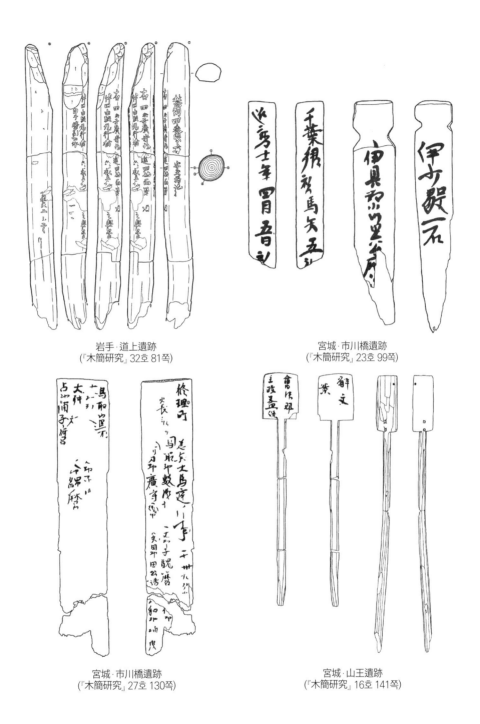

岩手·道上遺跡
(『木簡研究』32호 81쪽)

宮城·市川橋遺跡
(『木簡研究』23호 99쪽)

宮城·市川橋遺跡
(『木簡研究』27호 130쪽)

宮城·山王遺跡
(『木簡研究』16호 141쪽)

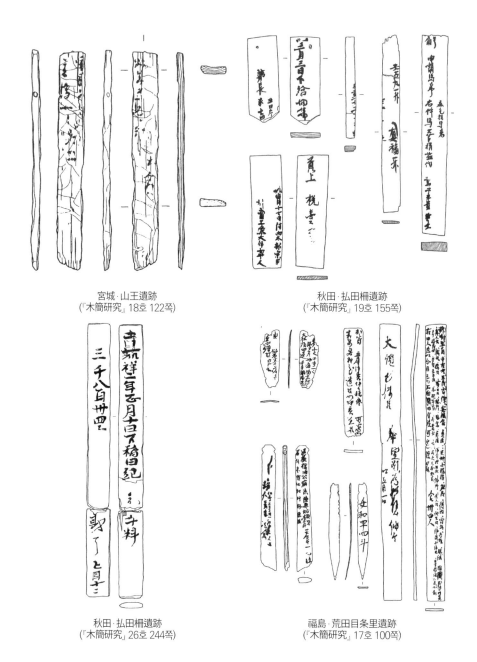

宮城·山王遺跡
(『木簡研究』18호 122쪽)

秋田·払田柵遺跡
(『木簡研究』19호 155쪽)

秋田·払田柵遺跡
(『木簡研究』26호 244쪽)

福島·荒田目条里遺跡
(『木簡研究』17호 100쪽)

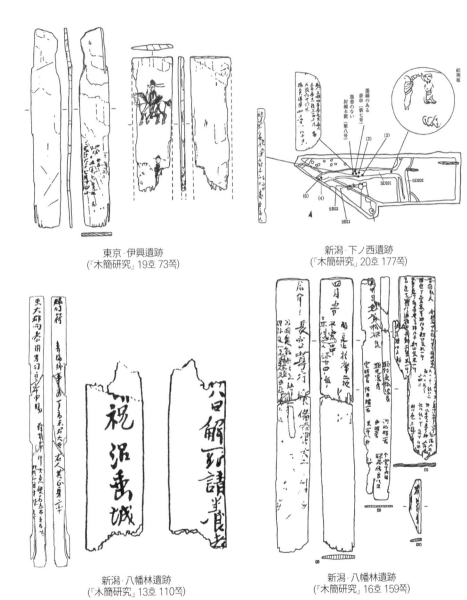

東京·伊興遺跡
(『木簡研究』19호 73쪽)

新潟·下ノ西遺跡
(『木簡研究』20호 177쪽)

新潟·八幡林遺跡
(『木簡研究』13호 110쪽)

新潟·八幡林遺跡
(『木簡研究』16호 159쪽)

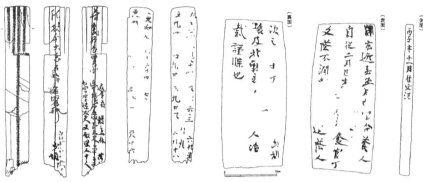

長野·屋代遺跡群
(『木簡研究』18호 113쪽)

滋賀·湯ノ部遺跡
(『木簡研究』14호 93쪽)

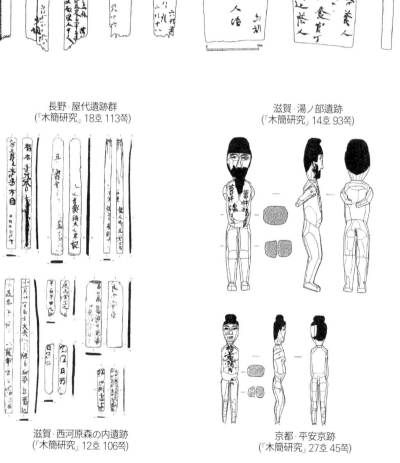

滋賀·西河原森の内遺跡
(『木簡研究』12호 106쪽)

京都·平安京跡
(『木簡研究』27호 45쪽)

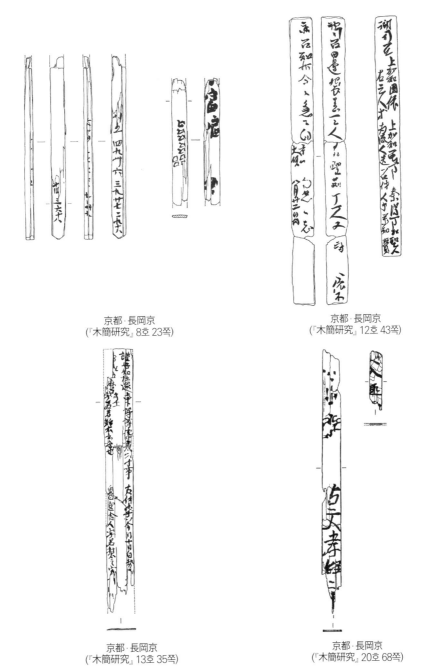

京都·長岡京
(『木簡研究』8호 23쪽)

京都·長岡京
(『木簡研究』12호 43쪽)

京都·長岡京
(『木簡研究』13호 35쪽)

京都·長岡京
(『木簡研究』20호 68쪽)

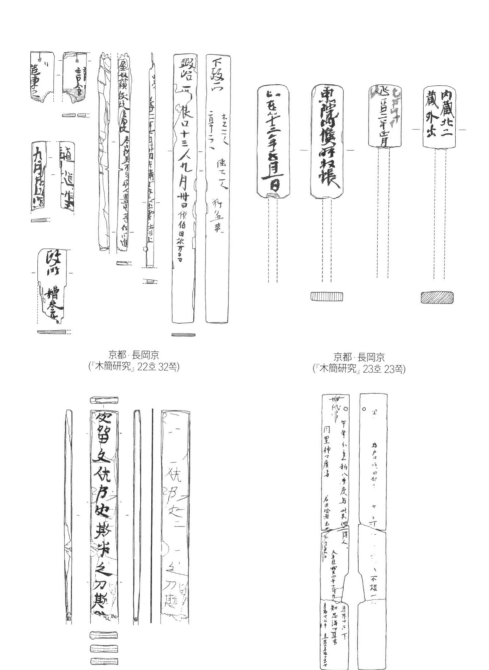

京都·長岡京
(『木簡研究』22호 32쪽)

京都·長岡京
(『木簡研究』23호 23쪽)

大阪·難波宮
(『木簡研究』31호 35쪽)

兵庫·宮内黒田遺跡
(『木簡研究』21호 76쪽)

奈良·藤原宮
(『木簡研究』18호 34쪽)

奈良·藤原京
(『木簡研究』16호 43쪽)

鳥取·岩吉遺跡
(『木簡研究』18호 157쪽)

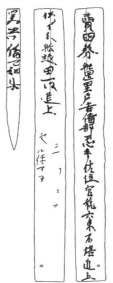

島根·青木遺跡
(『木簡研究』26호 198쪽)

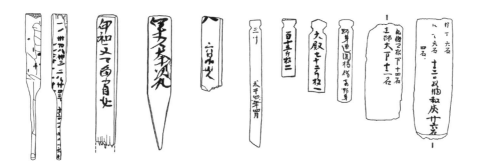

島根·青木遺跡
(『木簡研究』25호 168쪽)

山口·長登銅山跡
(『木簡研究』13호 131쪽)

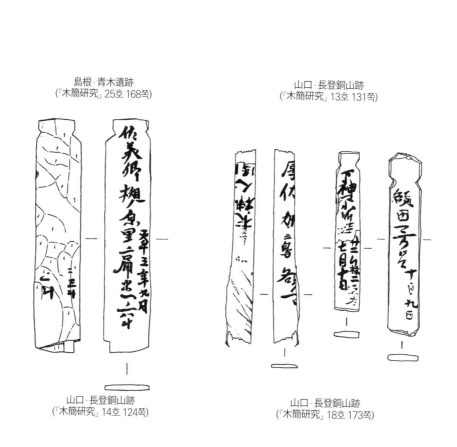

山口·長登銅山跡
(『木簡研究』14호 124쪽)

山口·長登銅山跡
(『木簡研究』18호 173쪽)

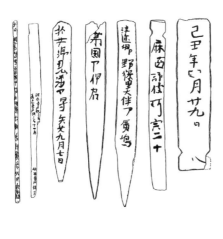

徳島·観音寺遺跡
(『木簡研究』20호 209쪽)

徳島·観音寺遺跡
(『木簡研究』21호 210쪽)

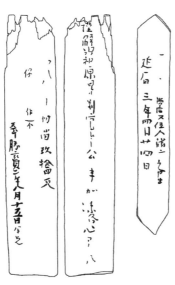

徳島·観音寺遺跡
(『木簡研究』23호 151쪽)

福岡·下月隈C遺跡群
(『木簡研究』25호 187쪽)

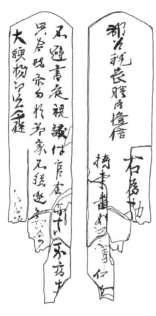

福岡·上長野A遺跡
(『木簡研究』20호 215쪽)

福岡·元岡遺跡群
(『木簡研究』22호 221쪽)

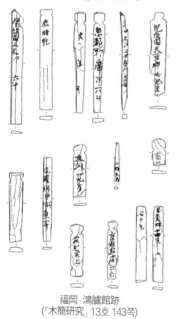

福岡·鴻臚館跡
(『木簡研究』13호 143쪽)

佐賀·中原遺跡
(『木簡研究』28호 213쪽)

범 례

고대사 용어는 여러 자료를 참고하였다. 그중에서도 上田正昭 감수 『日本古代史大辭典』(大和書房, 2006년)을 주로 참조하였다.

1. 일본사의 시대구분

繩文(조몬)시대	기원전 14000년경~기원전 10세기
彌生(야요이)시대	기원전 4세기~기원후 3세기 중엽
古墳(고훈)시대	3세기 중엽~7세기
飛鳥(아스카)시대	592~710년
奈良(나라)시대	710~794년
平安(헤이안)시대	794~1185년
鎌倉(가마쿠라)시대	1185~1333년
室町(무로마치)시대	1336~1573년
安土桃山(아즈치모모야마)시대	1573~1603년
江戶(에도)시대	1603~1868년
明治(메이지)시대	1868~1912년
大正(다이쇼)시대	1912~1926년
昭和(쇼와)시대	1926~1989년
平成(헤이세이)시대	1989~2019년
令和(레이와) 시대	2019~현재

2. 목간 판독문의 기호

목간의 판독문에 사용한 기호는 일본 목간학회에서 사용하는 것을 기본으로 하였다(『木簡研究』 범례). 각 기호의 의미는 아래와 같다. 일부 생략한 것이 있다.

〔 〕	교정에 관한 주석 가운데 다른 판독 가능성이 있는 글자가 있는 것.
( )	그 이외의 교정이나 설명 주석.
?	주 가운데 의문이 있는 것.
·	목간 앞뒤에 글자가 있는 경우 그 구별을 표시.
「 」	목간 상단 및 하단이 원형이라는 것을 표시한다. 상·하단은 나뭇결 방향을 기준으로 한다.
∨	목간 상단이나 하단에 홈이 있는 것을 표시한다.
○	목간에 뚫린 구멍을 표시한다.
□□□	결실된 글자 가운데 글자 수를 추정할 수 있는 것.
〔 〕	결실된 글자 가운데 글자 수를 추정할 수 없는 것.
×	기재 내용으로 보아 글자가 더 있는 것으로 추정되나 결실 등으로 글자가 없어진 것.
『 』	다른 사람이 쓴 것, 즉 이필(異筆)로 생각되는 글자.
=	석문이 길어서 1행을 2행 이상으로 제시할 때 행 끝과 행 머리에 붙인 것.
木	먹을 덧칠하여 지운 자획이 분명한 것.
§	체크했음을 나타냄.
※	묵선(墨線)을 나타냄.
◎	동그라미 또는 이중 동그라미를 나타냄.
■	JIS코드에 없는 특수한 문자를 나타냄.
~~	말소된 글자이지만, 자획이 분명한 경우에 한해서 원 글자의 아랫부분에 붙인 것.
■	말소에 의해 판독이 곤란한 것.
*	Ⅱ 역사용어이며 해당 부분의 내용을 참조.
【 】	글자의 배열이 역방향임을 표기한 것.

3. 목간의 크기

목간의 크기는 나라문화재연구소에서 공개하고 있는 木簡庫(https://mokkanko.

nabunken.go.jp/kr/ 한국어판 URL임)에 근거하여 일람표를 별도로 작성하였다(본서 말미에 "총람 수록 목간 일람표" 참조). 따라서 일람표에 사용된 기호도 木簡庫와 같다. 다만, 본문의 판독문은 앞의 "2. 목간 판독문의 기호"에 제시된 바와 같이 木簡庫와 약간 다른 부분이 있다. 크기 부분의 기호에 대한 설명은 다음과 같다.

크기는 "길이", "너비", "두께"(단위: 밀리미터)의 3항목으로 나누어져 있다. "길이"는 목간이 기록된 문자의 방향을 기준으로 하였다. 길이에 관한 표현("長邊" 등)뿐만 아니라 높이에 관한 표현("器高" 등)도 포함된다. "너비"에는 폭에 관한 여러 표현("幅"자가 포함된 것, "径"자가 포함된 것, "外寸"(외부치수)·"內寸"(내부치수))이 포함된다. "두께"에는 "奧行"(안길이)도 포함된다.

1점의 목간이 복수의 단편으로 갈라진 경우, 각 단편의 치수를 항목별로 나누어 " ; "로 연결시켜 표시하였다(ab 등으로 각 부분에 명칭을 단 경우도 있다). 결손이나 2차적인 성형에 의해 원형과 달라진 경우에는 숫자에 ( )를 붙였다. 단, 『木簡研究』에는 2차적인 성형의 경우, ( )를 붙이지 않았다. 본서에서는 『木簡研究』에 게재된 데이터를 그대로 수록하였으므로 이 점에 관해서는 유의하기 바란다. 그리고 삭설의 크기는 표시하지 않았다.

4. 목간의 분류 및 종류

일본 학계에서는 기재 내용을 기준으로 목간을 크게 文書, 付札, 기타의 3종류로 구분한다.

文書는 여러 관청에서 작성된 여러 가지 문서, 記錄, 관인의 書狀 등을 총칭한 말이다. 이는 다시 '협의의 문서'와 '帳簿, 傳票' 등의 기록으로 나눌 수 있다. 협의의 문서란 서식으로 어떤 형태로든 授受 관계를 알 수 있는 것을 말한다. 문서의 발신자와 수신자가 명기되는 것은 물론이며 수신자가 없어도 어딘가에 보냈다는 것을 알 수 있는 어구가 나오는 것도 포함된다. 또 문서의 수수관계가 명기되지 않는 협의의 문서 가운데 물자의 출납에 관해 기록한 것을 장부나 전표라고 한다.

付札은 물건의 내용을 나타내기 위해 붙인 것을 총칭한다. 부찰에는 여러 관청에서 물품을 보관, 정리하기 위해 붙인 '협의의 부찰'과 調·庸·中男作物 등 稅에 붙인 '荷札'이 있다. 후자는 각 지방에서 중앙으로 貢進된 물자에 붙인 것이라는 뜻으로 貢進物付札, 貢進物荷札이라고 부를 때도 있다.

이외에 習書, 落書 등이 있는데, 습서는 문자를 연습하거나 典籍을 학습할 목적으로 글자나 문장을 반복해서 쓴 것이다.

한편 특정한 용도로 쓰인 목간을 아래와 같은 용어로 지칭한다.

1) 過所(가쇼)木簡

관문의 통행허가증. 여행자는 여행 이유, 통과할 관문의 이름, 목적지, 從者, 휴대품 등을 기록하여 신청해야 하고 京職·國司가 발급하였다. 大寶令에서는 목간을 사용하는 것도 인정되었지만 715년에 國印을 찍어야 하므로 목간이 아닌 종이로 만든 過所(가쇼)로 통일되었다.

2) 削屑(삭설)

목간을 재사용하기 위해 표면을 칼로 얇게 깎아 낸 파편이다. 한국에서는 목간 부스러기라고도 하고 중국에서는 削衣라고 하나 본서에서는 일본에서 사용되는 삭설이란 용어를 사용한다.

3) 告知札(고쿠치후다)

유실물, 습득물, 미아 등에 관해서 길을 오가는 불특정 다수의 사람한테 알리기 위해 게시한 목간이며 내용이 '告知'로 시작한다. 형태적 특징은 길이가 1m 정도 되는 장대하고 하단을 뾰족하게 만든 것이 일반적이다.

4) 郡符(군푸)木簡

公式令 符式에 의하여 郡司가 관하의 里 등에 명령할 때 사용한 목간. 일반적인 목간의 길이는 1척(약 30㎝) 정도인데 출토된 군푸 목간은 그의 2배인 2척(약 60㎝)이다. 군푸 목간의 특징은 출토지, 즉 폐기된 장소가 수신자가 있던 곳이 아니라는 점이다. 수신자 즉 명령을 받은 책임자가 소환된 사람들을 데리고 갈 때 목간을 지참하도록 하고 발신자인 郡司의 점검을 받은

후에는 버린 것으로 생각된다.

5) 題簽軸(다이센지쿠)

두루마리 문서 축의 위부분에 문서 내용이나 제목을 쓴 표찰이 있는 것.

6) 呪符(주후)木簡

병이나 재앙을 가져오는 악귀를 막기 위해 도형이나 그림을 그리거나 주문을 쓴 목간.

7) 封緘(후칸)木簡

종이 문서를 보낼 때 타인이 볼 수 없도록 하기 위한 목간이다. 2개로 쪼갠 판자 사이에 문서를 넣고 끈으로 묶어서 그 위에서 '封'자를 써서 열지 못하도록 하였다. 상단과 중앙부에 좌우로 홈을 파고 하부는 좌우를 깎아서 자루처럼 만든다.

5. 목간 내용과 관련되는 용어

1) 具注曆(구추레키)

연월일의 吉凶을 주기한 달력. 陰陽寮의 曆博士가 작성하고 매년 11월 1일에 주상하여 관청에 배포되었다. 月의 大小, 24절기, 72候, 일·월식, 일출·일몰 시각 등을 주기하였다.

2) 急急如律令(규규뇨리쓰료)

도교에서 사용된 呪句이다. 중국 前漢 때 율령에 규정이 있는 사항과 관련해서 명령할 경우에 문서 마지막에 '如律令'이라고 썼는데 後漢 때 도교에서 사용하는 呪符 등에서 저주의 효과가 급속히 나타나도록 이 주구를 쓰기 시작하였다. 고대 일본에 도교는 전래되지 않았으나 도래인들로부터 도교적 신앙(神仙 사상)이나 도교적 주술(도술, 도사법)이 퍼졌다.

3) 萬葉假名(만요가나)

일본어를 표기하기 위해 한자의 음이나 훈을 빌려서 표기한 것. 『萬葉集』에서 많이 사용되었기 때문에 이렇게 불린다. 眞假名(마가나)라고도 한다. 한 글자로 한 음절을 표기하는 것이 기본이다. 이를 초서체로 쓴 것이 平假名(히라가나), 약자체로 쓴 것이 片假名(가타카나)이다.

4) 宣命(센묘)

천황의 명령을 일본어식 문장(宣命體; 센묘타이)으로 쓴 문서. 元日朝賀, 즉위, 改元, 立后, 立太子 의식 등에서 사용되었다. 詔·勅은 한문체로 썼지만 센묘는 용어의 어미나 동사, 조동사 등을 1자 1음의 만요가나로 표기하였다.

5) 蘇民將來(소민쇼라이)

전염병을 막는 신. 『備後國風土記』의 逸文에 의하면 須佐雄神(수사노오노카미)가 하룻밤 숙박하는 것을 청했을 때 부유한 동생인 巨旦將來(고탄쇼라이)가 거절하였으므로 몰락하고 가난한 형인 蘇民將來(소민쇼라이)는 잘 대접하여 띠로 만든 고리를 허리에 달면 전염병에 걸리지 않을 것이라고 가르쳐 주었다. 소민쇼라이 일족은 그 말을 따라 하여 전염병에서 살아남았다고 한다. 지금도 '蘇民將來之子孫'이라고 쓴 護符가 사용되는데 8세기나 9세기 목간이 출토되는 것으로 보아 이러한 신앙이 고대에도 존재했다는 것을 알 수 있다.

6. 목간과 같이 출토되는 목제품

1) 短冊(단자쿠)
글씨를 쓰거나 물건에 매다는 데 쓰는 폭이 좁은 장방형 종이.

2) 曲物(마게모노)
노송나무나 삼나무로 만든 얇은 판자를 구부려 원형으로 만든 용기.

3) 卒塔婆(소토바)

원래는 梵語 stupa를 음역한 말로 탑을 뜻하지만, 일본에서는 죽은 사람을 공양하기 위해 묘 뒤에 세운 긴 판자인 板塔婆(이타토바)를 뜻하는 경우가 많다. 위쪽 좌우에 五輪塔을 뜻하는 5개 새김을 하고 앞뒤에 梵字, 경문, 戒名, 죽은 날짜 등을 적는다.

4) 繪馬(에마)

神佛에게 기원 혹은 謝恩을 하기 위해 헌납하는 그림의 편액. 원래는 말을 헌상했는데 나중에 말을 그린 그림을 사용하게 되었다. 말이나 소를 산 제물로 하는 습속은 고훈시대 유물이나 『日本書紀』, 『續日本紀』, 『風土記』에 확인된다. 『續日本紀』에는 祈雨를 할 때나 止雨를 빌 때 올렸다는 기록이 있다. 고대 유적에서도 에마가 출토되어 일찍부터 이러한 풍습이 있었다는 것을 알 수 있다.

5) 齋串(이구시)

신에게 제사를 지낼 때 사용하는 꼬챙이. 비쭈기나무나 대나무로 만드는데, 삼 등을 걸어서 신에게 바치거나, 제사를 지내는 자리를 둘러싸서 경계로 하는 등 용도가 다양하다.

6) 籌木(주기)

배변의 뒤처리를 하는 나무 조각. 일회용 나무젓가락처럼 만든 것이 일반적인데 도성이나 관청 유적에서는 목간을 쪼개서 사용한 것이 많이 출토된다.

7) 檜扇(히오기)

노송나무나 삼나무로 만든 얇고 긴 판자를 묶어서 만든 부채.

8) 人形(히토가타)

나무, 짚, 대나무, 종이 등으로 사람 모습을 만들고 행사나 주술에서 사용한 것. 고대에는 금속으로 만든 것도 있으나 주로 나무판자를 사용하였다. 장난감이나 감상용 人形은 '닌교'라고 부른다. 사람의 더러움이나 재앙을 히토가타에 맡기고 바다나 하천에 흘려보내는 것으로 신령이 드는 依代(요리시로)로 사용되었다. 배 모양으로 만든 舟形(후나가타), 말 모양으로 만든 馬形(우마가타), 새 모양으로 만든 鳥形(도리가타)도 있다.

I

대표 유적 소개

1. 아스카이케 유적(飛鳥池遺跡)

7세기 후반부터 8세기까지 이용된 생산 공방 유적. 남쪽지구는 금속, 유리제품 등 공방 유적, 북쪽지구는 아스카데라(飛鳥寺)와 관련된 시설로 추정된다. 유적은 아스카데라 동남쪽에 위치하며 남쪽에서 뻗은 2개의 구릉 사이의 골짜기에 있다. 근세의 저수지인 飛鳥池라는 이름을 본떠서 아스카이케 유적이라고 부르게 되었다. 아스카이케 유적에서는 아스카데라 1991-1차, 아스카후지와라 84차, 87차, 93차, 98차, 112차 조사에서 목간은 총 8,110점이 출토되었다.

2. 아스카쿄 터(飛鳥京跡)

7세기의 궁전 유적. 奈良縣高市郡明日香村에 있는 史跡인 傳飛鳥板蓋宮跡 주변에 위치. 橿原考古學硏究所에 의한 1959년 예비조사 이후 조사가 계속 이루어지고 있다. 조사 결과 내곽과 외곽으로 된 건물, 그리고 이 건물의 동남쪽에 접하는 에비노코곽(에비노코라는 지명에 있는 곽)이라는 건물이 확인되었다. 이러한 유구를 통틀어 아스카쿄 터라고 부른다. 최근에 아스카쿄 터의 상층유구를 아스카키요미하라노미야(飛鳥淨御原宮)로 보는 견해가 유력시되고 있다. 아스카쿄 터에서는 10차, 28차, 51차, 104차, 111차, 129차, 131차, 152차 조사에서 목간은 합계 1,850점이 출토되었다.

3. 이시가미 유적(石神遺跡)

7세기 전반으로부터 8세기 초기까지의 궁전 관아 유적. 齊明天皇期(7세기 중엽)에는 향연시설로, 天武·持統天皇(7세기 후기~말기)에는 관아로 사용되었으며 7세기 중기부터 말기까지의 목간이 출토되었다. 이시가미 유적에서는 13차·14차·15차·16차·17차·18차·19차 조사에서 목간은 합계 3,434점이 출토되었다.

4. 후지와라큐 터(藤原宮跡)

후지와라큐는 持統天皇8年(694)부터 和銅3年(710)까지 지속된 일본 최초의 본격적인 도성의 중심에 있는 궁전이다. 1934년부터 1943년까지 일본고문화연구소에 의해 대극전, 조당 부근이 발굴조사되었고 1966년부터 1968년까지 나라현교육위원회에 의해 궁 북변부를 중심으로 발굴조사가 진행되었다. 나라현교육위원회의 조사를 통해 후지와라큐 동북의 경계가 결정되었고 목간이 2,000여 점 출토되었다. 이 목간에 의해 학계에서 오랫동안 논쟁이 되어온 군평논쟁이 종지부를 짓게 되는 등 큰 성과를 이루게 되었다. 그 후 1969년부터 나라문화재연구소가 조사를 맡게 되었다. 수십 차례의 조사 결과 궁 주위를 둘러싼 大垣, 外濠, 內濠 등의 시설과 궁성문, 궁내관아, 내리(內裏) 모습 등이 차츰 밝혀지고 있다. 목간은 내호·외호 등 溝, 토갱, 우물, 주혈 등 유구에서 총 16,070점이 출토되었다. 제일 많이 출토된 곳은 藤原宮跡朝堂院地區(128次)로 7,940점이다.

출토된 목간 시기는 후지와라큐 시기를 중심으로 하지만 그 이외의 목간도 약간 포함되어 있다. 내리(內裏) 동측 남북간선수로(東大溝)에서는 辛酉年(齊明天皇七年, 661)三月이란 시기가 적힌 문서목간과 天智天皇三年(664)으로부터 天武天皇一四年(685) 사이에 시행된 冠位(冠의 빛깔로 관위를 나타내었던 제도)가 기재된 목간이 출토되었다. 북면 외호에서는 천도 이전, 즉 辛卯年(持統天皇五年, 691)의 尾治國(尾張國)에서 보낸 하찰목간이 출토되었다. 이러한 목간은 淨御原宮時代의 것이 후지와라큐에 폐기된 것으로 생각된다. 또한 태극전 부근의 후지와라큐 건설시 운하로 사용되었으리라 추측되는 南北大溝에서 출토된 목간(128차)은 건물 건설시에는 매립되었기에 목간 시기는 천도 직전까지로 볼 수 있다. 그중에서 天武天皇十一年의 목간은 후지와라노미야의 건설이 시작된 시기에 관한 중요한 단서가 된다. 그리고 외호 등 溝는 후지와라큐가 폐절되면서 함께 매립되었는데 서면 외호만은 그 후에도 수로로서 11세기경까지 사용되었다. 이곳에서 나라, 헤이안시대의 목간이 출토되었다. 궁서 북부 헤이안시대 초기의 우물에서는 弘仁元年(810)의 연대가 기재된 某莊에 관련된 커다란 목간이 출토되었다.

5. 후지와라쿄 터(藤原京跡)

持統天皇八年(694)부터 和銅三年(710)까지 지속된 일본 최초의 전형적인 도성. 나라분지 남쪽끝에 있으며 현재의 가시하라시(橿原市)와 아스카무라(明日香村)에 걸쳐 있다. 1966년부터 1968년 사이의 나라현교육위원회에 의한 후지와라큐 북변 부분의 발굴조사에 의해 후지와라

큐 궁역(宮域)이 확정되었고 궁의 위치를 근거로 후지와라쿄 경역(京域)이 추정되었다. 이에 의하면 경역은 古道를 기준으로 하여 북쪽은 橫大路, 서쪽은 시모츠미치(下ツ道), 동쪽은 나카츠미치(中ツ道)로 둘러싸여 있고 남쪽은 山田道까지 동서 2.1km, 남북 3.1km 규모로 남북 12조, 좌우경 각 4방이다. 궁역은 경 중앙부에서 약간 북쪽에 있는데 면적은 16방이 된다.

목간은 39차례의 발굴조사를 통하여 13,959점이 출토되었다. 115차 조사지인 藤原京跡左京七條一坊西南坪에서는 후지와라쿄 내에서는 제일 많은 목간이 출토되었다. 합계 12,852점이 출토되었는데 그중 12,615점은 동서 약 23m, 남북 10m 이상인 얕은 窪地 형태의 못형 유구 SX501에서 출토되었다. 해당 유구의 목간은 大寶元年(701)·同二年의 목간이 대부분을 차지한다. 기재 내용은 궁성문 경비에 관한 목간이 많아 衛門府 관련 목간으로 보인다. 즉 門牓制에 관한 목간이 많이 포함되어 있다.

6. 헤이조큐 터(平城宮跡)

헤이조큐 터는 나라시 佐紀町, 二條町, 法華寺町에 있는 궁터이며 710년부터 784년까지 궁전으로 사용되었다. 발굴조사는 태평양 전쟁 이전에도 부분적으로 이루어졌지만 지속적인 조사는 1959년 이후 나라(국립)문화재연구소에 의해 시작되었다. 헤이조큐 터는 현재 전체 면적의 30%가 발굴조사되었다. 그 결과 궁내 내리(內裏), 조당원, 관사 등 유적의 모습이 밝혀졌다. 목간은 1961년에 40점이 발견된 이후로 지금까지 76,000여 점이 출토되었다. 목간 내용은 크게 문서, 부찰, 습서·낙서로 나누어진다. 문서는 헤이조큐 내의 관청·관인 사이의 사무 연락, 관청 내의 정보 등으로 사용된 것이며 구체적인 예로는 매일 출근, 식료품 청구, 관인 소환(召喚), 궁내 문의 통행증, 근무평정 등에 사용된 것이 많다. 그 가운데 문서목간은 사람·물품 이동과 함께 사용된 경우가 많다. 이러한 문서목간은 헤이조큐 내의 관청 운영에 관한 실태를 명확하게 하고 正倉院문서와 함께 고대 고문서학 연구 사료로서 큰 의미를 지닌다. 부찰에 관해서는 租稅 물품에 꼬리표를 단 하찰과 헤이조쿄 내에서 물품 정리에 사용된 부찰로 나누어진다. 하찰은 8세기의 조세 수납 형태를 알 수 있는 귀중한 사료이다. 正丁作物, 雜役 등 기타 문헌자료에서는 찾아볼 수 없는 稅目이 하찰목간에서 확인되고 니에(贄, 신이나 조정에 바치는 그 지방의 토산물, 특히 식용의 조류·물고기) 하찰도 많이 출토되었다. 습서목간에는 『千字文』, 『文選』 등의 문장이 습서되어 있어 중국 문물이 어떻게 수용되었는지 그 일단을 알 수 있다. 출토 유물로서의 목간은 출토된 유구와 함께 출토된 유물의 절대 연대를 결정하는 근거가 될 수 있으며 유구 성격을 판단하는 데도 큰 도움을 준다.

헤이조쿄 터에서 출토된 목간은 2003년~2015년에 2875점이 중요문화재로 지정되었고 그 후 2017년에 309점이 새롭게 추가되어 3184점이 국보로 지정되었다. 국보로 지정된 목간 내역은 아래와 같다.

平城宮跡大膳職推定地出土木簡　39点(2003年重要文化財指定)

平城宮跡內裏北外郭官衙出土木簡　1785点(2007年重要文化財指定)

平城宮跡內膳司推定地出土木簡　483点(2010年重要文化財指定)

平城宮跡造酒司出土木簡　568点(2015年重要文化財指定)

平城宮跡西南隅の二條大路北側溝出土木簡　7点

平城宮跡內 下ツ道西側溝出土木簡　9点

平城宮跡西南官衙 土坑出土木簡　16点

平城宮跡內裏東邊 暗渠出土木簡　2点

平城宮跡內裏東大溝出土木簡　275点

이상 유적 중 목간이 비교적 많이 출토된 유적에 대해서는 개별적으로 소개한다.

7. 大膳職跡

헤이조쿄의 제1차 내리(內裏) 북방에 있는 관아 터로 발굴 결과로부터 5차례 개조되었다는 것을 알게 되었다. 건물지의 배치나 출토 목간의 내용으로부터 天平年間末에서 헤이안시대 초기까지 宮內省 管下의 大膳職이 있었으리라 추정되고 있다. 유구는 팔작지붕의 正廳 외에 廳舍·창고·대형 우물 등의 존재가 확인되었다.

해당 유적은 헤이조쿄 터에서 처음으로 목간이 출토된 곳으로서 유명하다. 목간은 유적 중앙부에 있는 토갱(SK219)에서 39점(삭설 16점), 우물(SE311)에서 2점(1점은 나가오카쿄(長岡京) 천도 이후의 목간이므로 大膳職과 관계없다)이 출토되었다. SK219은 天平寶字 연간(757~765) 말에 단기간에 메워진 쓰레기 매립 구덩이이다. SE311은 장기간 사용되었지만, 목간의 연대는 나라시대 말기로부터 헤이안시대 초기로 추정되고 있다. 목간의 내용은 식료 청구문서, 식료품 하찰·부찰 등이 중심이다. 해당 유적의 목간은 平城宮跡大膳職推定地出土木簡으로 2003년에 목간으로는 처음으로 국가 중요문화재로 지정되었고 2017년에는 국보로 지정되었다.

8. 內裏北外郭官衙

헤이조큐 제2차 내리 외곽부 동북 모퉁이에 위치한 북외곽관아 서쪽에서 쓰레기를 버린 구덩이 SK820이 1963년에 발견되었다. 이 목간을 내리북외곽관아 출토 목간이라 부른다.

목간은 합계 1,843점이 출토되었는데 삭설과 파손된 목간이 80% 이상이고 완형 혹은 완형에 가까운 목간은 10%도 되지 않는다. 기재 내용을 판단할 수 있는 목간은 30%가량인데 그중 문서목간, 부찰·하찰이 절반이며 습서·낙서가 10%이다. 기재된 연대는 養老二年(718)부터 天平一九年(747)까지가 확인되지만 이는 養老二年(718)~天平四年(732), 天平一七年(745)~天平一九年(747)의 2개 그룹으로 나눌 수 있다. 天平一二年~天平一七年에 恭仁京으로 천도하여 헤이조큐는 공백 기간이었기 때문이다. 聖武天皇이 헤이조큐에 다시 돌아온 것은 天平一七年이었는데 이 두번째 그룹의 목간이 상대적으로 많다. 함께 출토된 유물로는 건물의 건축이나 목재 가공 시 발생한 쓰레기가 많아 내리(內裏)와 그 주변 관청의 개조 공사에 관하여 폐기된 목간으로 볼 수 있다. 일본에서 1,000점을 넘는 규모의 목간이 발견된 것은 SK820이 처음이므로 일본 목간 연구의 기초가 된 목간이라 할 수 있다.

9. 內膳司推定地

平城宮跡內膳司推定地出土木簡으로 중요문화재·국보로 지정된 목간은 SK870, SK2101·2102·2107로 불리는 유구에서 출토된 목간을 통틀어 일컫는다. SK870은 내리 북부에 위치하는 내선사로 추정되는 관청 동변에서 발견된 쓰레기를 버리는 구덩이이다. 규모는 동서 5m, 남북 5m, 깊이 1.3m이다. 목간은 40점이 출토되었는데 대부분이 절손 또는 부식되었고 완형에 가까운 것은 겨우 4점에 불과하다. 목간에 기재된 관명으로부터 SK870 토광(土壙)은 天平寶字 연간 말에 매몰된 것으로 추정되고 있다. SK2101·2102·2107는 내선사로 추정되는 관청 동반부에 있는 밀집된 쓰레기 구덩이이다. SK2101는 크기가 동서 3.5m, 남북 3.4m, 깊이 0.9m 이며 방형이다. 목간은 394점이 출토되었는데 그중 약 70%가 삭설이다. 목간에 기재된 기년은 天平一八年(746), 天平勝寶二年(750)이 확인된다. 목간의 기년과 출토된 토기로 보아 SK2101 는 天平勝寶 연간에 매몰된 것으로 추정하고 있다. SK2102는 크기가 동서 3.8m, 남북 2.4m, 깊이 0.3m인 얕은 구덩이이다. 목간은 111점이 출토되었는데 연대는 神龜五年(728)~天平元年 (729)에 집중되어 있다. SK2102 土壙에서는 목재편, 노송나무 껍질이 대량으로 출토되었고 또한 목재나 문에 쓰이는 쇠장식품을 進上하는 문서목간이 출토되어 근처 건물을 조영할 때 쓰레기 처리에 사용된 구덩이라는 것을 알 수 있다. SK2107는 동서 3m, 남북 2.1m, 깊이 0.3m인 방형의 얕은 구덩이이다. 목간은 17점이 출토되었는데 연대는 확실하지 않다. SK2102와 같이 노송나무 껍질이 대량으로 출토되었으므로 동일한 성격의 토광으로 생각된다.

10. 造酒司跡

造酒司는 宮內省 管下의 술 또는 식초를 빚는 부서이다. 매년 정기적으로 여러 술 또는 초를 빚었으며 만들어진 술과 초는 내리에 바쳤을 뿐만 아니라 신의 神事, 節會에도 사용되었고 獻 酒라는 행사에도 관여하였다.

해당 유적은 헤이조쿄 제2차 내리의 동쪽에 위치하는데 이곳에서 造酒司 관련 문서목간, 술의 원료가 되는 酒米·赤米 등의 貢進物付札이 출토되어 이곳을 조주사 터로 추정하게 되었다. 목간뿐만 아니라 묵서토기에도 '酒司', '造酒', '酒', '酢' 등의 문자가 기재되어 있다. 유구는 우물 2곳, 溝 3곳이 확인되었다. 그중 목간이 출토된 유구는 우물 SE3046, 溝 SD3047, SD3050, SD3035이다. SE3046은 발굴 조사구 동쪽에 있는 우물인데 위에는 건물이 세워져 있고 이 건물은 완전히 밀폐되어 있다. 이 우물의 물이 술이나 초 제조에 사용되었으리라 생각된다. 목간은 퇴적토에서 2점이 출토되었다. SD3047은 SE3046의 배수로인데 상태가 좋지 않아 판독이 어려운 목간이 1점 출토되었다. SD3050은 서쪽에 있는 우물의 배수로이다. 목간은 16점이 출토되었는데 天平四年(732), 寶龜元年(770) 등의 기년이 쓰인 목간이 포함되어 있다. SD3035는 SD3050 서쪽에 있는 배수로인데 이 유구에서 목간이 가장 많이 출토되었다. 靈龜二年(716)부터 天平勝寶八歲(757)까지의 목간이 562점 출토되었는데 양적으로 제일 많은 것은 나라시대 전반기의 목간이다. 그중 神龜元年 11월23일에 진행된 聖武天皇의 大嘗祭에 관련된다고 볼 수 있는 목간이 포함되어 있어 크게 주목받고 있다.

11. 內裏東大溝

內裏 東大溝는 SD2700이라고 부르는 內裏 동쪽 끝을 북쪽에서 남쪽으로 흐르는 배수로이다. 조사 결과 헤이조큐 북쪽 끝에서 내리 동남쪽까지 이어진 것으로 확인되었다. 폭은 약 6m이고 깊이는 1~1.8m이다. 목간은 21차, 129차, 139차, 154차, 172차 조사를 통해 6,948점이 출토되었다. 목간 내용은 문서, 하찰이 많은데 하찰은 三河·伊豆·若狹·阿波 등의 구니(國)로부터 보낸 것이 많고 문서목간에 보이는 관서 명칭은 中務省, 宮內省의 하급기관인 圖書寮·中宮職, 大膳職 등이 많다. 하지만 특정한 경향이 있는 것은 아니다. 목간에 쓰인 연대는 養老七年(723)부터 延歷二年(783)까지 확인된다.

12. 헤이조쿄 터(平城京跡)

나가야오케 목간(長屋王家木簡)

長屋王家木簡은 平城京跡 左京三條二坊一·二·七·八坪에 있는 長屋王 저택지에서 출토된 목간을 일컫는다. 발굴조사는 1986년 9월부터 89년 9월까지 진행되었으며 총면적은 약 30,000㎡에 달한다. 그중 특히 8평의 동남 모퉁이에서 확인된 폭 2.8~3.7m, 깊이 0.8~1.0m, 총 길이 27.3m에 달하는 溝형태의 土坑 SD4750에서 출토된 35,000여 점의 목간을 나가야오케 목간이라고 부른다. 목간은 모두가 목설층에서 출토되었다. 목간 연대는 和銅三年(710)부터 靈龜三年(717)까지의 8년 사이에 집중되어 있다. 기재 내용은 문서목간, 기록목간, 부찰목간 등 다양하다. 그중에서도 나가야오케 저택 내에 있는 사람들에게 쌀을 지급한 전표(傳票)목간이 제일 많으며 약 절반 정도를 차지한다. 또 大和·河內를 비롯한 각지에 있는 나가야오케가 소유한 領地에서 식료품과 함께 보내온 목간도 많아 이로부터 나가야오케의 식탁을 엿볼 수도 있다.

13. 二條大路木簡

二條大路木簡은 平城京跡 左京三條二坊八坪과 二條二坊五坪 사이, 즉 長屋王 저택지 북측을 통하는 二條大路 노면상의 남북 양단에 파인 도랑형 유구 SD5100, SD5300, SD5310에서 출토된 총 74,000점에 달하는 목간의 총칭이다. 도랑형유구 SD5100, SD5300, SD5310은 二條大路 남북 兩側溝 내측에 패어 있었으며 모두 쓰레기를 버린 곳으로 추정하고 있다. 목간의 연대는 735년·736년 전후가 중심이다. SD5100은 二條大路 남측에 있으므로 二條大路南濠狀遺構라고 불리며 길이 120m, 폭 2.6~3.5m, 깊이 0.9~1.2m이다. 목간은 38,271점 출토되었으며 출토 목간의 분석에 의해 天平一二年(740)에 매몰된 것을 알 수 있다. SD5300·SD5310은 二條大路 북측에 있으므로 二條大路北濠狀遺構라고 불리운다. 두 유구는 모두 폭 2~2.7m, 깊이 1~1.3m로 비슷하지만 SD5300의 길이는 53m, SD5310의 길이는 6m 이상이다. 이 두 유구에서 출토된 목간의 총수는 35,768점이며 목간 분석을 통해 天平九年(737)경에 매립된 것으로 추정하고 있다. 목간의 내용은 크게 2종류로 나눌 수 있다. 첫 번째는 三條二坊에서 폐기된 목간인데 이는 長屋王 저택지에 세워진 光明皇后의 皇后宮職에 관한 것이며 衛府나 문 경비에 관한 목간이 중심이다. 두 번째는 二條二坊에서 폐기된 그 당시 兵部卿, 左右京大夫였던 藤原麻呂의 家政機關에 관한 목간인데 숙직, 쌀 지급, 조영에 관한 進上 관련 목간 등이 있다. 또한 『續日本紀』에 기재된 聖武天皇의 吉野行幸(天平八年(736)6月~7月)과 관련된 목간이 출토된 사실도 주목할 만하다.

참고문헌

木簡學會編『日本古代木簡選』岩波書店, 1990年

奈良文化財研究所『藤原宮木簡一』(奈良國立文化財研究所史料12) 1978年

奈良文化財研究所『藤原宮木簡二』(奈良國立文化財研究所史料18) 1981年

奈良文化財研究所『藤原宮木簡三』(奈良文化財研究所史料88) 2012年

奈良文化財研究所『飛鳥藤原京木簡一―飛鳥池·山田寺木簡』(奈良文化財研究所史料79) 2007年

奈良文化財研究所『飛鳥藤原京木簡二―藤原京木簡一』(奈良文化財研究所史料82) 2009年

奈良文化財研究所飛鳥資料館『木簡黎明―飛鳥に集ういにしえの文字たち』(飛鳥資料館圖錄53) 2010年

奈良文化財研究所『平城宮木簡一―平城宮發掘調査報告Ⅴ』(奈良國立文化財研究所史料5) 1966年

奈良文化財研究所『平城宮木簡二』(奈良國立文化財研究所史料8) 1975年

奈良文化財研究所『平城宮木簡三』(奈良國立文化財研究所史料17) 1981年

奈良文化財研究所『平城宮木簡四』(奈良國立文化財研究所史料28) 1986年

奈良文化財研究所『平城宮木簡五』(奈良國立文化財研究所史料42) 1996年

奈良文化財研究所『平城宮木簡六』(奈良文化財研究所史料63) 2004年

奈良文化財研究所『平城宮木簡七』(奈良文化財研究所史料85) 2010年

奈良文化財研究所『平城京木簡一―長屋王家木簡一』(奈良國立文化財研究所史料41) 1995年

奈良文化財研究所『平城京木簡二―長屋王家木簡二』(奈良國立文化財研究所史料53) 2001年

奈良文化財研究所『平城京木簡三―二條大路木簡一』(奈良文化財研究所史料75) 2006年

奈良文化財研究所　全國木簡出土遺跡·報告書データベース

http://mokuren.nabunken.go.jp/NCPMKR/Mkn-Iseki.html

II

역사 용어

1. 율령

1) 近江(오미)令

天智(덴지)천황 때 편찬된 일본 최초의 법전. 律(율)은 편찬되지 않았다고 추정된다. 몇 가지 사료에 편찬되었다는 기록은 있으나 현존하지 않는다. 존재 자체를 부정하는 설도 있고 689년에 持統(지토)천황이 여러 관청에 반포한 영 22권을 오미령으로 보는 설도 있어 실태나 시행 유무에 관해서는 여러 설이 있다.

2) 飛鳥淨御原(아스카키요미하라)令

7세기 후반에 편찬된 법전. 681년에 天武(덴무)천황이 명하여 편찬이 시작되었지만 완성된 시기나 편찬자는 알 수 없다. 685년에 48계의 새로운 관위제가 실시되어 이 율령의 일부를 시행한 것으로 생각된다. 전면적으로 시행된 것은 持統천황 때이며 689년에 영 22권을 여러 관청에 나누었다. 율은 편찬되지 않았고 당나라 율을 준용하였다는 설이 유력하다. 『日本書紀』 기사로 '考仕令'이나 '戶令'이라는 편목이 있었던 것을 알 수 있으나 현존하지 않는다.

3) 大寶(다이호)令

唐의 永徽律令을 본떠서 8세기 초에 편찬된 법전. 편자로 刑部(오사카베)親王, 藤原不比等(후지와라노후히토), 下毛野古麻呂(시모쓰케노코마로) 등 19명이 알려져 있다. 율 6권, 영 11권으로 이뤄졌다고 하지만 현존하지 않아 일부 일문이 남아 있을 뿐이다. 『續日本紀』에 따르면 영은 700년 3월까지 편찬이 끝났고 다음해에 시행되었다. 율은 701년 3월에 완성되고 이듬해 10월에 영과 같이 제국에 반포하였다. 律·令의 편목도 자세히 알 수 없으나 일부를 제외하고는 養老(요로)令과 비슷하고 조문의 내용도 차이가 크지 않았다고 추정된다. 757년에 養老(요로)令이 시행될 때까지 법적 효력이 있었다.

4) 養老(요로)令

唐의 永徽律令을 토대로 8세기 전반에 편찬된 법전. 편자로 藤原不比等(후지와라노후히토)를 비롯하여 矢集蟲麻呂(야주메노무시마로), 陽胡眞身(야코노마미) 등이 알려져 있다. 율 1부 10권 13편, 영 1부 10권 30편으로 이루어져 있다. 율은 4분의 3이 없어져 일부만 남아 있지만, 영은 『令義解』, 『令集解』 등으로 대부분이 현존한다. 718년에 완성되었다고 하나 그 이후에도 편찬이 계속되었다는 설도 있다. 757년부터 시행하였다.

5) 令義解(료노기게)

養老令의 공식 주석서. 전 10권 30편. 明法博士 額田今足(누카타노이마타리)의 상신으로 清原夏野(기요하라노나쓰노) 등 12명에게 편찬을 명하였다. 833년에 완성되었고 834년에 시행되었다. 일부가 결실되었지만 『令集解』에서 인용되어 대부분 복원할 수 있다.

6) 令集解(료노슈게)

養老令의 사적 주석서. 전 50권으로 추정되고 현재는 35권이 남아 있다. 9세기 후반에 惟宗直本(고레무네노나오모토)가 편찬한 것으로 추정된다. 令의 본문은 큰 글자로 게재하고, 이어서 작은 글자로 義解 이하 여러 說(예를 들어 義解·令釈·跡記 등)을 게재하는 형식이다.

7) 延喜式(엔기시키)

養老(요로)令 시행 세칙을 집대성한 법전이다. 醍醐(다이고)천황의 명령으로 905년에 藤原時平(후지와라노토키히라)이 중심이 되어 편찬을 시작했다. 927년에 藤原忠平 등이 완성하여 奏上하고 967년에 시행되었다. 전 50권이며 율령 관제에 따라 정리되어 권1~10은 神祇官 관계, 권11~40은 太政官 8省 관계, 권41~49는 기타 여러 관청, 권50은 雜式이다. 신기관 관계 式에는 신사명의 일람인 神名帳(진묘초)가 있어 거기에 실린 신사는 式內社(시키나이샤)라고 하여 격이 높아졌다. 관청의 업무 규정, 의식이나 연중행사에 관한 규정, 수량적 규정, 공문서 서식 등이 적혀 있다.

2. 제도

1) 지방제도

야마토(倭) 왕권은 지방 행정구획으로 國(구니)을 설치하고 각지의 수장층을 國造(구니노미야츠코, 고쿠조)로 임명하였다. 7세기 중엽 孝德(고토쿠)천황 때 國을 재편하여 評(고오리)을 설치하기 시작하였다. 評는 행정·군사·교통 등 다양한 기능을 하고 있었는데 7세기 후반에 군사권은 軍團에, 교통권은 驛家(에키카, 우마야)로 분리되어 國이 관할하게 되고 評은 행정 기능만 가지게 되었다. 중앙집권적 지방 통치가 추진되면서 天武(덴무)천황 때에는 國·評(고오리)제가 성립되었고 701년에 설치된 율령제 지방 행정은 國郡里(고쿠군리)제였다. 58國 3島가 있었고 이후 분할이나 병합을 거쳐 824년 이후는 66국 2도가 되었다.

國은 畿內(기나이)와 7道로 구획되었다. 畿內는 大寶令에서는 大倭(야마토, 大和)·攝津(셋츠)·河內(가와치)·山背(야마시로)의 4개국으로 규정되었다가 757년에 河內國에서 和泉(이즈미)국이 분립된 이후에는 五畿內(고키나이) 혹은 五畿(고키)라고 불리게 되었다. 7도는 東海道(도카이도)·東山道(도산도)·北陸道(호쿠리쿠도)·山陰道(산인도)·山陽道(산요도)·南海道(난카이도)·西海道(사이카이도)이다. 國의 國府는 7도와 같은 이름의 간선도로인 驛路(에키로)로 연결되었다. 西海道에는 大宰府(다자이후)가 설치되어 제국을 관할하였으나 다른 6도에는 행정기관이 설치되지 않았다.

國을 통치하는 國司(고쿠시)는 중앙에서 파견되었다. 國司는 守(가미)·介(수케)·掾(조)·目(사칸)의 4등관과 史生(시쇼)·國博士 등이 있었다. 國은 大·上·中·下의 4등이 있었고 등급에 따라 4등관과 사생 등의 정원이 달랐다. 郡을 통할하는 郡司(군지)는 國造의 후예씨족을 비롯한 재지 유력자가 임명되었고 종신관으로 세습되었다. 郡司는 大領(다이료)·少領(쇼료)·主政(슈세이)·主帳(슈초)의 4등관이었다. 大領·少領이 군무 전반을 담당해서 郡領(고오리노미야츠코)라고 총칭되었고 主政·主帳이 실무를 담당하였다. 군의 이름은 713년 이후에는 좋은 글자 2자로 표기하게 되었다. 관장하는 사토(里, 郷)의 숫자를 따라 小郡(2, 3), 下郡(4~7), 中郡(8~11), 上郡(12~15), 大郡(16~20)로 나뉘고 등급을 따라 군사의 정원이 정해져 있었다. 군사는 각 군에 설치된 郡家(구케) 혹은 郡衙(군가)라고 불리는 관청에서 정무를 보았다. 里는 50戸로 편성되었다. 717년에 里를 鄉(고)으로 개칭하여 鄉을 2, 3里(고자토)로 나눴다(鄉里制(고리세)). 鄉에는 鄉長, 里에 里正을 설치하였고 종래의 戸를 鄉戸로 개칭하여 1향호를 2, 3의 房戸(소가족집단)로 나누었다. 739년경에 里와 房戸는 폐지되고 이후는 鄉制가 되었다.

2) 驛傳制(에키덴세이)

중앙과 지방을 잇는 공적 교통, 정보 전달 제도이며 驛制와 傳馬制로 이루어져 있다. 國司(고쿠시)나 공적 사자가 이용하였다. 大寶令으로 확립되었는데 그 이전에도 사료에 驛家(우마야, 에키카)가 보이니 유사한 제도가 있었다고 생각된다.

驛制는 도성과 각 지방을 잇는 7道의 驛路(에키로)에 30里(약 16km)마다 驛家를 둔 제도다. 驛路는 大路·中路·小路로 구별되었고 大路는 山陽道(산요도)로 각 驛에 말을 20마리씩 두었다. 中路는 東海道(도카이도)·東山道(도산도)로 10마리씩, 小路는 北陸道(호쿠리쿠도)·山陰道(산인도)·南海道(난카이도)·西海道(사이카이도)로 5마리씩 두었다. 발굴된 驛路의 폭은 6m 정도이며 10m를 넘는 것도 있다.

驛家는 驛長(에키초)이 관할하여 규정된 수의 驛馬를 갖추고 驛戸(에키코)에 소속된 驛子(에키코)가 사육하였다. 驛使는 驛鈴(에키레이)을 지급하고 2~10마리를 이용할 수 있었다. 급할 때는 하루에 10역, 그렇지 않을 때는 8역을 갔다. 지방에서 瑞祥, 군사, 災異 등이 있어 중앙에 보고할 때는 각 역에서 역마를 갈아탔고 공문서를 보내는 경우 사자는 國마다 교체하였다.

傳馬制는 각 군에 말 5마리씩 두고 轉符를 지급한 관인이 이용하였다. 전부는 중앙의 中務省 主鈴이 관리했으니 엄밀하게는 중앙이 파견한 사자만 이용할 수 있었다. 그러나 중앙에서 부임하는 國司나 國分寺의 승 이외에도, 상경하거나 국내를 순행하는 按察使(아제치), 문서를 전달하는 관인 등 다양한 사람들이 이용하였다. 제도의 성격이나 역제와의 관계는 분명하지 않다. 차츰 國司가 부임할 때만 사용되게 되었고 『延喜式』에는 우마야가 있는 군에만 설치하게 된다.

3) 화폐

8세기 초부터 10세기 중반까지 고대 일본 율령국가는 아래와 같이 10~20년마다 화폐를 발행하였다. 和同開珎(와도가이친, 708년 발행), 萬年通寶(만넨쓰호, 760년), 神功開寶(진구카이호, 765년), 隆平永寶(류헤이에이호, 799년), 富壽神寶(후주신포, 818년), 承和昌寶(조와쇼호, 835년), 長年大寶(조넨타이호, 848년), 饒益神寶(뇨야쿠신포, 859년), 貞觀永寶(죠간에이호, 870년), 寬平大寶(간표다이호, 890년), 延喜通寶(엔기쓰호, 907년), 乾元大寶(겐겐다이호, 958년). 발행된 화폐가 총 12가지였으므로 皇朝十二錢(고초주니센)이라고 부른다. 이외에 은으로 만든 和同開珎(708년), 大平元寶(다이헤이겐포, 760년)과 금으로 만든 開基勝寶(가이키쇼호, 760년)도 발행되었다. 이외에 和同開珎 이전에 만들어진 富本錢(후혼센)도 출토되었다.

4) 條里制(조리세이)

일본 고대의 토지 구획 제도. 농지를 6町(조. 1조는 약 109m, 6조는 약 654m) 간격으로 가로세로로 구획하고 1구획을 里(坊)라고 하였다. 이를 1町 간격으로 구획한 것을 坪(쓰보)라고 하였다. 즉 1里는 36坪이다. 군 혹은 몇 郡을 단위로 里를 북쪽에서 1條, 2條, 동쪽에서 1里, 2里라고 불렀다. 坪는 溝나 두렁으로 구획되어 里의 한구석에서 1坪, 2坪이라고 불렸다. 그래서 각 농지를 몇 條 몇 里 몇 坪이라고 표시할 수 있었다.

이 제도는 6살 이상의 모든 사람한테 나라가 토지를 지급하는 班田收受法(한덴슈주호)과 관련된다. 그런데 班田收受法 자체는 7세기 후반에 시작된 제도인데 條里制는 8세기 중엽에 완성되었다. 이는 새로 개간한 토지를 일정 기간 소유할 수 있는 三世一身法(산제잇신노호. 723년)과 개간지를 사유할 수 있는 墾田永年私財法(곤덴에이넨시자이노호. 743년) 이후에 유력한 절이나 신사, 귀족 등에 의한 대규모 개간이 급증하는 상황에서 국가의 토지와 개인의 토지를 구분하여 효율적으로 관리할 필요가 있어 도입, 정비된 제도였다.

5) 度量衡

나라시대의 길이는 小1尺(샤쿠)가 약 29.6㎝이다. 10寸이 1尺, 10尺이 1丈이다. 小1尺2寸을

大1尺이라고 하고 토지를 계측할 때는 대척을 사용하였다. 小尺을 唐尺(도쟈쿠), 大尺을 高麗尺(고마쟈쿠)라고도 하였다. 이외에 尋(히로)라는 단위를 사용하는 경우도 있었다. 尋는 좌우로 벌린 양손 끝 사이의 거리를 뜻한다.

부피는 10勺(샤쿠)가 1合(고), 10合가 1升(쇼), 10升가 1斗(도), 10斗가 1斛(고쿠)였다. 小3升이 大1升이며 大1升이 약 800ml로 추정되고 있다.

무게는 24銖(슈)가 1両(료), 16両가 1斤(긴)이었다. 小3両가 大1両이었다. 大1斤이 약 670g로 추정되고 있다. 大斤은 銅銀穀을 잴 때 사용되고 그 이외에는 小斤을 사용하였다.

6) 토지면적

7세기 이전은 代制(시로세이), 大寶令 이후는 町段步制(조탄부세이)였다. 代는 頃으로도 쓰며 원래 벼 1束을 수확할 수 있는 토지면적을 뜻하였는데 비옥도 관계없이 高麗尺 6척 사방을 1步, 5步를 1代로 하게 되었다. 大寶令에서 町段步制가 채용되었다. 大尺(高麗尺) 5척(약 1.8m)을 1보, 1보 사방의 면적을 1보로 하고, 360보를 1段, 10단=3600보(60보 사방)를 1町로 한다. 1町은 500代에 해당한다. 713년에 唐의 척제를 채용했는데 고려척과 당대척의 비율이 6:5이고 동시에 1보를 6척으로 했기 때문에 보의 실제 길이와 면적에는 변화가 없었다.

7) 姓(가바네)

율령제 이전에 씨족이 가지던 칭호. 천황을 중심으로 하는 정치적 신분질서의 일환으로 朝廷이 부여해서 씨족의 尊卑나 공적 지위를 나타내는 역할을 하였다. 본래 개인에게 부여하였지만 시간이 지나면서 세습하게 되었다. 姓에 의해 씨족이 서열화된 것은 6세기 전반이었다. 대표적인 姓으로 臣(오미)·連(무라지)·造(미야쓰코)·直(아타이)·首(오비토)·史(후비토)·吉士(기시) 등이 있었다. 684년에 天武천황이 이들을 통합하여 眞人(마히토)·朝臣(아소미)·宿禰(스쿠네)·忌寸(이미키)·道師(미치노시)·臣(오미)·連(무라지)·稻置(이나기)로 구성된 八色(야쿠사)의 가바네를 제정하였다. 이는 여러 씨족을 재편하려고 한 것이며 忌寸까지는 실제로 하사되었지만 道師(미치노시) 이하는 주어지지 않았다.

8) 軍團

율령병제의 기본단위로 병사가 소속되어 훈련을 받았다. 일반적으로 병사 1,000명과 이들을 통솔하는 大毅(다이키) 1명, 少毅 2명으로 이루어진다. 병사 10명이 1火라는 단위로 행동하였고 50명을 1隊로 隊正(다이세이. 五十長이라고도 하였다)을 두었다. 100명마다 旅師(료수이. 百長이라고도 하였다), 200명마다 校尉(고이. 二百長이라고도 하였다)를 두고 지휘하게 하였다. 그리고 문서작성을 담당하는 主帳(슈초)가 있었다. 군단은 國司가 통할하고 大毅 등에는 재지 유력자나 무예가 뛰어난 서민을 뽑아 임명하였다. 구체적인 배치상황은 분명하지 않다. 792년에 도호쿠(東北)지방과 규슈(九州)를 제외한 전국의 병사를 폐지하고 健兒(곤데)를 실시하였다.

9) 健兒(곤데)

율령 병사제도가 붕괴된 이후의 군사제도로 지방 郡司의 子弟 중에서 뽑았다. 사료에는 725년 이후에 기록이 보이고 762년에 관문이 있는 일부 중요 지역에서 병사와 별도로 설정되었다가 792년에 변경을 제외한 전국에서 병사를 폐지하고 시행되었다. 丁수는 국마다 20~200명으로 차이가 있고 兵庫, 鈴藏, 國府 등 지방 관청을 지켰다. 헤이안시대에 저절로 소멸하였다.

10) 衛士(에지)

율령제에서 궁중·경을 경위한 병사. 제국 군단에서 근무하는 병사에서 골라서 1년 임기로 左右衛士府·衛門府에 배속되어 궁내 경위, 경의 순검 등을 담당하였다. 805년에 좌우위사부에 600명씩, 위문부에 400명 있었다.

11) 仕丁(시초, 쓰카에노요보로)

율령제 勞役의 하나. 大化 이전부터 있던 일본의 독자적인 力役제도이다. 다이호·養老(요로) 令의 경우 50호(1里)마다 正丁(21~60세 남자) 2명을 징발하였는데, 그중 한 명은 직접 잡역을 담당한 立丁이고, 나머지 한 명은 식사 등을 담당한 廝丁이다. 시초의 생활비는 각 리에서 부담하였다.

12) 庚午年籍(고고넨자쿠)

庚午年(670)에 거의 전 계층을 대상으로 전국적 규모로 작성된 최초의 호적. 현존하지 않아 양식이나 내용에 대해서는 견해가 분분하고 오미령과의 관계도 분명하지 않다. 보통 호적의 보존 기간은 30년이지만 이 호적만은 영세보존되어 율령국가의 신분이나 씨성의 근본 대장(臺帳)으로 중시되었는데 11세기 경에 없어졌다.

13) 庚寅年籍(고인넨자쿠)

庚寅年(689)에 시행된 飛鳥淨御原令의 戶令 규정에 의해서 庚寅年籍이 작성되었으며, 庚午年籍 이후 최초로 전국, 전 계층을 대상으로 하였다. 현존하지 않으나 이후 6년마다 한 번 만들어진 호적의 기점이 되었고 율령제적 호적제도의 출발점으로 중요한 의의가 있다.

14) 正丁(세이테이)

율령제에서 調庸이나 역역, 병역을 주로 부담한 양민의 성년 남자. 연령 범위는 당초 21~60세였는데 757년에 22세 이상, 758년에 59세 이하로 단축되었다.

15) 中男(주난)

율령제에서 말하는 연령 구분으로 17세 이상 20세 이하 남자를 말한다. 大寶令에서는 少丁이라고 하였다. 調는 正丁의 4분의 1만 부담하였고 庸은 부담하지 않았다. 717년 正丁의 調副物과 주난의 조가 폐지되었고, 이를 대신하여 모든 구니(國)에서는 주난이 중앙정부에서 필요로 하는 물자를 조달하는 中男作物制가 실시되었다.

16) 老丁(로테이)

율령제 연령 구분으로 61세 이상 65세 이하 남자를 말한다. 次丁이라고도 한다. 조, 요를 正丁의 2분의 1만 부담하였다. 758년에 60세 이상 64세 이하로 개정되었다.

17) 租(소)

율령제로 田籍을 기준으로 부과된 세. 田租(덴소)라고도 한다. 율령에서 段마다 2束2把, 慶雲 3年(706)格으로 1속5파로 개정되었는데 세율은 수확량의 약 3%로 일정하였다. 소는 일부를 쌀로 찧어서 도성으로 보낸 것 이외는 각 군의 正倉에 저장되어 구휼할 때만 사용되었다.

18) 庸(요, 지기리시로)

율령제 조세의 하나. 기원은 율령제 이전 仕丁 출신의 촌락이 부담한 물자였다. 율령제에서는 공민에 부과되어 衛士, 仕丁, 采女 등에게 지급되었다. 賦役令에는 연간 10일간의 力役 대신에 요를 징수한다고 규정되어 있지만 역역으로 징발되는 일은 없고 다 요로 징수되었다. 품목은 천, 絁(모양이 없는 비단), 실, 풀솜이나 쌀, 소금 등이다. 요는 중앙으로 보내져 民部省에 보관되었다.

19) 調(조, 쓰키, 미쓰키)

율령제 조세의 하나. 646년의 改新詔에는 田調, 戸調가 보인다. 養老(요로)令 규정으로는 正丁·次丁·中男(少丁) 등 남자한테 부과된 인두세이며 비단·실 등 섬유(正調)나 철·소금·해산물(調雜物), 그리고 부가세로 調副物(조노소와쓰모노)을 징수하였다. 원칙적으로 중앙으로 보내져 大藏省(오오쿠라쇼)에 납입된 후에 여러 관청에 나누어지거나 관인한테 봉록으로 지급되었다.

20) 贄(니에)

천황의 식자재로 공진된 山野河海의 산물. 공동체의 신이나 首長에게 그 해 첫 수확물을 공납한 것이 기원이 되었고, 이후 식료품 공납 제도로 발전하였다. 改新詔에는 調副物과 함께 贄의 공납이 보인다. 율령에는 규정이 없지만, 목간에는 贄 하찰이 있다.

21) 正税(쇼제이)

고대 율령제에서 국가의 기초재원으로 京職이나 지방 제국의 正倉에 비축되어 농민들에게

出擧(스이코) 즉 빌려준 벼. 원래는 大稅(다이제이)라고 했는데 天平 연간(729~749) 전반에 쇼제이로 변화하였다. 수입원은 田租와 出擧이며 전자를 벼의 상태로 주로 저장하고 벼 이삭을 出擧로 운용하여 여러 용도에 사용하였다. 734년에 郡稻나 公用稻 등 雜色官稻가 正稅로 통일된 후에는 지방 행정의 경상비용이나 중앙으로 교역 진상하는 비용은 다 正稅出擧로 지출하게되었다. 正稅는 1년간의 수지를 정리한 장부인 正稅帳에 기록되어 매년 수도로 보내져 보고되었다.

22) 春米(쇼마이)

벼 이삭 혹은 벼를 탈곡하여 찧은 백미. 벼 이삭 1束에서 벼 1斗, 쇼마이 5升을 얻을 수 있다. 租의 일부를 빻아 공진하는 규정이었지만(年料春米), 실제로는 正倉에 비축된 正稅를 재원으로 하는 경우가 많았다.

23) 出擧(스이코)

이자를 받는 고대의 대차 제도. 관이 하는 것을 公出擧(구스이코), 민간이 하는 것을 私出擧(시스이코)라고 한다. 구스이코란 매년 봄, 여름에 농민에게 벼를 빌려주고 가을에 이식(이자)와 함께 회수하는 제도를 말한다. 雜令에서 이식의 한도를 公出擧는 1년에 5할, 私出擧는 1년에 10할로 규정한다. 出擧의 대상으로 한 것은 벼나 조 이외에 돈이나 천도 있었다. 大寶令이 시행된 이후에는, 공민으로부터 징수한 田租는 소비되지 않고 國郡의 正倉에 비축되었고 그 대신에 大稅(正稅)·郡稻·公用稻 등 雜色官稻로 불리는 벼를 出擧해서 그 이식을 國衙 경비로 사용하였다. 734년에 잡관도는 정세로 혼합되어 公出擧를 강화하고 737년에 私出擧를 금지하였다. 그러나 私出擧는 계속 성행하고 전란 등으로 公出擧의 미납이 급증되었다. 745년에는 公廨稻(구가이토)를 설치하여 각 구니마다 새로 벼를 지출해서 출거하게 하였다. 이를 통해서 부족분과 미납분을 보전하였고 남는 것은 國司가 사용하였다.

24) 正倉(쇼소)

율령제에서 諸國의 正稅를 수납한 창고. 國司가 관리했지만, 일반적으로 國府가 아니라 군마다 郡家에 설치되었다. 원래는 大稅를 수납하는 창고를 뜻했지만 734년에 官稻 混合으로 지방 관도가 정세로 통일된 후에는 정세 창고를 가리키게 되었다. 正倉이 있는 구획을 正倉院(쇼소인)이라고 하였다. 지금은 東大寺에 있는 正倉만 남아 이것이 고유명사화되었다(아래 항목 참조).

25) 正倉院(쇼소인)

나라 東大寺에 있는 나라시대 이래의 목조 창고. 원래는 東大寺 창고군 가운데 하나였지만 현재는 1동만 남아있으며 宮內廳이 관리하고 있다. 모두 1동 3室로 이루어져 있으며, 북쪽에서부터 각각 북창, 중창, 남창이라고 부른다. 남북 33m, 동서 9.4m, 높이 14m이다. 聖武(쇼무)천황의 유품이나 도다이지의 보물, 문서 등 약 9,000점을 보관하고 있다.

26) 莊園(쇼엔)

나라시대 후반부터 무로마치시대에 걸쳐 신사나 절, 귀족 등이 소유한 사적 영유지. 自墾地系 쇼엔은 8~9세기 무렵 墾田에 의해 성립한 초기 쇼엔이고, 寄進地系 쇼엔은 11세기 후반 이후 寄進에 의해 성립한 쇼엔이다. 전자는 율령제가 변질하는 과정에서 유력한 절이나 귀족들이 개간한 땅을 차지한 것이고 9세기에는 天皇家의 재정을 보태기 위한 勅旨田(초쿠시덴)도 설정되었다. 초쿠시덴은 각지의 國司가 경영하였고 절이나 귀족의 쇼엔은 각지에 파견된 田使가 개간과 수익 활동에 종사하였다. 초기 쇼엔은 절이 소유한 寺田이나 신사가 소유한 社田을 제외하고 납세할 의무가 있었다. 헤이안시대에 들어 쇼엔 안의 황무지를 스스로 개간하여 자영화한 농민이나 토지소유를 확대한 호족들이 토지를 유력한 절이나 귀족한테 寄進하여 國司나 군사의 지배에서 벗어나려고 하였다. 902년에 莊園整理令으로 쇼엔이 금지되었지만 효력이 없었다. 10세기 이후에 차츰 세금이 면제되어 11세기경에는 不輸租가 확립되었다.

3. 書名

1)『倭名類聚抄』(와묘루이주쇼)

源順(미나모토노시타고우)가 편찬한 한어 사전. 和名類聚抄, 和名抄(와묘쇼)라고도 한다. 931~938년에 성립. 10권본과 20권본이 있다. 3,000여 개의 단어를 뜻으로 분류한 후, 만요가 나에서 여기에 대응하는 명사를 찾아 倭名 즉 일본식 이름을 붙이는 한편, 중국 서적을 다수 인용하면서 설명을 더하였다.

2)『古事記』(고지키)

일본에서 가장 오래된 문헌. 序와 3권으로 구성되어 있다. 序에 의하면 天武(덴무)천황이 稗田阿礼(히에다노아레)한테 명령하여 역사를 외우게 하고, 711년에 元明(겐메이)천황이 太安万侶(오오노야스마로)한테 명하여 책으로 편찬하게 하고 712년에 獻上되었다. 상권은 神代, 중권은 神武(진무)천황부터 應神(오진)천황까지, 하권은 仁德(진토쿠)천황부터 推古(스이코)천황까지를 다룬다. 문체는 일본어의 영향이 짙은 한문체이며 기사는 천황일대에 관해서 기록하였으며 편년체가 아니다.

3)『日本書紀』(니혼쇼키)

720년에 성립된 역사서. 당초에는 日本紀라고 하였다. 30권. 권1·2가 신화시대를, 권3이 초대 神武천황을 다루고 이후 持統天皇까지를 한문, 편년체로 서술하였다. 舍人(도네리) 친왕이 편찬하였다.

4)『續日本紀』(쇼쿠니혼기)

797년에 성립된 편년체 사서. 서명은『일본기』의 속편을 뜻한다. 文武天皇 원년(697)부터 桓武天皇의 延曆10년(791)까지를 다룬다. 나라시대를 기록한 대표적인 사료이다.

5)『日本後紀』(니혼코키)

840년에 완성된 사서. 원래 40권이지만 현존하는 것은 10권밖에 없다. 桓武天皇의 792년부터 平城(헤이제이), 嵯峨(사가), 淳和(준와)천황까지의 기록이다.

6)『續日本後紀』(쇼쿠니혼코키)

869년에 완성된 사서. 20권. 仁明(인묘)천황(재위 833~850년)에 대한 기록.

7)『日本文德天皇實錄』(니혼몬토쿠덴노지쓰로쿠)

871년에 편찬이 시작되고 879년에 완성된 사서. 10권. 文德천황(재위 850~858년)에 대한 기록.

8)『日本三代實錄』(니혼산다이지쓰로쿠)

宇多(우다)천황(재위887~897년) 때 편찬이 시작되고 901년에 완성된 사서. 50권. 淸和(세이와. 재위 858~876년)·陽成(요제이. 재위 876~884년)·光孝(고코. 재위 884~887년)천황에 대한 기록.

※이상『日本書紀』부터『日本三代實錄』까지가 일본 고대에 관한 正史이다. 이들을 총칭해서 六國史(릿코쿠시)라고 부른다.

9)『日本靈異記』(니혼료이키)

일본 최초의 불교설화집. 정확히는『日本國現報善惡靈異記』(니혼코쿠겐포젠아쿠료이키)라고 한다. 藥師寺(야쿠시지)의 승 景戒(게이카이)가 편찬해서 9세기 전반에 성립되었다. 상중하 3권이다. 因果應報 사상을 일본의 설화를 통해 설명한 책으로 승려의 실태나 민중의 불교 수용 상황을 알 수 있다.

10) 『風土記』(후도키)

나라시대에 편찬된 地理誌. 713년의 『풍토기』 편찬의 官命에서는 다음의 다섯 가지를 반드시 기재하도록 하고 있다. 즉, (1)좋은 글자로 쓴 郡鄕의 이름, (2)産物, (3)토지의 비옥 상태, (4)지명의 기원, (5)전해져 오는 특별한 이야기 등이 여기에 해당한다. 현존하는 것은 常陸, 出雲, 播磨, 豊後, 肥前 5개국 뿐이며 이 가운데 733년에 성립된 『出雲國風土記』만이 완본으로 남아 있다.

11) 『萬葉集』(만요슈)

일본에서 가장 오래된 和歌(와카)집. 총 20권으로 약 4,500수가 수록되어 있다. 성립된 연대는 미상이지만 753년쯤에 聖武(쇼무)太上天皇의 뜻으로 편집이 시작되었다. 수록된 것 가운데 가장 오래된 와카는 5세기 仁德(닌토쿠) 천황의 황후가 지었는데 7세기의 것일 가능성이 있다. 연대를 알 수 있는 마지막 노래는 759년의 것이다. 한자의 음이나 훈을 이용한 萬葉假名(만요가나)로 표기되어 있다. 목간에는 이에 수록된 와카(和歌)가 서사된 사례도 있다.

12) 『古今和歌集』(고킨와카슈)

헤이안시대 초기에 완성된 일본 최초의 勅撰 和歌(와카)집으로 총 20권이다. 905년에 醍醐(다이고)천황의 칙명으로 紀友則(기노토모노리) 등이 편집하였고 913년 즈음에 완성되었다. 수록된 와카는 약 1,100수로 이들을 주제로 20부로 정리하였다. 서문으로 紀貫之(기노쓰라유키)가 假名(가나)로 쓴 假名序(가나조)와 紀淑望(기노요시모치)이 한문으로 쓴 眞名序(마나조)의 두 가지가 있다. 假名序에 소개된 나니와즈(難波津) 와카(和歌)의 구절을 목간에 서사한 사례가 많다.

연표

서력	간지	천황	연호	정치·외교	사회·문화
592	임자			11. 蘇我馬子가 東漢直駒로 하여금 崇峻天皇을 살해하게 함 12.額田部皇女(推古天皇) 즉위	
593	계축	推古1		4. 厩戶王(聖德太子)를 황태자로 삼음	
594	갑인	推古2			2. 三寶興隆을 위한 詔를 내림
595	을묘	推古3			
596	병진	推古4			
597	정사	推古5			
598	무오	推古6			
599	기미	推古7			
600	경신	推古8		처음으로 隋에 사신을 파견함	
601	신유	推古9			2. 厩戶王(聖德太子)이 斑鳩宮을 건립함
602	임술	推古10			10. 백제 승려 觀勒이 曆本·천문지리서 등을 전함
603	계해	推古11	-	12. 冠位十二階를 제정	
604	갑자	推古12		4. 厩戶王(聖德太子)이 憲法十七條를 만듦	1. 처음으로 曆日을 사용함
605	을축	推古13			
606	병인	推古14			
607	정묘	推古15		7. 小野妹子 등을 隋에 파견함	法隆寺(斑鳩寺) 건립
608	무진	推古16		4. 小野妹子 등이 답례사 裵世淸 등과 함께 귀국함 9. 小野妹子를 다시 隋에 파견함	
609	기사	推古17			4. 鞍作鳥가 장육석가상을 만들고, 法興寺(飛鳥寺)에 안치함
610	경오	推古18			3. 고구려 승려 曇徵이 종이·묵먹·화구 등을 전함
611	신미	推古19			
612	임신	推古20			백제인 味摩之가 吳의 伎樂舞를 전함

서력	간지	천황	연호	정치·외교	사회·문화
613	계유	推古21			
614	갑술	推古22		6. 犬上御田鍬 등을 隋에 파견함	
615	을해	推古23			
616	병자	推古24			
617	정축	推古25			
618	무인	推古26			
619	기묘	推古27			
620	경진	推古28			厩戶王(聖德太子)·蘇我馬子가 『天皇記』·『國記』·『臣連伴造國造百八十部幷公民等本記』를 기록함
621	신사	推古29			
622	임오	推古30			
623	계미	推古31			3. 法隆寺 金堂釋迦三尊像을 만듦
624	갑신	推古32			
625	을유	推古33			
626	병술	推古34		蘇我蝦夷가 大臣이 됨	
627	정해	推古35			
628	무자	推古36			
629	기축	舒明1			
630	경인	舒明2		8. 犬上御田鍬를 처음으로 唐에 파견함	
631	신묘	舒明3			
632	임진	舒明4	-	8. 犬上御田鍬가 唐使 高表仁과 함께 귀국함	
633	계사	舒明5			
634	갑오	舒明6			
635	을미	舒明7			
636	병신	舒明8			

서력	간지	천황	연호	정치·외교	사회·문화
637	정유	舒明9			
638	무술	舒明10			
639	기해	舒明11			
640	경자	舒明12			
641	신축	舒明13			
642	임인	皇極1		1. 皇極天皇 즉위	
643	계묘	皇極2	-	11. 蘇我入鹿이 山背大兄王 등을 습격함	
644	갑진	皇極3			
645	을사	孝德	大化1	6. 中大兄皇子·中臣鎌足 등이 蘇我入鹿을 大極殿에서 암살함. 蘇我蝦夷 자살 (乙巳의 변). 孝德天皇 즉위. 中大兄皇子를 황태자로 삼음. 처음으로 연호를 세워 大化라 함 8. 男女之法을 제정하여 良賤의 구별을 엄격하게 함. 東國國司를 파견함 12. 難波長柄豊碕宮으로 천도함	8. 佛法 흥륭을 위한 조를 내림
646	병오		大化2	1. 改新之詔를 발함. 薄葬令을 제정함	
647	정미		大化3		
648	무신		大化4		
649	기유		大化5	2. 冠位十九階 제정	
650	경술		白雉1		
651	신해		白雉2		
652	임자		白雉3		
653	계축		白雉4		
654	갑인		白雉5	10. 孝德天皇이 難波宮에서 崩함	
655	을묘	齊明1		1. 皇極天皇이 飛鳥板蓋宮에서 重祚함	
656	병진	齊明2			
657	정사	齊明3			7. 飛鳥寺 서쪽에 須彌山像을 만들고, 盂蘭盆會를 개설함

서력	간지	천황	연호	정치·외교	사회·문화
658	무오	齊明4		4. 阿倍比羅夫로 하여금 齶田·淳代의 蝦夷를 공격하게 함	
659	기미	齊明5			
660	경신	齊明6		3. 阿倍比羅夫가 肅愼을 토벌함 9. 백제 사신이 신라·당으로부터 침공을 받아 백제가 멸망하였음을 전함	5. 中大兄皇子가 漏刻을 만듦
661	신유	齊明7		1. 齊明天皇·中大兄皇子·大海人皇子가 백제를 구원하기 위해 군사를 일으킴 7. 齊明天皇이 朝倉宮에서 崩하고, 中大兄皇子가 稱帝함	
662	임술	天智1			
663	계해	天智2		8. 왜·백제군이 신라·당군과 백촌강에서 싸워 대패함	
664	갑자	天智3		2. 冠位二十六階로 고침. 對馬·壹岐·筑紫 등에 防人·烽을 설치하고, 筑紫에 水城을 축조함	
665	을축	天智4			
666	병인	天智5			
667	정묘	天智6		3. 近江大津宮으로 천도함	
668	무진	天智7		1. 中大兄皇子(天智天皇) 즉위. 中臣鎌足으로 하여금 近江令을 선정하게 함	
669	기사	天智8		10. 中臣鎌足에게 大織冠과 大臣의 관위를 사여하고 藤原(후지와라) 姓을 사여	
670	경오	天智9		2. 庚午年籍을 만듦	
671	신미	天智10		1. 大友皇子를 太政大臣으로 삼음 12. 天智天皇이 大津宮에서 崩함	
672	임신	天武1		6. 壬申之亂 시작 7. 大海人皇子군이 近江朝廷군에게 승리함	
673	계유	天武2		2. 大海人皇子(天武天皇)이 飛鳥淨御原宮에서 즉위함	百濟大寺를 高市로 옮겨 高市大寺로 고침

서력	간지	천황	연호	정치·외교	사회·문화
674	갑술	天武3			
675	을해	天武4			
676	병자	天武5			
677	정축	天武6			高市大寺를 大官大寺로 고침
678	무인	天武7			
679	기묘	天武8			
680	경진	天武9			11. 藥師寺 건립을 발원함
681	신사	天武10		2. 율령 편찬을 개시함. 草壁皇子를 황태자로 삼음	
682	임오	天武11			
683	계미	天武12			
684	갑신	天武13		10. 八色姓을 제정함	
685	을유	天武14			
686	병술		朱鳥1	9. 天武天皇이 崩하고, 황후인 鸕野讚良皇女가 칭제함	
687	정해	持統1			
688	무자	持統2			
689	기축	持統3		4. 황태자 草壁皇子가 薨함 6.諸司에게 令(飛鳥淨御原令)22권을 시행함	
690	경인	持統4		1. 鸕野讚良皇女(持統天皇) 즉위 9. 戶令에 따라 庚寅年籍을 만듦	11. 勅에 따라 처음으로 元嘉曆과 儀鳳曆을 병용함
691	신묘	持統5			
692	임진	持統6			6년마다 班田收授를 시행함
693	계사	持統7			
694	갑오	持統8		12. 藤原京으로 천도함	
695	을미	持統9			
696	병신	持統10			
697	정유	文武1		8. 文武天皇 즉위	

서력	간지	천황	연호	정치·외교	사회·문화
698	무술	文武2			
699	기해	文武3			
700	경자	文武4			
701	신축		大寶1	8. 大寶令 제정	
702	임인		大寶2		
703	계묘	文武	大寶3		
704	갑진		慶雲1		
705	을사		慶雲2		
706	병오		慶雲3		
707	정미		慶雲4	7. 元明天皇 즉위	
708	무신		和銅1		銀錢과 銅錢(和銅開珍)을 발행함
709	기유		和銅2		
710	경술	元明	和銅3	3. 平城京으로 천도함	藤原不比等이 厩坂寺를 平城京으로 옮겨 興福寺로 고침
711	신해		和銅4		10. 蓄錢敍位令을 제정함
712	임자		和銅5		1. 太安万侶가 『古事記』를 편찬함
713	계축		和銅6		5. 諸國에 대해 『風土記』 편찬을 명함
714	갑인		和銅7		
715	을묘		靈龜1		
716	병진		靈龜2		
717	정사		養老1	里를 鄕으로 개칭하고, 鄕 아래에 里를 설치함(향리제 시행)	
718	무오	元正	養老2	藤原不比等 등으로 하여금 養老(요로)令 각 10권을 선정하게 함	
719	기미		養老3		
720	경신		養老4		5. 舍人親王이 『日本書紀』 30권과 系圖 1권을 奏上함

서력	간지	천황	연호	정치·외교	사회·문화
721	신유		養老5		
722	임술		養老6	윤4. 양전 100万町步의 개간을 계획함	
723	계해		養老7	4. 三世一身法을 제정함	
724	갑자		神龜1	2. 聖武天皇 즉위. 陸奧國에 多賀城을 설치함	
725	을축		神龜2		
726	병인		神龜3		
727	정묘		神龜4	9. 발해 사신이 처음으로 來日함	
728	무진		神龜5		
729	기사		天平1	2. 長屋王이 모반을 꾀하였다는 혐의로 처자와 함께 자진함 8. 藤原夫人(光明子)을 황후로 삼음	
730	경오		天平2	4. 皇后宮職에 施藥院을 설치함	
731	신미		天平3		
732	임신		天平4		
733	계유	聖武	天平5		
734	갑술		天平6		
735	을해		天平7	3. 당에서 吉備眞備와 玄昉이 귀국함	
736	병자		天平8		
737	정축		天平9	천연두로 인해 藤原 四兄弟가 사망함	
738	무인		天平10	1. 阿倍内親王(孝謙)이 황태자가 됨. 橘諸兄이 右大臣으로 임명됨	
739	기묘		天平11		
740	경진		天平12	9. 藤原廣嗣가 반란을 일으킴 12. 山背國恭仁京으로 행차하여 새로운 도읍을 조영하기 시작함	
741	신사		天平13		2. 諸國에 대해 國分寺 및 國分尼寺 건립을 명함
742	임오		天平14	8. 近江國 紫香樂으로 행차를 계획하여 離宮을 조영하기 시작함	

서력	간지	천황	연호	정치·외교	사회·문화
743	계미		天平15		5. 位階에 따라서, 개간한 땅에 대해 면적 제한 등을 조건으로 하여 개간한 땅의 영구적인 사적 소유를 허락함 10.大佛造立을 위한 詔를 내림
744	갑신		天平16	2. 難波宮으로 천도함	
745	을유		天平17	5. 平城京으로 환도함	
746	병술		天平18		
747	정해		天平19		
748	무자		天平20		
749	기축	孝謙	天平感寶1 天平勝寶1	7. 聖武天皇이 양위하고, 孝謙天皇이 즉위함 8. 藤原仲麻呂를 紫微中台장관인 紫微令에 임명함	2. 陸奧國이 황금을 헌상함
750	경인		天平勝寶2		
751	신묘		天平勝寶3		11. 『懷風藻』가 편찬됨
752	임진		天平勝寶4		4. 東大寺에서 盧遮那佛 開眼供養會가 거행됨
753	계사		天平勝寶5		
754	갑오		天平勝寶6		4. 鑑眞이 東大寺에 戒壇을 만듦
755	을미		天平勝寶7		
756	병신		天平勝寶8	5. 聖武太上天皇이 崩함	
757	정유		天平寶字1	5. 養老(요로)令 시행	
758	무술	淳仁	天平寶字2	8. 孝謙天皇이 淳仁天皇에게 양위함. 藤原仲麻呂를 大保(右大臣)으로 임명하고 惠美押勝라는 이름을 하사함. 官名·省名 등을 당풍으로 고침 10. 國司의 임기를 4년에서 6년으로 고침	

서력	간지	천황	연호	정치·외교	사회·문화
759	기해		天平寶字3		8. 鑑眞이 戒檀院을 설치하여 唐律招提寺라 칭함(뒤의 唐招提寺)
760	경자		天平寶字4	6. 光明皇太后 薨함	
761	신축		天平寶字5		1. 下野藥師寺·筑紫觀世音寺에 戒壇을 설치함
762	임인		天平寶字6		
763	계묘		天平寶字7		8. 儀鳳曆을 폐하고, 大衍曆을 사용함
764	갑진		天平寶字8	9. 惠美押勝이 반란을 일으킴 10. 淳仁天皇을 폐하고, 孝謙太上天皇이 다시 제위에 올라서 稱德天皇이 됨	
765	을사	稱德	天平神護1	윤10. 道鏡을 太政大臣禪師로 삼음	
766	병오		天平神護2	10. 道鏡을 法王으로 삼음	
767	정미		神護景雲1		
768	무신		神護景雲2		
769	기유		神護景雲3	9. 宇佐八幡神託 사건이 발생함	
770	경술		寶龜1	8. 稱德天皇이 崩함. 道鏡을 下野國 藥師寺別當으로 추방함 10. 光仁天皇 즉위	
771	신해		寶龜2		
772	임자		寶龜3		
773	계축		寶龜4		
774	갑인	光仁	寶龜5		
775	을묘		寶龜6		
776	병진		寶龜7		
777	정사		寶龜8		
778	무오		寶龜9		
779	기미		寶龜10		2. 淡海三船이 『唐大和上東征傳』을 편찬함

서력	간지	천황	연호	정치·외교	사회·문화
780	경신		寶龜11		
781	신유		天應1	4. 光仁天皇이 桓武天皇에게 양위함	
782	임술		延曆1		
783	계해		延曆2		
784	갑자		延曆3	11. 長岡京으로 천도함	
785	을축		延曆4		
786	병인		延曆5		
787	정묘		延曆6		
788	무진		延曆7		最澄이 比叡山에 延曆寺를 건립함
789	기사		延曆8		
790	경오		延曆9		
791	신미		延曆10		
792	임신		延曆11		
793	계유	桓武	延曆12		
794	갑술		延曆13	10. 平安京으로 천도함 11. 山背國을 山城國으로 고침	
795	을해		延曆14		
796	병자		延曆15		
797	정축		延曆16	9. 藤原內麻呂를 勘解由長官으로 삼음. 11. 坂上田村麻呂를 征夷大將軍으로 삼음	2. 菅野眞道 등이 『續日本紀』를 편찬함
798	무인		延曆17		
799	기묘		延曆18		
800	경진		延曆19		
801	신사		延曆20		6. 6년에 1번 시행된 畿內의 班田을 12년에 한 번으로 고침
802	임오		延曆21	1. 坂上田村麻呂가 陸奧에 胆澤城을 축조함	

서력	간지	천황	연호	정치·외교	사회·문화
803	계미		延曆22		
804	갑신		延曆23		
805	을유		延曆24	12. 德政相論의 결과 平安京의 조영이 정지됨	8. 最澄이 천태종을 개창함
806	병술	平城	大同1	3. 桓武天皇이 崩함 5. 平城天皇이 즉위함	8. 空海가 眞言宗을 개창함
807	정해		大同2		
808	무자		大同3		
809	기축		大同4	4. 嵯峨天皇이 淳和天皇에게 양위함 12. 平城上皇이 平城京으로 행차함	
810	경인		弘仁1	3. 藏人所를 창설하여 巨勢野足·藤原冬嗣를 頭로 삼음 9. 平城太上天皇이 平城京 천도를 표명하였으나 실패로 끝나 出家함	
811	신묘		弘仁2		
812	임진		弘仁3		
813	계사		弘仁4		
814	갑오	嵯峨	弘仁5		
815	을미		弘仁6		
816	병신		弘仁7		
817	정유		弘仁8		
818	무술		弘仁9		
819	기해		弘仁10		
820	경자		弘仁11	4. 藤原冬嗣 등이 『弘仁格』, 『弘仁式』을 편찬함	
821	신축		弘仁12		
822	임인		弘仁13		
823	계묘	淳和	弘仁14	4. 嵯峨天皇이 양위하고, 淳和天皇이 즉위함	2. 太宰府 管內에 公營田을 설치함
824	갑진		天長1		

서력	간지	천황	연호	정치·외교	사회·문화
825	을사		天長2		
826	병오		天長3		
827	정미		天長4		
828	무신		天長5		12. 空海가 綜藝種智院을 창설함
829	기유		天長6		
830	경술		天長7		
831	신해		天長8		
832	임자		天長9		
833	계축		天長10		
834	갑인		承和1		
835	을묘		承和2		
836	병진		承和3		
837	정사		承和4		
838	무오		承和5		
839	기미		承和6		
840	경신		承和7		12. 藤原緒嗣 등이 『日本後紀』를 편찬함
841	신유	仁明	承和8		
842	임술		承和9	7. 嵯峨上皇이 崩함. 伴健岑·橘逸勢 등이 모반 사건을 일으키려 하였으나, 실패로 끝남(承和의 變)	
843	계해		承和10		
844	갑자		承和11		
845	을축		承和12		
846	병인		承和13		
847	정묘		承和14		
848	무진		嘉祥1		
849	기사		嘉祥2		

서력	간지	천황	연호	정치·외교	사회·문화
850	경오	文德	嘉祥3	3. 仁明天皇이 崩함 4. 文德天皇 즉위	
851	신미		仁壽1		
852	임신		仁壽2		
853	계유		仁壽3		
854	갑술		齊衡1		
855	을해		齊衡2		
856	병자		齊衡3		
857	정축		天安1	2. 藤原良房을 太政大臣으로 삼음	
858	무인	清和	天安2	8. 文德天皇이 崩함 11. 清和天皇 즉위	
859	기묘		貞觀1		
860	경진		貞觀2		
861	신사		貞觀3		
862	임오		貞觀4		宣明曆을 실시함
863	계미		貞觀5		
864	갑신		貞觀6		
865	을유		貞觀7		
866	병술		貞觀8	9. 應天門의 變이 발생함	
867	정해		貞觀9		
868	무자		貞觀10		惟宗直本이『令集解』를 편찬함
869	기축		貞觀11	9.『貞觀格』을 시행함	4. 藤原氏宗 등이『貞觀格』을 편찬함 8. 藤原良房등이『續日本後紀』를편찬함
870	경인		貞觀12		
871	신묘		貞觀13		8. 藤原基經등이『日本文德天皇實錄』을 편찬함
872	임진		貞觀14		

서력	간지	천황	연호	정치·외교	사회·문화
873	계사		貞觀15	4. 황자·황녀에게 源姓을 하사함(清和源氏)	
874	갑오		貞觀16		
875	을미		貞觀17		
876	병신		貞觀18		
877	정유		元慶1		
878	무술		元慶2		
879	기해	陽成	元慶3		12. 畿內5국의 4000町을 공용으로 충당시킴
880	경자		元慶4		
881	신축		元慶5		
882	임인		元慶6		
883	계묘		元慶7		
884	갑진		元慶8	6. 藤原基經이 關白이 됨	
885	을사	光孝	仁和1		
886	병오		仁和2		
887	정미		仁和3		
888	무신		仁和4		
889	기유		寬平1	5. 高望王 등에게 平朝臣의 姓을 하사함(桓武平氏)	
890	경술		寬平2		
891	신해		寬平3	2. 菅原道眞을 藏人頭로 임명함	
892	임자	宇多	寬平4		5. 菅原道眞이 『類聚國史』를 편찬함
893	계축		寬平5		
894	갑인		寬平6	9. 견당사를 중지함	
895	을묘		寬平7		
896	병진		寬平8		4. 諸宮·王臣家·五位 이상의 私營田을 금함

서력	간지	천황	연호	정치·외교	사회·문화
897	정사		寬平9		
898	무오		昌泰1		
899	기미		昌泰2		
900	경신		昌泰3		
901	신유		延喜1	1. 菅原道眞을 大宰權帥로 좌천함	8. 藤原時平이『日本三代實錄』을 편찬함
902	임술		延喜2		3. 延喜의 莊園整理令
903	계해		延喜3		
904	갑자		延喜4		
905	을축		延喜5		4. 紀貫之 등이『古今和歌集』을 편찬함
906	병인		延喜6		
907	정묘		延喜7		11. 藤原時平 등이『延喜式』을 편찬함
908	무진	醍醐	延喜8		
909	기사		延喜9		
910	경오		延喜10		
911	신미		延喜11		
912	임신		延喜12		
913	계유		延喜13		
914	갑술		延喜14	4. 三善淸行이『意見封事十二箇條』를 奏上함	
915	을해		延喜15		
916	병자		延喜16		
917	정축		延喜17		
918	무인		延喜18		
919	기묘		延喜19		
920	경진		延喜20	황자 高明 등에게 源姓을 하사함(醍醐源氏)	

서력	간지	천황	연호	정치·외교	사회·문화
921	신사		延喜21		
922	임오		延喜22		
923	계미		延長1		
924	갑신		延長2		
925	을유		延長3		
926	병술		延長4		
927	정해		延長5		
928	무자		延長6		
929	기축		延長7		
930	경인		延長8	藤原忠平을 섭정으로 삼음	
931	신묘		承平1		
932	임진		承平2		
933	계사		承平3		
934	갑오		承平4		
935	을미		承平5		
936	병신		承平6		
937	정유		承平7		11. 富士山 분화.
938	무술	朱雀	天慶1		
939	기해		天慶2	12. 平將門이 上野國府를 공략함(平將門의 亂). 藤原純友이 반란을 일으킴(藤原純友의 亂)	
940	경자		天慶3		
941	신축		天慶4	11. 藤原忠平이 關白으로 임명됨	
942	임인		天慶5		
943	계묘		天慶6		
944	갑진		天慶7		
945	을사		天慶8		
946	병오	村上	天慶9		

서력	간지	천황	연호	정치·외교	사회·문화
947	정미		天曆1		
948	무신		天曆2		
949	기유		天曆3		
950	경술		天曆4		
951	신해		天曆5		
952	임자		天曆6		
953	계축		天曆7		
954	갑인		天曆8		
955	을묘		天曆9		
956	병진		天曆10		
957	정사		天德1	12. 菅原文時가「意見封事三箇條」를 주상함	
958	무오		天德2		3. 乾元大寶를 주조함
959	기미		天德3		
960	경신		天德4		
961	신유		應和1		
962	임술		應和2		
963	계해		應和3		
964	갑자		康和1		
965	을축		康和2		
966	병인		康和3		
967	정묘	冷泉	康和4	7.『延喜式』시행 12.源高明이 左大臣에 취임함	
968	무진		安和1		
969	기사		安和2	3. 安和의 變이 발생함	
970	경오		天祿1	5. 藤原伊尹이 섭정이 됨	
971	신미	円融	天祿2		
972	임신		天祿3	11. 權中納言 藤原兼通이 關白內大臣이 됨	

서력	간지	천황	연호	정치·외교	사회·문화
973	계유		天延1		
974	갑술		天延2	2. 藤原兼通이 太政大臣이 됨	
975	을해		天延3		
976	병자		貞元1		
977	정축		貞元2	10. 藤原頼忠이 關白이 됨	
978	무인		天元1	10. 藤原頼忠이 太政大臣, 源雅信이 左大臣, 藤原兼家가 右大臣이 됨	
979	기묘		天元2		
980	경진		天元3		
981	신사		天元4		
982	임오		天元5		
983	계미		永觀1		
984	갑신	花山	永觀2		
985	을유		寬和1		4. 源信이 『往生要集』을 편찬함
986	병술		寬和2	6. 花山天皇이 花山寺에서 출가함 7. 외조부인 藤原兼家가 섭정함	
987	정해		永延1		
988	무자		永延2		11. 尾張國의 郡司·백성 등이 國守 藤原元命의 非法을 호소하여 해임을 요구함
989	기축	一條	永祚1	6. 太政大臣 藤原頼忠이 薨함 12. 藤原兼家가 太政大臣이됨	
990	경인		正曆1	1. 藤原定子가 入內함	
991	신묘		正曆2		
992	임진		正曆3		
993	계사		正曆4		
994	갑오		正曆5		
995	을미		長德1	5. 藤原道長에게 內覽의 宣旨를 하사함	

서력	간지	천황	연호	정치·외교	사회·문화
996	병신		長德2	7. 藤原道長이 左大臣이 됨	
997	정유		長德3		
998	무술		長德4		藤原道長이 『御堂關白記』를 편찬함
999	기해		長保1	10. 藤原彰子가 入內함	
1000	경자		長保2	2. 藤原定子를 황후, 藤原彰子를 중궁으로 삼음	

IV
역사 지도

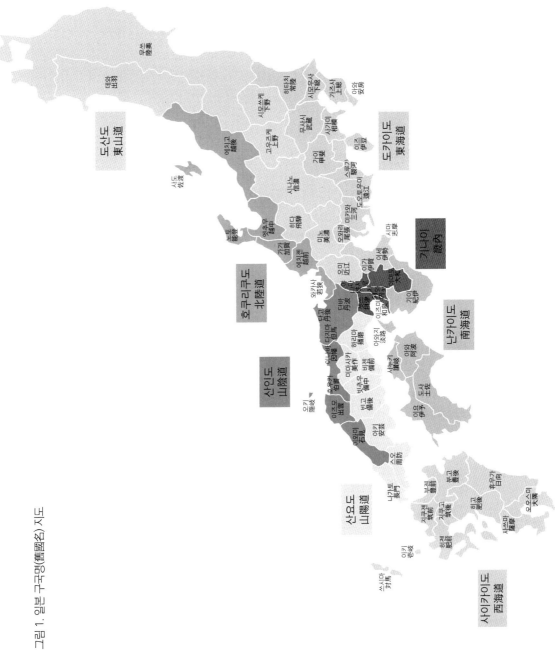

그림 1. 일본 구국명(舊國名) 지도

그림 2. 일본 현재 현(縣) 별 지도

홋카이도
北海道

아오모리
青森

이와테
岩手

아키타
秋田

미야기
宮城

야마가타
山形

후쿠시마
福島

니가타
新潟

도치기
栃木

이바라기
茨城

군마
群馬

사이타마
埼玉

도쿄
東京

가나가와
神奈川

지바
千葉

야마나시
山梨

나가노
長野

도야마
富山

이시카와
石川

후쿠이
福井

기후
岐阜

아이치
愛知

시즈오카
静岡

시가
滋賀

교토
京都

오사카
大阪

나라
奈良

미에
三重

와카야마
和歌山

효고
兵庫

돗토리
鳥取

오카야마
岡山

히로시마
広島

시마네
島根

야마구치
山口

가가와
香川

도쿠시마
徳島

고치
高知

에히메
愛媛

후쿠오카
福岡

사가
佐賀

나가사키
長崎

구마모토
熊本

오이타
大分

미야자키
宮崎

가고시마
鹿児島

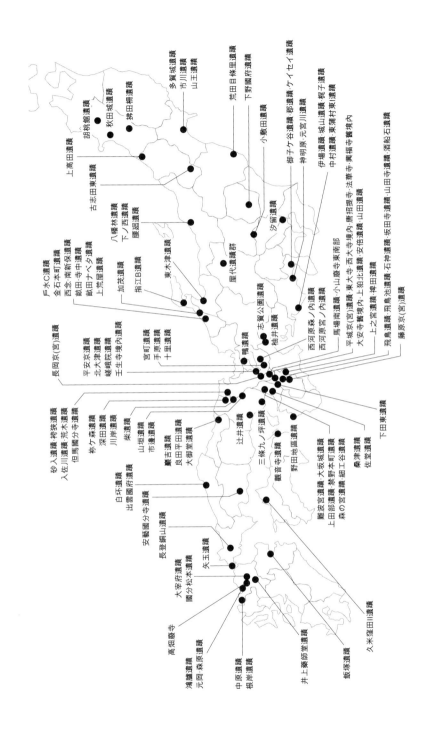

그림 3. 일본 전국 주요 목간 출토지

이 지도는 목간학회 편 「木簡から古代がみえる」岩波書店(2010, x-xi쪽)에 게재된 「本書に登場する主な木簡出土遺跡」 및 奈良文化財研究所 飛鳥資料館 「木簡黎明 –飛鳥に集ういにしえの文字たち–」(2010, 8쪽)에 게재된 「展示木簡出土遺跡」을 바탕으로 본서에 소개된 유적 중 10점 이상이 출토된 유적들 추가하여 작성한 것이다.

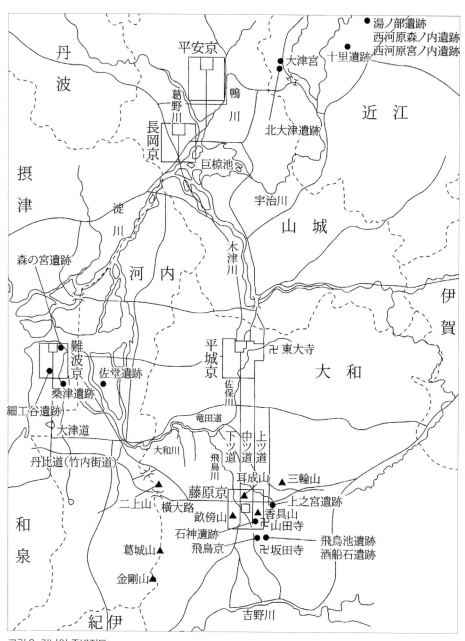

그림 3. 기나이 주변지도

奈良文化財研究所·飛鳥資料館『木簡黎明 -飛鳥に集ういにしえの文字たち-』(2010, 8쪽)

V

일본 목간 관련
연구 성과 목록

종류	저자 (한자 표기)	저자 (한글 표기)	제목	출처	발행처	발간 연대
논문	平川南	히라카와 미나미	日本古代木簡 硏究의 現狀과 新視點	「한국고대사연구」 19	한국고대사학회	2000
논문	余信鎬	余信鎬	木簡이 말하는 고대사-일본 의 木簡 연구 성과를 중심으 로-	「국제언어문학」 제13 호	국제언어문학회	2006
발표문	三上喜孝	미카미 요시타카	일본 고대 목간의 계보-한국 출토 목간과의 비교검토를 통 하여-	한국목간학회 학술대회	한국목간학회	2007
논문	三上喜孝	미카미 요시타카	일본 고대 목간의 계보-한국 출토 목간과의 비교검토를 통 하여-	「목간과 문자」 창간 호	한국목간학회	2008
논문	馬場基	바바 하지메	古代日本의 荷札	「목간과 문자」 2호	한국목간학회	2008
현장 조사	權仁翰	권인한	일본 문자자료 현장조사(제7 차) 탐방기	「목간과 문자」 2호	한국목간학회	2008
단행본	東野治之	토노 하루유키	목간이 들려주는 일본의 고대		주류성	2008
논문	李京燮	이경섭	古代 韓日의 文字文化 交流와 木簡	「新羅文化」 第34輯	동국대학교 신라문화연구소	2009
논평	金在弘	김재홍	"나무조각에서 역사읽기:平川 南 著『古代地方木簡の硏究』 (吉川弘文館, 2003)"	「목간과 문자」 3호	한국목간학회	2009
논문	三上喜孝	미카미 요시타카	形態와 記載樣式으로 본 日本 古代木簡의 特質	「목간과 문자」 3호	한국목간학회	2009
논문	權仁翰	권인한	목간을 통해서 본 고대 동아 시아의 문자문화-한·일 초기 목간의 비교를 중심으로-	「목간과 문자」 6호	한국목간학회	2010
논문	金慶浩	김경호	한·중·일 동아시아 3국의 목 간 출토 및 연구 현황	「한국고대사연구」 59	한국고대사학회	2010
현장 조사	余昊奎	여호규	목간과 함께 한 일본 고대 도 성 답사기	「목간과 문자」 6호	한국목간학회	2010
논문	三上喜孝	미카미 요시타카	고고자료로서의 목간(木簡)	「한국고대사연구」 57	한국고대사학회	2010

종류	저자 (한자 표기)	저자 (한글 표기)	제목	출처	발행처	발간 연대
논문	栄原永遠男	사카에하라 도와오	일본에서의 목간연구와 과제-『木簡研究』30년	「목간과 문자」 5호	한국목간학회	2010
논문	馬場基	바바 하지메	木簡研究 現場에서의 2가지 試圖	「목간과 문자」 8호	한국목간학회	2011
논문	三上喜孝	미카미 요시타카	일본 출토 고대목간-근년 (2008~2011) 출토 목간-	「목간과 문자」 7호	한국목간학회	2011
논문	尹在碩	윤재석	韓國·中國·日本 출토 論語木簡의 비교 연구	「東洋史學研究」 第114輯	동양사학회	2011
논문	權仁翰	권인한	韓·日 初期 木簡을 통해서 본 한문 어법의 선택적 수용과 변용	「日本研究」 第13輯	부산대학교 일본연구소	2012
논문	三上喜孝	미카미 요시타카	일본 출토 고대목간-근년 (2012) 출토목간-	「목간과 문자」 9호	한국목간학회	2012
논문	榮原永遠男	榮原永遠男 (사카에하라 토와오)	목간과 정창원 문서로 본 노래의 표기	「口訣研究」 第29輯	구결학회	2012
논문	三上喜孝	미카미 요시타카	일본 출토 고대목간-정창원 傳世 목간-	「목간과 문자」 10호	한국목간학회	2013
논문	三上喜孝	미카미 요시타카	일본 출토 고대목간-지방에서의 의례와 목간-	「목간과 문자」 12호	한국목간학회	2014
단행본	市大樹	이치 히로키	아스카의 목간-일본 고대사의 새로운 해명-		주류성	2014
논문	舘野和己	다테노 가즈미	日本 木簡研究의 시작과 현황	「목간과 문자」 14호	한국목간학회	2015
논문	三上喜孝	미카미 요시타카	일본 출토 고대 문자자료-仙台市 鍛治屋敷 A遺跡 출토 刻書砥石-	「목간과 문자」 14호	한국목간학회	2015
논문	?	한정훈	동아시아 중세 목간의 연구현황과 형태 비교	「사학연구」 제119호	한국사학회	2015
논문	桑田訓也	구와타 구니야	日本의 구구단·曆 관련 출토 문자자료와 그 연구 동향	「목간과 문자」 17호	한국목간학회	2016
논문	森公章	모리 기미유키	日本 古代史의 研究와 木簡	「목간과 문자」 17호	한국목간학회	2016

종류	저자 (한자 표기)	저자 (한글 표기)	제목	출처	발행처	발간 연대
논문	三上喜孝	미카미 요시타카	일본 출토 고대 목간-9세기 의료시설에 관한 목간들-	「목간과 문자」 16호	한국목간학회	2016
논문	李京燮	이경섭	6~7세기 한국 목간을 통해서 본 일본 목간문화의 기원	「新羅史學報」 37	신라사학회	2016
논문	三上喜孝	미카미 요시타카	일본 출토 고대 목간- 9세기 지방사회의 쌀의 출납 장부-	「목간과 문자」 18호	한국목간학회	2017
단행본	佐藤信	사토 마코토	목간에 비친 고대 일본의 서 울 헤이조쿄		성균관대학교 출판부	2017
논문	三上喜孝	미카미 요시타카	일본 출토 고대 목간-秋田県 払田柵跡 151차 조사 출토 漆 紙文書-	「목간과 문자」 20호	한국목간학회	2018
논문	渡辺晃宏	와타나베 아키히로	月城垓字 출토 木簡과 日本 古 代木簡의 비교	「목간과 문자」 20호	한국목간학회	2018
논문	畑中彩子	하타나카 아야코	목간群으로서의 성산산성 목 간-일본 고대 꼬리표(付札) 목 간 및 공방운영의 검토를 통 해서-	「목간과 문자」 21호	한국목간학회	2018
논문	三上喜孝	미카미 요시타카	일본 출토 고대 문자자료-秋 田県 秋田城跡 111次 調査 出 土 具注暦 기재 漆紙文書-	「목간과 문자」 22호	한국목간학회	2019
논문	李成市	이성시	신라·백제 목간과 일본 목간	『문자와 고대 한국 2』	주류성	2019
논문	吳秀文	오수문	木簡に見る奈良時代の文字 使用-古事記編纂時代の文字 の普及について-	「日本語文學」 第87輯	일본어문학회	2019
논문	市大樹	이치 히로키	일본 7세기 목간에 보이는 한 국목간	「목간과 문자」 22호	한국목간학회	2019
논문	三上喜孝	미카미 요시타카	일본 출토 고대 목간-고대 지 역 사회에서의 농업경영과 불 교활동-	「목간과 문자」 24호	한국목간학회	2020
논문	鄭東俊	정동준	동아시아의 典籍交流와 『論 語』 목간	「목간과 문자」 24호	한국목간학회	2020

VI

총람

1. 岩手縣

1) 向中野館遺跡(6次)

1. 이름 : 무카이나카노다테 유적(6차)

2. 출토지 : 岩手縣(이와테현) 盛岡市(모리오카시)

3. 발굴기간 : 2004.6~2004.10

4. 발굴기관 : ㈶岩手縣文化振興事業團埋藏文化財センター

5. 유적 종류 : 취락

6. 점수 : 5

7. 유적과 출토 상황

向中野館遺跡은 JR모리오카역의 남쪽 약 2.5㎞에 있는 雫石川右岸에 위치한다. 조사 결과 헤이안시대의 토갱·포함층(RZ007)이 출토되었다(중·근세 유구 포함).

목간은 포함층 RZ007에서 2점, 중세의 굴 RZ00706에서 2점, 유구 밖에서 1점, 총 5점이 출토되었다. 포함층(RZ007)은 9세기 초두에서 10세기 전반으로 비정된다. 이 구역에서는 묵흔을 확인할 수 없는 封緘狀 목제품이 출토되었다(길이 358㎜, 폭 98㎜, 두께 11㎜). 삼나무판 목재로 상부에는 구멍이 좌우 2개, 총 4개가 있다. 또 뒷면에는 직경 1㎜ 정도의 관통되지 않은 작은 구멍이 9개 있다.

8. 목간

(1)

□家

상하 양단의 뒷면에 오른쪽 사선으로 칼집이 나 있고 각각 상하부를 잘랐다. 뒷면의 상반부에도 같은 칼집이 나 있다. 좌우의 양변은 나눈 후 깎았다.

(2)

[　　　]

상단은 부러지고, 중앙부 및 하단은 좌변에서 수평으로 칼집을 넣어 부러뜨렸다. 좌우 양변은 쪼갠 후 깎아 다듬었다.

9. 참고문헌

北村忠昭「岩手·向中野館遺跡」(『木簡研究』28, 2006年)

岩手縣文化振興事業團埋文センター『向中野館遺跡發掘調査報告書 第5·6次一盛岡南新都市計劃整備事業關聯遺跡發掘調査』(岩手縣文化振興事業團埋藏文化財調査報告書503) 2007年

2) 落合Ⅱ遺跡

1. 이름 : 오치아이Ⅱ 유적
2. 출토지 : 岩手縣(이와테현) 奧州市(오슈시)
3. 발굴기간 : 1974.4~1974.8
4. 발굴기관 : 岩手縣教育委員會
5. 유적 종류 : 하천
6. 점수 : 3

7. 유적과 출토 상황

落合遺跡은 江刺市 중심가의 남쪽 2㎞ 부근의 평야부에 있으며, 비고 1m 내외의 微高地와 현재 수전의 저지로 이루어져 있다. 이 미고지는 아마도 北上川이나 지류인 人首川·廣瀬川의 거듭되는 범람에 의해 형성된 것이라 추측된다. 조사는 東北新幹線關係埋藏文化財의 발굴조사의 일환으로 昭和49년 4월~8월까지 실시되었다. 舊하도상에 퇴적된 층에 유물이 다량으로 포함되어 있었다. 유물은 3점의 목간(그중 2점은 묵흔이 옅고, 판독불능)을 비롯하여 하지키·스에키·목기·목제품 32점, 土錘·철제품 등이 있다. 묵서토기도 많으며 그중 약 8할은 '本'이라 적혀 있다. 또 이 저지에 접한 微高地에서는 수혈주거터가 확인되었다. 유적의 시기는 헤이안시대 중엽 쯤이라 생각된다.

8. 목간

差良紫豆二斗八升

상단이 없지만, 한쪽 편에 칼집이 있으며 하단부를 양측에서 깎아 뾰족하게 하였다. 뒷면은 본래의 면이 박리되어 명확하지 않다.

9. 참고문헌

奈文研『第1回木簡研究集會記錄』1976年(各遺跡出土の木簡(追加)の項)

平川南「東北地方出土の木簡について」(『木簡研究』1, 1979年)

岩手縣教委『東北新幹線關係埋藏文化財調查報告書Ⅵ』(岩手縣文化財調查報告書50) 1980年

3) 胆澤城跡(20次)
4) 胆澤城跡(25次)

1. 이름 : 이사와조 유적(20차, 25차)
2. 출토지 : 岩手縣(이와테현) 奧州市(오슈시)
3. 발굴기간 : 1975.7~1975.10
4. 발굴기관 : 水澤市敎育委員會
5. 유적 종류 : 관아
6. 점수 : 3

7. 유적과 출토 상황

胆澤城은 延曆21년(802)에 조영된 것으로 多賀城에서 鎭守府가 옮겨진 것으로 추측된다. 胆澤城跡은 岩手縣水澤市佐倉河에 있다. 유적은 南流하는 北上川에서 서쪽에서 거의 직선으로 교차하는 胆澤川의 남측 평야부에 있다. 통칭 '方八丁'이라 불리며 한변 약 650m의 방형으로 토루 형태의 둔덕이 되어 지금은 도로로 남아 있다. 발굴조사 결과, 외곽을 둘러싼 토루 형태의 둔덕은 토담이라는 것을 알게 되었다. 昭和50년 8월, 서변외곽선 중앙부의 조사에서 묵흔이 아주 약간 확인되는 목간이 3점, 昭和51년 11월, 외곽남문외측大溝 埋土 최하층에서 4점 출토되었다.

8. 목간

(1)

```
            勝成
□君□〔進?〕第三
              全□
```

상단 오른쪽 절반의 일부와 하단이 결손되었으며 상단의 양측에 칼집이 있다. 형태상으로 보아 일단 付札이라고 생각되나 내용은 알 수 없다.

(2)

・□納□□□〔役皮?〕

・□善□

엇결목재를 이용하였기 때문에, 앞면 晩材部 부분의 묵이 번져 있지만 희미하게 판독할 수 있다. 상·하단 모두 결손. 뒷면은 목재의 부식이 심하며 나아가 상반부가 깎여나가 있다.

(3)

・大大大

・□大□

습서목간이다. 상·하단과 한쪽을 결손. 앞뒤 모두 깎였다.

9. 참고문헌

水澤市教委『岩手縣水澤市佐倉河 胆澤城跡─昭和50年度發掘調查槪報』1976年

奈文硏『第1回木簡硏究集會記錄』1976年(各遺跡出土の木簡(追加)の項)

平川南「東北地方出土の木簡─払田柵跡·胆澤城跡─」(奈文硏『第3回木簡硏究集會記錄』1979年)

平川南「東北地方出土の木簡について」(『木簡硏究』1, 1979年)

5) 胆澤城跡(39次)

1. 이름 : 이사와조 유적(39차)

2. 출토지 : 岩手縣(이와테현) 奧州市(오슈시)

3. 발굴기간 : 1981.4~1981.11

4. 발굴기관 : 水澤市敎育委員會

5. 유적 종류 : 관아

6. 점수 : 1

7. 유적과 출토 상황

胆澤城跡 제39차 조사는 해당 지역 내의 북동쪽에 있는 北方官衙 동쪽 지구에 해당 출토된 유구는 굴립주건물, 주열, 우물, 溝, 토광 등이며 크게 A~D기로 나뉜다. A기는 9세기 전반의 소규모 구·토광 등으로 칠지문서가 출토되었다. C기는 10세기 전반을 상한으로 하며 SE573 우물 중층 퇴적토에서 목간이 1점 출토되었다. 우물의 바닥에서는 자갈이 여러 개 발견된 것 외에는 출토된 유물이 거의 없다. 유물은 바닥면에서 식물 종자, 가공재와 다량의 스에키 계열의 토기가 출토되었다.

8. 목간

- □〔柴?〕田郡白木鄕中臣秋×

- 進

9. 참고문헌

水澤市教委『岩手縣水澤市佐倉河 胆澤城跡—昭和56年度發掘調査槪報』1982年

佐久間賢「岩手·胆澤城跡」(『木簡研究』4, 1982年)

6) 胆澤城跡(49次)

1. 이름 : 이사와조 유적(49차)

2. 출토지 : 岩手縣(이와테현) 奧州市(오슈시)

3. 발굴기간 : 1985.4~1985.8

4. 발굴기관 : 水澤市教育委員會

5. 유적 종류 : 관아

6. 점수 : 8

7. 유적과 출토 상황

胆澤城跡의 제49차 조사는 政廳 북변 구획시설의 중앙부 구조를 해명하기 위한 목적으로 시행되었다. 조사 결과, 북변 구획의 柱列과 용마루 통로가 거의 일치되는 梁行二間 6기로 변천하는 동서의 몇 동이 확인되었다. 목간은 상기 건물 北側溝에서 출토되었다. 이 지역의 溝에서는 2차례의 개보수가 확인되며 토축 갱을 보수한 溝 밑바닥에서 목간이 발견되었다. 같이 출토된 유물 및 층위 관계로 보아 9세기 중엽 전후에 폐기된 것으로 보인다.

8. 목간

· 「□行之古垣一荷　右木□〔者?〕□□

· 「[　　　　　　　　　　　　　　　]

　　하단에 역V자 모양의 칼집이 보이며 2차적으로 용도가 전환되었을 가능성이 있다. 뒷면은 세로 방향으로 면이 갈라져 글자의 판독이 어렵다.

9. 참고문헌

水澤市教委『岩手縣水澤市佐倉河 胆澤城跡—昭和60年度發掘調査槪報』1986年

佐久間賢「岩手·胆澤城跡」(『木簡硏究』8, 1986年)

7) 胆澤城跡(52次)

1. 이름 : 이사와조 유적(52차)

2. 출토지 : 岩手縣(이와테현) 奧州市(오슈시)

3. 발굴기간 : 1986.4~1986.9

4. 발굴기관 : 水澤市敎育委員會

5. 유적 종류 : 관아

6. 점수 : 4

7. 유적과 출토 상황

　　제52차 조사구는 政廳 남동쪽의 東方官衙와 외곽 남변내구에 끼인 남북 약 66m의 지구로 외곽남문과 政廳을 연결하는 선의 동쪽 65m 떨어진 지점에 위치한다. 유구는 9세기 초두에서 10세기에 걸쳐 있는데 크게 6기로 구분되며 B기에서 F기까지 13小期의 건물변천이 확인된다. SE1050 우물에 쌓인 흙에서 조리, 供膳과 관련된 도마, 젓가락, 주걱형 제품, 칠기, 목완, 접시,

연료의 목탄, 식료로서 사냥된 일본 사슴과 멧돼지의 뼈, 호두 및 복숭아의 종자, 밤껍질, 묵서토기를 포함한 다량의 토기, 定木, 題籤軸과 함께 4점의 목간이 출토되었다.

8. 목간

(1)

「和我連□□進白五斗」

(2)

「勘書生吉弥候豊本」

(3)

×□〔壬?〕生□〔君?〕永

9. 참고문헌

水澤市教委『岩手縣水澤市佐倉河 胆澤城跡─昭和61年度發掘調査槪報』1987年

佐久間賢「岩手·胆澤城跡」(『木簡硏究』9, 1987年)

木簡學會編『日本古代木簡選』岩波書店, 1990年

8) 胆澤城跡(59次)

1. 이름 : 이사와조 유적(59차)

2. 출토지 : 岩手縣(이와테현) 奧州市(오슈시)

3. 발굴기간 : 1989.4~1989.8

4. 발굴기관 : 水澤市敎育委員會

5. 유적 종류 : 관아

6. 점수 : 2

7. 유적과 출토 상황

胆澤城跡의 제59차 발굴조사는 굴립주열이 구획된 政廳내 서북쪽지구를 대상으로 실시하였다. 조사의 목적은 政廳구획 북서부분의 확인, 政廳 북서지구의 건물터의 유무를 확인하는 것이다. 조사 결과, 북변구획의 굴립주열과 그 내외의 溝, 서북건물에 해당하는 굴립주건물 3동 이상, 그밖에 토갱, 작은 주혈 등이 발견되었다. 목간은 북변구획 내의 溝에서 2점 출토되었으며 깊이 0.5m 전후의 구 바닥에서 목편이나 용도 불명의 목제품과 함께 발견되었다. 목간과 함께 출토된 유물은 스에키 계열의 토기와 기와가 있으며 9세기 말을 상한으로 한다. 따라서 이 목간의 폐기 연대는 9세기 말에서 10세기 전반으로 판단된다.

8. 목간

「射手所請飯壹斗五升　右內神侍射手□〔巫〕蝪万呂□□□〔請如件〕」

9. 참고문헌

水澤市教委 『岩手縣水澤市佐倉河 胆澤城跡－平成元年度發掘調査槪報』 1990年

佐久間賢 「岩手·胆澤城跡」 (『木簡研究』 12, 1990年)

木簡學會編 『日本古代木簡集成』 東京大學出版會, 2003年

9) 道上遺跡

1. 이름 : 도노우에 유적
2. 출토지 : 岩手縣(이와테현) 奧州市(오슈시)
3. 발굴기간 : 2007.4~2007.8
4. 발굴기관 : ㈶岩手縣文化振興事業團埋藏文化財センター
5. 유적 종류 : 취락

6. 점수 : 1

7. 유적과 출토 상황

道上遺跡은 조몬시대 후·만기에서 헤이안시대에 걸친 복합유적으로 胆澤선상지의 수택고위단구 동단부의 중앙 부근에 있다. 출토된 유구 대부분은 헤이안시대의 杭列, 정지층, 목질 유물을 포함한 유물포함층 등이다.

목간은 조사한 溝의 서측에서 출토된 직경 4cm 전후의 통나무를 사용한 14개의 杭列 중에서 한점 출토되었다. 출토되었을 당시 문자의 상하가 거꾸로 된 상태였다. 이 杭列의 구축 시기는 10세기쯤이다.

8. 목간

　　禁制田參段之事　字垂楊池□〔側?〕
　右田公子廣守丸進田也而□□酒□□
　　件田由被犯行者□□役主[　　]之契狀□〔併?〕
　　白于禁制如件
　　　　　[　　　]
　　　　　　　　　　□永□二□二□

통나무에 글자가 적힌 일반적인 목간과 형상이 다르고 표면을 면밀하게 다듬은 후 글자를 기입한 것으로 애초에 통나무에 글자를 기입할 의도였던 것으로 보인다. 公子廣守丸이 어떤 사람에게 기진한 3단의 논을 독점적으로 점유하여 타인이 이익을 얻는 것을 금지한다는 내용이 쓰여 있다. 다만 통나무에 글자가 상당히 작게 기입된 것으로 보아 널리 읽히기 위한 것이 아닌 금지된 행위에 대한 사전고지와 위반행위가 있을 경우 처단하기 위하여 작성된 것으로 보인다.

9. 참고문헌

岩手縣縣南廣域振興局農林部農村整備室·岩手縣文化振興事業團理文センター『道上遺跡第

3次·合野遺跡·小林繁長遺跡發掘調査報告書』(岩手縣文化振興事業團埋藏文化財調査報告書 544) 2009年

丸山浩治·石崎高臣「岩手·道上遺跡」(『木簡研究』32, 2010年)

2. 宮城縣

1) 郡山遺跡(15次)

1. 이름 : 코오리야마 유적(15차)
2. 출토지 : 宮城縣(미야기현) 仙台市(센다이시)
3. 발굴기간 : 1981.10~1981.12
4. 발굴기관 : 仙台市教育委員會
5. 유적 종류 : 관아
6. 점수 : 3

7. 유적과 출토 상황

유적은 推定方四町(1정=107m)의 관아지역과 그 남측의 推定方二町의 절 지역으로 나뉜다. 목간은 推定方二町 절 지역 내의 동측에서 실시한 제15차 조사에서 확인된 우물에서 3점이 출토되었다. 우물은 여섯 개의 층이 거의 수평으로 퇴적되었고 1호 목간이 출토된 5층에서 번새, 수키와, 치미조각 등이 출토되었다. 2, 3호 목간이 출토된 6층 하부의 우물 바닥면에서 7세기 말에서 8세기 초반에 생산된 것으로 추측되는 하지키의 독과 항아리가 일괄 출토되었다.

8. 목간
　(1)
「∨封附×
　하단 결손. 상단에서 약 1.8㎝의 위치에 좌우 얕은 칼집이 있다.
　(2)
　×學生寺×
　상·하단·좌측면 결손.
　(3)
•「　　起

・「『波婆云婆塞云婆宇宇宇宇宇』

　하단 결손. 하단을 羽子板의 상태와 같이 1.8㎝의 약 절반 0.9㎝의 폭으로 깎여나가 있다. 우측면에 칼집이 크고 작게 6곳이 있으며 그 외 묵흔 또는 소량의 깎인 자국이 몇 곳 확인된다.

9. 참고문헌

仙台市教委『郡山遺跡Ⅱ－昭和56年度發掘調査槪報』(仙台市文化財調査報告書38) 1982年

木村浩二・平川南「宮城・郡山遺跡」(『木簡研究』4, 1982年)

木簡學會編『日本古代木簡選』岩波書店, 1990年

仙台市教委『郡山遺跡發掘調査報告書－總括編(1)・總括編(2)・付圖』(仙台市文化財報告書283) 2005年

2) 田道町遺跡C地点

1. 이름 : 다미치초 유적 C 지점
2. 출토지 : 宮城縣(미야기현) 石巻市(이시노마키시)
3. 발굴기간 : 1991.10~1992.1
4. 발굴기관 : 石巻市教育委員會
5. 유적 종류 : 취락
6. 점수 : 1

7. 유적과 출토 상황

　田道町遺跡은 1991년 4월~8월에 걸쳐 조사되었다. 고훈시대, 나라・헤이안시대의 수혈주거지가 다수 발견되었다. 고대의 취락유적으로 고훈시대의 수혈주거 1동, 나라・헤이안시대의 수혈주거 4동, 굴립주건물 19동이 확인되었다. 굴립주 건물은 조사구의 서쪽에 집중되어 있는데 그중 1동만 동쪽으로 크게 치우친 형태로 세워졌다. 목간은 이 건물의 북서쪽 주혈에서 출토되었다. 묵서면은 아래를 향하였고 주혈 바닥면에 거의 누워진 상태로 출토되었다. 출토 상태로 보아 폐기된 후에 기둥의 초판으로 용도가 바뀐 것으로 보인다.

8. 목간

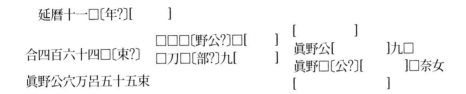

목간의 부식이 진행되어 매우 취약하다. 현재는 부식되었으나 원래 상태는 매우 대형의 단책형이었을 것으로 추측된다. 뒷면은 가공되어 있지 않았으며 앞면만 조정하였다. 중앙 상부에 기입된 [合四百六十四□]는 총계 부분으로 단위는 묵흔이 옅어 확정하기 어렵다. 목간의 성격에 대해서는 전문이 명확하지 않아 확정할 수 없지만 전체 구성을 다른 사료와 비교한다면 어느 정도의 추정은 할 수 있다.

9. 참고문헌

岡道夫·平川南「宮城·田道町遺跡C地点」(『木簡研究』14, 1992年)

石巻市敎委『田道町遺跡 B·C地点發掘調査槪報』(石巻市文化財調査報告書5) 1993年

石巻市敎委『田道町遺跡』(石巻市文化財調査報告書7) 1995年

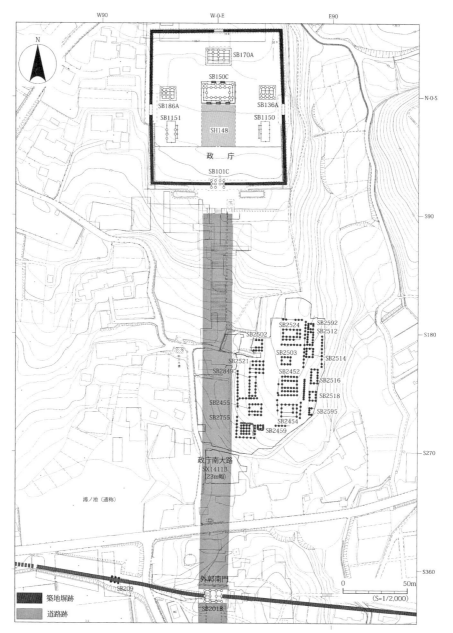

W90   W-0-E   E90

SB170A

SB150C

SB186A   SB136A

SB1151   SH148   SB1150

政　庁

SB101C

S90

SB2502   SB2524 SB2592

S180

SB2521   SB2503 SB2512

SB2849   SB2452 SB2514

SB2455   SB2516

SB2755   SB2454 SB2518

SB2459 SB2595

政庁南大路
SX1411B
(23m幅)

鴻ノ池（通称）

S270

S360

0   50m
(S=1/2,000)

SB209

外郭南門

SB201B

■ 築地塀跡
■ 道路跡

그림 1. 多賀城

宮城県教育委員会·宮城県多賀城跡調査研究所『多賀城跡』政庁南面地区Ⅱ –城前官衙総括編– (2019, 16쪽)

3) 多賀城跡外郭南面中央部(8次)
4) 多賀城跡外郭東南隅(11次)
5) 多賀城跡外郭南邊中央部(20次)
6) 多賀城跡外郭東南部地區(24次)

1. 이름 : 다가조 유적 외곽

2. 출토지 : 宮城縣(미야기현) 多賀城市(다가조시)

3. 발굴기간 : 1970.4~1974.12

4. 발굴기관 : 宮城縣多賀城跡調査研究所

5. 유적 종류 : 관아

6. 점수 : 60

7. 유적과 출토 상황

총 66점이 출토되었으나 대부분은 삭편(削片) 혹은 다른 용도로 사용한 것이며 목간의 원형이 남은 것은 약 15점 정도이다. 대부분의 목간이 多賀城 외곽지역의 남부 저습지에서 출토되었다는 것이 특징이다. 多賀城 유적은 대부분이 구릉 위에 입지하는데 현재까지 구릉에서 출토된 사례는 없다.

제8·20차 조사의 출토지는 매립지에 의해 구릉에서 내려오는 계곡물이 막히면서 생겨난 연못이다. 제11·24차 조사 출토지는 외곽동남구석의 저습지로 특히 24차의 약 60점의 목간은 동변 매립지를 걸쳐 만들어진 건물의 흙담의 정지층에서부터 출토되었다.

8. 목간

(1)

・武藏國播羅郡米五斗

　　　部領使□□刑部古□□〔乙正?〕

· 大同四年十□〔二?〕月[   ]

　　상단부 우측에만 칼집이 있고 우하부에 작은 구멍이 있다. 뒷면은 목재가 검게 변질되어 묵흔과 식별이 어렵지만 적외선 사진을 통해 상부의 기년이 명료하게 판독되었다. 武藏國播羅郡에서 보낸 쌀 5두에 붙은 것이다. 율령정부에서 실시된 동북정책은, 陸奧國뿐만 아니라, 東國 특히 坂東諸國의 큰 부담 속에서 수행된 것이며 이것은 문헌사료에서 확인할 수 있지만, 본 목간은 다시 한번 이 사실을 실증하는 것이라 할 수 있다.

　　　　(2)

· 付進上□□□□□
· 急々律令須病人呑

　　볼록렌즈 형태와 약간 유사하며 두꺼운 곳의 두께는 0.8㎝이다. 하반부가 일부 결손. 앞면은 묵이 거의 지워져 있으며 자획이 남아 있을 뿐이다. '急々律令'은 정식으로는 '急々如律令'이다. '急々如律令'은 일본에서는 伊場목간으로 음양사가 행하는 百怪祭와의 관련이 지적되는 것처럼, 道家의 혈통을 잇는 음양도의 주문으로써 차용된 것이라 생각된다. 多賀城跡출토의 '急々律令'은 시기적으로 보아 伊場 유적에서 이어지는 것으로 병을 낫게 하기 위한 주문이라 생각된다. 앞면은 아마도 [付進上.....]에서 추측할 때, 병자를 위한 약물명과 같은 것이 기입되어 있는 것으로 보인다.

　　　　(3)

· 白河團進上射□□□□〔手歷名事?〕　　　　火長神
　　　　　□守十八人　□□〔火長?〕和德三衣　人昧人
　合冊四人

· [   ]
　　大生部乙蟲　□□部嶋□〔成?〕　丈部力男
　　□□〔阿倍?〕[   ]　[   ]　大伴部建良

　　이것은 성벽의 토담 도리 내의 정지층에 산재해 있던 10점을 접합한 것이다. 상·하 양단은 완형이나 거의 균등하게 세로로 갈라졌는데 이는 용도전환 및 폐기할 때 방법 중 하나라고 생각된다. 양 측면은 결손되었으나 원래는 상당히 폭이 넓은 목간이었을 것이라 추측된다. 앞면은 白河團에서 진상한 射□의 총수와 그 내역이 적혀 있으며 또 직명을 동반한 책임자라 생각되는 2명의 이름이 보인다. 뒷면은 진상된 射□의 歷名이다. 白河團은 『續日本紀』神龜5년(728) 4월 丁丑條에 확인되므로 그 설치연대가 확실하다.

9. 참고문헌

宮城縣多賀城跡調査硏究所 『多賀城跡 昭和45年度發掘調査槪報―宮城縣多賀城跡調査硏究所年報1970』1971年

平川南 「多賀城跡出土の木簡」 (奈文硏 『第1回木簡硏究集會記錄』 1976年)

平川南 「東北地方出土の木簡について」 (『木簡硏究』 1, 1979年)

宮城縣多賀城跡調査硏究所 『多賀城跡木簡Ⅰ(本文編)』 (宮城縣多賀城跡調査硏究所資料Ⅱ) 2011年

宮城縣多賀城跡調査硏究所 『多賀城跡木簡Ⅰ(圖版編)』 (宮城縣多賀城跡調査硏究所資料Ⅱ) 2012年

7) 多賀城跡雀山地區南低湿地(34次)

1. 이름 : 다가조 유적 스즈메야마 지구 남저습지(34차)
2. 출토지 : 宮城縣(미야기현) 多賀城市(다가조시)
3. 발굴기간 : 1979.4~1979.10
4. 발굴기관 : 宮城縣多賀城跡調査硏究所
5. 유적 종류 : 관아
6. 점수 : 3

7. 유적과 출토 상황

77년도의 제34차 발굴조사구는 두 개의 구릉부 사이에 있는 택지에 있다. **多賀城** 유적 남변 토담은 이 택지를 횡단하면서 동서로 뻗어 있는데 목간은 이 토담의 기초 작업으로 생각되는 성토의 남북 양단부 퇴적층에서 출토되었다. 이 지구는 저습지이므로 토담구축의 기초 작업으로 양단을 수책으로 방토한 폭 15.6m, 두께 1.5m의 흙을 쌓고 그 상부에 5기에 걸쳐 매립지가 구축되었다. 목간은 이 토담 기초성토의 북단부 제9층에서 2점, 남단부 제8층에서 1점 출토되었다.

8. 목간

(1)

· 「類　類　類　類　類　類　」

· 「馬[　　　]尿屎馬尿屎」

북구 제9층에서 출토. 앞면의 중앙부가 높으며 단면은 약간 일그러진 태형이다. 앞뒷면 모두 풍화가 심하여 전체적으로 먹이 남아 있지 않으며 자획만이 소량 표면에 나타난다. 각 글자 사이에도 동일글자로 보이는 자획이 확인되므로 최초 습자를 쓴 후 그 면을 얇게 깎아내고, 글자가 중복되지 않는 위치에 동일글자를 쓴 것으로 보인다. 앞면의 글자는 '類'와 비슷하지만, 변이 약간 불분명하여 단정하기 어렵다. 뒷면의 두 번째와 다섯 번째의 '□'는 '戶', '米'로 추정된다.

(2)

×上[　　　]×

북구 제9층에서 출토되었다. 봉 형태의 목간으로 단면은 불규칙한 팔각형을 이루고 있다. 글자는 다른 면보다 폭이 상당히 넓고 정성스럽게 깎았다. 묵흔이 옅고 [上] 이외의 글자는 판독하기 어렵다.

(3)

· ×□尔□〔井?〕□□〔大?〕□□□村萠井村長　」

· ×　　　[　　　]□□〔両両?〕　郡郡郡□」

남구 제8층에서 출토. 글자 면을 매끄럽게 다듬었다. 우측면이 깎였고 좌측면은 갈라져 있다. 앞면 상반부는 묵흔이 옅어 판독이 어렵다.

9. 참고문헌

宮城縣多賀城跡調査研究所『多賀城跡 昭和54年度發掘調査槪報—宮城縣多賀城跡調査研究所年報1979』1980年

平川南「宮城·多賀城跡」(『木簡研究』3, 1981年)

宮城縣多賀城跡調査研究所『多賀城跡木簡Ⅰ(本文編)』(宮城縣多賀城跡調査研究所資料Ⅱ) 2011年

宮城縣多賀城跡調査研究所『多賀城跡木簡Ⅰ(圖版編)』(宮城縣多賀城跡調査研究所資料Ⅱ) 2012年

8) 多賀城跡外郭東邊地域南部(38次)

1. 이름 : 다가조 유적 외곽동변지역남부(38차)
2. 출토지 : 宮城縣(미야기현) 多賀城市(다가조시)
3. 발굴기간 : 1981.4~1981.6
4. 발굴기관 : 宮城縣多賀城跡調査研究所
5. 유적 종류 : 관아
6. 점수 : 1

7. 유적과 출토 상황

제38차 조사는 政廳의 동쪽 계곡 출구에 해당하는 作貫지구 남단의 충적지를 대상으로 실시하였다. 조사 결과 현재 지표보다 3.5m 아래에서 구획시설의 기초 작업으로 보이는 유구가 확인되었다.

목간은 제1차 성토와 제2차 성토 사이에 위치한 자연퇴적의 흑갈색점토층에서 출토되었다. 이 층에서는 목간 모양의 목찰 4점, 曲物 등의 목제품, 하지키, 스에키, 기와 등이 출토되었다. 또 이 층은 10세기 전반 즈음에 강하한 것으로 보이는 회백색 화산재로 덮여 있으며 층 내부에 녹로로 다듬은 하지키 등이 출토되어 9세기대에 퇴적한 것으로 보인다.

8. 목간

「∨長者□〔種?〕×

상부는 비스듬히 깎여 있고 상단에서 약 3.5㎝ 아래의 좌우에 칼집이 있다. 횡단면형은 약간 두툼한 볼록렌즈 상태로 상단의 일부와 하단은 결실되었다. 풍화가 심하며 묵흔은 거의 남아 있지 않다.

9. 참고문헌

宮城縣多賀城跡調査研究所『多賀城跡 昭和56年度發掘調査槪報―宮城縣多賀城跡調査研究所年報1981』1982年

佐藤則之「宮城·多賀城跡」(『木簡研究』4, 1982年)

宮城縣多賀城跡調査研究所『多賀城跡木簡Ⅰ(本文編)』(宮城縣多賀城跡調査研究所資料Ⅱ) 2011年

宮城縣多賀城跡調査研究所『多賀城跡木簡Ⅰ(圖版編)』(宮城縣多賀城跡調査研究所資料Ⅱ) 2012年

9) 多賀城跡外郭東邊地區(41次)

1. 이름 : 다가조 유적 외곽동변지구(41차)

2. 출토지 : 宮城縣(미야기현) 多賀城市(다가조시)

3. 발굴기간 : 1982.6~1982.12

4. 발굴기관 : 宮城縣多賀城跡調査研究所

5. 유적 종류 : 관아

6. 점수 : 3

7. 유적과 출토 상황

政廳 유적에서는 Ⅰ~Ⅳ기의 변천이 확인된다. 출토유물을 검토하여 각기의 연대를 파악하였다. 제Ⅰ기는 多賀城의 창건기로 8세기 전반~중반, 제Ⅱ기는 8세기 중반~780년의 고레하루노아자마로(伊治公呰麻呂)의 난에 의한 소실까지, 제Ⅲ기는 그 부흥~869년의 조간(貞觀)의 대지진에 의한 피해까지, 제Ⅳ기는 그 수복 이후인 10세기 전반이다.

제41차 조사에서는 3점의 목간이 출토되었다. 목간 3점은 모두 가장 오래된 角材列를 만들때 수반된 성토 속에서 출토되었다. 성토 속에서는 이외에 기와, 하지기, 스에키, 목제품이 출토되었다.

8. 목간

  (1)

×[   ]

×□百卌八石

×□□□〔五?〕□□〔斗?〕

  엇결목재로, 상판과 좌판이 절손되었다. 잔존부의 판면에만 3행 정도의 묵흔이 확인된다.

  (2)

×□□□〔郡?〕□〔解?〕

  판자재로 상하판, 좌우판 함께 되었다. 잔존부의 판면에만 1행 5문자 정도의 묵흔이 확인되나 행의 오른쪽 반은 결실.

(3)

　　　有　　執×

　　　　月　×

　　　□自

　　　　□自×

　　　大[　×

　　无
　　　道×
　　天

　劣劣遠道×

　□

　　天天□□×

執丸丸□□×

執執執執執×

　목제高杯의 대각 부분에 먹으로 글자를 썼음. 대각을 기준으로 상반부는 결실되었고 글자
는 대각의 항부에서 상부를 향해 적혀 있음.

9. 참고문헌

　宮城縣多賀城跡調査研究所『多賀城跡 昭和57年度發掘調査槪報―宮城縣多賀城跡調査研究所
年報1982』1983年

　後藤秀一·佐藤和彦「宮城·多賀城跡」(『木簡研究』5, 1983年)

　宮城縣多賀城跡調査研究所『多賀城跡木簡Ⅰ(本文編)』(宮城縣多賀城跡調査研究所資料
Ⅱ) 2011年

　宮城縣多賀城跡調査研究所『多賀城跡木簡Ⅰ(圖版編)』(宮城縣多賀城跡調査研究所資料
Ⅱ) 2012年

10) 多賀城跡外郭中央地區南部(44次)

1. 이름 : 다가조 유적 외곽중앙지구남부(44차)
2. 출토지 : 宮城縣(미야기현) 多賀城市(다가조시)
3. 발굴기간 : 1983.8~1983.12
4. 발굴기관 : 宮城縣多賀城跡調查研究所
5. 유적 종류 : 관아
6. 점수 : 283

7. 유적과 출토 상황

제44차 조사의 목적은 외곽남문과 정청 남문을 연결하는 도로유적을 확인하는 것이다. 조사 결과, 정청 중축선 상에서 성토에 의한 도로유적이 출토되었다. 도로유적에는 A~C로 세 시기의 변천이 확인되며 구축연대는 A기가 8세기 전반, B기가 8세기 말, C기가 9세기라 생각된다. 목간은 A1기의 石祖暗渠의 뒷부분을 채워넣은 흙에서 197점, 같은 石祖暗渠의 취수구 부근의 埋土에서 86점으로 총 283점이 출토되었다.

8. 목간

석조암거 뒷채움 흙

　(1)

・│　│□│□
　│　│　│黑万呂姉占部□用売×
　│　│　│弟万呂母占部小□□〔売?〕×
　│　│　│戶主同□〔族?〕□□□×
・×[　　　　]×

앞면에 刻界線이 3줄, 친족관계+인명이 쓰여 있다. 내용으로 보아 호적 등의 장부의 일종이라 생각되지만, 뒷면이 다듬어져 있지 않아 장부작성의 어느 단계에서 작성, 사용되었는지 검토가 필요하다.

석조암거 취수구 부근의 埋土
(2)

· 丈部 『丈丈』 大麻呂 年□〔廿?〕九左頬黒子『 取 丈部丈部
　　　　　　　　陽日鄕川合里　　　　鳥　　　』

『鳥取部丈

· 鳥鳥鳥鳥鳥鳥鳥取部丈部鳥

丈丈　鳥　　　　　　　　』

상단의 절손부에 측면에서 뚫린 구멍의 흔적이 남아 있다. 平城宮跡에서 발견된 選叙·考課 관계의 목간과 같은 015형식의 형태였을 것이라 생각된다. 내용은 앞에는 인명을 쓰고 그 아래에 할주 형태로 연령+신체적특징+본관지를 기입하였으며 그 후 여백부분에 씨족명의 습서가 이루어졌다. 兵制에 관련된 목간이 출토된 점에서 해당 목간도 병제에 관련된 것일 가능성도 있다.

9. 참고문헌

宮城縣多賀城跡調査研究所『多賀城跡 昭和58年度發掘調査槪報―宮城縣多賀城跡調査研究所年報1983』1984年

佐藤和彦「宮城·多賀城跡」(『木簡研究』6, 1984年)

木簡學會編『日本古代木簡選』岩波書店, 1990年

宮城縣多賀城跡調査研究所『多賀城跡木簡Ⅱ(本文編)』(宮城縣多賀城跡調査研究所資料Ⅲ) 2013年

宮城縣多賀城跡調査研究所『多賀城跡木簡Ⅱ(圖版編)』(宮城縣多賀城跡調査研究所資料

11) 多賀城跡外郭線西邊中央部(47次)

1. 이름 : 다가조 유적 외곽선 서변중앙부(47차)
2. 출토지 : 宮城縣(미야기현) 多賀城市(다가조시)
3. 발굴기간 : 1984.9~1984.12
4. 발굴기관 : 宮城縣多賀城跡調査研究所
5. 유적 종류 : 관아
6. 점수 : 9

7. 유적과 출토 상황

제47차 조사의 목적은 외곽 서변 저습지의 구획시설의 구조와 그 변천을 파악하는 것이다. 발견된 유구는 材木塀 흔적 3, 溝 10, 토광 2, 항열 3 등이며 출토유물로는 소량의 하지키, 스에키, 기와, 목간, 목제품 등이 있다. 材木塀은 9세기에 구축되어 9세기 말 혹은 10세기 전반까지 두 차례 재건축되고 이후 10세기 전반 혹은 10세기 중반에 폐절된 것으로 생각된다. 材木塀의 동서양측에서 9세기에 만들어지고 10세기 전반 이전에 매워진 남북의 大溝이 확인되었으며 여기서 목간이 출토되었다. 목간은 材木塀의 서측의 溝에서 8점, 동측의 溝에서 1점으로 총 9점 출토되었다. 목간은 9세기경의 것으로 보인다.

8. 목간

西側溝

(1)~(4)의 목간은 일괄로 출토. (5)~(8)의 4점은 남측에 근접한 지점에서 출토.

(1)

・｜　　　｜服部意美麻呂　∨

　　｜十月□｜□□　　□

・×□〔月?〕｜上□〔旬?〕　〔　　　〕　∨

(2)

・∨｜　｜〔　　〕人番長旅×

　　｜　｜物部□〔眞?〕事百五十×

・∨　｜下旬一人番長火□〔長?〕×

　　　　｜□　　　　　　□

글자가 끊어진 것으로 보아 본래의 목간에 2차적인 가공이 이루어진 것이라 생각된다. 기재된 내용으로 볼 때 묵서 내용은 기존의 것이며 가공 후에는 글자는 쓰지 않았다. 선 사이의 간격 등 위치 관계가 일치한다. 본래는 동일한 목간이었다고 생각된다.

(3)

　一人番長火長物部荒×｜∨

「一人番長火長」이 두 번째 목간과 동일 어구로 보이며 경계선이 존재하므로 동일하거나 혹은 일련의 목간에서 가공된 것이라 생각된다.

(4)

・□　麻呂｜　｜∨

　　□　　　　｜　｜

・在｜　｜　　　∨

경계선이 존재하는 것에서 동일하거나 혹은 일련의 목간에서 가공된 것이라 생각된다.

(5)

｜　｜□□部∨

(6)

∨七

(7)

∨ |

(5)~(7)은 크기가 다르나 (1)~(4)와 같은 형태이다. 이것들도 형태나 재질이 같으며 刻界線이 있는 것으로 보아 (1)~(4)와 일련의 목간이었던 것을 2차적으로 가공한 것일 가능성이 있다.

(8)

[   ]

青皮二枚 [   ]

위의 목간들과는 형태나 재질이 다르다. 상단이 절손되어 있고 좌우측면도 부러졌다.

東側溝

(9)

・「『□度問見』安積團解 □〔申?〕□番[   ]事 『□廿伎長□□〔二?〕□□□卅伎□□二□□』『上等申申』

畢番度玉前剗還本土安積團會津郡番度還『長□十六伎 楉十六束』『法師 師 法師 法師』

・「   ×二人□×

畢上×

      ×□□□〔郡?〕□□□×   」

얇고 긴 短冊形으로 문자는 앞면에 2행, 뒷면에 3행이 확인된다.

9. 참고문헌

宮城縣多賀城跡調査研究所『多賀城跡 昭和59年度發掘調査槪報─宮城縣多賀城跡調査研究所年報1984』1985年

高野芳宏·佐藤和彦「宮城·多賀城跡」(『木簡研究』7, 1985年)

宮城縣多賀城跡調査研究所『多賀城跡木簡Ⅱ(本文編)』(宮城縣多賀城跡調査研究所資料Ⅲ) 2013年

宮城縣多賀城跡調査研究所『多賀城跡木簡Ⅱ(圖版編)』(宮城縣多賀城跡調査研究所資料

Ⅲ) 2013年

12) 多賀城跡(大畑地區)(60次)

1. 이름 : 다가조 유적(오하타지구) (60차)
2. 출토지 : 宮城縣(미야기현) 多賀城市(다가조시)
3. 발굴기간 : 1991.5~1991.12
4. 발굴기관 : 宮城縣多賀城跡調査研究所
5. 유적 종류 : 관아
6. 점수 : 43

7. 유적과 출토 상황

제60차 조사는 多賀城跡의 북동부에 있는 외곽동문의 남서측에 인접한 통칭 大畑지구를 대상으로 실시하였다. 목간이 출토된 곳은 우물 SE2101로 목간 43점, 付札형목제품 2점 외 칠지문서 10점, 하지키, 스에키, 목제품, 종자류, 조개류 등 다량의 유물이 출토되었다. 하지키의 연대는 모두 9세기 전반으로 목간과 그 밖의 유물도 동시기의 것으로 보인다. 多賀城跡에서 목간은 모두 외곽 부근의 저지대에서 출토되었지만, 이 조사처럼 구릉 상부에서 출토된 것은 처음이다.

8. 목간

전부 43점이며 그중 28점은 삭설이다.

(1)

・「廣山二日出米九升

宮成五□〔日?〕出□斗

刀良□三日□斗

小黒栖四□□〔日出?〕五升五合」

・「子黒□□〔出?〕米一日五升

乙万呂七□□□〔日出米?〕□升

□□〔黒栖?〕□日出米□升

直□八日□□〔出米?〕五升

子□□二日出米四升　　　」

앞면이 4행, 뒷면이 5행이며, 각행에는 각각 인명+날짜+(出米)+수량이 기록되어 있다. 多賀城 내에서 근무하는 사람들에게 쌀을 지급한 것으로 생각되는데 하루당 지급량은 균등하지 않다.

(2)

・丈部廣山　　右件□〔廣?〕×

・　　　　　火長丈部×

[丈部廣山]는 상기 (1)목간의 [廣山]과 같은 인물로 보여진다.

(3)

長丈部□…□□□

삭설 7점을 접합하여 2조각으로 모은 것이다. 삭설은 그 밖에 26점 출토되었는데 이 중 15점은 문자의 유사성, 나뭇결의 상태 등으로 보아 이 목간과 동일한 목간으로 보인다.

9. 참고문헌

宮城縣多賀城跡調查硏究所『多賀城跡－宮城縣多賀城跡調查硏究所年報1991』1992年

鈴木拓也「宮城·多賀城跡」(『木簡硏究』14, 1992年)

宮城縣多賀城跡調查硏究所『多賀城跡木簡Ⅱ(本文編)』(宮城縣多賀城跡調查硏究所資料Ⅲ) 2013年

宮城縣多賀城跡調查硏究所『多賀城跡木簡Ⅱ(圖版編)』(宮城縣多賀城跡調查硏究所資料

13) 多賀城跡(鴻ノ池地區)(61次)

1. 이름 : 다가조 유적(고노이케지구)(61차)
2. 출토지 : 宮城縣(미야기현) 多賀城市(다가조시)
3. 발굴기간 : 1991.10~1991.11
4. 발굴기관 : 宮城縣多賀城跡調査硏究所
5. 유적 종류 : 관아
6. 점수 : 4

7. 유적과 출토 상황

제61차 조사는 多賀城跡남변중앙부의 통칭 鴻の池지구를 대상으로 실시한 것이다. 이 지구는 政廳 서측에서 남쪽으로 내려가는 계곡이 외곽남변토담에 의해 막히면서 형성된 연못이라고 생각되며, 현재는 저습지가 되었다. 多賀城跡의 퇴적환경은 저습지→얕은 못 혹은 늪→저습지로 변화하는데, 목간은 그중에서 못 혹은 늪 이후에 형성된 저습지 단계의 층위에서 출토되었다. 이 지구에서는 하지키, 스에키, 스에키계 토기나 미제품을 포함한 다량의 목제품이 출토되었으며 이번 조사에서는 목간 3점, 付札형목제품 2점 외 칠지문서 1점이 출토되었다.

8. 목간
(1)
・□□□〔衣?〕有有 」
(2)
・「∨三斗三升二合〔 〕

(1)(2)의 폐기연대는 목간이 출토된 층위 및 동시에 발굴된 유물로 보아 (1)이 9세기 후반, (2)가 9세기 중반으로 추정된다. 또 이외에 曲物의 바닥판에 묵서로 보이는 것이 1점 확인되었지만, 문자는 판독할 수 없다.

9. 참고문헌

宮城縣多賀城跡調査研究所『多賀城跡―宮城縣多賀城跡調査研究所年報1991』1992年

鈴木拓也「宮城·多賀城跡」(『木簡研究』14, 1992年)

宮城縣多賀城跡調査研究所『多賀城跡木簡Ⅱ(本文編)』(宮城縣多賀城跡調査研究所資料Ⅲ) 2013年

宮城縣多賀城跡調査研究所『多賀城跡木簡Ⅱ(圖版編)』(宮城縣多賀城跡調査研究所資料Ⅲ) 2013年

14) 多賀城跡(鴻ノ池地區)(81次)

1. 이름 : 다가조 유적(고노이케지구)(81차)
2. 출토지 : 宮城縣(미야기현) 多賀城市(다가조시)
3. 발굴기간 : 2009.5~2009.11
4. 발굴기관 : 宮城縣多賀城跡調査研究所
5. 유적 종류 : 관아
6. 점수 : 1

7. 유적과 출토 상황

제81차 조사는 政廳-외곽남문간도로의 서측을 따라 남에서 북으로 이어진 연못 鴻ノ池지구를 대상으로 실시되었다. 조사는 제74차 조사에서 확인된 政廳-외곽남문간도로의 SB2776에

서 서쪽으로 이어지는 구획시설의 유무를 확인하기 위해서 실시되었으며 표토에서 3~4m 아래에 있는 구획시설의 기초 작업과 폐절 후에 만들어진 호안(護岸)시설을 발굴하였다. 목간은 호안(護岸)시설의 성토에서 1점 출토되었다. 옹벽 시설은 적어도 3시기의 변천이 있었으며 목간이 출토된 곳은 2시기의 성토유구SX2968 최하층이다.

8. 목간

- ×奧丈部立男白川　　　　氏部子蘇万呂十一　　　丈部

9. 참고문헌

宮城縣多賀城跡調査研究所『多賀城跡─宮城縣多賀城跡調査研究所年報2011』2012年

宮城縣多賀城跡調査研究所『多賀城跡─宮城縣多賀城跡調査研究所年報2012』2013年

宮城縣多賀城跡調査研究所『多賀城跡木簡Ⅱ(本文編)』(宮城縣多賀城跡調査研究所資料Ⅲ) 2013年

宮城縣多賀城跡調査研究所『多賀城跡木簡Ⅱ(圖版編)』(宮城縣多賀城跡調査研究所資料Ⅲ) 2013年

吉野武「宮城·多賀城跡」(『木簡研究』35, 2013年)

15) 多賀城跡(五万崎地區)(83次)

1. 이름 : 다가조 유적(고만자키지구)(83차)
2. 출토지 : 宮城縣(미야기현) 多賀城市(다가조시)
3. 발굴기간 : 2011.6~2011.11
4. 발굴기관 : 宮城縣多賀城跡調査研究所
5. 유적 종류 : 관아

6. 점수 : 1

7. 유적과 출토 상황

이 조사구의 외곽 남변은 기저 폭 2.7m 전후의 토담으로 총 3번에 걸쳐 보수가 이루어졌다. 토담 북측의 토갱에서 출토된 목간에서 天平神護(785~767)의 연호가 확인되어 적어도 8세기 중반 정도에는 존재한 것으로 생각된다.

목간은 토담에서 북쪽으로 약 17m 떨어진 곳에 위치한 SK3073 토갱의 바닥면 부근에서 1점 출토되었다. SK3073은 폐기 토갱으로 동서 2.7m 이상, 남북 6.4m의 타원형이며 깊이는 약 1.5m, 바닥면은 평탄하다. 퇴적토는 상층이 흑갈색의 자연유입토, 하층은 목편이나 나무피를 다량으로 포함하는 흑색 점토로 목설 주체의 폐기층이다.

8. 목간

- ・　　　　　　　　　大伴部益國

　　　　　　　　　[　　]　　　　　　　」

- ・×平神護□□〔二年?〕　□□〔三日?〕　奈須直『廣成』

　　　　　　　　　　　　　　　　　□　」

상단은 앞뒤에서 다듬어서 3조각으로 나누어진 상태로 출토되었다. 하단은 깎임. 전체적으로 부식이 심하고 목피도 거칠며 먹도 옅다. 앞면에는 인명, 뒷면에는 기년(紀年)과 날짜, 서명이 있고 뒷면에는 석문 외에 먹의 흔적이 있다.

9. 참고문헌

宮城縣多賀城跡調査研究所『多賀城跡─宮城縣多賀城跡調査研究所年報2011』2012年
宮城縣多賀城跡調査研究所『多賀城跡─宮城縣多賀城跡調査研究所年報2012』2013年
宮城縣多賀城跡調査研究所『多賀城跡木簡Ⅱ(本文編)』(宮城縣多賀城跡調査研究所資料Ⅲ) 2013年

宮城縣多賀城跡調査研究所『多賀城跡木簡Ⅱ(圖版編)』(宮城縣多賀城跡調査研究所資料
Ⅲ) 2013年

吉野武「宮城·多賀城跡」(『木簡研究』35, 2013年)

16) 市川橋遺跡(水入地區)

1. 이름 : 이치카와바시 유적(미즈이리지구)

2. 출토지 : 宮城縣(미야기현) 多賀城市(다가조시)

3. 발굴기간 : 1984.1~1984.2

4. 발굴기관 : 多賀城市教育委員會

5. 유적 종류 : 도시

6. 점수 : 1

7. 유적과 출토 상황

市川橋遺跡은 특별사적 多城跡의 서측에서 남측에 걸쳐져 있으며 유적의 서측을 남북으로 흐르는 砂押川에 의해 형성된 자연제방 위에 입지하고 있다. 주택건설에 동반하여 사전 조사가 실시되었다. 유구는 고대의 溝 유적 5조로 모두 중복되었으며 목간은 가장 오래된 溝에서 출토되었다. 유물은 스에키, 高台付杯, 옹기, 회유도기 접시, 기와, 목제품 등이 있다. 목제품에는 목간 외에 盤, 曲物의 뚜껑판과 밑판, 활 등이 있다. 조사구에 인접한 지구에서는 헤이안시대 전반~후반에 걸친 굴립주 건물터, 수혈주거터, 우물터 등의 주거시설, 수전터나 溝 등의 생산 유구가 발견되었다.

8. 목간

「禁杖八十ㅇ□

9. 참고문헌

賀城市教委『市川橋遺跡調査報告書 昭和58年度發掘調査報告書』(多賀城市文化財調査報告書5) 1984年

高倉敏明「宮城·市川橋遺跡」(『木簡研究』7, 1985年)

17) 市川橋遺跡(8次)

1. 이름 : 이치카와바시 유적(8차)
2. 출토지 : 宮城縣(미야기현) 多賀城市(다가조시)
3. 발굴기간 : 1989.5~1989.7
4. 발굴기관 : 多賀城市埋藏文化財調査センター
5. 유적 종류 : 도시
6. 점수 : 1

7. 유적과 출토 상황

市川橋遺跡은 특별사적 多賀城跡의 서쪽에서 남면에 걸친 수전 지역에에 위치한다. 多賀城跡의 서측을 南流하는 砂押川이 형성된 자연제방 위, 해발 2~4m의 저습지에 입지한다. 이 조사구에서는 택지조성·주택건설에 따른 사전조사가 실시되었다. 유구는 굴립주건물 4동, 구 29조, 수전, 정지층 등으로 모두 고대에 속한다. 유물은 하지키잔·옹기, 스에키 잔·옹기·병·항아리, 스에키, 원형 벼루, 녹유도기, 회유도기, 수막새, 묵서토기 등이 출토되었다. 목간은 10세기 전반의 구에서 출토되었다. 多賀城 남면에서는 동서·남북 양방향의 도로가 여러 개 발견되었고 이 구는 그중에서도 중심이 되는 길에 해당하는 동서대로의 남측 구에 해당할 가능성이 크다.

8. 목간

安達

하단이 약간 결손되어 있지만 대체로 원형을 유지하고 있다. 봉상(棒狀)으로 상단의 목구에 문자가 남아 있다. 이 목간은 문서를 감은 축으로 사용되었을 것이다. 내용으로 보아 陸奧國安達郡 관련의 문서를 보관하기 위한 것으로 보인다. 단, 문서의 축의 길이는 일반적으로 1척 전후이나 이 목간은 그것에 비해 짧다는 것이 의심스럽다.

9. 참고문헌

多賀城市埋文調査センター『多賀城市埋藏文化財調査センター年報7』1994年

滝川ちかこ「宮城·市川橋遺跡」(『木簡研究』18, 1996年)

18) 市川橋遺跡(10次)

1. 이름 : 이치카와바시 유적(10차)

2. 출토지 : 宮城縣(미야기현) 多賀城市(다가조시)

3. 발굴기간 : 1992.7~1992.11

4. 발굴기관 : 多賀城市埋藏文化財調査センター

5. 유적 종류 : 도시

6. 점수 : 1

7. 유적과 출토 상황

市川橋遺跡은 특별사적 多賀城跡의 서쪽에서 남면에 걸쳐진 수전 지역에 위치하며 多賀城跡의 서측을 南流하는 砂押川이 형성된 자연제방 위, 해발 2~4m의 저습지에 입지한다. 본 지구는 택지조성에 따라서 사전조사를 실시한 곳이다. 제10차 조사로 발견된 유구는 굴립주건물 8

동, 수혈주거 5동, 우물 1기, 도로, 담 등이다. 각 유구의 시기는 고훈시대에서 근세·현대까지 이르지만 나라·헤이안시대가 중심이다. 조사구 내에서는 **多賀城** 남면의 방진형 토지구분을 형성하는 도로 중 동서·남북도로의 일부를 발견하였다. 시기는 10세기 전반이다. 목간은 서측조사구의 우물SE34에서 대량의 삭설과 함께 출토되었다. 우물의 연대는 나라·헤이안시대이다.

8. 목간

　　　大田部子 □〔赤〕 □〔麻〕

足　矢田石足

　깎인 나무파편으로 전체 내용과 모습은 알 수 없지만 歷名으로 생각된다.

9. 참고문헌

多賀城市埋文調査センター『多賀城市埋藏文化財調査センター年報7』1994年
滝川ちかこ「宮城·市川橋遺跡」(『木簡研究』18, 1996年)

19) 市川橋遺跡(24次)

1. 이름 : 이치카와바시 유적(24차)
2. 출토지 : 宮城縣(미야기현) 多賀城市(다가조시)
3. 발굴기간 : 1998.4~1998.6, 1998.12
4. 발굴기관 : 多賀城市埋藏文化財調査センター
5. 유적 종류 : 도시
6. 점수 : 1

7. 유적과 출토 상황

市川橋遺跡은 특별사적 多賀城跡의 서쪽에서 남면에 걸쳐진 수전 지역에 위치하며 多賀城跡의 서측을 南流하는 砂押川이 형성된 자연제방 위, 해발 2~4m의 저습지에 입지한다. 본 조사는 대규모개발에 수반된 사전종합확인조사로 多賀城跡 남면에 위치하는 浮島字高平, 市川字鴻ノ池지구를 대상으로 실시하였다. 발견된 유구에는 多賀城을 향해 뻗어 있는 폭 23m의 남북대로나 그와 교차하는 폭 12m의 동서대로, 이를 기준으로 가공된 폭 5~6m의 도로, 굴립주건물, 수혈주거, 하천 등이 있다. 유물 중에는 安, 眞, 神 등이 쓰인 묵서·각서토기도 출토되었다. 목간은 남북대로와 동서대로의 교차점에서 약 140m 동쪽으로 떨어져 남북 방향을 구획하는 溝 SD946에서 출토되었다. 폭 3.3m 이상의 溝로 조사 결과, 길이는 160m 이상에 걸친 것으로 판명되었다. 출토된 유물은 9세기 중엽으로 생각된다.

8. 목간

· 「o∨[   ]

· 「o∨天長六年二月六日

　　　□□隊長□部□人

부찰목간이다. 앞면은 묵흔이 옅어 판독이 어렵다. 상단은 앞면 및 뒷면을 다듬었다. 상단부에는 지름 2.5㎜ 정도의 작은 구멍이 확인된다.

9. 참고문헌

多賀城市埋文調査センター·多賀城市教委『市川橋遺跡 第23·24次發掘調査報告書』(多賀城市文化財調査報告書55) 1999年

武田健市「宮城·市川橋遺跡」(『木簡研究』22, 2000年)

多賀城市埋文調査センター·多賀城市教委『市川橋遺跡ー城南土地區劃整理事業に伴う發掘調査報告書Ⅰ』(多賀城市文化財調査報告書60) 2001年

20) 市川橋遺跡(25次)

1. 이름 : 이치카와바시 유적(25차)
2. 출토지 : 宮城縣(미야기현) 多賀城市(다가조시)
3. 발굴기간 : 1998.6~1998.12
4. 발굴기관 : 多賀城市埋藏文化財調査センター
5. 유적 종류 : 도시
6. 점수 : 1

7. 유적과 출토 상황

市川橋遺跡은 특별사적 多賀城跡의 서쪽에서 남면에 걸쳐진 수전 지역에 위치하며 多賀城跡의 서측을 南流하는 砂押川이 형성된 자연제방 위, 해발 2~4m의 저습지에 입지한다. 25차 조사는 토지구획정리에 동반하여 사전조사로 실시되었다. 묵서토기가 다량 출토되었다. 목간은 남북대로와 동서대로의 교차점에서 동쪽으로 약 160m 떨어진 지점의 우물 SE948에서 출토되었다. SE948는 직경 약 2.4m의 우물로 목간은 매립된 흙의 두 번째 층에서 출토되었다. 또 溝 SD946에서도 목간이 1점 출토되었지만 묵흔의 잔존상태가 나쁘고 내용은 명확하지 않다.

8. 목간

· 「∨五斗黒春　」
· 「∨七月廿八日」

黒春(현미)의 부찰(付札). 상단·하단 함께 앞면 및 뒷면을 다듬었다.

9. 참고문헌

多賀城市埋文調査センター·多賀城市教委『市川橋遺跡』(多賀城市文化財調査報告書 57) 1999年

武田健市「宮城·市川橋遺跡」(『木簡研究』22, 2000年)

多賀城市埋文調査センター·多賀城市教委『市川橋遺跡―城南土地區劃整理事業に伴う發掘調査報告書Ⅰ』(多賀城市文化財調査報告書60) 2001年

多賀城市埋文調査センター·多賀城市教委『市川橋遺跡―城南土地區劃整理事業に伴う發掘調査報告書Ⅲ(第1分冊)(第2分冊)(第3分冊)』(多賀城市文化財調査報告書75) 2004年

21) 市川橋遺跡(26次)

1. 이름 : 이치카와바시 유적(26차)
2. 출토지 : 宮城縣(미야기현) 多賀城市(다가조시)
3. 발굴기간 : 1999.4~2000.2
4. 발굴기관 : 多賀城市埋藏文化財調査センター
5. 유적 종류 : 도시
6. 점수 : 3

7. 유적과 출토 상황

市川橋遺跡은 특별사적 多賀城跡의 서쪽에서 남면에 걸쳐진 수전 지역에 위치하며 多賀城跡의 서측을 南流하는 砂押川이 형성된 자연제방 위, 해발 2~4m의 저습지에 입지한다. 8세기 후반 多賀城의 남쪽 정면에 남북대로와 교차하는 동서대로가 건설되고, 성 밖의 정비가 시작되었으며 이후 이를 기준으로 방진형 토지구획이 단계적으로 실시, 9세기에는 도시적 공간이 형성되었을 것으로 생각된다.

제26차 조사는 남북·동서대로의 교차점, 그 북쪽의 남북대로와 그 주변 지구, 그리고 대로교차점의 남동지구의 세 곳을 대상으로 실시되었다. 목간 2점은 남북대로에서 이른 단계의 서측 溝에서 출토되었다. 그 밖에 하천퇴적토에서 10세기 후반경의 다량의 토기나 黑漆塗壺鐙·橫

刀·인면묵서토기 등과 함께 목간 1점이 출토되었다.

8. 목간

(1)

• 「□野鄕戶主物部□速□□□」

• 「延曆十年九月四日　　　」

(2)

「∨高□□□□」

9. 참고문헌

多賀城市埋文調査センター·多賀城市敎委『市川橋遺跡─城南土地區劃整理事業に伴う發掘調査略報2』(多賀城市文化財調査報告書59) 2000年

千葉孝弥·鈴木孝行「宮城·市川橋遺跡」(『木簡硏究』23, 2001年)

多賀城市埋文調査センター·多賀城市敎委『市川橋遺跡─城南土地區劃整理事業に伴う發掘調査報告書Ⅱ』(多賀城市文化財調査報告書70) 2003年

多賀城市埋文調査センター·多賀城市敎委『市川橋遺跡─城南土地區劃整理事業に伴う發掘調査報告書Ⅲ(第1分冊)(第2分冊)(第3分冊)』(多賀城市文化財調査報告書75) 2004年

22) 市川橋遺跡(27次)

1. 이름 : 이치카와바시 유적(26차)
2. 출토지 : 宮城縣(미야기현) 多賀城市(다가조시)
3. 발굴기간 : 2000.4~2001.3
4. 발굴기관 : 多賀城市埋藏文化財調査センター

5. 유적 종류 : 도시

6. 점수 : 10

7. 유적과 출토 상황

제27차 조사는 제26차 조사지구 및 남북대로의 서측지구, 대로교차점의 남측지구를 대상으로 하였다. 남북대로 側溝는 4시기의 변천이 확인되었다. 목간은 남북대로 東側溝 세 번째 시기에서 2점, 가장 오래된 시기에서 1점 출토되었다. 그리고 남북대로를 덮친 홍수의 퇴적층에서 3점의 목간이 출토되었다. 또 동서대로에서 약 40m 북측으로 떨어진 동서방향의 구획 溝를 발견하였으며 2번째로 오래된 시기의 埋土에서 목간이 1점 출토되었다. 이번 조사에서는 그 남단부를 조사의 대상으로 하였다. 대부분이 고훈시대에서 근대에 이르는 하천의 유로였다. 그중 9세기에서 10세기에 걸쳐진 퇴적토에서 목간 2점이 출토되었다.

8. 목간

A구 남북대로東側溝

(1)

・「火長人長[   ]   [   ]者上

・□□□□〔弐拾□?〕   債仮入石□□〔田部?〕[   ]

(2)

・「o磐城團解　申進上兵士事 合□人 [   ]□刑部子立[   ]『道』丈部竹万呂」

・「o□   □七[   ]」

(3)

「∨『□』伊具郡小川里公廨□ (「□」는 깎이었다)

A구 남북대로西側溝

(4)

・「『□』

謹解　申進上　春

米事　合□□[　　　　　]

・「　　　　　□

合更替[　　　　　　　　]

□　　　　　　□

A구 홍수퇴적층

(5)

・[　　　]麻綿五袴綿二要米二升

・　　□巻　子集

(6)

・×年五月卅日舎人家宿買物

・　[　　　　　]□　巻奉

(7)

□人□〔麻?〕

A구 동서구획구

(8)

・「千葉鄕私馬矢五斗

・「延曆十一年四月五日□〔私?〕

D구하천유적

　(9)

「∨伊少毅一石」

　(10)

解　　申進人□

9. 참고문헌

多賀城市埋文調査センター·多賀城市教委『市川橋遺跡―城南土地區劃整理事業に伴う發掘調査略報3』(多賀城市文化財調査報告書64) 2001年

千葉孝弥·鈴木孝行「宮城·市川橋遺跡」(『木簡研究』23, 2001年)

多賀城市埋文調査センター·多賀城市教委『市川橋遺跡―城南土地區劃整理事業に伴う發掘調査報告書Ⅱ』(多賀城市文化財調査報告書70) 2003年

多賀城市埋文調査センター·多賀城市教委『市川橋遺跡―城南土地區劃整理事業に伴う發掘調査報告書Ⅲ(第1分冊)(第2分冊)(第3分冊)』(多賀城市文化財調査報告書75) 2004年

23) 市川橋遺跡(28次)

1. 이름 : 이치카와바시 유적(28차)

2. 출토지 : 宮城縣(미야기현) 多賀城市(다가조시)

3. 발굴기간 : 2001.4~2001.12

4. 발굴기관 : 多賀城市埋藏文化財調査センター

5. 유적 종류 : 도시

6. 점수 : 64

7. 유적과 출토 상황

2001년의 제28차 조사는 동서대로의 남측 10,740m²를 대상으로 실시되었다. 남북·동서대로의 교차점에서 남동쪽으로 약 300m 떨어진 지점에 있는 C110구에서는 8세기 후엽부터 9세기에 걸쳐진 하천이 발견되었다. 이 하천의 하층에는 다량의 목제품을 포함한 층이 있으며 칠지문서 1점과 함께 목간 11점이 출토되었다. 그중 해석이 된 것이 6점이다. D834의 북반부에서는 C110구에서 발견된 하천과 동일한 하천이 확인되었다. 목간은 6점 출토되었지만 그중 해독이 가능한 것이 4점이다.

동서대로의 남측에 접한 남북대로의 연장선상에 위치한 D100구, 그 남측에 접한 D27구에서 ①단계 : 8세기 중엽 이전의 사행하는 옛 하천, ②단계 : 8세기 후반경의 구하천을 정지한 후에 굴착한 운하 형태의 동서로 뻗은 溝와 그 서단부에 구축된 교각 형태 유구, ③단계 : 8세기 말~9세기 후엽의 서도로와 개수된 하천, ④단계 : 9세기 후엽~10세기의 건물·우물이 존재하는 구획의 총 4단계의 시기 변천이 확인되었다. 목간은 ①단계의 하천, ②단계의 운하, ③단계의 하천과 서도로 측구에서 30점 출토되었으며 그중 판독된 것은 22점이다. 이 시기의 하천에서는 인면묵서토기 등 제사 관계의 유물도 다량 출토되었지만, 많은 말·소 등의 동물 유체가 출토되어 이 지구의 주변에 그것들의 해체에 관한 시설이 존재하였을 것이라 추정된다.

8. 목간

C110 · D83구 ①단계 하천터

(1)

·   □   □□□□□□[   ]

[   ]

        □□ □□□□□□成 麻呂[   ]

[   ] □麻 □□□□□[   ]安麻呂[   ]呂

·[   ]

[   ]

[   ]

편의상 앞뒤 관계와 앞면만 조정하였다. 뒷면은 묵흔이 확인되지만, 부식이 심하며 해독은 어렵다. 4곳에 구멍이 있으며 목간으로 사용한 후 전용되었을 가능성이 있다.

(2)

進上o□□□　o　o　　o」

세 조각으로 분할되어 있다. 상부가 결손되어 있으며, 하단은 원형을 유지하고 있다. 앞뒤 모두 조정되어 있다. 다만 표면은 제2구멍부터 하부가, 뒷면은 제1·2조각 상부가 깎여 있다. 제2조각과 제3조각은 칼에 의해 절단되어 있다.

(3)

「□□□部龍麻呂[　　　]

측면에 구멍이 있다. 하단은 칼에 의해 절단되어 있으나 목간의 정형과 관련된 것인지, 폐기와 관련된 것인지 알 수 없다. 앞뒤 모두 커트글라스 형태로 깎여 있다. 묵서는 천공부에서 시작된다. 考選목간의 가능성이 있다.

D100 · 27구 하천터

(4)

· □壹裹百串　　　　　　　　　　　」

· □□〔天平?〕寶字三年三月廿一日」

좌변 및 하단은 원형을 유지하고 있다. 상단 일부가 결실되어 원형을 알 수 없으나 상단은 산 모양이었던 것으로 생각된다. 표면 첫 번째 글자는 扁·月(육달월변)만 남아 있다.

D100 · 27구 ③단계 하천터

(5)

· 「莫□〔於?〕謹牒□宣棒□〔申?〕便使□[　　]知下□□□

・「■■□ 　　　　　　　　　　□□[　　　]

　5조각으로 이루어져 있다. 상단은 산모양으로 성형되어 있다. 하단은 결손되었다. 좌우 양 측면은 원형을 유지. 앞뒤 관계는 알 수 없다. 표면 상단에 깎다 남은 것이라 보이는 묵흔이 있다. 앞면 석문 '便使'의 아래 문자는 '上' 혹은 '占'의 가능성이 있으며, '便使'의 이름을 적은 것이라 추측된다.

　　D100 · 27구 서도로 西側溝
　　(6)
　・「失馬文
　・「國判

　제첨축으로 세로 29㎜, 가로 26㎜, 軸部는 세로 101㎜, 가로 13㎜이다. 도망간 말과 관련된 문서의 축이라 생각되며 [國判]이 주목된다.

9. 참고문헌

多賀城市理文調査センター · 多賀城市教委 『市川橋遺跡一城南土地區劃整理事業に伴う發掘調査略報4』 (多賀城市文化財調査報告書67) 2002年

千葉孝弥 · 鈴木孝行 「宮城 · 市川橋遺跡」 (『木簡研究』 24, 2002年)

多賀城市理文調査センター · 多賀城市教委 『市川橋遺跡一城南土地區劃整理事業に伴う發掘調査報告書Ⅱ』 (多賀城市文化財調査報告書70) 2003年

多賀城市理文調査センター · 多賀城市教委 『市川橋遺跡一城南土地區劃整理事業に伴う發掘調査報告書Ⅲ (第1分冊)(第2分冊)(第3分冊)』 (多賀城市文化財調査報告書75) 2004年

24) 市川橋遺跡(29次)

1. 이름 : 이치카와바시 유적(28차)
2. 출토지 : 宮城縣(미야기현) 多賀城市(다가조시)
3. 발굴기간 : 2002.4~2002.5; 2002.7~2002.10
4. 발굴기관 : 多賀城市埋藏文化財調査センター
5. 유적 종류 : 도시
6. 점수 : 10

7. 유적과 출토 상황

제29차 조사는 多賀城跡남면에 위치하는 성의 남쪽지구 구획정리사업에 동반하여 실시한 것으로 성 밖의 간선도로인 남북·동서대로 교차점의 남동부와 남서부에서 실시하였다. 그중 동서대로의 연장선에 있는 115, 116구를 조사하여 동서대로 동도로 SX1630 등이 확인되었다.

SX1610는 남북대로의 동쪽 동서대로 연장선 상의 동서도로인데 측구는 거의 같은 위치에서 6시기의 변천이 존재한다. 목간은 SX1610의 南側溝 d기에서 1점, 北側溝 c기에서 4점, 같은 北側溝 d기에서 2점 및 南北溝 SD1632의 埋土에서 1점 출토되었다. 그 밖에 SX1610 北側溝 c기에서 付札형태지만 묵흔이 확인되지 않는 목제품 1점이 출토되었다.

8. 목간

동서대로 동도로 SX1610 南側溝(溝)

　(1)

□川部乙万呂六十八[　　]
　　　　　　　　　 [　　]

하단 및 좌우 양 측면 모두 결손되었다. 앞뒤 양면 모두 편평하게 다듬었으나 앞면에만 묵흔이 확인된다. 인명과 숫자를 적고 그 아래에 割書하였다. [六十八]을 연령으로 본다면 割書부분은 연령 구분과 신체적 특징 등으로 상정된다.

동서대로 동도로 SX1610 北側溝(溝)

(2)

• 「∨　　　　[　　　]」

• 「∨　延曆□年[　　　]」

완전한 형태. 보존상태는 양호하지만 묵흔은 아주 약간 확인될 정도이다. 앞면은 아래쪽에만 묵흔이 확인되지만 판독이 어렵다. 뒷면의 묵흔도 약간이지만 남아 있다.

(3)

「∨進□〔買?〕米七斗輕

상단을 산의 형태로 만들었으며, 하단은 결손. 좌우 양 측면은 원형을 유지한다. 뒷면은 다듬지 않았지만 칼집부분보다 위쪽이 비스듬하게 깎여 있다. 상단 세 글자는 묵흔이 옅고 하단의 3글자는 묵흔이 명료하다. 내용은 米七斗의 付札.

(4)

• 『□□宿』

　　(文樣)

•　　(文樣)

세 조각이 접합되어 있는데 그중 상단·하단이 같이 결손되었다. 우측면만 원형을 유지, 좌측면은 결손. 다른 접합하지 않은 세 조각이 있다. 묵흔은 양면에서 확인되지만 필적은 두 종류이다. 하나는 앞면의 좌반 및 뒷면의 좌반에 보이는 문양의 것으로 앞뒤 모두 그 형상은 유사하다. 뒷면의 좌측면은 원형을 알 수 있으나 문양은 잘려있다. 따라서 문양을 가진 목제품을 목간으로 전용한 것이라 보이나 용도는 알 수 없다.

南側溝(溝) SD1632

(5)

三丈去□

두 조각이 접합하여 상단·하단 모두 결손. 좌측면만 원형을 유지하고 우측면은 결손. 4글자째는 상부가 반만 남아 있어 단정은 어렵지만 남은 획으로 판단하면 [五]와 유사하다. [五]로 보면 [去五年料]의 의미로도 해석된다.

9. 참고문헌

多賀城市埋文調査センター·多賀城市教委『市川橋遺跡ー城南土地區劃整理事業に伴う發掘調査略報5』(多賀城市文化財調査報告書68) 2003年

多賀城市埋文調査センター·多賀城市教委『市川橋遺跡ー城南土地區劃整理事業に伴う發掘調査報告書Ⅱ』(多賀城市文化財調査報告書70) 2003年

千葉孝弥·廣瀬眞理子「宮城·市川橋遺跡」(『木簡研究』25, 2003年)

多賀城市埋文調査センター·多賀城市教委『市川橋遺跡ー城南土地區劃整理事業に伴う發掘調査報告書Ⅲ(第1分冊)(第2分冊)(第3分冊)』(多賀城市文化財調査報告書75) 2004年

25) 市川橋遺跡(37次)

1. 이름 : 이치카와바시 유적(37차)

2. 출토지 : 宮城縣(미야기현) 多賀城市(다가조시)

3. 발굴기간 : 2003.6~2003.7

4. 발굴기관 : 多賀城市埋藏文化財調査センター

5. 유적 종류 : 도시

6. 점수 : 5

7. 유적과 출토 상황

조사구는 多賀城 밖의 간선도로에 있는 남북대로와 이를 분단하는 고대의 하천부근에 위치하고 있다. 발견한 유구는 남북대로 SX3070과 동서방향의 하천 SX3061. 南側溝에서는 8세기 말에서 9세기 중엽에 걸쳐 4시기의 변천이 확인되었고 그중 B기가 9세기 초두에서 중엽으로 비정되는 하천SX3061과 접해있다. 목간은 SX3061에서 5점 출토되었다. 목간은 다량의 토기류와 함께 하층의 사질토에서 출토되었다.

8. 목간

(1)

「∨小川鄕丈部兄万呂三斗眞與二斗」

완전한 상태. 상·하단 모두 날카로운 것으로 잘라 구부린 흔적이 확인된다. 앞뒤 양면 모두 평활하게 정리되어 있다. 安積郡小川鄕에서 진상된 荷札이다.

(2)

「∨信夫郡稅舂米五斗

상단 좌측면이 절단되어 있으며 하단은 결실되어 있다. 부식이 심하지만 표면만 평활하게 정리되어 있다. 信夫郡에서 진상된 米五斗의 공진물 荷札이다.

(3)

· 「書生丈部廣道[   ]

　[   ]□〔傳?〕□右　右[   ]□〔書?〕

　[   ]   」

· 「[   ]

　[   ]□〔須?〕」

상·하단, 우측면은 대체로 원형이 유지되어 있으나 좌측면은 결실되어 있다. 앞면에 3행, 뒷면에 2행의 묵서가 확인된다. 양면 모두 곳곳이 깎여 있으며 덜 깎여진 묵흔도 많다. 겹쳐지는 글자가 있으므로 습서목간의 가능성도 있다.

(4)

「□□□□[　　　　　]」

상단 오른쪽 구석 및 하단이 결실되어 있다. 앞뒤 양면이 편평하게 정리되었는데 묵흔의 상
태는 불량하다.

9. 참고문헌

多賀城市埋文調査センター·多賀城市教委『市川橋遺跡 第34·35·37·38次調査報告書』(多
賀城市文化財調査報告書74) 2004年

武田健市「宮城·市川橋遺跡」(『木簡研究』26, 2004年)

26) 市川橋遺跡(45次)

1. 이름 : 이치카와바시 유적(45차)

2. 출토지 : 宮城縣(미야기현) 多賀城市(다가조시)

3. 발굴기간 : 2003.6~2003.7

4. 발굴기관 : 多賀城市埋藏文化財調査センター

5. 유적 종류 : 도시

6. 점수 : 5

7. 유적과 출토 상황

이번 조사는 多賀城 외곽 남변토담에서 남쪽으로 약 200m, 성 밖의 간선도로인 남북대로에
서 동쪽으로 약 50m 떨어진 지점에 해당한다. 조사에서는 방진형토지구획의 북2도로, 溝, 토
갱, 수전 등의 유구가 확인되었다. 목간은 溝 SD3101에서 1점, 북이도로 南側溝 SD3099에서
1점이 출토되었다. 상 폭 2.5~2.9m, 하 폭 2.0~2.3m, 깊이 32㎝로 埋土는 두 개 층으로 나뉜

다. 상층은 인위적인 매립토, 하층은 자연퇴적층이며 목간은 하층에서 출토되었다.

8. 목간

구(溝) SD3102

　(1)

久□□

북이도로 南側溝 SD3099

　(2)

・「修理所　　　送兵士馬庭□事□卅□□□

　　　　　　　　鳥取部敷成□　　　　　　丈部子醜麻呂　□部

　　火長[　　]

　　　　　　　　阿刀部廣守　磯部　　　□　　　矢田部田公□　□和部□□〔成?〕

・鳥取部□□〔麻?〕

　　□□〔丈部?〕□　　□　　□部□□

　　大伴[　　　　]　　　□〔丈?〕部綿麻呂

　　占部浦子麻呂

폭넓은 재료를 사용한 문서목간. 상단은 면을 다듬었으며 원형이 유지되고 있다. 하단은 결손되었다. 좌우 양 측면은 일부 결실되었으며 거의 원형을 유지하고 있다. 앞면이 아래를 향한 상태에서 출토되었으며 뒷면은 파손이 심하다. 병사가 '馬庭'의 수리·조작을 담당한다는 내용으로 보아 '修理所'에서 파견된 것을 알 수 있다.

9. 참고문헌

多賀城市埋文調査センター·多賀城市教委『市川橋遺跡 第45次調査報告書』(多賀城市文化財調査報告書76) 2005年

鈴木孝行「宮城·市川橋遺跡」(『木簡研究』27, 2005年)

27) 市川橋遺跡(95年度調査)
28) 市川橋遺跡(97年度調査)
29) 市川橋遺跡(98年度調査)

1. 이름 : 이치카와바시 유적(95·97·98년도)

2. 출토지 : 宮城縣(미야기현) 多賀城市(다가조시)

3. 발굴기간 : 1995.7~1998.11

4. 발굴기관 : 宮城縣教育委員會

5. 유적 종류 : 하천, 중세취락·도로

6. 점수 : 7

7. 유적과 출토 상황

이 조사는 도시계획 도로건설에 동반하여 1995년도에서 4년간 계속해서 실시되었다. 대상지는 多賀城跡 외곽남변의 남쪽 약 200m에 위치하며 범위는 동서 약 450m, 남북 약 15~25m에 달한다. 하천은 남동에서 남서 방향으로 완만한 호를 그리며 흘렀을 것이라고 추정된다. 유물의 출토 상황을 보면 호 상태의 유로 내측에 해당하는 남쪽 기슭에서 고훈시대부터 헤이안시대의 유물을 포함한 모래층이 오래된 순으로 퇴적되어 있음을 확인하였다.

목간은 나라시대~헤이안시대 초의 하천 SD5021에서 95년도 조사에서 2점, 98년도 조사에서 3점, 헤이안시대의 하천 SD5055의 퇴적층에서 98년도 조사에서 1점 출토되었다. 그밖에도 다량의 토기·기와·목제품·석제품 등이 출토되었다.

남북대로를 덮는 퇴적층은 하천의 매몰 후 및 남북대로 폐기 후의 습지상태의 오목한 요지에 퇴적된 점토층이다. 94년도 조사에서 塔婆가 출토되었다. 그 밖에 백자나 질그릇의 파편, 횰

宋通寶 등이 출토되었다.

8. 목간

SD5021

(1)

・「杜家立成雜　書要□□〔略雜?〕書□〔略?〕□□□□〔成立家?〕」
・「杜家立成雜書事要略一卷雪寒呼知故酒飮書　　　　　　　」

　길이 360㎜, 폭 36㎜의 단책형이다. 내용은 [杜家立成雜書要略]의 습서목간이다. 唐에서 전래된 書簡의 模範文例集으로 이 책의 사본은 중국에서는 이미 사라졌으나 正倉院 보물로 전해지는 光明太后筆 1개가 현존할 뿐이다. 또 출토자료 중에도 지금까지 사례가 없다. 이 목간이 처음으로 출토된 사례이다. [杜家立成] 冒頭部書名의 문자를 습서하였으며 또 한 면에는 서명에 이어 권수와 최초의 書簡文 예의 제목이 쓰여 있다.

(2)

・「∨丸女大伴部廣刀自□〔□?〕　　□〔年?〕□七
　　　　　　　　　　　　　　　　少女
・「∨　　　『照勝勝　宮隅道道送道道前』」

大伴部丸女에 관한 개인카드와 같은 기록간이다. 뒷면에는 다른 필적으로 습서가 쓰여 있다.

(3)

・「∨多珂鄕土□〔師?〕部眞」
・「∨□〔獦?〕米五斗　　　」

하찰목간. 陸奧國內의 多珂鄕에서 國府에 진상된 쌀에 매단 荷札이라 생각된다.

9. 참고문헌
多賀城市理文調査センター・多賀城市教委『市川橋遺跡 第45次調査報告書』(多賀城市文化

財調査報告書76) 2005年

鈴木孝行「宮城·市川橋遺跡」(『木簡研究』27, 2005年)

30) 山王遺跡(八幡地區)(89年度調査)

1. 이름 : 산노 유적 (야와타지구) (89년도 조사)

2. 출토지 : 宮城縣(미야기현) 多賀城市(다가조시)

3. 발굴기간 : 1989.6~1989.12

4. 발굴기관 : 宮城縣敎育委員會

5. 유적 종류 : 도시

6. 점수 : 1

7. 유적과 출토 상황

山王遺跡은 陸奧國府多賀城跡의 남서쪽에 위치, 砂押川과 七北田川에 의해 형성된 해발 5~6m의 동서로 긴 자연제방 위에 입지한다. 야요이시대에서 에도시대에 걸쳐 다양한 유구·유물이 확인되었다. 목간은 조사 개시 때 굴착했던 배수구에서 1점 출토되었다. 그 외에도 SK267에서 묵화가 그려진 널판지가 1점 출토되었다. 붓의 움직임으로 보아 묵화라 추측되지만 결실되어 분명하지 않다.

8. 목간

· □貴遺[   ]□□

· [   ]古古[   ]

양면 모두 먹의 잔존 상태가 좋지 않아 각각 두 글자만 판독된다. 닮은 글자나 같은 글자를 반복한 것으로 보아 둘 다 습서목간의 가능성이 크다.

9. 참고문헌

宮城縣教委『山王遺跡－仙塩道路建設關係遺跡八幡地區槪要』(宮城縣文化財調査報告書 138) 1990年

吉野武「宮城・山王遺跡(八幡地區)」(『木簡研究』29, 2007年)

31) 山王遺跡 1차(93年度調査)
32) 山王遺跡 2차(2차·93年度調査)

1. 이름 : 산노 유적 1~2차(93년도 조사)
2. 출토지 : 宮城縣(미야기현) 多賀城市(다가조시)
3. 발굴기간 : 1993.3~1993.12
4. 발굴기관 : 宮城縣教育委員會
5. 유적 종류 : 도시
6. 점수 : 12

7. 유적과 출토 상황

1995년도에는 전년도에 이어 八幡지구와 多賀前지구, 또 새롭게 伏石지구의 조사를 실시하였다. 목간이 출토된 것은 多賀前·伏石지구의 헤이안지대의 유구이다. 多賀前지구에서는 동서·남북도로가 여덟 갈래로 이들 교차점을 4곳을 확인하였다. 목간은 동서대로의 측구에서 9점, 우물 S659에서 1점 출토되었다. 동서대로의 측구는 9시기의 변천이 확인되었다. 3시기의 측구에서 3점, 5시기에서 2점, 1·4·7·8시기에서 각 1점의 목간이 출토되었다. 목간은 마름질된 우물 속에 쌓인 흙에서 출토되었다. 묵서토기가 압도적으로 많다.

伏石지구는 북1·북2 도로와 서3·서4도로에서 경계 지어진 구획의 내부에 해당한다. 목간은 구획 내의 중앙보다 조금 남동쪽에 있는 우물 SE3038에서 1점 출토되었다. 우물의 바닥면에서 하지키·스에키가 거의 원형의 상태로 출토되었고 목간은 이 우물에서 출토되었다.

8. 목간

多賀前지구
(1)
「[   ]」

가장 오래된 1시기 때의 南側溝에서 출토된 것으로 묵흔은 보이나 판독이 어렵다.

(2)
·「∨[   ]
·「∨弘仁十一年十月□□

3시기의 北側溝에서 출토되었다. 付札형의 목간이지만 꼭대기에 명료하게 단이 있는 것에서 네모난 쟁반을 목간으로 전용한 것으로 생각된다. 반대 면에도 글자가 있지만, 목간이 부러져있어 현재로서는 판독할 수 없다.

(3)
「[   ]

우물 SE659에서 출토된 題籤軸으로 두개로 부러져 하단이 사라졌다. 題籤軸은 70×27㎜의 장방형으로 단면이 蒲鉾형을 띤다. 題籤은 평탄한 한 면만을 이용한 것인데 명확하지는 않으나 약간의 묵흔이 보인다. 또 題籤으로서 사용된 시기에 뚫린 것인가는 불명확하지만 題籤部의 3곳을 관통한 구멍이 있다.

伏石지구
(4)
·「解文
　案

• 「會津郡

　　主政益□〔繼?〕

　　伏石지구의 우물 SE3038에서 출토된 題籤軸이다. 3곳이 부러져 하단이 사라졌다. 題籤軸은 58×46㎜의 장방형으로 양면에 명료하게 글자가 확인된다. [主政] 다음의 [益□]는 성(姓)을 생략한 인명으로 陸奧國府에 있는 각 부서에서 해문(解文)을 옮긴 것을 會津郡 主政이 이어 붙여 정리한 두루마리의 축이다.

9. 참고문헌

吉野武「宮城·山王遺跡」(『木簡研究』16, 1994年)

宮城縣教委『山王遺跡Ⅱ(多賀前地區 遺構編)』(宮城縣文化財調査報告書167) 1995年

宮城縣教委『山王遺跡Ⅲ(多賀前地區 遺物編)』(宮城縣文化財調査報告書170) 1996年

宮城縣教委『山王遺跡Ⅳ(多賀前地區 考察編)』(宮城縣文化財調査報告書171) 1996年

宮城縣教委『山王遺跡Ⅴ(第1分冊 八幡地區)(第2分冊 伏石地區·考察)』(宮城縣文化財調査報告書174) 1997年

33) 山王遺跡(多賀前地區)(3次·94年度調査)

1. 이름 : 산노 유적(다가마에지구) (3차·94년도 조사)

2. 출토지 : 宮城縣(미야기현) 多賀城市(다가조시)

3. 발굴기간 : 1994.4~1994.11

4. 발굴기관 : 宮城縣教育委員會

5. 유적 종류 : 도시

6. 점수 : 3

7. 유적과 출토 상황

1994년도는 92·93년도 조사에 이어 多賀前지구의 조사를 실시하였다. 목간은 SK410 토갱에서 1점, SD2000 하천터에서 2점의 총 3점이 출토되었다. SK410은 동서대로北側溝와 서2도로측구가 겹쳐지는 부분에 위치한 토갱이다. 도로가 조성되기 이전에 묻혔다. 兩側溝에 의해 평탄화되어 형태나 크기 등은 알 수 없다. SD2000은 남2·서0도로교차점의 동쪽 및 서측을, 북에서 남으로 흐르는 하천의 흔적으로 砂押川의 구(舊)하도로 보인다. 침식과 이동에 의한 3시기(A~C)의 변천이 확인되며, 강폭과 유구 출토면의 깊이는 시기마다 다르다. 2점의 목간이 A에서 출토되었다.

8. 목간

SK410

(1)

□〔見?〕□□

□九□〔日?〕　□

SD2000

(2)

□□五斗∨」

　모양으로 볼 때 하찰목간로 추측.

(3)

□□□」

9. 참고문헌

宮城縣敎委『山王遺跡―多賀前地區調査槪報』1993年

宮城縣教委『山王遺跡II(多賀前地區 遺構編)』(宮城縣文化財調查報告書167) 1995年

吉野武「宮城·山王遺跡」(『木簡研究』17, 1995年)

宮城縣教委『山王遺跡III(多賀前地區 遺物編)』(宮城縣文化財調查報告書170) 1996年

宮城縣教委『山王遺跡IV(多賀前地區 考察編)』(宮城縣文化財調查報告書171) 1996年

34) 山王遺跡(伏石地區)(93年度調查)

1. 이름 : 산노 유적(후세이시 지구) (93년도 조사)

2. 출토지 : 宮城縣(미야기현) 多賀城市(다가조시)

3. 발굴기간 : 1993.4~1993.12

4. 발굴기관 : 宮城縣教育委員會

5. 유적 종류 : 도시

6. 점수 : 1

7. 유적과 출토 상황

1995년도는 전년도에 이어 八幡지구와 多賀前지구, 또 새롭게 伏石지구의 조사를 실시하였다. 목간이 출토된 곳은 多賀前·伏石지구의 헤이안지대의 유구이다. 伏石지구는 북1·북2도로와 서3·서4도로에서 경계 지어진 구획의 내부에 해당한다. 목간은 구획내의 중앙보다 조금 남동쪽에 있는 우물 SE3038에서 1점 출토되었다. 우물의 바닥면에서 하지키·스에키가 거의 원형의 상태로 출토되었고 목간은 이 우물의 굴형매립토에서 출토되었다.

8. 목간

伏石지구

・「解文

　案

・「會津郡

　主政益□〔繼?〕

伏石지구의 우물 SE3038에서 출토된 題籤軸이다. 3곳이 부러져 하단이 사라졌다.

9. 참고문헌

吉野武「宮城・山王遺跡」(『木簡研究』16, 1994年)

宮城縣敎委『山王遺跡Ⅴ(第2分冊 伏石地區・考察)』(宮城縣文化財調査報告書174) 1997年

35) 山王遺跡(9次)

1. 이름 : 산노 유적(9차)

2. 출토지 : 宮城縣(미야기현) 多賀城市(다가조시)

3. 발굴기간 : 1990.4~1990.8

4. 발굴기관 : 多賀城市埋藏文化財調査センター

5. 유적 종류 : 도시

6. 점수 : 1

7. 유적과 출토 상황

이 유적이 있는 多賀城市 서부는 지리적으로 仙台평야의 북동단부에 해당, 仙台市동부에서 이어지는 넓은 충적지의 일부를 차지하고 있다. 본 유적은 그 동반부에 있다.

제9차조사(千苅田지구)

본 유적을 포함해 多賀城跡의 남부에서 서부에 위치하는 新田·市川橋·高崎 유적은 나라·헤이안시대의 유구·유물이 다수 발견되어 多賀城과 밀접한 관계가 있는 유적군으로 분류된다. 동서대로는 대륙방면에서 多賀城에 이르는 주요 루트이며 이와 접한 구획은 국사(國司) 등 상급관인의 저택, 떨어진 구역은 중·하급관인의 주거지로, 계층에 따라 택지의 班給이 이루어진 것으로 보인다. 유구는 상층과 하층으로 각각 2시기로 총 4시기의 변천이 확인된다. 그중 상층 고(古)단계의 유구는 國守館이라 생각된다. SB474는 4시기의 중복이 있으며 3시기 때의 주혈 매립토에서 목간이 1점 출토되었다. 같은 매립토에서 다량의 불에 탄 흙과 벽이 확인되므로 2시기 때 화재가 있었을 것이라 추정된다.

8. 목간

· 「右大臣□〔殿?〕
    □〔餞?〕馬□〔収?〕文
· 「□□〔大?〕臣□〔殿?〕
    餞馬収文

부찰형의 목간. 축이 되는 부분은 접합부에서 결손. 앞면은 우측하부와 좌측면, 뒷면은 우측상부와 우측면이 각각 날카로운 칼로 베어낸 듯 결실되었다. 이 목간은 유구·유물 등 고고학적인 상황으로 보아 國司官으로 추정되는 구획에서 출토되었고 내용으로 보아 國守官이라는 것을 알 수 있는 중요한 자료이다.

9. 참고문헌

多賀城市埋文調査センター『山王遺跡 第9次發掘調査報告書』(多賀城市文化財調査報告書 26) 1991年

多賀城市埋文調査センター『山王遺跡ほか 發掘調査報告書』(多賀城市文化財調査報告書 34) 1993年

千葉孝弥「宮城·山王遺跡」(『木簡研究』18, 1996年)

木簡學會編『日本古代木簡集成』東京大學出版會, 2003年

36) 山王遺跡(10次)

1. 이름 : 산노 유적(10차)

2. 출토지 : 宮城縣(미야기현) 多賀城市(다가조시)

3. 발굴기간 : 1990.4~1990.12

4. 발굴기관 : 多賀城市埋藏文化財調査センター

5. 유적 종류 : 도시

6. 점수 : 3

7. 유적과 출토 상황

본 유적이 있는 多賀城市 서부는 지리적으로 仙台평야의 북동단부에 해당, 仙台市동부에서 이어지는 넓은 충적지의 일부를 차지하고 있다. 본 유적은 그 동반부에 위치하고 있다.

제10차조사(八幡지구)

본 조사구는 특별사적 多賀城跡의 남서 약 300m의 지점에 있다. 1988년부터 자동차전용도로건설에 관한 조사가 개시되었으며 폭 20m의 노선부분이 추가되어 43,000㎡에 달하는 광대한 인터체인지 예정지를 대상으로 조사를 실시하였다. 고훈시대 중기에서 근대에 걸쳐진 유구·유물이 다수 발견되었다. 목간은 나라시대의 우물 SE5021 바닥면에서 1점, 구SD180에서 2점 출토되었다. 구SD180은 폭 약 4.2m의 대형 구로 방향은 북으로 서에서 약 32도, 조사구동단부에서는 약 7도 치우쳐있다. 퇴적토 중층에 점질토층이나 부식토층이 있으며 다량의 토기·목제품을 비롯하여 담지문서, 담사관 등이 출토되었다.

8. 목간

(1)

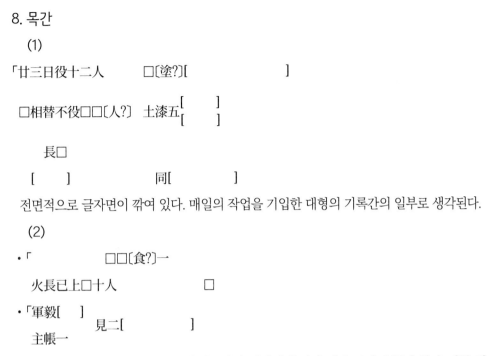

「廿三日役十二人　　　□〔塗?〕[　　　　　　　]

□相替不役□□〔人?〕　土漆五[　　]
　　　　　　　　　　　　　　　　[　　]

　　長□

[　　]　　　　　　　同[　　　　]

전면적으로 글자면이 깎여 있다. 매일의 작업을 기입한 대형의 기록간의 일부로 생각된다.

(2)

・「　　　　　　□□〔食?〕一

　火長已上□十人　　　　　　□

・「軍毅[　　]
　　　　　　見二[　　　　]
　主帳一

軍團과 관련된 목간으로 상단에서 약 1마디 위치의 측면에 작은 구멍이 뚫려 있다. 장부 정리에 관련된 것으로 추정된다. 그 밖에 SD180에서 1점 출토되었지만 묵흔이 확인될 뿐 판독이 어렵다.

9. 참고문헌

多賀城市埋文調査センター『山王遺跡 第10次發掘調査概報(仙塩道路建設に伴う八幡地區調査)』(多賀城市文化財調査報告書27) 1991年

多賀城市埋文調査センター『山王遺跡 第12次調査概報(仙塩道路建設に伴う八幡地區調査)』(多賀城市文化財調査報告書30) 1992年

多賀城市埋文調査センター『山王遺跡ほか 發掘調査報告書』(多賀城市文化財調査報告書34) 1993年

千葉孝弥「宮城・山王遺跡」(『木簡研究』18, 1996年)

多賀城市教委・建設省東北地方建設局『山王遺跡Ⅰ－仙塩道路建設に係る發掘調査報告書』
(多賀城市文化財調査報告書45) 1997年

37) 山王遺跡(12次)

1. 이름 : 산노 유적(12차)

2. 출토지 : 宮城縣(미야기현) 多賀城市(다가조시)

3. 발굴기간 : 1991.4~1991.12

4. 발굴기관 : 多賀城市埋藏文化財調査センター

5. 유적 종류 : 도시

6. 점수 : 2

7. 유적과 출토 상황

본 유적이 있는 多賀城市 서부는 지리적으로 仙台평야의 북동단부에 해당, 仙台市동부에서 이어지는 넓은 충적지의 일부를 차지한다. 본 유적은 그 동반부에 위치한다.

제12차조사(八幡지구)

본 조사구는 제10차 조사구의 동측에 해당한다. 중세의 저택 부지의 흔적이나 헤이안시대의 거리 구획의 하층에서는 나라시대의 유구가 발견되었으며 그 안의 SE5208 우물에서 목간 1점, SD180 구에서 목간 1점이 총 2점이 출토되었다. SD180의 연장부분을 조사지 서단부에서 발굴하였고 목간은 그 동쪽 약 11m의 위치에 있는 SE5208 우물에서 출토되었다. 이 우물은 출토된 토기의 연대로 보아 대략 나라시대의 것이라 생각된다. 퇴적토는 크게 상·하층으로 나뉘는데 상층에서는 다량의 토기·목제품을 비롯하여 담지문서, 담사관 등이 출토되었다. 상층은 다시 2층으로 세분되어 1층에서는 담지2호문서, 2층에서는 담지1호문서, 그리고 목간이 출토되었다. 담지문서의 연대로 보아 SD180 구(溝)유적 상층의 연대는 대략 8세기 중엽으로 생각된다.

8. 목간

　(1)

「o[　　　　　　]

　상단에서 17㎜의 위치에 작은 구멍이 있다.

　(2)

堪□□仍注事狀申送

　상·하단 모두 결손되어 있지만 이외의 내용은 알 수 없다.

9. 참고문헌

多賀城市埋文調査センター『山王遺跡 第12次調査槪報(仙塩道路建設に伴う八幡地區調査)』(多賀城市文化財調査報告書30) 1992年

多賀城市埋文調査センター『山王遺跡ほか 發掘調査報告書』(多賀城市文化財調査報告書34) 1993年

千葉孝弥「宮城·山王遺跡」(『木簡研究』18, 1996年) 多賀城市埋文調査センター『山王遺跡Ⅰ-仙塩

道路建設に係る發掘調査報告書』(多賀城市文化財調査報告書45) 1997年

鈴木孝行「宮城·山王遺跡」(『木簡研究』22, 2000年)

38) 山王遺跡(17次)

1. 이름 : 산노 유적(17차)

2. 출토지 : 宮城縣(미야기현) 多賀城市(다가조시)

3. 발굴기간 : 1992.4~1993.2

4. 발굴기관 : 多賀城市埋藏文化財調査センター

5. 유적 종류 : 도시

6. 점수 : 1

7. 유적과 출토 상황

제12차 조사구의 동측에 해당한다. 목간은 SK5422 토갱에서 1점이 출토되었다. SK5422 토갱은 평면의 장변 7.7m 단변 0.8~1.3m의 장방형이며 담지4호문서나 淡器접시의 파편 등이 출토되었다. 유물로 보아 SK5422 토갱의 연대는 8세기 전엽 쯤이라 생각된다.

8. 목간

嶋□□□□□

　오른쪽 절반이 2차적인 가공에 의해 목간의 묵흔이 보이지 않는다. 내용은 알 수 없다.

9. 참고문헌

多賀城市理文調査センター『山王遺跡 I －仙塩道路建設に係る發掘調査報告書』(多賀城市文化財調査報告書45) 1997年

鈴木孝行「宮城·山王遺跡」(『木簡研究』22, 2000年)

39) 赤井遺跡(農業集落排水に伴う工事立合)

1. 이름 : 아카이 유적(농업취락 배수에 따른 공사 입회)

2. 출토지 : 宮城縣(미야기현) 東松島市(히가시마쓰시마시)

3. 발굴기간 : 2000.5~2001.3

4. 발굴기관 : 矢本町教育委員會

5. 유적 종류 : 관아

6. 점수 : 1

7. 유적과 출토 상황

赤井遺跡은 牧鹿柵 혹은 牧鹿郡家로 추정되고 있는 관아유적으로 해발 2m 전후의 해빈 구릉 위에 입지한다. 나라시대 후반의 지방호족 道嶋氏에 관계된 유적으로 추정된다. 본 유적의 본격적인 조사는 1986년부터 개시되었고 범위는 동서 약 1.5㎞, 남북 약 1㎞에 달한다. 7~9세기 전반까지 관아에 관계된 유구가 출토되었다. 목간은 관아의 중심지구에서 서쪽으로 약 100m 지점에서 하수관매설에 따른 조사에서 출토되었다. 폭 약 30㎝의 동서구(溝) SD828 퇴적층에서 출토되었지만 함께 출토된 유물이 없어 연대는 특정하기 어렵다.

8. 목간

• 「□主諸

• 「　　海道　二番

하찰목간으로 추정. 앞면은 묵흔이 옅고 첫 글자는 판독이 어렵다. 「□主諸」는 인명으로 추측된다.

9. 참고문헌

矢本町教委·宮城縣石巻土木事務所『赤井遺跡Ⅰ 牡鹿柵·郡家推定地一縣道石巻鹿島台大衡線上區改良工事に伴う發掘調査報告』(矢本町文化財調査報告書14) 2001年

佐藤敏幸「宮城·赤井遺跡」(『木簡研究』23, 2001年)

40) 三輪田遺跡(2次)

1. 이름 : 미와다 유적(2차)
2. 출토지 : 宮城縣(미야기현) 大崎市(오사키시)
3. 발굴기간 : 1997.5~1997.9
4. 발굴기관 : 古川市敎育委員會
5. 유적 종류 : 관아
6. 점수 : 1
7. 유적과 출토 상황

三輪田遺跡은 大崎평야를 남측에서 바라보는 長岡구릉의 남단부에 구릉부와 연못을 에워싸는 곳에 입지한다. 제2차 조사지점은 제1차 조사의 북측 약 100m에 해당하며 굴립주건물, 담, 수혈주거, 구 등이 출토되었다. 7세기 말~9세기경이다. 목간은 3호 溝에서 출토되었다. 최하층에서는 식물유체를 포함하는 흑색점토층이 존재하며 그 위를 자연 그대로의 지반을 포함하는 흑색점토의 인위퇴적층이 덮고 있다. 목간은 인위퇴적층에서 출토되었고 함께 출토된 토기로 보아 8세기 전반으로 추측된다.

8. 목간

```
            □□
「□□〔大住?〕團    諸万呂
            □部
            宮万呂
```

상단은 방형의 頭部 형상이며 하단은 부러졌다. 묵흔은 선명하지 않은데 적외선 카메라를 통해 열세 글자가 확인되었다. 본 조사에서 출토된 목간을 통해 당시의 大崎지방에 타국의 군단병사가 주둔하였던 것을 알 수 있으며 더욱이 부근에 관아가 존재하는 것으로 추정된다.

9. 참고문헌

鈴木勝彦 「宮城·三輪田遺跡」 (『木簡研究』 20, 1998年)

41) 権現山遺跡(12年度調査)

1. 이름 : 곤겐야마 유적(12년도 조사)

2. 출토지 : 宮城縣(미야기현) 大崎市(오사키시)

3. 발굴기간 : 2012.5~2013.1

4. 발굴기관 : 大崎市教育委員會

5. 유적 종류 : 관아

6. 점수 : 1

7. 유적과 출토 상황

유적은 大崎 평야 북변의 築館 구릉에서 파생된 長岡 구릉 남동단부 및 구릉 주변의 저지에 입지하며 남측을 江合川의 지류인 田尻川가 서쪽에서 동쪽으로 흐른다. 그리고 매립지나 토루, 목재담, 구로 구획된 동서 1400m, 남북 850m 범위의 國史跡 宮澤 유적이 존재한다.

조사는 1988년부터의 田尻川 하천보수공사와 2002년부터 縣營圃場정비사업에 동반하여 수차례에 걸쳐 단속적으로 실시되었다. 이번 조사에서는 1989년과 2009년에 출토된 유적의 동변과 북변을 둘러싼 목재담과 溝의 나머지 10m를 확인하였다. 목간은 하천을 횡단하는 목재담의 바로 외측에서 목재담이 구축되었을 때의 지표면 부근에서 1점 출토되었다. 또 목간과 함께 연못에서는 목추, 통, 세로 절구, 건축 부재 등이 출토되었다.

8. 목간

· 從六年　十二月十一日

・矢田部黒□　　　　□□〔部?〕□

　□〔汗?〕知部　　忍山　若田部□

　상단은 절단되었고 하단은 부러져 있다. 앞면은 풍화가 심하고 육안으로는 묵서의 판독이 어렵다. 본 목간은 날짜가 연대와 약간의 간격을 두고 작게 쓰여 있는 것, 가로 방향의 각선이 있는 등 서식 상의 특징이 있다.

　9. 참고문헌

佐藤優「宮城·権現山遺跡」(『木簡研究』35, 2013年)

42) 壇の越遺跡(9次)

　1. 이름 : 단노코시 유적(9차)

　2. 출토지 : 宮城縣(미야기현) 加美郡加美町(가미군 가미마치)

　3. 발굴기간 : 2005.4~2005.11

　4. 발굴기관 : 加美町教育委員會

　5. 유적 종류 : 관아 관련 유적·취락

　6. 점수 : 1

　7. 유적과 출토 상황

　壇の越遺跡은 鳴瀬川의 지류 田川의 왼쪽 기슭에 형성된 해발 50~60m 전후의 하안단구 위에 입지한다. 나라·헤이안시대를 주체로 하는 복합유적으로 범위는 동서 약 2.0㎞, 남북 약 1.5㎞에 이르는 광대한 유적이다.

　조사는 縣營기반정비사업과 縣道이설·개량공사에 동반된 것으로 1998년도의 확인조사 이래 지속되었다. 그 결과, 나라·헤이안시대의 방진형으로 분할된 토지가 노출되었고 구획 내부에서 목재담으로 둘러싸인 저택을 비롯하여 다수의 굴립주건물, 수혈주거, 우물, 구, 토갱 등이 발견되었다. 목간은 남문에서 7정 남쪽으로 남북대로의 동쪽에 닿는 동1남7구의 토갱 SK4806의 바닥면에서 1점이 출토되었다.

목간이 출토된 SK4806은 SB4080를 폐기할 때 폐기물을 버렸던 토갱으로 SB4080의 남서쪽 구석 주혈의 남측에 있으며 雨落溝와 중복되어 있다. 형상은 동서 6.0m의 부정원형으로 깊이는 약 80㎝이다. 목간 외에는 9세기 전반경의 하지키, 스에키, 曲物, 용도 불명의 목제품 등이 출토되었다.

8. 목간
□升一升大弟又□〔給?〕三升子弟[   ]

단위를 되로 사용하는 물품의 지급에 관한 단간이다. 좌변은 절손되었고 상단은 깎이는 등의 2차적 정형이 가해진 것으로 보아 목간으로 사용한 이후에 다른 목제품으로 전환되어 사용된 것이라 추측된다.

9. 참고문헌
齊藤篤·吉野武「宮城·壇の越遺跡」(『木簡研究』28, 2006年)

宮城縣加美町教委『壇の越遺跡ⅩⅣ-平成17·18年度發掘調査報告書』(加美町文化財調査報告書13)2008年

43) 壇の越遺跡(10次)

1. 이름 : 단노코시 유적(10차)
2. 출토지 : 宮城縣(미야기현) 加美郡加美町(가미군 가미마치)
3. 발굴기간 : 2006.5~2006.11

4. 발굴기관 : 加美町敎育委員會

5. 유적 종류 : 관아 관련 유적·취락

6. 점수 : 1

7. 유적과 출토 상황

조사 결과 약 1町마다 시공된 도로에 의한 方陣형 토지분할이 확인되었고 구획 내부에서는 담으로 둘러싸인 거택을 비롯하여 굴립주건물, 수혈주거, 우물 등이 다수 출토되어 도시적인 경관을 형성하고 있었던 것으로 판명되었다. 방진형 토지분할은 크게 2시기의 변천이 확인되었다. 1기는 8세기 중엽의 東山관아창건과 함께 정비되었다. 2기는 8세기 후반으로 단구면의 경계에 노를 포함해 토담이 구축되어 토지분할이 상위단구에 한정·축소되었던 시기로 9세기 중엽까지 존속되었고 후엽에는 단계적으로 폐절되었다.

목간은 남북대로C기 西側溝의 바닥면에서 1점 출토되었다. 바로 옆에 새로이 발견된 八脚門이 위치한다.

8. 목간

□□□□□〔寸?〕

상하 양단, 우변, 세면은 쪼개어져 파손되었다. 첫 번째~세 번째 문자의 변이 '禾'변으로 같아 습서목간으로 추측된다.

9. 참고문헌

村田晃一·齊藤篤「宮城·壇の越遺跡」(『木簡研究』29, 2007年)

加美町敎委『壇の越遺跡ⅩⅤ-平成18年度發掘調査報告書』(加美町文化財調査報告書 14) 2008年

3. 秋田縣

1) 秋田城跡(25次)

1. 이름 : 아키타조 유적(25차)
2. 출토지 : 秋田縣(아키타현) 秋田市(아키타 시)
3. 발굴기간 : 1978.8~1978.12
4. 발굴기관 : 秋田城跡發掘調査事務所
5. 유적 종류 : 관아
6. 점수 : 11

7. 유적과 출토 상황

秋田城跡은 秋田市 절 안에 소재하며 동해로 흘러가는 雄物川 하구의 북측에 있다. 동서 수천m, 남북 약 1,100m이며 해발은 최고점으로 50m에 미치지 않는 평균 30m 정도의 안정된 대지이다. 본 유적의 발굴조사는 1959년부터 4년간 국영조사가 실시되어 대대적인 성과를 올렸다. 그 후 조사는 중단되었지만 최근 급격한 도시화 현상과 사적보존관리사업에 대처하기 위해 秋田市교육위원회가 秋田城跡발굴조사사무소를 설치하고 1972년부터 다시 조사를 개시하였다.

목간이 출토된 鵜の木지구는 秋田城 동외곽선보다 동쪽으로 약 100m의 성외에 해당하지만, 이전의 국영조사와 그 후의 조사에서도 대규모의 굴립주건물군이 출토되어 주목받은 지구이다.

목간은 3間×7間의 굴립주건물 유적의 북동 약 20m의 우물유적에서 출토되었다. 목간 전부 바닥면에 깔린 벽돌의 바로 위에서 출토되었다. 총 개수는 16점이지만 글자의 판독이 가능한 것은 7점이다.

8. 목간

(1)

天平六年月 (刻書)

상단이 결손되었다. 하단의 한쪽에서 약간의 깎임이 들어가 뾰족하게 하였다. 못으로 쓴 각서이다. 기년의 바로 윗부분에 철못이 남아 있다.

(2)

・浪人丈部八手五斗×

・　　勝寶五年調米×

(3)

・宇大宙宇於大大飽

・飽　飽海郡　飽海郡　最

・最上郡　最上郡□〔佰?〕鄕

3.4㎝ 사각형 각재의 3면에 묵서 되어있다. 하단부에 거친 칼집이 있어 아마도 긴 재목에서 자른 흔적로 보인다. 습서목간으로 飽海郡·最上郡 모두 出羽國의 군의 명이다.

(4)

・「而察察察察察察察察察之之之之之之之之灼灼灼灼灼灼若若」

・「若若若若若若夫夫夫蕖蕖蕖出緑緑波波波波醴醴醴醴」

습서목간.

(5)

・解　申進人事合五人　[　]　[　]　[　]
　　　　　　　　　　　　[　]　[　]　　　」

・[　　　　　　　　　　　　　　]」

하단 결손. 뒷면의 묵흔은 거의 보이지 않으며 판독할 수 없다. 문서목간이다. 사람의 공진(貢進)을 나타낸 목간. 뒷면에는 아마도 공진의 연월일 등이 명기되어 있을 것이다. 인명은 묵흔이 옅어 판독할 수 없다.

(6)

・下野國河內郡□〔財?〕部鄉[　　　][　][　][　　][　　　]□□□〔柱御為?〕□[　][　　]

　　　　　　　　　　　[　　] 天王御為[　　] 　父母二柱御為五百 □百[　　]

　　　　　　　　　　　[　　] 大國王御為五[　　　　]

　　　　　　　　　　　[　　] 若國□□□〔王御為?〕[　　] 過去現在眷屬御為五×

・「　　　　　[　　　　　　]菩薩　　　　　　　　[　　]

□〔緣?〕□〔緣?〕□〔緣?〕□〔現?〕□　　天平勝寶四年七月廿五日　　[　　　　][　　]」

　　제4호, 제5호로 따로 보고되었으나 하나로 연결된다. 65㎝가 넘는 장대한 목간으로 보인다.

9. 참고문헌

秋田城跡事務所『昭和53年度 秋田城跡發掘調査槪報』1979年

小松正夫「秋田・秋田城跡」(『木簡研究』1, 1979年)

平川南「東北地方出土の木簡について」(『木簡研究』1, 1979年)

木簡學會編『日本古代木簡選』岩波書店, 1990年

沖森卓也・佐藤信編『上代木簡資料集成』おうふう, 1994年

秋田城跡調査事務所『秋田城出土文字資料集Ⅱ』(秋田城跡調査事務所研究紀要2) 1992年

秋田市教委・秋田城跡調査事務所『秋田城跡一政廳跡』2002年

小松正夫「秋田・秋田城跡(第二五號)・釋文の訂正と追加」(『木簡研究』29, 2007年)

2) 秋田城跡(39次)

1. 이름 : 아키타조 유적(39차)

2. 출토지 : 秋田縣(아키타현) 秋田市(아키타 시)

3. 발굴기간 : 1984.4~1984.7

4. 발굴기관 : 秋田城跡發掘調査事務所

5. 유적 종류 : 관아

6. 점수 : 6

7. 유적과 출토 상황

제39차 조사에서 출토된 목간은 6점으로 모두 *沼澤地*의 *泥炭*층에서 출토되었다. 이탄층은 조몬시대 후기 초두에 형성되기 시작해 秋田城이 존재한 나라·헤이안시대에도 얕은 *沼澤*이었던 곳이다. 본 조사지는 이 소택지의 북·서쪽 기슭에 해당되나 출토유물로 보아 헤이안시대 중반의 기슭으로 생각되며 나라시대의 기슭은 그곳에서 좀 더 북·서쪽에 위치한다. 이 이탄층에서는 목간 이외에도 여러 목제품이 다량으로 출토되었으며 그중 인면묵서토기, 묵서토기, 칠지, 石帶 등이 출토되었다.

8. 목간

　(1)

「□□□[　　]□〔加?〕(符籙)[　　]□〔離?〕[　]如□□〔律令?〕

　장대한 주부목간 이외는 단편 혹은 깎인 나무 파편으로 그 성격 및 내용은 명확하지 않다. 상단은 산모양으로 뾰족하게 하였다. 하단은 부러짐.

　(2)

解文[　]

　좌반부가 단도에 의해 깎였다.

　(3)

・□一斗四合□食□

・□□七月□×

　식재료의 수수에 관련된 내용. 가격표 혹은 문서목간의 단편으로 보이며 앞면 여섯 번째 글자의 변은 '火'로 추정된다.

　　(4)

　　□女須□

9. 참고문헌

秋田城跡事務所『昭和59年度 秋田城跡發掘調查槪報』1985年

日野久 「秋田·秋田城跡」(『木簡硏究』8, 1986年)

木簡學會編『日本古代木簡選』岩波書店, 1990年

秋田城跡調查事務所『秋田城出土文字資料集Ⅱ』(秋田城跡調查事務所硏究紀要2) 1992年

小松正夫 「秋田·秋田城跡(第一·八·一二號)·釋文の訂正と追加」(『木簡硏究』29, 2007年)

3) 秋田城跡(54次)

1. 이름 : 아키타조 유적(54차)

2. 출토지 : 秋田縣(아키타현) 秋田市(아키타 시)

3. 발굴기간 : 1989.4~1989.12

4. 발굴기관 : 秋田城跡調查事務所

5. 유적 종류 : 관아

6. 점수 : 296

7. 유적과 출토 상황

　제54차 조사는 지금까지 실시된 조사 결과를 토대로 알 수 없었던 외곽동문의 존재를 확인할 목적으로 외곽추정선과 政廳동문의 축선 동쪽 연장선이 교차하는 지점을 대상으로 실시하였다. 유구는 桁行3間×梁間2間의 굴립주식의 외곽동문, 매립토담, 목재담, 굴립주건물, 수혈주거, 구상유구, 습지 등이 있다. 유물은 다량의 기와, 스에키, 하지키 외에 60점 이상의 묵서토기, 칠지문서 4점, 200점 이상의 목간, 목제품 등이 있다. 목간, 목제품은 외곽동문의 남쪽, 습지 SG1031의 토탄층에서 출토되었다. 이 토탄층은 인위적으로 폐기된 식물질이 토탄화한 것이라 판단된다.

8. 목간

(1)

「∨春米嶋守」

(2)

「∨春米長万呂」

위 두 목간은 가격표 목간으로 생각되나 인명뿐 다른 기재 내용이 없다.

(3)

「o　　三月四日八升×

「o[　　　　　]

식재료의 수수에 관한 문서목간이라 추측. 하단, 우측면이 결실되었으며 상단에는 지름 3㎜의 구멍이 뚫려 있다.

(4)

・∨[　　　　　]$\begin{matrix}[\quad\quad\quad]\\[\quad\quad\quad]\end{matrix}$」

・∨　　　○延暦十年四月廿二日」

延暦10년(791)이라는 기년이 있으며 칼집의 상부가 결손되었다. 뒷면에도 묵흔이 있지만 판독할 수 없다.

9. 참고문헌

秋田城跡調査事務所『秋田城跡―平成元年度 秋田城跡發掘調査槪報』1990年

日野久 「秋田·秋田城跡」(『木簡研究』12, 1990年) 秋田城跡調査事務所 『秋田城跡一平成2年度 秋田城跡發掘調査槪報』1991年

秋田城跡調査事務所 『秋田城跡一平成3年度 秋田城跡發掘調査槪報』1992年

秋田城跡調査事務所 『秋田城出土文字資料集Ⅱ』(秋田城跡調査事務所研究紀要2) 1992年

沖森卓也·佐藤信編 『上代木簡資料集成』おうふう, 1994年

秋田市敎委·秋田城跡調査事務所 『秋田城跡一政廳跡』2002年

木簡學會編 『日本古代木簡集成』東京大學出版會, 2003年

小松正夫 「秋田·秋田城跡(第一·八·一二號)·釋文の訂正と追加」(『木簡研究』29, 2007年)

4) 手取淸水遺跡

1. 이름 : 데도리시미즈 유적

2. 출토지 : 秋田縣(아키타현) 橫手市(요코테시)

3. 발굴기간 : 1987.4~1987.8

4. 발굴기관 : 秋田縣埋藏文化財センター

5. 유적 종류 : 취락

6. 점수 : 7

7. 유적과 출토 상황

手取淸水遺跡는 橫手市의 서단에 가까운 해발 40.3~42.9m의 강기슭 단구 위에 위치한 고대 ~중세의 취락유적이다. 동북횡단자동차도 秋田線건설사업의 사전발굴조사로 주혈·굴립주건물·구형태유구·우물·수혈주거·수혈형태유구·토갱·配石遺構 등 총 300개의 유구가 확인되었다. 목간은 유적 중앙부를 흐른 것으로 보이는 폭 12~22m, 깊이 0.6~1.5m의 하천에서 총 6점이 출토되었다. 함께 출토된 유물로는 조몬·야요이토기 파편·하지키·스에키 파편 외 다수의 목제품이 있다.

8. 목간

・「 □□〔飯?〕一斗　□□　□　飯　丸子部　□□□飯□〔卅?〕□

　　　■人拾捌男六人　合物陸種　□□□稻一□　飯□□
　　　　　　　女十二人　　　　　　　　　　　　　　　　　　」

・「津守部□□　□　　　　　　　　日置子□□□〔倉刀自?〕

　　日□部繼人　□　　　□□□□　　物部子□□□□□

　　蝮□〔不?〕部□□□　□□　　　嶋□□□　□

　　日□□〔奉余?〕□□□□　□　□□□〔刑?〕部□□〔刀自?〕□□□□」

9. 참고문헌

山崎文幸「秋田·手取淸水遺跡」(『木簡硏究』10, 1988年)

秋田縣埋文センター·秋田縣教委『東北橫斷自動車道秋田線發掘調査報告書5 手取淸水遺跡』(秋田縣文化財調査報告書190) 1990年

5) 十二牲 B 遺跡

1. 이름 : 주니쇼 B 유적

2. 출토지 : 秋田縣(아키타현) 橫手市(요코테시)

3. 발굴기간 : 1998.5~1998.10

4. 발굴기관 : 秋田縣埋藏文化財センター

5. 유적 종류 : 생산유적, 연대·성격불명

6. 점수 : 2

7. 유적과 출토 상황

十二牲B遺跡은 秋田縣내륙 남동부의 橫手분지 동단에 위치하며 雄物川의 지류인 廚川 왼측 기슭의 충적지 위에 입지한다. 해발은 약 51m. 남쪽에 인접하는 독립 구릉에는 十二牲A窯跡이 있으며 발굴되지 않은 스에키 가마터 2기가 확인되었다. 조사는 경작지정비사업에 동반된 것으로 조사면적은 7,580㎡ 조사 결과, 고대의 하지키 소성유구 1기, 굴립주건물 1동, 수혈상유구, 토갱 등이 출토되었다. 목간은 2점으로 모두 유물포함층에서 출토되었다.

8. 목간

(1)

「o□□山□□一斗五升」

상단부에 구멍이 있고 앞면은 깎인 후 묵서하였다. 뒷면은 가공하지 않았다.

(2)

「大」

목재의 상부에 작게 한 글자가 쓰여 있다.

9. 참고문헌

秋田縣埋文センター『秋田縣埋藏文化財センター年報17 平成10年度』1999年

秋田縣埋文センター・秋田縣敎委『十二牲B遺跡―縣營ほ場整備事業(金澤地區)に係る埋藏文化財發掘調査報告書』(秋田縣文化財調査報告書304) 2000年

高橋學「秋田・十二牲B遺跡」(『木簡研究』24, 2002年)

6) 払田柵跡

1. 이름 : 핫타노사쿠 유적

2. 출토지 : 秋田縣(아키타현) 大仙市(다이센시)

3. 발굴기간 : 1902年

4. 발굴기관 : 耕作中

5. 유적 종류 : 관아

6. 점수 : 1

7. 유적과 출토 상황

1902년 仙北郡千屋村 本堂域回지구(払田柵跡)의 수전 아래에서 底木 200여 점이 발견되었다. 底木이란 払田柵의 외책을 수성하는 柵木으로 출토된 상세한 지점은 알 수 없지만 本堂域回지구는 柵跡의 북동부에 해당한다. 200여 점의 柵木은 나막신의 재료나 指物材로 재사용되었으며 그중 7점에서 글자가 확인되었다.

8. 목간

一三□木二(刻書)

9. 참고문헌

払田柵跡調査事務所·秋田縣教委 『払田柵跡Ⅲ一長森地區(本編)』(秋田縣文化財調査報告書448) 2009年

高橋學 「一九○二年に出土した文字資料一秋田縣払田柵跡の柵木一」(『木簡研究』31, 2009年)

7) 払田柵跡

1. 이름 : 핫타노사쿠 유적

2. 출토지 : 秋田縣(아키타현) 大仙市(다이센시)

3. 발굴기간 : 1930年9月7日

4. 발굴기관 : 藤井東一·上田三平氏による表面採集

5. 유적 종류 : 관아

6. 점수 : 2

7. 유적과 출토 상황

払田柵跡는 仙北평야의 거의 중앙부에 위치하며 眞山·長森 두 개의 구릉과 그 주변의 저지대에 위치한다. 크기는 동서 약 1,400m, 남북 약 750m이다. 최근 長森구릉 위에서 판자담으로 둘러싸인 굴립주건물 및 내곽남문터 등이 발견되었다.

払田柵跡의 목간 11점이다. 昭和5년의 문부성 발굴조사에서 長森 중앙북단, 현재의 수전에 가까운 산기슭에 있는 우물유적 부근에서 2점, 昭和47년 같은 지점 근처에서 1점, 그리고 昭和50~51년에 걸쳐 실시된 외곽남문터 북부인접지의 발굴조사에서 8점이 출토되었다.

8. 목간

(1)

×□〔右?〕件糒請取閏四月廿六日寺書生仙　氏監」

현재 소재를 알 수 없다. 上田씨의 보고에 의하면 중앙에서 조금 아래쪽에서 두 조각으로 분리되었으며 상단이 약간 결손되었다. 글자 면의 양측에 목귀질이 되어 있다. 묵서는 날짜 아래의 기명은 판독이 어렵지만 위쪽의 '糒請取'는 아주 명확하다. 보고서에서는 아래에서 5번째 글자를 '壽'라고 읽지만 '書'일 가능성도 있다.

(2)

· 「飽海郡隊長解　申請□□□[　　]」

· 「六月十二日　隊長春日旅□　　　」

오랜 시간 행방을 알 수 없었으나 1976년에 자연 건조상태로 발견되었다.

9. 참고문헌

上田三平『指定史蹟 払田柵阯』(高梨村史蹟保存會, 1931年)

藤井東一「払田柵」(『秋田考古會々誌』2-4)1931年

平川南「東北地方出土の木簡一払田柵跡・胆澤城跡一」(奈文研『第3回木簡研究集會記錄』 1979年)

榮原永遠男「秋田・払田柵跡」(『木簡研究』1, 1979年)

平川南「東北地方出土の木簡について」(『木簡研究』1, 1979年)

払田柵跡調査事務所・秋田縣教委『払田柵跡 第49-2~3・53・54次發掘調査槪要一払田柵跡調査事務所年報1983』(秋田縣文化財調査報告書113) 1984年

払田柵跡調査事務所・秋田縣教委『払田柵跡Ⅰ一政廳跡』(秋田縣文化財調査報告書122) 1985年

払田柵跡調査事務所・秋田縣教委『払田柵跡 第60~64次發掘調査槪要一払田柵跡調査事務所年報1985』(秋田縣文化財調査報告書139) 1985年

新野直吉・船木義勝『払田柵の研究』文獻出版, 1990

8) 払田柵跡

1. 이름 : 핫타노사쿠 유적
2. 출토지 : 秋田縣(아키타현) 大仙市(다이센시)
3. 발굴기간 : 1972.1
4. 발굴기관 : (地表採集)
5. 유적 종류 : 관아
6. 점수 : 1

7. 유적과 출토 상황

払田柵跡은 雄物川의 중류지역에 가깝고 大曲시가지의 동쪽 약 6㎞, 橫手분지 북측의 仙平야 중앙부에 위치한다. 유적은 眞山·長森의 구릉을 중심으로 북측의 矢島川와 남측의 丸子川 사이에 위치한 충적저지에 입지한다. 1930년에 高梨村(현仙北町)과 문부성에 의해 2번의 발굴 조사가 이루어져 유적의 윤곽이 명확해졌다. 그 결과를 바탕으로 이듬해 秋田縣 최초의 국가 지정 사적이 되었으며 1974년 이후는 払田柵跡조사사무소가 발굴을 이어가고 있다.

8. 목간

- ×十火 大粮二石八斗八升
- ×二斗八升二合

상반부가 결손. 현재는 자연 건조 상태.

9. 참고문헌

新野直吉「払田柵阯から新出土の木簡」(『秋大史學』20, 1973年)

奈文研『第1回木簡研究集會記錄』1976年

平川南「東北地方出土の木簡ー払田柵跡·胆澤城跡ー」(奈文研『第3回木簡研究集會記錄』1979年)

榮原永遠男「秋田·払田柵」(『木簡研究』1, 1979年)

平川南「東北地方出土の木簡について」(『木簡研究』1, 1979年)

払田柵跡調査事務所·秋田縣教委『払田柵跡 第49-2~3·53·54次發掘調査概要ー払田柵跡調査事務所年報1983』(秋田縣文化財調査報告書113) 1984年

払田柵跡調査事務所·秋田縣教委『払田柵跡Ⅰー政廳跡』(秋田縣文化財調査報告書122) 1985年

払田柵跡調査事務所·秋田縣教委『払田柵跡 第60~64次發掘調査概要ー払田柵跡調査事務所年報1985』(秋田縣文化財調査報告書139) 1985年

新野直吉·船木義勝『払田柵の研究』文獻出版, 1990年

木簡學會編『日本古代木簡選』岩波書店, 1990年

高橋學「秋田·払田柵跡」(『木簡研究』26, 2004年)

9) 払田柵跡(7次)

1. 이름 : 핫타노사쿠 유적(7차)
2. 출토지 : 秋田縣(아키타현) 大仙市(다이센시)
3. 발굴기간 : 1975.10~1975.12
4. 발굴기관 : 秋田縣払田柵跡調査事務所
5. 유적 종류 : 관아
6. 점수 : 5

7. 유적과 출토 상황

제7차 조사는 외책남문터 및 그 인접지를 대상으로 한다. 목간은 남문터의 북서 약 10m에 위치하는 토갱 SK60에서 출토되었다. SK60은 한변이 약 2m의 부정방형으로 하지키·스에키와 함께 목간을 포함한 목제품·삭편이나 식물 종자가 출토되었다.

8. 목간

(1)
· 「嘉祥二年正月十日下稻日紀□〔充?〕年料   」
· 「□〔合?〕三千八百卅四□〔束?〕   『勘了正月十□〔二?〕』」

상급 관청에서 하급 관청에 나락을 하사될 때 첨부되었던 日記라 판단된다.

(2)

・□如件　六月廿×
　　　仮粟

・□　直□〔強?〕□

　'仮粟'라는 숙어는 고대 문헌에서는 발견되지 않지만 '假'에는 '빌리다' 또는 '빌려주다'의 뜻이 있어 아마도 假貸의 조, 즉 임시로 빌린, 그리고 假借의 조, 즉 임시로 빌려준 이라는 의미로 추측된다.

(3)

[　　　]

(4)

□九月

(5)

[　　　]

9. 참고문헌

払田柵跡調査事務所·秋田縣教委『払田柵跡 昭和50年度發掘調査概要―払田柵跡調査事務所年報1975』(秋田縣文化財調査報告書40) 1976年

奈文研『第1回木簡研究集會記錄』1976年 (各遺跡出土の木簡(追加)の項)

平川南「東北地方出土の木簡―払田柵跡·胆澤城跡―」(奈文研『第3回木簡研究集會記錄』1979年)

払田柵跡調査事務所·秋田縣教委『払田柵跡Ⅰ―政廳跡』(秋田縣文化財調査報告書122) 1985年

新野直吉·船木義勝『払田柵の研究』文獻出版, 1990年

高橋學「秋田·払田柵跡」(『木簡研究』26, 2004年)

10) 払田柵跡(9次)

1. 이름 : 핫타노사쿠 유적(9차)

2. 출토지 : 秋田縣(아키타현) 大仙市(다이센시)

3. 발굴기간 : 1976.5~1976.10

4. 발굴기관 : 秋田縣払田柵跡調査事務所

5. 유적 종류 : 관아

6. 점수 : 1

7. 유적과 출토 상황

제9차 조사구는 외곽선 북동부를 대상으로 하였다. 본 조사에서 창건 단계의 외곽선이 구릉부에서는 토담, 충적지에서는 목재담이었다는 사실이 양쪽의 접점부를 확인하면서 명확해졌다. 목간은 매립지의 남측에 위치하는 주열SA84의 아래에서 출토되었다.

8. 목간

「□□

9. 참고문헌

払田柵跡調査事務所·秋田縣教委『払田柵跡 第9·10次發掘調査槪要—払田柵跡調査事務所年報1976』(秋田縣文化財調査報告書44) 1977年

払田柵跡調査事務所·秋田縣教委『払田柵跡Ⅰ—政廳跡』(秋田縣文化財調査報告書122) 1985年

高橋學「秋田·払田柵跡」(『木簡研究』26, 2004年)

11) 払田柵跡(10次)

1. 이름 : 핫타노사쿠 유적(10차)

2. 출토지 : 秋田縣(아키타현) 大仙市(다이센시)

3. 발굴기간 : 1976.10~1976.12

4. 발굴기관 : 秋田縣払田柵跡調査事務所

5. 유적 종류 : 관아

6. 점수 : 6

7. 유적과 출토 상황

제10차 조사구는 외책 남문터의 북측지구(제7차의 북측)를 대상으로 하였다. 목간은 토갱 SK97에서 출토되었다. SK97은 지름 1m 전후의 원형이며 갱 내 중앙에서 살짝 남동쪽으로 치우친 곳에 지름 5㎝의 둥근 막대 모양의 목제품이 수직으로 꽂혀있었다. 목간은 젓가락 형태의 목제품과 함께 북측의 바닥면에 밀착된 채 발견되었다.

8. 목간

유물포함층(제 Ⅲ 층)

(1)

□□

유물포함층(제 Ⅳ 층)

(2)

解 申請□

SK97

   (3)

・□□□□□

・[　　　　　]

9. 참고문헌

払田柵跡調査事務所·秋田縣教委『払田柵跡 第9·10次發掘調査概要ー払田柵跡調査事務所年報1976』(秋田縣文化財調査報告書44) 1977年

平川南「東北地方出土の木簡ー払田柵跡·胆澤城跡ー」(奈文研『第3回木簡研究集會記錄』1979年)

払田柵跡調査事務所·秋田縣教委『払田柵跡Ⅰー政廳跡』(秋田縣文化財調査報告書122) 1985年

新野直吉·船木義勝『払田柵の研究』文獻出版, 1990年

高橋學「秋田·払田柵跡」(『木簡研究』26, 2004年)

高橋學「秋田·払田柵跡(第二六號)·釋文の訂正と追加」(『木簡研究』31, 2009年)

12) 払田柵跡(30次)

1. 이름 : 핫타노사쿠 유적(30차)

2. 출토지 : 秋田縣(아키타현) 大仙市(다이센시)

3. 발굴기간 : 1979.4~1979.12

4. 발굴기관 : 秋田縣払田柵跡調査事務所

5. 유적 종류 : 관아

6. 점수 : 1

7. 유적과 출토 상황

제30차 발굴조사는 외곽남문터에서 서쪽으로 약 800m를 대상으로 하였다. 묵서각목재는 외곽남문에서 약 300m 서쪽에 있는 SA309 각목재열에서 출토되었다. 각목재는 위의 폭 0.6~0.65m, 바닥 폭 0.35~0.4m의 구(溝)에 매설되어 있었다. 목재의 뒷면은 쐐기와 같은 공구로 쪼개어져 있었다. 묵서는 각목재의 바닥면에서 0.32m의 위치에 있었으며 세로 6.2㎝, 가로 1.9㎝ 사이에 3글자가 있다. 묵서각목재는 우연히 발견되어 묵서면이 어느 방면으로 묻혔는지는 알 수 없으나 땅속에 있었던 것은 확실하다.

8. 목간

一百□〔枝?〕

9. 참고문헌

払田柵跡調査事務所·秋田縣教委『払田柵跡 第23~30次發掘調査概要—払田柵跡調査事務所年報1979』(秋田縣文化財調査報告書75) 1980年

船木義勝「秋田·払田柵跡」(『木簡研究』2, 1980年)

払田柵跡調査事務所·秋田縣教委『払田柵跡Ⅰ—政廳跡』(秋田縣文化財調査報告書122) 1985年

払田柵跡調査事務所·秋田縣教委『払田柵跡 第60~64次發掘調査概要—払田柵跡調査事務所年報1985』(秋田縣文化財調査報告書139) 1985年

新野直吉·船木義勝『払田柵の研究』文獻出版, 1990年

13) 払田柵跡(49次)

1. 이름 : 핫타노사쿠 유적(49차)

2. 출토지 : 秋田縣(아키타현) 大仙市(다이센시)

3. 발굴기간 : 1982.10~1982.12

4. 발굴기관 : 秋田縣払田柵跡調査事務所

5. 유적 종류 : 관아

6. 점수 : 1

7. 유적과 출토 상황

제79차 발굴조사는 政廳에서 북서방향으로 약 100m, 비고차 약 5m 낮은 長森구릉의 북쪽 기슭에 위치하는 우물터를 중심으로 실시하였다. 본 조사는 강설 때문에 종료되지 못하였으므로 1983년(昭和58년) 4~5월과 10월에 제49-2, 3차의 보충조사를 실시하였다. 해당 지점은 1930년(昭和5년)의 발굴조사에서 목간을 확인한 장소이다. 굴형 평면도 내에 직립한 3개의 각목재와 통나무가 출토되었다. 굴형 안의 매립토에서 목간 1점, 묵흔을 가진 목찰 1점 및 다량의 하지키, 스에키가 출토되었다.

8. 목간

(1)

×[ ] □ □ □〔主進妙?〕 □ □ □ □〔之?〕
[ ] □ □ □〔追?〕

상부는 결손, 현존 중앙부는 절손되었고 하단은 확인할 수 있다. 전체적으로 마멸이 심하며 앞면은 묵흔을 확인할 수 있으나 뒷면은 묵흔을 확인할 수 없다.

(2)

(繪馬)

길이는 15.1㎝, 폭 2.3㎝, 두께 3㎜의 목찰로 앞뒤 모두 묵흔이 선명한 그림이 그려져 있다. 상단과 우측단은 확인이 가능하지만, 하부 및 좌측부는 결손. 중앙부는 결손 직전이며 앞면은 박리 절손되어 있다.

9. 참고문헌

払田柵跡調査事務所·秋田縣教委『払田柵跡 第46~52次發掘調査槪要ー払田柵跡調査事務所年報1982』(秋田縣文化財調査報告書104) 1983年

船木義勝「秋田·払田柵跡」(『木簡研究』5, 1983年)

払田柵跡調査事務所·秋田縣教委『払田柵跡Ⅰー政廳跡』(秋田縣文化財調査報告書122) 1985年

払田柵跡調査事務所·秋田縣教委『払田柵跡 第60~64次發掘調査槪要ー払田柵跡調査事務所年報1985』(秋田縣文化財調査報告書139) 1985年

払田柵跡調査事務所·秋田縣教委『払田柵跡Ⅲー長森地區ー』(秋田縣文化財調査報告書448) 2009年

14) 払田柵跡(49-2, 49-3次)

1. 이름 : 핫타노사쿠 유적(49-2, 49-3차)
2. 출토지 : 秋田縣(아키타현) 大仙市(다이센시)
3. 발굴기간 : 1983.4~1983.5; 1983.10~1983.11
4. 발굴기관 : 秋田縣払田柵跡調査事務所
5. 유적 종류 : 관아
6. 점수 : 8

7. 유적과 출토 상황

제49-2·3차 조사는 1982년 10~12월에 실시된 제49차 조사의 보충조사로 조사를 2차로 나눈 것은 춘기에 우물 본체 및 구릉지 연변부 유구군의 정밀조사를 하고, 수위가 낮아지는 가을에는 우물 북측 충적지 부속시설의 유무와 주변 유구를 확인하기 위해서였다.

SE550은 한 변에 약 4m의 정방형 굴형 안에 2.1m 사방의 우물틀을 설치한 것이다. 우물의 북서측에는 배수로가 존재한 것으로 추정된다. 우물 내부에서는 하지키·스에키나 목간을 포함한 목제품이 출토되었다. 또 2005년의 제130차 조사 결과, 정청구역에서 SE550으로 향하는 통로가 출토되었다.

목간은 SE550 굴형에서 1점, SE550에 인접한 지점의 유물포함층에서 1점, 총 2점 출토되었다. 또 SE550 주변에서 채집된 목간 1점까지 포함한다.

8. 목간

SE550의 굴형

(1)

· 「[   ]」

· 「[   ]」

판독할 수 없다.

유물포함층(SE550 인접지)

(2)

解　申請借稻

상하 양단 모두 일부 결실되었지만 글자는 매우 선명하다.

SE550 인접지에서 채집

(3)

· [　]□□□□弌伯枝進　　　　　　　」

· □□□□□□□□若櫻部弓

　　　　[　]□〔寶?〕字四年六月廿六日」

1980년 12월에 호이드(ホイド)清水의 북서 약 5m의 측구 안에서 채집된 것이다. 아마도 공진문서목간으로 생각되는데 품목은 알 수 없다. .

9. 참고문헌

払田柵跡調査事務所·秋田縣教委『払田柵跡 第49-2~3·53·54次發掘調査槪要─払田柵跡調査事務所年報1983』(秋田縣文化財調査報告書113) 1984年

払田柵跡調査事務所·秋田縣教委『払田柵跡Ⅰ─政廳跡』(秋田縣文化財調査報告書122) 1985年

払田柵跡調査事務所·秋田縣教委『払田柵跡 第60~64次發掘調査槪要─払田柵跡調査事務所年報1985』(秋田縣文化財調査報告書139) 1985年

新野直吉·船木義勝『払田柵の硏究』文獻出版, 1990年高橋學「秋田·払田柵跡」(『木簡硏究』28, 2006年)

払田柵跡調査事務所·秋田縣教委『払田柵跡Ⅲ─長森地區─』(秋田縣文化財調査報告書448) 2009年

15) 払田柵跡(55次)

1. 이름 : 핫타노사쿠 유적(55차)
2. 출토지 : 秋田縣(아키타현) 大仙市(다이센시)
3. 발굴기간 : 1984.4~1984.8
4. 발굴기관 : 秋田縣払田柵跡調査事務所
5. 유적 종류 : 관아
6. 점수 : 5

7. 유적과 출토 상황

제55차 발굴조사는 내곽남문 서부를 대상으로 하였다. 본 조사에서는 古石垣을 중심으로 내곽선과 長森구릉 간의 평탄지의 유구, 유무 및 내곽남문터의 재조사를 실시하였다. 목간은 SX687 정지 작업의 하부, SX725에서 삭설·목재·목제품·수피 등과 함께 출토되었다. SX725는 외곽선매립토담 SF690의 구축 전에 매설된 것이다.

8. 목간

(1)

□隊[   ]□之□□□〔日粮伏?〕

□〔連?〕公隊十人[   ]

상부·하부·우측이 결손. 좌측연변부는 심하게 마멸되어 있다. 우측면 및 뒷면은 쪼개진 부분이 명료한데 사용 후 쪼개진 것인지, 쪼개진 것을 재이용하는 것인지는 알 수 없다. .

(2)

長五尺五寸七分『□』万呂

□□〔□?〕□   經~師~万~呂~   万呂

상부 결손. 현존부도 아래도 1/3부분에서 옆으로 부러져 있다. 하단은 의도적으로 양측 면에서 깎아 얇다.

(3)

□〔足?〕鷹□ 子土女万呂 大□〔甘?〕

(4)

□〔飯?〕長

상부·하부·좌측이 결손되었다.

(5)

□□

9. 참고문헌

払田柵跡調査事務所·秋田縣教委『払田柵跡 第55~59次發掘調査概要―払田柵跡調査事務所年報1984』(秋田縣文化財調査報告書121) 1985年

払田柵跡調査事務所·秋田縣教委『払田柵跡Ⅰ―政廳跡』(秋田縣文化財調査報告書122) 1985年

払田柵跡調査事務所·秋田縣教委『払田柵跡 第60~64次發掘調査概要―払田柵跡調査事務所年報1985』(秋田縣文化財調査報告書139) 1985年

船木義勝「秋田·払田柵跡」(『木簡研究』7, 1985年)

新野直吉·船木義勝『払田柵の研究』文獻出版, 1990年

払田柵跡調査事務所·秋田縣教委『払田柵跡Ⅱ―區劃施設』(秋田縣文化財調査報告書289) 1999年

16) 払田柵跡(65次)

1. 이름 : 핫타노사쿠 유적(65차)
2. 출토지 : 秋田縣(아키타현) 大仙市(다이센시)
3. 발굴기간 : 1986.4~1986.9
4. 발굴기관 : 秋田縣敎育廳払田柵跡調査事務所
5. 유적 종류 : 관아
6. 점수 : 4

7. 유적과 출토 상황

제65차 조사는 내곽남문서부가 대상이며 제55차 조사와 일부 중복된다. 조사 결과, 내곽남문의 남서 구석 기둥에서 서쪽으로 연결되는 내곽선이 발견되었다. 이 내곽선은 SX687 성토

정지 작업의 위에 구축되어 있다.

목간은 SX687 성토 정지 작업보다 하층의, SX725에서, 목재, 목제품·수피 등과 함께 출토
되었다.

8. 목간

(1)

□□□〔並?〕□

(2)

□〔廣?〕□

(3)

副

상부·하부는 결손. 앞면·우측면은 원형을 유지하고 있지만, 뒷면에서 좌측면에 걸쳐 쪼개
진 면이 있어 사용 후 쪼개진 것인지, 쪼개어진 것을 재사용한 것인지는 알 수 없다. .

(4)

□〔義?〕義義□〔義?〕

9. 참고문헌

払田柵跡調査事務所·秋田縣敎委『払田柵跡 第65~67次發掘調査槪要―払田柵跡調査事務所
年報1986』(秋田縣文化財調査報告書154) 1987年

船木義勝「秋田·払田柵跡」(『木簡硏究』9, 1987年)

新野直吉·船木義勝『払田柵の硏究』文獻出版, 1990年

払田柵跡調査事務所·秋田縣敎委『払田柵跡Ⅱ―區劃施設』(秋田縣文化財調査報告書
289) 1999年

17) 払田柵跡(94次)

1. 이름 : 핫타노사쿠 유적(94차)
2. 출토지 : 秋田縣(아키타현) 大仙市(다이센시)
3. 발굴기간 : 1993.4~1993.7
4. 발굴기관 : 秋田縣教育廳払田柵跡調査事務所
5. 유적 종류 : 관아
6. 점수 : 1

7. 유적과 출토 상황

제94차 조사는 제93차 조사에 이어 실시되었다. 이전 조사에서 일부 출토된 굴립주건물와 교각의 전모 파악, 외곽대로의 발견이 조사의 목적이다. 조사 결과, 내곽남문 동방지구에서는 굴립주건물 4동이 출토되었다. 그중 柱掘形매립토에서 목간 1점과 9세기 초의 하지키가 출토되었다.

외곽 내에는 동서로 흐르는 하천이 있는데 그 폭은 남북 최대 100m로, 외곽남문과 내곽남문의 사이에 다리가 가설된 것으로 판명되었는데 이번에 새로이 6개의 교각과 호안의 널말뚝이 발견되었다.

8. 목간

「小□〔針?〕□□〔公?〕調米五斗

하단의 형상은 알 수 없으나 머리 부분은 方頭形이며 공진물 부찰로 보인다.

9. 참고문헌

払田柵跡調査事務所・秋田縣教委『払田柵跡 第94次~第97次調査槪要—払田柵跡調査事務所年報1993』(秋田縣文化財調査報告書250) 1994年

兒玉準「秋田・払田柵跡」(『木簡研究』16, 1994年)

払田柵跡調査事務所・秋田縣教委『払田柵跡Ⅱ－區劃施設』(秋田縣文化財調査報告書289) 1999年

18) 払田柵跡(107次)

1. 이름 : 핫타노사쿠 유적(107차)
2. 출토지 : 秋田縣(아키타현) 大仙市(다이센시)
3. 발굴기간 : 1996.4~1996.10
4. 발굴기관 : 秋田縣教育廳払田柵跡調査事務所
5. 유적 종류 : 관아
6. 점수 : 49

7. 유적과 출토 상황

제107차 조사는 외곽선 북부의 각목재 열의 위치와 그와 동반하는 망루형 건물의 배치상태를 탐색하는 것을 목적으로 실시하였다.

조사 결과, 외곽북문의 북동 약 20m의 위치에 전체 7기에 걸쳐 변천된 망루형 건물이 확인되었다. 그중 가장 오래된 SB1189A의 북동 모퉁이 기둥 굴형에서 12점, 또 서측과 남측에 있는 L자 형태를 보이는 구(溝) SX1192에서 37점, 총 49점의 목간이 출토되었다.

양 유구는 모두 払田柵의 창건단계의 유구로 그 시간차는 일련의 공정상 그다지 크지 않을 것으로 추측된다.

8. 목간

SX1192

(1)

「解　申請馬事　鹿毛牡馬者
　　　　　　　右件馬□□〔養損?〕□代□〔別?〕當子弟貴營生」

완전한 형태로 別堂子弟인 貴營生이 鹿手牧馬營의 지급을 신청한 문서목간이다.

(2)

・「貢上　　　祝売□〔副?〕□□□

・「　　　以四月十七日付穴太部宗足
　　　　　　　別當子弟大伴寧人　　　」

완전한 형태로 別堂子弟인 大伴寧人이 〔祝賣〕를 공상의 뜻을 기입한 문서목간.

(3)

・「　o

　以三月三日下給物事

・　　　　　　　五日片
　　　　　弟長米七日□

　　　o

상단과 양 측면은 원형을 유지하고 있다. 하단은 2차적으로 圭頭 형태로 정형. 뒷면의 정돈이 거칠고 구멍이 있다. 쌀의 시급에 대한 기록간으로 추측된다.

(4)

□〔毅?〕勳十等□□□〔下毛野?〕

상·하단 및 좌측면 결손. 문서목간의 서명 부분으로 추측.

(5)

一升　安古丸一升　　眞福一升

　　　　　[　]　[　]　　」

　상단결손. 복수의 인물에게 쌀 등의 물품을 지급한 기록간.

　　(6)

□　志手古二　　□本一

　좌측면 결손. 인명과 수량이 기록되어 있어 기록간이라 추측.

　　(7)

數□　　　　□

　우측면 결손.

　　(8)

□　　大伴

　좌측면 결손.

　　(9)

・下毛野高祢　　　　大伴□〔田?〕□
・欠二人　　　　　　□　　　□

　　(10)

□　　　　　　　　三宅部常□〔戟?〕

　두 목간 모두 상단이 결손되었다. 동일개체로 추측된다.

　　(11)

・「∨白舂米一斗六升」
・「∨六月十八日　　」

　완전한 형태의 부찰.

　　(12)

・□□□
　□俗俗
・□(記號)(記號)(記號)

상하 양단 및 우측면을 2차 가공하였다.

(13)

□土成身可□

□□長惠德□

말 형상을 띄는 목제품으로 용도가 전환되었다.

(14)

此於事□□

좌측면이 결손되었다.

(15)

除※

좌측면과 하단부가 결손되었다. 뒷면을 조정하지 않았다.

(16)

□□

□仕」

양 측면이 결실되었다.

(17)

□□〔客?〕

상단부는 불에 타 손상되었다.

(18)

·「ㅇ

　□□□□　　□□□□□」

·「　　　　　[　　　　]

　ㅇ　　　　　　　　」

간부 부식으로 문자결손.

(19)

□

　팔각기둥형태의 목제품으로 용도전환. 상단좌우에 홈.

　(20)

□□□□□□□

　우측면, 하단부결손.

　(21)

□□□(記號?)

　양면결손. 전면으로 옅게 묵흔이 있음.

　(22)

「具　狄藻肆拾□

　상단이 원형을 유지하고 있다. 우측면 결손. 문서목간으로 추측.

　SB1189A

　(23)

得得得得得□〔有?〕

　좌측결손, 상단부 결손.

　(24)

尤是是久會□

　(25)

□〔二?〕□□

　두 목간 모두 양 측면 결손.

49점의 목간 중 완전한 목간은 3점뿐이다. 대부분의 목간은 폐기된 후 부러진 것으로 보인다.

9. 참고문헌

払田柵跡調査事務所・秋田縣教委『払田柵跡 第107次~109次調査槪要-払田柵跡調査事務所年報1996』(秋田縣文化財調査報告書269) 1997年

兒玉準「秋田・払田柵跡」(『木簡研究』19, 1997年)

払田柵跡調査事務所・秋田縣敎委『払田柵跡Ⅱ-區劃施設』(秋田縣文化財調査報告書289) 1999年

木簡學會編『日本古代木簡集成』東京大學出版會, 2003年

19) 払田柵跡(111次)

1. 이름 : 핫타노사쿠 유적(111차)
2. 출토지 : 秋田縣(아키타현) 大仙市(다이센시)
3. 발굴기간 : 1997.6~1997.7
4. 발굴기관 : 秋田縣敎育廳払田柵跡調査事務所
5. 유적 종류 : 관아
6. 점수 : 1

7. 유적과 출토 상황

제111차 조사는 외곽북문의 재조사였다. 조사사무소가 처음 조사를 실시한 제2차 조사로 新舊 2시기가 있는 것으로 알려졌지만 그 후 외곽 동·서·남문이나 목재담 및 외곽선 전체에 4시기의 조영이 존재한다는 것이 판명되면서 북문의 조영 횟수에 의문이 생겨 재확인을 위해 실시한 것이다. 조사는 문의 서반부를 대상으로 하여 보존상태가 양호한 柱掘형태 2곳을 선택하여 중복상황을 검토한 결과, 외곽선의 다른 문과 동일하게 4시기의 조영이 있다는 것이 확인되었다.

목간은 묵서가 있는 건축 부재의 폐재료로 북문의 북측 서쪽에서 2번째 위치에 있는 B기의 기둥을 도려낸 후의 매립토에서 출토되었다.

8. 목간

SB1200 외곽북문 주혈(柱穴)

```
        東
        北
    八   方
```

9. 참고문헌

払田柵跡調査事務所·秋田縣教委『払田柵跡 第110次~第112次調査槪要—払田柵跡調査事務所年報1997』(秋田縣文化財調査報告書280) 1998年

兒玉準「秋田·払田柵跡」(『木簡研究』20, 1998年)

払田柵跡調査事務所·秋田縣教委『払田柵跡Ⅱ—區劃施設』(秋田縣文化財調査報告書289) 1999年

20) 払田柵跡(112次)

1. 이름 : 핫타노사쿠 유적(112차)
2. 출토지 : 秋田縣(아키타현) 大仙市(다이센시)
3. 발굴기간 : 1997.6~1997.10
4. 발굴기관 : 秋田縣敎育廳払田柵跡調査事務所

5. 유적 종류 : 관아

6. 점수 : 7

7. 유적과 출토 상황

제112차 조사는 외곽북문의 정면에서 북서부에 해당하는 곳의 실태를 탐색하기 위한 목적으로 실시하였다. 제111차 조사구의 북에서 북서에 인접한 지역이다. 전년의 제107차 조사의 성과도 포함하여 외곽북문을 중심으로 하는 동서 양측의 구획 시설의 존재가 명확해졌다.

목간은 외곽북문의 북서에서 출토되었는데 전부 7기에 걸친 망루 형태의 건물 창건단계의 구SX1206에서 3점, 목재담의 북에서 직선적으로 팬 溝 SD1145 내에서 4점, 총 7점이다.

SX1206는 가장 오래된 SB1203 망루형 건물을 구축하기 전에, 그 동측과 남측에 조성된 역 L자형의 구로 제107차 조사에서 37점의 목간이 출토된 SX1192와 대칭되는 위치에 있다.

8. 목간

SX1206

(1)

「六月廿九日勘鮭□[   ]□[   ]

(2)

□□

(3)

[   ]

SD1145

(4)

・「   □

北門□〔所?〕請 阿刀

・「□□[　　　　　]」

　　(5)

・所□□□□[　　　　]

・[　　　]大□松得世『合□』」

　　(6)

・□□主[　　　]

・　　九□〔月?〕　廿三日

　　(7)

□□

9. 참고문헌

払田柵跡調査事務所・秋田縣教委『払田柵跡 第110次~第112次調査概要―払田柵跡調査事務所年報1997』(秋田縣文化財調査報告書280) 1998年

兒玉準「秋田・払田柵跡」(『木簡研究』20, 1998年)

払田柵跡調査事務所・秋田縣教委『払田柵跡Ⅱ―區劃施設』(秋田縣文化財調査報告書289) 1999年

21) 払田柵跡(08年次數外)

1. 이름 : 핫타노사쿠 유적(08년차 수외)
2. 출토지 : 秋田縣(아키타현) 大仙市(다이센시)
3. 발굴기간 : 2008.5
4. 발굴기관 : 耕作中表面採集

5. 유적 종류 : 관아

6. 점수 : 1

7. 유적과 출토 상황

　1930년에 高梨村(현 大仙市)과 문부성에 의해 2차례 발굴조사가 이루어졌으며 유적의 윤곽
이 명확해졌다. 그 결과에 의거하여 이듬해 秋田縣 최초의 국가지정사적이 되었으며 1974년
이후는 해당 사무소가 발굴조사를 계속하였다. 유적은 외책과 외곽선으로 이루어져 있다. 구획
시설인 외책은 眞山·長森 두 곳의 구릉을 둘러싸고 있으며 동서 1,370m, 남북 780m 타원형으
로 유적의 총면적은 878,000m²이다. 외책은 1시기에 조영된 것으로 보인다.

8. 목간

　全二(刻書)

9. 참고문헌

　払田柵跡調査事務所·秋田縣教委『払田柵跡 第137次·第138次調査槪要ー払田柵跡調査事務
所年報2008』(秋田縣文化財調査報告書447) 2009年
　高橋學「秋田·払田柵跡」(『木簡研究』31, 2009年)

22) 払田柵跡(142次)

1. 이름 : 핫타노사쿠 유적(142차)

2. 출토지 : 秋田縣(아키타현) 大仙市(다이센시)

3. 발굴기간 : 2011.6~2011.8

4. 발굴기관 : 秋田縣教育廳払田柵跡調査事務所

5. 유적 종류 : 관아

6. 점수 : 1

7. 유적과 출토 상황

조사지는 외곽남문 동방관아역 남측에 인접하는 충적지이다. 이는 十和田a화산재 강하직전
인 915년에 조성된 성토정지 작업(SX2002)과 화산재강하 직후의 홍수퇴적물이 이후 세대가
삭평하며 개전(開田)된 것이다.

목간은 모두 유구 외의 유물로 수전 표토의 하부에서 1점, 옛 하도 내의 十和田a화산재가 산
재한 하천퇴적물에서 1점 출토되었다. 목간은 두 점 모두 9세기 초에서 10세기 초에 걸친 시기
의 것이라 추측된다.

8. 목간

水田表土

　(1)

[　　]

　HH79 그리드Ⅱ층 출토의 목간으로, 좌우 양변은 원형을 유지하지만, 상하 양단을 결손. 글
자는 선명하지 않아 묵흔이 확인되는 정도. 묵흔이 있는 쪽 면이 깎였을 가능성도 추측.

河川堆積層

　(2)

・[　　]　（右側面）

・　[　　　](表面)

・[　　　　](左側面)

HJ76그리드Ⅲ층 출토의 목간으로 묵흔의 상부를 削損. 양 측면에도 묵흔이 확인되지만 이

것은 묵서된 두께 1㎝ 정도의 목판이 후에 분할되어, 그 한 조각을 목간으로 재사용한 것이라 추측된다.

9. 참고문헌

払田柵跡調査事務所·秋田縣教委『払田柵跡 第142次·第143次調査 關連遺跡の調査概要─ 払田柵跡調査事務所年報2011』(秋田縣文化財調査報告書476) 2012年

五十嵐一治「秋田·払田柵跡」(『木簡硏究』34, 2012年)

23) 新山遺跡(試掘調査)

1. 이름 : 신잔 유적(시굴조사)
2. 출토지 : 秋田縣(아키타현) 大仙市(다이센시)
3. 발굴기간 : 2008.10~2008.11
4. 발굴기관 : 大仙市敎育委員會
5. 유적 종류 : 취락
6. 점수 : 1

7. 유적과 출토 상황

新山遺跡은 헤이안시대의 취락터로 추측되는 유적이다. 해발 21m 전후의 옛 雄物川 하도의 자연제방 위에 있다. 목간은 조사구 북부의 하천터에서 1점 출토되었다. 하천터에서는 그 밖에 헤이안시대의 하지키 파편이나 스에키 파편, 목제품이 동시에 출토되었다.

8. 목간

· 「o□□

・「○□□

상단은 깎여 있고 하단은 부러졌다. 상단에는 못 구멍이라 생각되는 구멍이 있으며 폭은 3분의 1 정도 결손되었다. 숫자는 확인할 수 있으나 판독은 어려운 상태.

9. 참고문헌

山崎文幸「秋田・新山遺跡」(『木簡研究』31, 2009年)

大仙市教委『新山遺跡―農地集積加速化基盤整備事業神岡西部地區に係る埋藏文化財發掘調査報告書』(大仙市文化財調査報告書10) 2010年

24) 半在家遺跡

1. 이름 : 한자이케 유적
2. 출토지 : 秋田縣(아키타현) 大仙市(다이센시)
3. 발굴기간 : 2008.4~2008.8
4. 발굴기관 : 大仙市教育委員會
5. 유적 종류 : 수전·제사
6. 점수 : 1

7. 유적과 출토 상황

半在家遺跡은 窪關川과 川口川 사이에 위치한 충적지에 입지한다. 해발 약 30m의 수전지대에 있으며 남동향으로 3.5㎞ 떨어진 곳에 국가지정사적 払田柵跡이 있다. 발굴조사는 기반정비사업에 동반된 것으로 출토된 주요 유구는 헤이안시대의 수전과 제사 유구, 수혈주거, 굴립주건물, 하천이다. 목간은 제사를 지낸 것으로 생각되는 10세기 전반의 토갱에서 1점이 출토되었다.

8. 목간

[   ]々如律令

부식에 의해 상하 양단이 결손되어서 원형은 확실하지 않지만 목귀질된 부분에 묵서가 남았다. 상부는 풍화가 상해 판독 불능이지만 현재 남은 부분으로 보아 주부목간으로 추측된다.

9. 참고문헌

山崎文幸「秋田·半在家遺跡」(『木簡研究』31, 2009年)

25) 胡桃館遺跡(1次)

1. 이름 : 구루미타테 유적(1차)
2. 출토지 : 秋田縣(아키타현) 北秋田市(기타아키타시)
3. 발굴기간 : 1967.7~1967.8
4. 발굴기관 : 秋田縣敎育委員會·鷹巢町敎育委員會
5. 유적 종류 : 취락·사원
6. 점수 : 1

7. 유적과 출토 상황

胡桃館遺跡는 JR鷹ノ巢駅의 서북서 약 1㎞에 소재하며 서쪽으로 흐르는 米代川의 북쪽 약 2㎞, 해발 28m 전후의 충적지에 입지한다. 1961년의 그라운드 조성 공사 도중 유물이 출토되었으며 1963·65년에는 굴립주열(A1주열), 책열(A2책열)이나 건물(C건물)의 일부인 토루의 재료가 출토되면서 1967년부터 3년에 걸친 발굴조사가 실시되었다.

목간은 C건물에서 1점이 출토되었다. C건물의 마루바닥 아래의 지표에서는 목재의 삭편이 일부러 깔아놓은 것처럼 출토되었다.

8. 목간

・「　□　□　出　□〔相?〕　□〔給?〕　　出　物　名　帳

　　　　　　　　　　　　　　　　　o　米一升

　　　　o　□玉作□□〔日?〕米五升五合　　玉作□〔麻?〕主

　　　□

　　　　　　　　□□□□米一升

　　[　　]□□□米一升五合和尓部永□米一升　□□□〔丈部今?〕□

　　□〔米?〕一升建部弘主米一升公□〔子?〕□□米五合一~升~伴万呂米一升

　　　　□□□〔得?〕吉米一升土師□呂米一升　□[　　]

　　　　　[　　　　]米二升

　　　　o　　　　　　　　[　　　　]　　　　　　　o

・「　　o　　大□□□〔万大?〕□□□□□□　　　　　o

　　□〔大?〕　　□　　□□〔大?〕□　□　　□

　　□□□〔松五十?〕　　須□□　□　　　□□

　　　　o　　　　　　　　　　　　　　　　o」　（역방향）

　　네모반듯한 형태의 목찰. 상하 양단은 비스듬하게 절삭되었다. 좌측 아래 모서리는 원호형태로 가공되었으며 네 모퉁이에 구멍이 있다. 뒷면은 어느 정도 풍화되었으나 평평하고 매끄럽게 마무리 되어 있다. 또 앞면의 문자는 구멍을 피해서 쓰여진 것으로 판단된다. 네모반듯한 형태의 가공이 앞면의 묵서보다 선행되었다고 생각된다. 앞면의 '玉作□〔麻?〕'의 [麻]는 [鹿]일 가능성이 있고, '和爾部永□'의 [□]은 [集]일 가능성이 있다.

9. 참고문헌

秋田縣教委『胡桃館埋没建物發掘調査概報』(秋田縣文化財調査報告書14) 1968年

秋田縣教委『胡桃館埋没建物第3次發掘調査報告書』(秋田縣文化財調査報告書22) 1970年

鷹巣町『廣報たかのす 平成17年弥生 2005/3/1』2005年

山本崇·高橋學「鷹巣町所在胡桃館遺跡出土の木簡」(『秋田縣埋藏文化財センター研究紀要』19, 2005年)

山本崇·高橋學「胡桃館遺跡出土木簡の再釋読について」(『秋田縣埋藏文化財センター研究紀要』20, 2006年)

高橋學·榎本剛治·山本崇·吉川眞司「秋田·胡桃館遺跡」(『木簡研究』28, 2006年)

奈文研·北秋田市教委『胡桃館遺跡埋没建物部材調査報告書』(北秋田市文化財調査報告書10) 2008年

26) 胡桃館遺跡(2次)

1. 이름 : 구루미타테 유적(2차)
2. 출토지 : 秋田縣(아키타현) 北秋田市(기타아키타시)
3. 발굴기간 : 1968.8
4. 발굴기관 : 秋田縣教育委員會·鷹巣町教育委員會
5. 유적 종류 : 취락·사원
6. 점수 : 2

7. 유적과 출토 상황

胡桃館遺跡는 JR鷹ノ巣駅의 서북서 약 1㎞에 소재하며 서쪽으로 흐르는 米代川의 북쪽 약 2㎞, 해발 28m 전후의 충적지에 입지한다. 1961년의 그라운드 조성 공사 중 유물이 출토되었으며 1963·65년에는 굴립주열(A1주열), 책열(A2책열) 및 건물(C건물)의 일부인 토거재(土居材)가 출토되면서, 1967년부터 3년에 걸친 발굴조사가 실시되었다.

제2차 조사에서 목간은 B2건물 1점과 C건물 1점 총 2점 출토되었다. 그중 1점은 C건물내 출토 목제품으로 보고되었지만 제2차 개보에서는 사진만 게재되어 묵서의 유무나 출토 상황에 관한 기술은 없고 상세한 내용은 알 수 없다. 다른 1점은 B2건물의 서면 남쪽 문짝이다.

8. 목간

(1)

「建□〔建?〕

두 번째 글자와 첫 번째 글자는 서로 서체가 다르다. 서체가 다른 같은 글자를 습서했을 가능성도 있다.

(2)

         一□□

七月十六日自誦奉□〔經?〕

同日卅巻十七日□〔卅?〕巻

十八日卅巻　　　　　　　　　」

상단은 결손되었다. 확인된 묵서는, 가장 위의 글자가 문판의 하단에서 약 20㎜의 위치에 쓰여 있으며 4행 26자가 확인된다.

9. 참고문헌

秋田縣敎委『胡桃館埋没建物第2次發掘調査概報―秋田縣鷹巢町所在』(秋田縣文化財調査報告書19) 1969年

秋田縣立博物館『秋田縣立博物館ニュース』97, 1994年

鷹巢町『廣報たかのす 平成17年弥生 2005/3/1』2005年

山本崇·高橋學「鷹巢町所在胡桃館遺跡出土の木簡」(『秋田縣理藏文化財センター研究紀要』19, 2005年)

山本崇·高橋學「胡桃館遺跡出土木簡の再釋読について」(『秋田縣理藏文化財センター研究紀要』20, 2006年)

高橋學·榎本剛治·山本崇·吉川眞司「秋田·胡桃館遺跡」(『木簡研究』28, 2006年)

奈文研·北秋田市教委『胡桃館遺跡埋没建物部材調査報告書』(北秋田市文化財調査報告書 10) 2008年

27) 家ノ浦遺跡

1. 이름 : 이에노우라 유적
2. 출토지 : 秋田縣(아키타현) にかほ市(니카오시)
3. 발굴기간 : 2010.6~2010.8
4. 발굴기관 : 秋田縣理藏文化財センター
5. 유적 종류 : 취락
6. 점수 : 2

7. 유적과 출토 상황

家ノ浦遺跡는 仁賀保구릉 북서측 아래에 입지하며 헤이안~무로마치시대에 걸친 복합유적이다. 이번 발굴조사는 일반국도 7호 仁賀保本莊도로건설에 동반한 것으로 유구확인면 및 유물포함층은 크게는 각각 중세와 고대에 속하는 상하 2면으로 나뉜다. 목간은 조사구 중앙부의 건물이나 주혈이 집중된 지점 주변 고대에 속한 유물포함층에서 1점 출토되었다.

8. 목간
「中将
　상단우측에서 우변측이 부식, 하단은 절손. 상단은 圭頭狀으로 추정된다.

9. 참고문헌
秋田縣理文センター『秋田縣理藏文化財センター年報29 平成22年度』2011年

秋田縣埋文センター・秋田縣教委『家ノ浦遺跡——一般國道7號仁賀保本荘道路建設事業に係る埋藏文化財發掘調査報告書V』(秋田縣文化財調査報告書473) 2012年

簗瀬圭二「秋田・家ノ浦遺跡」(『木簡研究』34, 2012年)

28) 家ノ浦Ⅱ遺跡

1. 이름 : 이에노우라Ⅱ 유적

2. 출토지 : 秋田縣(아키타현) にかほ市(니카오시)

3. 발굴기간 : 2011.6~2011.9

4. 발굴기관 : 秋田縣埋藏文化財センター

5. 유적 종류 : 제사유적·생산유적

6. 점수 : 1

7. 유적과 출토 상황

家ノ浦Ⅱ遺跡은 주로 헤이안시대의 제사나 단야작업에 관한 유적이다. 仁賀保구릉 북측 아래쪽의 완만한 경사면에 입지하며 해발은 16~20m 전후이다. 이번 발굴조사는 일반국도7호 仁賀保本荘도로건설에 따른 것이다. 목간은 조사구 북측의 제사지역으로 추정되는 택지에서 1점 출토되었다.

8. 목간

「∨雜穀九斗」

상하 양단 모두 거의 원형을 유지하고 있다. 하부는 좌우 양변을 깎아 뾰족하게 만들었다. 좌변은 깎이고 우변은 상부가 부러졌으며 하반이 깎였다.

9. 참고문헌

秋田縣埋文センター·秋田縣教委『家ノ浦Ⅱ遺跡——一般國道7號仁賀保本荘道路建設事業に係る埋藏文化財發掘調查報告書Ⅶ』(秋田縣文化財調查報告書485) 2013年

29) 谷地中遺跡

1. 이름 : 야치나카 유적
2. 출토지 : 仙北郡美鄉町(센보쿠군 미사토조)
3. 발굴기간 : 2010.7~2010.8
4. 발굴기관 : 美鄉町教育委員會
5. 유적 종류 : 유물산포지
6. 점수 : 7

7. 유적과 출토 상황

谷地中遺跡은 奧羽山脈麓에서 흐르는 복수의 하천에 의한 토사 운반 퇴적으로 형성된 복합 선상지 선단부보다 좀 더 낮은 위치로 해발 약 27~32m의 지점에 위치한다. 발굴조사는 농지 집적 가속화 기반정비사업에 따른 것이다. 출토된 주요 유구는 굴립주건물 1동, 굴립주건물의 일부로 생각되는 주열 2열, 구형태 유구 7조, 토갱 13기, 하천 1조 등이 있다.

8. 목간

SD14 구상(溝狀)유구
　(1)
・「□〔解?〕　□□〔申請?〕□□□[　　　　　　　　　　]

・「　　　□□　　　　　五月三日利麿

상단과 좌변 깎였으며 하단이 부러졌다. 우변이 갈라졌다.

　(2)

[　　　]□〔列?〕十三□

상하 양단 부러졌으며 좌변 깎여 있다.

　(3)

□貴□□

상단은 2차로 가공되었으며 하단이 부러졌다. 좌변은 깎으며 우변이 갈라졌다.

　SL63 하천

　(4)

「∨[　]

상단과 좌우 양변 깎여 있다. 하단이 절단되었으며 좌우 양변에 2곳씩 홈이 있다.

　(5)

□□□□

좌우 양변은 갈라지고 묵서는 글자가 아닐 가능성도 있다.

9. 참고문헌

美鄕町敎委『湯殿屋敷遺跡 谷地中遺跡－縣營農地集積加速化基盤整備事業(羽貫谷地地區)に伴う埋藏文化財發掘調査報告書』(美鄕町埋藏文化財調査報告書14) 2013年

4. 山形縣

1) 今塚遺跡

1. 이름 : 이마쓰카 유적

2. 출토지 : 山形縣(야마가타현) 山形市(야마가타시)

3. 발굴기간 : 1993.5~1993.11

4. 발굴기관 : ㈶山形縣埋藏文化財センター

5. 유적 종류 : 취락

6. 점수 : 3

7. 유적과 출토 상황

今塚遺跡은 山形縣街의 북방 약 3㎞에 위치한다. 그 근방은 馬見ヶ崎川선상지의 직선부에 해당하는 용수지대에 있으며 유적은 옛 지류의 범람에 의해 형성된 자연제방 위에 입지한다. 이번 조사는 山形縣주택공급공사에 의한 택지조성 및 분양주택건설에 따른 긴급발굴조사로서 실시한 것이다. 조사 결과, 옛 하천을 중심으로 수혈주거 30동·굴립주건물 9동·우물 2기·토갱 53기 등 다수의 유구가 출토되었다. 목간 3점은 모두 출토지점이 다르다. 함께 출토된 토기는 9세기 중반~후반이므로 목간도 거의 동시대로 추측된다.

8. 목간

(1)

・[   ]□□〔奉行?〕□□〔長?〕□部『人雄』

　　『□為』仁壽參年六月三日　　」

・大□〔浜?〕　　　　　　　　　　」

仁壽3년이라는 기년이 있는 문서목간. 문서 내용을 알 수는 없으나, 상부에서 하부로 내려오는 하달문서로 추측.

(2)

・每二斗七升遺二斗三升

　　【『酒世二斗四升四合□□□』

　　『二斗四升四合　中津子二斗八升』】　(역방향)

・五斗四升四合　□[ ]五斗　　□□子二斗[　　]

　공량지급에 관한 목간이라 추측된다. 한쪽 면은 천·지 양방향에서 기재되어 있지만, 글자의 겹침은 보이지 않는다.

　　(3)

「七月一日始十日□

　　□斗□升二合

　공량에 관한 목간으로 10일간 단위로 식료를 지급 또는 청구한 것을 의미한 것이라 생각된다.

　9. 참고문헌

　山形縣理文センター『今塚遺跡發掘調査報告』(山形縣理藏文化財センター調査報告書 7) 1994年

　須賀井新人「山形·今塚遺跡」(『木簡研究』16, 1994年)

　山形縣の古代文字資料を考える會『山形縣內出土古代文字資料集成』1998年

2) 石田遺跡(3次)

　1. 이름 : 이시다 유적(3차)

　2. 출토지 : 山形縣(야마가타현) 山形市(야마가타시)

　3. 발굴기간 : 2000.4~2000.8

4. 발굴기관 : (財)山形縣埋藏文化財センター

5. 유적 종류 : 취락

6. 점수 : 2

7. 유적과 출토 상황

石田遺跡은 山形市의 남서本澤川의 선상지 상에 입지한다. 주변에는 취락유적, 스에키 가마터나 山形縣內에서는 드문 고대 기와 가마터 등의 생산유적이 밀집해 있다. 출토된 유구로는 33동의 굴립주건물과 4조 이상의 책렬, 다수의 구가 있다. 출토된 유물로 스에키 잔·뚜껑·항아리·원면 벼루·하지키잔·목간 등이 있다. 목간은 구형태의 유구의 복토 안에서 출토되었다.

8. 목간

□□□〔十?〕

　상단은 자르고 부러뜨린 흔적을 남기고 조정되어 있다. 양 측면은 본래의 폭을 유지하고 있다. 하단은 비스듬하게 절손되어 있다. 남은 먹의 상태가 좋지 않아 해석하기 어렵다.

9. 참고문헌

吉田江美子·山口博之 「山形·石田遺跡」(『木簡研究』 23, 2001年)

山形縣埋文センター 『石田遺跡發掘調査報告書』(山形縣埋藏文化財センター調査報告書 122) 2004年

3) 梅野木前 1 遺跡

1. 이름 : 우메노키마에 1 유적

2. 출토지 : 山形縣(야마가타현) 山形市(야마가타시)

3. 발굴기간 : 2006.10~2006.12

4. 발굴기관 : 山形市教育委員會

5. 유적 종류 : 취락

6. 점수 : 1

7. 유적과 출토 상황

梅野木前1遺跡은 고훈시대 전기에서 중세에 걸친 복합유적이다. 山形市內를 흐르는 馬見ヶ崎川이 형성된 선상지의 선단부 부근의 미고지에 입지해 있다. 대규모 점포건설에 동반한 발굴조사이다. 목간은 수혈 주거SI37의 覆土 속에서 1점 출토되었다. 함께 출토된 스에키의 연대로 보아 8세기 말~9세기 중엽의 것으로 추측된다.

8. 목간

· 「東方靑龍王　南方赤龍王　西方白龍王

　　　　　　　　下天黃龍王　　　　　　　　」

· 【　　　　　　　　□□□□〔天亡?〕□　　□□

　　　　　　　□□□　　　　　　　　　】　(역방향)

보고서에는 2점이라 되어 있지만 간행 후에 보존처리를 실시한 결과, 1개의 목간으로 판명되었다. 상하 양단은 비스듬하게 깎여 있다. 원반 모양의 목재를 단책 모양으로 갈라서 목간으로 용도 전환한 것이라 추측된다. 앞뒤의 관계는 불명확.

9. 참고문헌

山形市教委·(株)しまむら『梅野木前1遺跡發掘調査報告書－ＦＭ山形嶋店新築工事に伴う埋藏文化財發掘調査』(山形縣山形市埋藏文化財發掘調査報告書28) 2007年

須藤英之「山形·梅野木前1遺跡」(『木簡研究』30, 2008年)

4) 笹原遺跡

1. 이름 : 사사하라 유적
2. 출토지 : 山形縣(야마가타현) 米澤市(요네자와시)
3. 발굴기간 : 1981.7~1981.10
4. 발굴기관 : 만기리(まんぎり)會
5. 유적 종류 : 취락
6. 점수 : 3

7. 유적과 출토 상황

笹原遺跡은 米澤市街地의 북동쪽 약 3㎞에 해당하며 最上川의 본류인 松川에 의해 형성된 자연제방 및 하안단구 위 해발 227m에 위치한다. 1980년에 笹原지구 일대가 米澤市 정수관리센터와 주택단지조성개발이 계획되면서 米澤市敎育委員會가 시굴조사를 실시하였다. 그 결과 8세기에서 9세기에 걸쳐 3만㎡의 유적이 존재한다고 판명되었다. 유물은 옛 最上川와 합류된 구 모양의 유구를 중심으로 다량의 스에키·하지키와 함께 묵서토기·목간 등이 출토되었다.

8. 목간
　　(1)
×□寶私田曽□□
　　(2)
[　　　]×
　　(3)
□□□[　　　]×

9. 참고문헌

まんぎり會『笹原遺跡發掘調査報告書』(米澤市埋藏文化財調査報告書7) 1981年

手塚孝「山形·笹原遺跡」(『木簡研究』4, 1982年)

山形縣の古代文字資料を考える會『山形縣內出土古代文字資料集成』1998年

5) 大浦C遺跡

1. 이름 : 오우라 C 유적

2. 출토지 : 山形縣(야마가타현) 米澤市(요네자와시)

3. 발굴기간 : 1984.6~1984.7

4. 발굴기관 : 米澤市敎育委員會

5. 유적 종류 : 취락

6. 점수 : 1

7. 유적과 출토 상황

大浦C遺跡은 米澤市街地의 동북 1㎞ 하안단구에 위치하며 해발 약 237m, 택지와 수전, 밭으로 이용되고 있다. 본 유적의 동측 최단부가 주차장조성지가 되면서 米澤市敎育委員會가 사전발굴조사를 실시하였다. 본 유적의 총 유적의 총면적은 2,400㎡로 추정된다. 조사 결과 나라시대의 유구를 중심으로 주혈·구 형태 유구가 출토되었다. 구 형태 유구는 중복하여 확인되었고 목간은 그중 끊어진 구 형태 유구에서 출토되었다.

8. 목간

판독할 수 없다.

길이 11.6㎝, 폭 3㎝, 두께 5㎜이며, 양단부에 V자형의 칼집이 있다. 묵흔은 확인되지만 판독은 어렵다. 깎아서 정돈한 것은 한쪽 면뿐이다.

9. 참고문헌

菊地政信「山形·大浦遺跡」(『木簡研究』7, 1985年)

米澤市教委『大浦 大浦A遺跡·大浦C遺跡發掘調查報告書—奈良時代~平安時代の集落及び官衙跡』(米澤市埋藏文化財調查報告書18) 1987年

山形縣の古代文字資料を考える會『山形縣內出土古代文字資料集成』1998年

6) 古志田東遺跡(99年度調查)

1. 이름 : 후루시다히사시 유적(99년도 조사)

2. 출토지 : 山形縣(야마가타현) 米澤市(요네자와시)

3. 발굴기간 : 1999.11~1999.12

4. 발굴기관 : 米澤市教育委員會

5. 유적 종류 : 거관

6. 점수 : 61

7. 유적과 출토 상황

古志田東遺跡은 吾妻山峰에서 뻗은 斜平구릉의 동측에 위치한 유적으로 最上川 우측기슭에 해당한다. 米澤市開發公社가 계획하고 있는 林泉寺단지에 관련된 긴급조사로 실시되었다. 유물의 대부분은 하천 내부에서 출토된 것으로 목간을 포함한 다량의 목제품이나 토기류가 확인되었다. 목간은 하천터의 제Ⅱ층에서 제Ⅳ층까지의 퇴적층에서 다량의 목제품 및 토기류와 함께 61점이 출토되었다. 출토된 목간은 결손되었으나 묵흔이 미약하게 확인되는 것이 대부분이다.

8. 목간

(1)

・「有宗

・「案文

단책형의 엇결의 목재를 가공한 **題籤軸**으로 축부분은 사라졌다. 앞면은 인명 '有宗'이 보인다.

(2)

「□田人廿九人 九人/女廿人 又卅九人 女卅一人/男八人

두꺼운 엇결의 목재의 기록간으로 田人(농민)의 구체적인 동원수가 기록되어 있다. 여성의 인원수가 7~8할을 차지하고 있는 점이 주목받고 있다.

(3)

・□百五十八人 丁二百□/小廿人

・卅人 男廿八人/小二人

기록간. 상·하단은 결손. 본 유적에서 남성의 노동령을 대규모로 동원한 때의 기록간으로 보인다.

(4)

∨八斗六升□□人万呂

상단의 좌우에 칼집 홈을 추가한 부찰형태를 나타내고 있지만 단책 형태의 목간을 2차적으로 가공한 것이라 추측된다.

(5)

「三斗八升

단책형의 목간. 하단이 결손. 수량만 기재되어 있으며 내용은 알 수 없다.

(6)

「∨善□一石」

　엇결재의 하찰목간

　　(7)

五十二束

　본래의 단책형태의 목간을 2차적으로 부찰형태로 가공한 것으로 볏단수만 기재하였으나 상세한 것은 알 수 없다.

　　(8)

□万　七万　八万　九万　十一万　□万」

　상단이 결손. 아주 얇은 엇결목재 사용. 하단을 뾰족하게 다듬었다.

　　(9)

「□□□

　하단과 측면이 결손. 단책형의 목간. 앞면에서 글자의 묵흔이 확인되었다.

　　(10)

·「[　　　　　　]

·「[　　　　　　]

　圭頭형태로 마무리한 목간. 하단 결손, 묵흔은 앞면 중앙면과 뒷면의 상부에 약간 확인된다.

　　(11)

「東」

　　(12)

「∨狄帶建一斛」

　엇결목재의 하찰목간.

　　(13)

·□船津運十人」

·□□□□□　」

단책형 목간을 반으로 자란 것으로 상단이 결실되었다. 이 목간은 동쪽 선착장에서 출토된 것이다.

(14)

「∨上毛野眞人一石」

　엇결목재의 부찰목간이다. .

(15)

□□□　　子主□人

　양단이 결손된 목간. 내용은 알 수 없다. .

(16)

「□魚」

　접시의 바닥부에 적힌 것으로 글자는 한 글자일 가능성도 있다.

9. 참고문헌

　米澤市教委『古志田東遺跡－林泉寺住宅團地造成予定地內埋藏文化財調査報告書』(米澤市埋藏文化財調査報告書73) 2001年

　手塚孝·月山隆弘「山形·古志田東遺跡」(『木簡研究』26, 2004年)

7) 馳上遺跡

1. 이름 : 하세가미 유적

2. 출토지 : 山形縣(야마가타현) 米澤市(요네자와시)

3. 발굴기간 : 2000.5~2000.10

4. 발굴기관 : (財)山形縣埋藏文化財センター

5. 유적 종류 : 취락

6. 점수 : 1

7. 유적과 출토 상황

　馳上遺跡은 米澤市街地의 동부, 最上川지류의 羽黒川 우측기슭의 하안단구 위에 위치하며 해발은 약 240m, 고훈·나라·헤이안시대의 취락유적이다. 조사에서 출토된 유구는 수혈주거, 굴립주건물, 자연유로 등이 있다. 자연유로는 5조 확인되었고 각각 시기가 다르다. 범람을 반복하여 유로가 변화한 것을 알 수 있다. 취락은 이들 河道 사이에 자연제방 형태의 얕은 고지에 입지한다. 목간은 자연유로 중의 한 곳에서 출토되었다. 유물은 최상층에서만 출토되었으며 연대는 함께 출토된 토기 등으로 보아 조사구 내에서는 가장 이른 9세기 전반으로 추측된다.

8. 목간

・「□〔梵字?〕(符籙) 鬼鬼鬼…□八龍王水八竜王草木万七千」
・「□□龍王□□龍王…　□□□□〔龍?〕□□八竜王　　　　　」

　3조각으로 된 단책형의 주부목간. 상단의 일부를 결손. 상·하단 모두 원형을 유지하고 있다. 중간부는 절단되어 있고 문자의 잔존상황에서 약간의 결핍이 있다. 앞면의 문자는 비교적 명료하게 보이나 뒷면의 문자는 묵의 잔존이 나빠 상당히 불명확하다. 본 목간은 '龍王'에 대해 하천 주변에서 기우 혹은 지우의 기원에 따른 것으로 추측된다.

9. 참고문헌

須賀井新人「山形·馳上遺跡」(『木簡研究』23, 2001年)

山形縣理文センター『馳上遺跡發掘調査報告書』(山形縣理藏文化財センター調査報告書 101) 2002年

8) 平形遺跡

1. 이름 : 히라카타 유적

2. 출토지 : 山形縣(야마가타현) 鶴岡市(쓰루오카시)

3. 발굴기간 : 1977.4~1977.10

4. 발굴기관 : 山形縣教育委員會

5. 유적 종류 : 취락

6. 점수 : 1

7. 유적과 출토 상황

平形遺跡은 出羽國의 국부소재지로 추측되던 곳이다. 1977년 4월부터 실시된 경작지정비사업과 관련된 긴급발굴조사였다. 이 지역 내에서 모두 7차에 걸친 발굴조사가 실시되었는데 나라시대까지 거슬러 올라가는 유물은 아직 발견되지 않았다. 오히려 헤이안시대 이후의 유물이 다수 확인되었다. 목간은 제6차 조사에서 조사구의 남단, SE2 우물터에서 1점 출토되었다.

8. 목간

(判読不可能)

현존 길이 10.2㎝, 폭 0.5㎝이다. 얇게 갈라져 있으며 모퉁이가 깎여 있어 판독은 불가능하다.

9. 참고문헌

尾形與典 「山形·平形遺跡」(『木簡研究』 1, 1979年)

平川南 「東北地方出土の木簡について」(『木簡研究』 1, 1979年)

山形縣教委 『平形遺跡·周邊遺跡發掘調査報告書』(山形縣埋藏文化財調査報告書26) 1980年

9) 山田遺跡(97年度調査)

1. 이름 : 야마다 유적(97년도 조사)

2. 출토지 : 山形縣(야마가타현) 鶴岡市(쓰루오카시)

3. 발굴기간 : 1997.4~1997.12

4. 발굴기관 : 鶴岡市敎育委員會

5. 유적 종류 : 하도(河道)

6. 점수 : 2

7. 유적과 출토 상황

山田遺跡은 鶴岡市의 서부, JR羽前大山驛의 남측의 해발 13.5m의 미고지 위에 입지한다. 현재는 수전·밭이다. 유적 내에 공업단지조성계획이 구체화되면서 鶴岡市敎育委員會에서는 기록보존을 목적으로 한 긴급발굴조사를 1996년부터 실시하였다. A~M조사구 총 면적은 약 35,000㎡이다. 고훈시대 중기 후반~후기까지의 취락유적을 중심으로 헤이안시대 전반~후반의 취락유적, 중세 유적 등이 확인되었으며 시대별로 약간씩 분포가 다르다는 것도 판명되었다. 목간은 J구의 고훈시대~헤이안시대의 하천터에서 출토되었다.

8. 목간

(1)

•「甘祢鄕錦織部果安戶主佰姓□長□□〔巫部?〕[   ]

                    『大[   ]』   召□〔山?〕守」

• [   ]

하단부에 약간의 결손이 몇 부분 확인되지만 거의 원형을 유지하고 있다고 추측. 하단부는 묵흔이 흐려서 판독이 어려운 문자가 많다. 뒷면에는 묵흔이 확인되지만 판독은 어렵다. 문맥으로 보아 소환목간으로 추측된다.

(2)

「大伴酒[　]」

　하단을 뾰족하게 한 가격표 형태의 목간. 하단부는 묵흔이 흐려서 판독 불가능.

9. 참고문헌

　鶴岡市教委『市內遺跡分布調査報告書 山田遺跡 平成8·9年度發掘調査槪報』(山形縣鶴岡市
埋藏文化財調査報告書8) 1998年

　眞壁建·松田亜紀子「山形·山田遺跡」(『木簡研究』20, 1998年)

　鶴岡市教委『市內遺跡分布調査報告書 山田遺跡 平成10年度發掘調査槪報』(山形縣鶴岡市理
藏文化財調査報告書9) 1999年

　鶴岡市教委『山田遺跡發掘調査報告書(Ⅰ～K·M1區)』(山形縣鶴岡市理藏文化財調査報告書
21) 2003年

　木簡學會編『日本古代木簡集成』東京大學出版會, 2003年

10) 山田遺跡(99年度調査)

1. 이름 : 야마다 유적(99년도 조사)

2. 출토지 : 山形縣(야마가타현) 鶴岡市(쓰루오카시)

3. 발굴기간 : 1999.5~1999.12

4. 발굴기관 : (財)山形縣理藏文化財センター

5. 유적 종류 : 취락

6. 점수 : 1

7. 유적과 출토 상황

조사는 도로개량에 동반하여 현재 縣道를 포함한 6,100m²를 대상으로 조사를 실시하였다. 시기는 6세기 후반이 중심이다. 본조사에서 출토된 유구는 고훈시대의 구나 헤이안시대의 토갱 등이며 주거지유적은 발견되지 않았다. 남북으로 긴 조사구의 북반 지역에서는 완만하게 사행하는 옛 하도가 확인되었다. 퇴적은 크게 3층으로 이루어져 있다. 목간은 중층과 하층의 경계에서 1점 출토되었다.

8. 목간

· 「□駅駅四皿駅子人□〔食?〕

· 「大辟部　麻績部　　長浴部　　六人

　大伴部　大日子部　小長浴部　宍人

하단이 없어졌으나 원형은 머리 부분이 약간 둥근 단책형이라 생각된다. 두께는 균일하지 않으므로 반복해서 사용된 것이라 상정된다. 앞면의 글자 모두 같은 필체라 판단된다.

9. 참고문헌

須賀井新人「山形·山田遺跡」(『木簡研究』22, 2000年)

山形縣理文センター『山田遺跡發掘調査報告書』(山形縣埋藏文化財センター調査報告書 83) 2001年

11) 興屋川原遺跡(2次)

1. 이름 : 고우야가와라 유적(2차)
2. 출토지 : 山形縣(야마가타현) 鶴岡市(쓰루오카시)
3. 발굴기간 : 2005.6~2005.12

4. 발굴기관 : (財)山形縣埋藏文化財センター

5. 유적 종류 : 취락

6. 점수 : 5

7. 유적과 출토 상황

興屋川原遺跡은 壓內평야 남서부에 있으며 大山川의 오른쪽 기슭의 자연제방 위에 입지한다. 본 조사에서 고훈시대 중기와 헤이안시대의 유구와 유물이 확인되었다. 고훈시대에는 하천과 수혈건물 1동이 확인되었고 이 외에 지반하강이나 토갱에서 토기, 곡옥이 출토되었다. 목간은 하천유적의 중복지점에서 5점 출토되었다. 중복 부분은 층을 분간하기 어려워 연대를 정확하게 비정하기가 어렵다.

8. 목간

(1)

・天天天天天天天地地地地地地地天天天」(表面)

・天天天天女女女女女女□□□□   」(左側面)

각재 형태의 목재를 사용. 상단은 절단되었으며 중반부에서 부러졌다. 고대에 문사를 연습하는 데 사용된 것으로 '천자문'의 첫 부분인 '天地玄黃'의 영향을 받았다는 지적도 있다.

(2)

[   ]

(3)

「[   ]」

판재 조각으로 초관(草冠)의 한 글자 혹은 두 글자가 쓰여 있지만, 판독 불가능.

(4)

・[   ]

・□

　장방형의 판목재의 하단을 뾰족하게 만든 것. 중간부가 부러졌다.

　　(5)

「[　　　　　]」

　각목재 형태의 부재를 깎은 것.

9. 참고문헌

山形縣埋文センター『興屋川原遺跡第1~4次發掘調査報告書(本文編)(寫眞圖版編)』(山形縣
埋藏文化財センター調査報告書187) 2010年

　齋藤健「山形·興屋川原遺跡」(『木簡研究』32, 2010年)

12) 城輪柵遺跡(16次)

1. 이름 : 기노와노치쿠 유적(16차)
2. 출토지 : 山形縣(야마가타현) 酒田市(사가타시)
3. 발굴기간 : 1976.9~1977.3
4. 발굴기관 : 酒田市教育委員會
5. 유적 종류 : 관아
6. 점수 : 4

7. 유적과 출토 상황

　1931년 첫 발굴조사가 실시되어 한 변 약 720m의 외곽선의 모습이 밝혀졌다. 이듬 해에 국
가사적으로 지정되었다. 1964년 봄 酒田市教育委員會가 제1차 발굴조사를 실시하였고 1971
년의 제2차 발굴조사 이후부터는 매년 실시하고 있다. 목간은 제16차 발굴조사의 제1호 토광

안에서 발굴되었다. 목간은 우물굴방 埋土 내에서 목주발·젓가락 형태의 목제품·曲物 바닥판 등과 함께 출토되었다.

8. 목간

(判読不可能)

목간의 길이는 21.3㎝, 폭은 2.9㎝, 두께는 0.3㎝이며 상단부에는 직경 0.2㎝의 작은 구멍이 보인다. 원래 2곳이 있었을 것이다. 묵흔을 확인했지만 깎여서 판독은 불가능하다. 목간의 편이라 생각되는 3점이 같은 유구에서 출토되었지만, 어느 것도 글자는 확인할 수 없다.

9. 참고문헌

酒田市教委『史跡城輪柵跡 昭和51年度發掘調査槪要』1977年

小野忍「山形·城輪柵遺跡」(『木簡研究』1, 1979年)

平川南「東北地方出土の木簡について」(『木簡研究』1, 1979年)

13) 堂の前遺跡(9次)

1. 이름 : 도노마에 유적(9차)
2. 출토지 : 山形縣(야마가타현) 酒田市(사가타시)
3. 발굴기간 : 1978.8~1978.9
4. 발굴기관 : 山形縣教育委員會
5. 유적 종류 : 사원
6. 점수 : 3

7. 유적과 출토 상황

堂の前遺跡은 1974년 이래, 8차례에 걸쳐 발굴조사가 실시되었는데 유적의 범위, 성격 등 상세한 것은 아직 밝혀지지 않았다. 목간은 제6차 조사에서 3점 출토되었다. 3점의 목간은 SX3의 大溝에서 출토되었다. SX3은 자연 하천으로 보이나 일부는 인공 하천도 있어 성격은 확실하지 않다. 溝 내에서는 스에키, 흑색토기, 적색토기 등이 함께 출토되었고 시대는 헤이안시대로 추측된다.

8. 목간

3점의 목간 앞 부분에 山口繩急々如律令 여덟 자가 세로로 쓰여 있으며, 필적도 모두 동일인물의 것이라 생각된다. 상단을 산모양으로 깎았으며 하단도 날카롭게 뾰족하게 만들어졌다. 3점 모두 거의 동일한 형태이나 길이는 일정하지 않다.

9. 참고문헌

尾形與典「山形・堂の前遺跡」(『木簡研究』1, 1979年)
平川南「東北地方出土の木簡について」(『木簡研究』1, 1979年)
山形縣教委『堂の前遺跡 昭和53・54年度調査略報』(山形縣埋藏文化財調査報告書30) 1980年
山形縣の古代文字資料を考える會『山形縣內出土古代文字資料集成』1998年

14) 俵田遺跡(2次)

1. 이름 : 다와라다 유적(2차)
2. 출토지 : 山形縣(야마가타현) 酒田市(사가타시)
3. 발굴기간 : 1983.4~1983.6
4. 발굴기관 : 山形縣敎育委員會

5. 유적 종류 : 취락

6. 점수 : 7

7. 유적과 출토 상황

倭田遺跡은 山形縣 북서부에 해당하는 圧內평야의 북반에 위치한다. 조사는 농촌기반종합파 일럿사업에 의한 것으로 제1차 조사를 1978년, 제2차 조사를 1983년에 실시하였다. 묵서가 남아 있는 人形 등이 출토된 SM60 제사유구는 제2차 조사에서 발견된 것이다. 제사유구는 사방 약 5m 범위내에서 人面墨描토기, 스에키, 목제人形·도형·마형·齋串 등의 유물 120점이 祭場 으로서의 배치를 거의 원형 그대로를 유지한 채로 출토되었다. 묵서는 人面墨描토기 1점과 목 제人形 7점이 확인되었다. 묵서가 있는 人形은 모두 人面墨描토기의 주변에서 출토되었다.

8. 목간
　(1)
(人面)□□〔鬼?〕□
　(2)
(人面)□□〔鬼?〕□
　(3)
(人面)□鬼坐

묵서가 있는 人形은 얼굴이 倒卵형이며 어깨선이 수평. 손 부분에 칼집 홈이 있으며 허벅지 부분은 사다리꼴로 칼집을 넣은 다음에 잘려 있다. 본 유적은 주위에 있는 出羽國府와 관련 깊어 보인다.

9. 참고문헌
山形縣敎委·山形縣『倭田遺跡 第2次發掘調査報告書』(山形縣埋藏文化財調査報告書

77) 1984年

佐藤庄一「山形・俵田遺跡」(『木簡研究』8, 1986年)

15) 新靑渡遺跡

1. 이름 : 니이아와도 유적
2. 출토지 : 山形縣(야마가타현) 酒田市(사가타시)
3. 발굴기간 : 1983.7~1983.9
4. 발굴기관 : 山形縣教育委員會
5. 유적 종류 : 취락
6. 점수 : 1

7. 유적과 출토 상황

新靑渡遺跡은 국가지정사적 城輪柵跡의 북북동 4㎞에 위치하며 酒田북부 삼각주 위에 입지한다. 유구는 微高地 위에서 집중되어 출토되었다. 조사 결과, 굴립주건물 17동, 우물 2기, 토광 20기, 제철유구 1기, 구형태유구 등이 출토되었다. 묵서토기는 문자를 판독할 수 없는 것도 포함해서 125점 출토되었다. 목간은 2차 조사의 B구 북측 120m로 파인 試掘坑(TP30)에서 1점 출토되었다. 함께 출토된 유물은 없지만 헤이안시대의 유구면이 확인된 것으로 보아 같은 시기의 유물로 추측된다.

8. 목간

大戶□〔口?〕西□

상하 양단이 결손. 묵서면에는 칼 등에 의해 가로로 선이 그어져 있으며 1~2㎝의 간격으로 확인된다.

9. 참고문헌

山形縣敎委『新靑渡遺跡 第2次發掘調査報告書』(山形縣埋藏文化財調査報告書79) 1984年

安部実「山形·新靑渡遺跡」(『木簡研究』9, 1987年)

16) 熊野田遺跡(88年度調査)

1. 이름 : 구마노다 유적(88년도 조사)

2. 출토지 : 山形縣(야마가타현) 酒田市(사가타시)

3. 발굴기간 : 1988.7~1988.8

4. 발굴기관 : 山形縣敎育委員會

5. 유적 종류 : 취락

6. 점수 : 1

7. 유적과 출토 상황

熊野田遺跡은 酒田市街地의 동쪽으로 약 5㎞, 飽海평야라 불리는 最上川 이북의 충적평야부 중앙남부에 위치한다. 2년에 걸친 조사 결과, 목판재열에 둘러싸인 내부에 굴립주건물터 12동, 우물터 1기, 토광 40기, 도랑 형태 유구 46조 등 다수의 유구가 출토되었다. 묵서토기는 1차 조사에서 76점 출토되었으며 2차 조사에서 출토된 점수를 합하면 100점이 넘는다. 목간이 출토된 유구는 목판재열 남서모퉁이에서 동변 중앙부에 걸쳐진 도랑 형태의 유구이다.

8. 목간

□依如件但□〔御?〕□首□□〔道?〕宣□□□□〔以?〕□□□

但田者在贄人繩繼□

목판재열로 둘러싸인 내부에 지어진 구형태 유구의 바닥면에서 출토되었으며 다량의 토기와 함께 출토되었다. 묵흔이 불명확한 문자가 많아 목간이 가진 의미는 정확하지 않다. 본 유적의 성립 시기는 9세기 후반경으로 추측되며 목간에서 확인되는 관아유적 성격의 시기는 10세기 이후로 생각된다.

9. 참고문헌

山形縣教委 『熊野田遺跡 第3次發掘調査報告書』(山形縣埋藏文化財調査報告書146) 1988年

野尻侃 「山形·熊野田遺跡」(『木簡研究』11, 1989年)

山形縣の古代文字資料を考える會 『山形縣內出土古代文字資料集成』1998年

17) 三條遺跡(3次)

1. 이름 : 산조 유적(3차)

2. 출토지 : 山形縣(야마가타현) 寒河江市(사카에시)

3. 발굴기간 : 1996.4~1996.11

4. 발굴기관 : (財)山形縣埋藏文化財センター

5. 유적 종류 : 취락·하도

6. 점수 : 1

7. 유적과 출토 상황

山形縣의 중앙부에 위치한 寒河江市의 시가지 남변에 동북횡단자동차도 酒田線이 계획되어 1994년도부터 긴급발굴조사가 실시되었다. 三條遺跡은 이 긴급발굴조사에서 확인된 유적의 하나로 高瀬山의 동쪽에 접한 완만한 경사면 위에 위치한다. 목간은 SG323의 두 시기의 강바닥에서 출토되었다. 목찰 형태의 목제품이 5점 출토되었으며 이 중 1점에서 명료한 묵흔이 확인되었다. 하천에서 출토된 8세기 후반~9세기의 것으로 추측되는 스에키·하지키·목제품은 유물정리용 상자 약 250박스 분량에 달한다. 목간 이외의 문자자료로 430점이 넘는 묵서토기,

60점이 넘는 각서토기가 확인되었다.

8. 목간

□五日田主大伴部廣□

　상·하단 모두 결손, 전체적으로 부식되어 원형은 알 수 없다.

9. 참고문헌

水戸弘美 「山形·三條遺跡」 (『木簡研究』 20, 1998年)

山形縣理文センター 『三條遺跡 第2·3次發掘調査報告書』 (山形縣埋藏文化財センター調査
報告書93) 2001年

18) 大在家遺跡(6次)

1. 이름 : 다이자이케 유적(6차)
2. 출토지 : 山形縣(야마가타현) 東置賜郡高畠町(히가시오키타마군 다카하타마치)
3. 발굴기간 : 1999.5~1999.6
4. 발굴기관 : 高畠町教育委員會
5. 유적 종류 : 취락
6. 점수 : 1

7. 유적과 출토 상황

大在家遺跡는 高畠町의 중심부에 위치한 유적으로 중세·근세의 城館跡인 高畑城跡과 많은
부분이 중복된다. 1991년·1992년의 제1~3차 조사까지는 수혈주거지나 토갱, 溝 등이 출토되
었다. 1997년의 제4차 조사에서 고대의 하천이 출토되었으며 이후 1999년부터 2001년까지

실시된 제6~8차 조사까지 확인한 하천도 동일한 하천의 연장부분일 가능성이 크다. 제6차 조사에서는 조사구가 협소하여 하천의 서반부만을 확인하였다. 하천의 출토유물은 스에키·하지키 외에 목기·목제품, 목간 1점 등이 있다.

8. 목간

「∨□

　하부결손. 눈으로는 직접 관찰이 전혀 되지 않으며 보존처리의 단계에서 묵흔의 존재가 판명된 것으로 해독은 안 된다.

9. 참고문헌

井田秀和「山形·大在家遺跡」(『木簡研究』26, 2004年)

19) 高畠町尻遺跡(3次)
20) 高畠町尻遺跡(4次)

1. 이름 : 다카하타마치지리 유적(3·4차)

2. 출토지 : 山形縣(야마가타현) 東置賜郡高畠町(히가시오키타마군 다카하타마치)

3. 발굴기간 : 2003.10~2003.12 ; 2004.4~2004.6

4. 발굴기관 : 高畠町教育委員會

5. 유적 종류 : 하천

6. 점수 : 11

7. 유적과 출토 상황

高畠町尻遺跡은 高畠町의 중심부, 고대유적이 집중된 지구에 위치한다. 인접지에는 大在家

遺跡·日照遺跡·濫作遺跡 등의 유적이 소재하며 동측의 小群山地區는 置賜郡衙의 추정지이다. 발굴조사는 1998년부터 2004년까지 5차에 걸쳐 실시되었다. 1998년의 제1차 조사에서는 비교적 대형의 건물 2동을 포함하여 굴립주건물 3동, 우물 등이 출토되었다. 2003~2004년의 2년간에 걸쳐 실시된 제3~5차 조사에서는 고대의 하천유적이 확인되었다. 유물은 하지키·스에키 등의 토기류가 다수 출토되었지만 대부분은 목제유물이다. 하천의 연대는 출토유물로 볼 때 ①7세기 말에서 8세기 초두, ②8세기 말에서 9세기 초두, ③9세기 중엽 전후의 3시기로 추측된다. 목간은 溝에서 출토된 목간을 1점을 제외하고 모두 하천터에서 출토되었다.

8. 목간

제3차 조사

하천터
(1)
・□斗許今要用
・□〔奉?〕行正月卅日使□
　□〔生?〕長作□□□一今□□
　물품청구의 문서목간의 단편.
(2)
「□□□□〔今月四日?〕入□〔稻?〕[　　　]
　벼의 납입에 관한 내용이 기재되어 있고 아랫부분이 결손되었다.
・□□□
・　□□
　옻칠용 붓의 손잡이에 묵서가 있다. 붓에 2차적인 가공을 가하기 전의 묵서인지 의심된다.

(3)

□[若?]

나무 접시의 바닥면에 묵서가 있다.

구

(4)

[   ]

제4차 조사

(5)

(6)

· □□

· □[丁?]

(7)

□□

(8)

· [   ]□□三□□□

　　　　[   ]

· [   ]

(9)

· 【石□□】

税 □ □□ 徳 置 □ 二 可 丁 □

- [　　　] [　　　] 　　[　　　　]

4조각을 이어붙인 것으로 앞면의 위에서 3문자는 세로방향으로 위아래가 역으로 기입되어 있다. 뒷면도 세로방향이지만 위아래 부분은 상세하지 않다.

　(10)

- □ 　□ 　上
  　六 　□　　(가로목간에 세로 글자)
- 【□□□□□□】　　(역방향)

뒷면의 글자는 세로방향으로 위아래가 역으로 기입되어 있다.

9. 참고문헌

井田秀和「山形·高畠町尻遺跡」(『木簡研究』28, 2006年)

21) 道傳遺跡(1次)

1. 이름 : 도덴 유적(1차)

2. 출토지 : 山形縣(야마가타현) 東置賜郡川西町(히가시오키타마군 가와니시마치)

3. 발굴기간 : 1979.6~1979.8

4. 발굴기관 : 川西町教育委員會

5. 유적 종류 : 관아

6. 점수 : 5

7. 유적과 출토 상황

道傳遺跡은 해발 210m의 수전지대에 위치한다. 1979년에 농업의 기계화에 맞춰 포장기반 정비가 실시되면서 긴급발굴조사가 실시되었다. 굴립주건물터를 포함한 100기 이상의 유구가 확인되었다. 이들 건물터에서 남쪽으로 15m에는 동서로 이어진 溝가 확인되었다. 유물의 대부분은 이 溝에서 출토된 것으로 스에키·하지키·녹유도기·묵서토기 등이 있다. 이 溝의 기본층은 여섯층이며 목간은 Ⅳ~Ⅴ층 내에서 5점 출토되었다.

8. 목간

(1)

・寛平八年計收官物□〔事?〕去七年料　　　本倉実五百卌□□〔斛?〕[　　　]×

　　　　　　　　　　　　　　　　　　　　□□〔前?〕官物計收如件□□

・□[　　　　　]

제Ⅳ층 출토. 하반부의 朽損이 심함. 뒷면은 전체적으로 깎여나가 약간의 묵흔이 남아 있는 정도이다. 목간의 우상부에 사서 거의 중앙부에 본문, 좌하부에 문말을 각각 행을 바꿔서 기입하는 방법.

(2)

・四天王[　　]　　　　　觀世音經一　精進經一百八　十一面陀一百十
　　　　　合三百卅□〔部?〕　多心經十六　涅般經陀六十五　八名普密陀卅

・□

제Ⅳ층 출토. 나무못이 전체 길이 약 52㎝의 완전한 형태의 목간 상단에서 13㎝와 26㎝의 2곳, 즉 전체를 4등분한 상단 2곳의 위치에 잔존해 있다. 본 목간은 원형을 유지하고 있다.

(3)

・□□□□□□□

・□[　　　　　]

제Ⅳ층 출토. 앞면의 오른쪽 절반과 뒷면은 완전히 묵흔이 깎여나가 있다.

(4)

栗毛□ ×

제V층 출토. 뒷면과 앞의 하반부는 박리되어 있다.

(5)

· 　　□水五斗三升　　□□加師丸九升　　王乙不丸六升上□□
　　　　　　　　　　　　　　　　　　　　□□丸

　　□□

　　　　[　　　　　]

· 寅□〔日?〕[　　　　　　　　　　]□
　　　　　　　　　　　　　　　□□□

□行□[　　　　　　　]□〔家?〕[　　]世□[　　　　　]

제V층 출토. 曲物의 바닥판

9. 참고문헌

藤田宥宣·平川南「山形·道傳遺跡」(『木簡研究』2, 1980年)

川西町教委『道傳遺跡發掘調査報告書 山形縣川西町』(川西町埋藏文化財調査報告書2) 1981年

川西町教委『道傳遺跡發掘調査報告書－置賜郡衙推定地』(川西町埋藏文化財調査報告書8) 1984年

木簡學會編『日本古代木簡選』岩波書店, 1990年

山形縣の古代文字資料を考える會『山形縣內出土古代文字資料集成』1998年

22) 道傳遺跡(2次)

1. 이름 : 도덴 유적(1차)

2. 출토지 : 山形縣(야마가타현) 東置賜郡川西町(히가시오키타마군 가와니시마치)

3. 발굴기간 : 1981.6~1981.11

4. 발굴기관 : 川西町教育委員會

5. 유적 종류 : 관아

6. 점수 : 1

7. 유적과 출토 상황

道傳遺跡은 1979년에 긴급발굴이 실시되어 다량의 유물이 출토되었다. 그중 목간이 5점 출토되었으며 묵서토기나 유구로 보아 지방관아로 추측된다. 1980년도부터 3년 계획으로 중요 유적확인조사가 진행되었다. 조사는 2년차에 해당한다. 목간이 출토된 지점은 굴립건물터의 서쪽 약 50m의 지구이다. 목간이 출토된 溝에서 묵서토기 20점, 에마 2점, 齋串 2점 등이 출토되었다.

8. 목간

(1)

「∨□

　　□　□×

제4층 출토. 엇결목재로 묵흔은 거의 사라지고 없다. 왼쪽 상단에 칼집홈이 있어 우단, 하단은 절손되었고 부식도 심하여 원형을 유추할 수 없다.

(2)

(목간모양의 목제품-묵흔 확인되지 않음)

제4층 출토, 상단좌우에 칼집홈이 있으며 하단이 뾰족하다. 묵흔은 확인되지 않는다.

9. 참고문헌

川西町敎委『道傳遺跡 第2次重要遺跡確認調查槪報』(川西町埋藏文化財調查報告書4) 1982年

藤田宥宣「山形·道傳遺跡」(『木簡研究』4, 1982年)

川西町教委『道傳遺跡發掘調查報告書－置賜郡衙推定地』(川西町埋藏文化財調查報告書 8) 1984年

木簡學會編『日本古代木簡選』岩波書店, 1990年

山形縣の古代文字資料を考える會『山形縣內出土古代文字資料集成』1998年

23) 大坪遺跡(2次)

1. 이름 : 오쓰보 유적(2차)
2. 출토지 : 山形縣(야마가타현) 飽海郡遊佐町(아쿠미군 유자마치)
3. 발굴기간 : 1994.4~1995.3
4. 발굴기관 : ㈶山形縣埋藏文化財センター
5. 유적 종류 : 취락
6. 점수 : 1

7. 유적과 출토 상황

大坪遺跡은 遊佐町에 있으며, 出羽國府였던 城輪柵跡에서 북으로 직선거리로 7.3㎞인 곳에 위치한다. 遊佐町에서는 지금도 헤이안시대의 취락이 자연제방 위의 미고지에 다수 확인되고 있다. 조사는 현영경작지정비사업에 동반하여 긴급발굴조사로서 실시된 것이다. 이번 조사는 유적 중앙부의 수전 11,200㎡를 조사대상으로 하였다. 조사 결과 중앙부를 남쪽에서 북으로 사행하여 흐르는 폭 20m, 깊이 1.5m의 하천터가 출토되었다. 그 양쪽 기슭에는 거주구역이 형성되었고 굴립주건물이 20동 정도 확인되었다. 유물은 화산재 밑의 이탄층의 아래의 砂泥층에서 출토되었다. 그곳에서 목간 1점이 출토되었다.

8. 목간

「潤三月九日軍□〔福?〕錄補役　　　伴咋万呂蘲二役
　　　　　　　　　　　　　　　目代眞蘲二役□部
　　　　　　　　　　　　　　　□□□眞[　　　　　]

　　단책형의 문서목간이라 추측되지만, 하단이 결손되었다. 뒷면은 부식이 심해 묵흔이 확인되지 않는다. 연대에 대해서는 출토 지점이 915년의 화산재에 뒤덮여 있었으므로 그 전후라 생각된다.

9. 참고문헌

山形縣埋文センター『大坪遺跡 第2次發掘調査報告書』(山形縣埋藏文化財センター調査報告書23) 1995年

齋藤俊一「山形·大坪遺跡」(『木簡研究』17, 1995年)

山形縣の古代文字資料を考える會『山形縣內出土古代文字資料集成』1998年

24) 上高田遺跡(2次)

1. 이름 : 가미타카다 유적(2차)
2. 출토지 : 山形縣(야마가타현) 飽海郡遊佐町(아쿠미군 유자마치)
3. 발굴기간 : 1996.5~1996.9
4. 발굴기관 : (財)山形縣埋藏文化財センター
5. 유적 종류 : 취락·하천
6. 점수 : 10

7. 유적과 출토 상황

上高田遺跡은 山形縣의 북서단, 秋田縣 경계의 遊佐町에 있으며 고대 出羽國府비정지, 城輪柵跡의 북쪽 약 6㎞에 위치한다. 1994년에 경작지정비사업에 동반하여 1차 조사가 실시되어 하천유적이 확인되었으며 9~10세기로 비정되는 스에키, 적소토기, 흑색토기, 목제품이 대량 출토되었다. 이번 조사는 국도 345호선 개수공사에 의해 시행되었으며 같은 시기의 유물이 다량 출토되었다. 그중에 목간 5점, 人形 4점, 인면묵서토기 1점이 포함되어 있다.

8. 목간

   (1)

「∨畔越」

  상부의 칼집 홈의 양단이 결손되었다.

   (2)

・「∨□〔万?〕□繼」

・「∨一斛　　」

  033형식의 하단부를 잘라내었을 가능성도 있다.

   (3)

・□□□春□〔日?〕　　　　　丸子部牛甘

                  福前竹万呂　」

・　　　　　□□□木□田人万呂

            已上九人三月□日　」

  앞면에는 6명, 뒷면에는 3명의 이름을 기입한 것이라 추정된다.

   (4)

「(符籙)」

   (5)

「(符籙)

(6)

「(符籙) 四万八千神宅急々如律令」

9. 참고문헌

齋藤健 「山形·上高田遺跡」 (『木簡研究』 19, 1997年)

山形縣埋文センター 『上高田遺跡 第2·3次發掘調査報告書』 (山形縣埋藏文化財センター調査報告書57) 1998年

25) 宮ノ下遺跡

1. 이름 : 미야노시타 유적
2. 출토지 : 山形縣(야마가타현) 飽海郡遊佐町(아쿠미군 유자마치)
3. 발굴기간 : 1995.5~1995.9
4. 발굴기관 : (財)山形縣埋藏文化財センター
5. 유적 종류 : 취락
6. 점수 : 10

7. 유적과 출토 상황

宮ノ下遺跡은 遊佐町 북동부에 있으며 出羽國府였던 城輪柵跡에서 북으로 직선거리로 8㎞인 곳에 위치하고 있다. 조사는 현영경작지정비사업에 동반하여 긴급발굴조사로서 실시된 것이다. 유적은 동서 250m, 남북 750m의 범위에 분포한다. 북단의 유적과 남단의 하천터에서 유물이 집중적으로 출토되었다. 특히 남단부를 동서로 흐르는 하천터에서는 스에키와 다량의 목제품이 출토되었다. 목간은 소반이나 접시, 曲物, 齋串 등의 목제품과 함께 출토되었다. 그 밖에 하천터에서 묵서목제품이 1점 출토되었다.

8. 목간

□

하단에 묵서가 한 글자 확인되지만, 판독은 어렵다. 그 상부 중앙 부분은 의도적으로 깎여나가 흐릿하다.

9. 참고문헌

山形縣埋文センター『宮ノ下遺跡發掘調査報告書』(山形縣埋藏文化財センター調査報告書 32) 1996年

齋藤俊一「山形·宮ノ下遺跡」(『木簡硏究』19, 1997年)

5. 福島縣

1) 門田條里制跡(89年度調査)

1. 이름 : 몬덴조리세이 유적(89년도 조사)
2. 출토지 : 福島縣(후쿠시마현) 會津若松市(아이즈와카마쓰시)
3. 발굴기간 : 1989.6~1989.12
4. 발굴기관 : 會津若松市敎育委員會
5. 유적 종류 : 조리(條里)
6. 점수 : 1

7. 유적과 출토 상황

門田條里制跡는 會津若松市시가지 남쪽 약 3㎞에 펼쳐진 약 130㏊의 유적이다. 본 유적은 會津분지동남 구석에서 北流하는 阿賀川의 東쪽 기슭에 위치하며 유적 동측의 산지에서 흘러 나오는 작은 하천이 형성한 충적평야 위에 존재한다. 조사는 하천개량공사에 따른 발굴조사로 1988년도에 시굴조사, 1989년도에 발굴조사를 실시하였다. 이번 조사지점은 저습지에 해당하기 때문에 목간을 비롯해 人形, 2종류의 큰 왜나막신 등의 목제품이 양호한 보존상태로 출토되었다. 그중 목간은 SD02 구에서 출토되었다.

8. 목간

□□稅長等依法□物塡進了∨　　　　寬×
『有安』擬大領[　　]『筌麻呂』擬少領[　　]

　본 목간은 엄밀히는 SD02의 퇴적토에서 출토된 것은 아니지만 구의 팬 면을 감안하여 SD02에 해당하는 것으로 판단되고 있다. 상하 양단이 결실되었다. 길이는 불명이지만 폭, 두께 등으로 보아 대형 목간으로, 뒷면은 조정이 거칠고, 묵흔이 전혀 없다. 본 조사에 의해 條里유구뿐만이 아니라 야요이시대 중기 이후의 수전유구가 존재했을 가능성이 커졌다. 또 목간이나 묵서스에키가 출토되어 관아적 성격의 유구도 존재한 것으로 추정된다.

9. 참고문헌

會津若松市教委·會津若松建設事務所『門田條里制跡試掘調査報告書―中小河川改良工事(湯川筋·支川古川)に伴う試掘調査』1990年

平野幸信「福島·門田條里制跡」(『木簡研究』12, 1990年)

2) 門田條里制跡(92年度調査)

1. 이름 : 몬덴조리세이 유적(929년도 조사)

2. 출토지 : 福島縣(후쿠시마현) 會津若松市(아이즈와카마쓰시)

3. 발굴기간 : 1992.4~1992.12

4. 발굴기관 : 會津若松市敎育委員會

5. 유적 종류 : 조리(條里)

6. 점수 : 1

7. 유적과 출토 상황

門田條里制跡는 會津若松市의 시가지 남쪽에 해당하는 신흥주택지와 수전이 섞여 있는 지역에 입지해 있다. 발굴조사에서는 시가의 구획(條里)은 확인되지 않고 헤이안시대의 취락터가 출토되었다. 8~9세기 후반까지의 굴립주건물이 다수 출토되었으며 溝와 자연유로도 확인되었다. 목간은 조사구의 남측의 제3조사구, 수전유구면에서 출토되었다. 다만 항공사진의 바둑판 구획(條里)의 축선과는 전혀 다른 것으로 보아 條里유구는 헤이안시대 이후의 단계의 것으로 생각된다.

8. 목간

「大川度

頭部가 圭頭 형태로 정돈되어 있으며 중앙부를 향해서 평행하게 만들어져 있지만, 중앙부 약간 아래에 부러진 것이 확인되었고, 앞면이 박리되어 있다. 유적의 서측 약 3㎞의 지점에 阿賀川이 있어, 본문의 '大川'이 이를 가르키는 것으로 보인다.

9. 참고문헌

會津若松市教委·會津若松建設事務所『門田條里制跡發掘調查報告書Ⅳ一縣道會津若松裏磐梯線緊急地方道路整備發掘調查』(會津若松市文化財調查報告書35) 1994年

石田明夫「福島·門田條里制跡」(『木簡研究』26, 2004年)

3) 矢玉遺跡

1. 이름 : 야다마 유적
2. 출토지 : 福島縣(후쿠시마현) 會津若松市(아이즈와카마쓰시)
3. 발굴기간 : 1992.7~1993.1 ; 1994.8~1994.12
4. 발굴기관 : 會津若松市教育委員會
5. 유적 종류 : 취락
6. 점수 : 15

7. 유적과 출토 상황

矢玉遺跡은 福島縣의 서부, 會津분지의 중심부에서 조금 동쪽편의 평단부, 會津若松市의 시가지에서 북서 약 6㎞에 위치하고 있다. 조사는 현영경작지정비사업에 따라 1992~94년도 총 3년에 걸쳐 실시되었다. 현재까지의 발굴조사에 의하면 8~10세기 중엽까지의 유구가 확인되었는데 중심시기는 8~9세기 중엽에 걸친 시기이다. 목간은 1994년도 조사구의 발굴조사에 의해 3곳의 유구에서 총 4점의 목간이 출토되었다. 1999년도와 2000년도에 간행된 보고서에서

목간의 전용이 판명되면서 석문이 정정된 목간 3점과 새로이 판명된 목간 11점에 대해 보고하고 있다.

8. 목간

38호 토갱
(1)
「∨白和世種一石

11번째 목간과 문면이 동일. 형태도 거의 같다. 付札목간으로 볍씨의 '白和世'라는 품종을 명시하고 있다.

1호 구
(2)
「∨足張種一石

볍씨의 付札이라 추측.

(3)
・尓□若有又造用

　二年六月廿二日田□〔主?〕

・□□〔西行?〕廿□

　□□〔行?〕廿□〔四?〕

7호 구
(4)
「七年出擧

색인표 모양의 목조각으로 축부분의 하부가 결손되었다. 제첨축으로 추측된다.

8호 구

(5)

· 「□〔見?〕台政所符　田中村読祖等

· 「□□김符如件宜承知□□

본래 단책형이었던 것을 2차적으로 선단을 뾰족하게 만들었다. 하단은 결손. 상처가 심하며, 묵흔은 불명료하다.

(6)

· [　　　　]

　[　　　　]

　　去承和以五年
· □
　　年除田寺□

상·하단 모두 결손. 묵흔은 아주 조금 확인되고 있다. 문서목간의 일부로 '承和五年'의 기년이 있어 會津지방에서는 가장 오래된 연호목간이다. 재질이나 서체의 특징에서 세 번째 목간과 동일 목간으로 문서목간의 일부로 추정된다.

(7)

「∨長非子一石」

중간부기 부러져 있지만 거의 원형이다. 가격표 목간으로 벼의 품종을 명시하고 있다.

(8)

「∨荒木種一石」

상하좌우에 칼집홈이 있으며 圭頭 형태로 되어 있다. 가격표목간으로 볍씨의 품종을 명시하고 있다.

(9)

「 急々如律令」

원형의 목간으로 주부목간으로 추측된다.

(10)

・[　　　　　　　　]

・符宜承和不得追廻符[　]

부분적으로 원형이 확인되지만 가공 흔적이나 삭평이 있으며, 아주 작게나마 묵흔이 보인다. 하달문서목간.

(11)

「∨白和世種一石」

(12)

「[　]合弐□[　　　　]

　[　　　　　　　]

(13)

「太麦」

(14)

「太麦」

위 두 목간은 거의 원형의 목간으로 보리의 품종 등에 관한 목간이라 생각된다.

9. 참고문헌

會津若松市敎委·會津若松農地事務所『若松北部地區縣營ほ場整備事業發掘調査槪報Ⅲ(平成6年度)ートウセンドウ遺跡·西木流Ａ遺跡·西木流Ｂ遺跡·矢玉遺跡』(會津若松市文化財調査報告書43) 1995年

石田明夫「福島·矢玉遺跡」(『木簡硏究』17, 1995年)

會津若松市敎委·會津若松農地事務所『若松北部地區縣營ほ場整備事業發掘調査槪報Ⅳ(平成7年度)一木流遺跡·西木流遺跡·東高久遺跡·付．矢玉遺跡出土木簡解說』(會津若松市文化財調査報告書46) 1996年

會津若松市敎委『矢玉遺跡一若松北部地區縣營ほ場整備發掘調査報告書Ⅰ』(會津若松市文化

財調査報告書61) 1999年

　會津若松市教委·福島縣會津農林事務所『若松北部地區縣營ほ場整備發掘調査報告書Ⅱ』(會津若松市文化財調査報告書66) 2000年

　石田明夫「福島·矢玉遺跡(第一七號)·釋文の訂正と追加」(『木簡研究』22, 2000年)

　木簡學會編『日本古代木簡集成』東京大學出版會, 2003年

4) 東高久遺跡

1. 이름 : 히가시타카쿠 유적
2. 출토지 : 福島縣(후쿠시마현) 會津若松市(아이즈와카마쓰시)
3. 발굴기간 : 1996.4~1996.9
4. 발굴기관 : 會津若松市教育委員會
5. 유적 종류 : 취락
6. 점수 : 1

7. 유적과 출토 상황

東高久遺跡은 會津분지의 거의 중앙에 해당하는 會津若松市의 북서단에 위치하며, 밭과 수전지대에 위치한다. 본 조사는 會津若松市의 공업단지조성에 따라 실시된 것이다. 출토된 유구의 종류는 야요이시대의 周溝墓, 토갱, 8~13세기에 걸친 취락, 그리고 16~17세기 전반까지의 취락 등이다. 헤이안시대 초기에서 중반까지를 중심으로 하는 굴립주건물이 50동 이상 출토되었다. 목간은 조사구의 서단에 위치하는 13호 우물에서 출토되었다. 같은 유구에서 9세기 전엽 단계의 하지키와 스에키가 출토된 것으로 보아 그 시기에 폐기된 것이라 생각된다.

8. 목간

「∨大麦」

　머리부분이 산모양으로 옆에 각각 홈이 있으며 하단은 얇고 길게 만들어졌다. 머리부에서 선단부까지의 두께는 거의 같다. 제사에 사용되었을 가능성이 있다.

9. 참고문헌

會津若松市教委『會津若松市埋藏文化財分布調査報告書』(會津若松市文化財調査報告書 62) 1999年

石田明夫「福島·東高久遺跡」(『木簡研究』26, 2004年)

5) 荒田目條里制遺構

1. 이름 : 앗타메조리세이 유적
2. 출토지 : 福島縣(후쿠시마현) いわき市(이와키시)
3. 발굴기간 : 1989.5~1990.10
4. 발굴기관 : (財)いわき市教育文化事業團
5. 유적 종류 : 관아·수전
6. 점수 : 1

7. 유적과 출토 상황

　荒田目條里制遺構는 福島縣의 태평양 연안, 夏井川하류역에 발달된 평저평지 위에 입지하고 있다. 조사 결과, 충적지 위의 荒田目條里制遺構에서는 근세·중세·고훈시대 각 1면, 헤이안시대 2면의 총 5면의 수전유적이 출토되었다. 목간을 포함한 다수의 유물이 출토된 제265호 구는 2면의 헤이안 수전면 중 상부 수전면에서 출토되었다.

8. 목간

「山口□□□〔鄕巫?〕子鷹取九斗

가격표 목간이라 추측. 제265호 구내 출토 유물은 스에키는 9세기 후반의 것도 포함되지만 하지키는 대부분 10세기 전반이 중심이다. 목간 또한 이 시기의 것이라 생각된다.

9. 참고문헌

樫村友延 「福島·荒田目條里制遺構」 (『木簡研究』 13, 1991年)

いわき市教育文化事業團·いわき市教委 『荒田目條里制遺構·砂畑遺跡 古代陸奧國磐城郡官 衙關連遺跡の調査——般國道6號常磐バイパス遺跡發掘調査報告(第1分冊)(第2分冊)(第3分冊) (第4分冊)』 (いわき市埋藏文化財調査報告84) 2002年

6) 荒田目條里遺跡

1. 이름 : 앗타메조리 유적
2. 출토지 : 福島縣(후쿠시마현) いわき市(이와키시)
3. 발굴기간 : 1993.3~1993.7
4. 발굴기관 : (財)いわき市教育文化事業團
5. 유적 종류 : 하천·제사유적
6. 점수 : 34

7. 유적과 출토 상황

荒田目條里遺跡은 시가지의 동쪽 약 4㎞, 夏井川 하류의 우측 기슭에 위치한다. 본 유적에서 동쪽 약 3㎞에는 태평양이, 남동쪽 약 1.5㎞에는 磐城郡衙로 생각되는 根岸遺跡이 있다. 공장조 성에 따른 발굴조사로, 고훈시대 전기의 수혈주거지 1동, 고대의 하천을 포함한 유구 9조, 고대에서 근세로 추정되는 토갱 18기가 확인되었다. 유물의 대부분은 조사범위의 북측으로 東流하는 제3호 유적에서 출토되었다. 유적의 성격을 나타내는 유물에는 목간이나 에마(말그림)를 포함한 목제품 외에 인면묵서토기나 묵서토기, 刻書토기가 있다.

8. 목간

(1)

· 郡符, 里刀自, 手古丸, 黒成, 宮澤, 安繼家, 貞馬, 天地, 子福積, 奥成, 得內, 宮公, 吉惟,==勝法, 円隱, 百済部於用丸

, 眞人丸, 奥丸, 福丸, 蘇日丸, 勝野, 勝宗, 貞繼, 淨人部於日丸, 淨野, 舍人丸, 佐里丸,==淨繼, 子淨繼, 丸子部福繼「不」足小家

, 壬部福成女, 於保五百繼, 子槐本家, 太靑女, 眞名足「不」子於足「合卅四人」

右田人為以今月三日上面職田令殖可𪗡發如件

· 「　　　　　　　　奉宣別為如任件□〔宣?〕
　　大領於保臣
　　　　　　　以五月一日

완전한 형태의 군부목간. 다책형이지만, 칼 등에 의해 반으로 쪼개어졌으며, 그 한쪽을 구부려 꺾은 후 폐기한 것이다. 소환당일의 출결을 확인한 후 기재한 것이라 추측된다.

(2)

　　　　　　　　正料四升卅七石丈部子福□〔領?〕×
· 「∨返抄檢納公廨米陸升
　　　　　　　　調度二升

　右件米檢納如件別返抄

· 「∨　　　　　仁壽三年十月□日米長[　　]
　　『於保臣雄公□』

하단이 절손되어 있지만, 단책형일 것이라 추측되는 목간. 郡符목간으로, 사람의 소환을 명한 것이다. 묵흔은 아주 선명.

(3)

・∨□□□請給□□

・∨　　□四斗

장방형의 목재.

(4)

・「謹言上請借計矢十五□

・「　　　　□　[　]九月五[　]

(5)

・　　□買上替馬□〔事?〕

赤毛牝馬 $^{歲四}_{驗无}$ 直六百

・眞[　　　]斗　□

　　　　立六日

말을 사고 교환하는 기록간. [驗无]는 신체적 특징이 없다는 것을 나타내며, '歲四'는 교미가 능 빈마를 나타내는 내용.

(6)

五疋令肋[　　]

(7)

・[　　　]立申[　　　　]

[　　　　　　　　]」

・[　　　　　　　]

[　　　　　　　]」

(8)

　　丈部廣□　　　丈部得足

「□□　丈部庭足　　丈部子□

壬生部虫万呂　丈部□

(9)

・□□二▇　千手一▇

陀フ〔羅〕尼廿遍　淨土阿弥

大佛頂四返　千手懺海過

・定□　俗名丈部裳吉

『□〔總?〕經　□〔百?〕〔　　　〕』

승명과 속명, 경전명과 경전의 독경횟수를 기재.

(10)

・「∨□□〔温女?〕五斗

・「∨　　　　〔　〕」

(11)

「厩傳子丈部」

(12)

・「∨千万九斗」

・「∨〔　　　〕」

(13)

・「白稲五斗　五月〔　　〕

・　　　　〔　　　　〕

(14)

「∨女和早四斗」

(15)

・「∨地藏子一斛　　　」

・「∨五月廿三日門戸介」

(16)

・「∨　鬼□□□

・「∨五月十七日　□〔於?〕

(17)

・o[　　　]□□子□〔石?〕

・o月廿二日記

13~17번째 목간은 벼의 품종을 기입한 목간.

(18)

・「∨丈部有安迊料」

・「∨[　　　]十月」

추가분의 납입에 관한 것으로 보인다.

(19)

□〔即?〕正觀□□□

(20)

「我　　吾

(21)

下丈部[　　　]

(22)

・「□櫃　　」

・「□□□□」

9. 참고문헌

吉田生哉「福島・荒田目條里遺跡」(『木簡研究』17, 1995年)

いわき市教委『木簡が語る古代のいわき－荒田目條里遺跡木簡調査略報』1996年

いわき市教育文化事業團・いわき市教委『荒田目條里遺跡－古代河川跡の調査』(いわき市

埋藏文化財調査報告75) 2001年

　岩宮隆司「福島・荒田目條里遺跡(第一七號)・釋文の訂正と追加」(『木簡研究』24, 2002年)

　木簡學會編『日本古代木簡集成』東京大學出版會, 2003年

7) 小茶円遺跡(92年度調査)

　1. 이름 : 고챠엔 유적(92년도 조사)

　2. 출토지 : 福島縣(후쿠시마현) いわき市(이와키시)

　3. 발굴기간 : 1992.4~1992.7

　4. 발굴기관 : (財)いわき市教育文化事業團

　5. 유적 종류 : 취락·수전

　6. 점수 : 1

　7. 유적과 출토 상황

　小茶円遺跡의 조사는 常磐우회도로공사에 따른 발굴조사로 조사 결과, 조사범위의 南側溝역에서 고대~근대에 걸친 수전유적이 확인되었다. 유적의 주요한 부분은 北側溝역으로 특히 서측에 인접한 곳에서 건물터가 다수 확인되었다. 현재 굴립주건물 24동, 수혈주거 52동, 우물을 포함한 토갱 183기, 구 300조 등이 출토되었다. 溝의 대부분은 대략 9~10세기대로 보인다. 목간은 6점이며 모두 우물 안에서 출토되었다. 그중 1점이 9세기에 해당하는 기년이 쓰인 목간이다.

　8. 목간
　・「判□鄕戶主生部子繼正稅
　・「大~同~元~年~九~月~□~□~日『大同元十月三日』

우물 안에서 출토된 목간. 유존 상황이 상당히 양호한 완형품으로 상단부가 방두형태를 보이며 하단부를 예리하게 뾰족하게 만들었다. 문자는 앞뒤에 기재되어 있고 묵흔은 비교적 선명하다. 9세기 전반의 正稅에 관한 상당히 귀중한 사료다.

9. 참고문헌

吉田生哉「福島·小茶円遺跡」(『木簡研究』15, 1993年)

いわき市教育文化事業團·いわき市教委『小茶円遺跡 古代集落跡の調査(第1篇)(第2篇)一般國道6號常磐バイパス遺跡發掘調査報告Ⅷ』(いわき市埋藏文化財調査報告76) 2001年

8) 番匠地遺跡

1. 이름 : 반조지 유적

2. 출토지 : 福島縣(후쿠시마현) いわき市(이와키시)

3. 발굴기간 : 1991.4~1992.10

4. 발굴기관 : (財)いわき市教育文化事業團

5. 유적 종류 : 수전·하천

6. 점수 : 2

7. 유적과 출토 상황

番匠地遺跡의 조사 결과, 2매의 수전터와 조몬시대의 자연하천이 2조 출토되었다, 하층수전터는 야요이시대 중기, 상층수전터는 중세 이후의 소산으로 목간이 출토된 제12호 溝는 이 상·하 수전유구의 중간층에서 출토되었다. 수전유구는 출토되지 않았지만 화학분석 결과를 통해 그 존재는 확실해졌으며 구는 수전의 용·배수시설이라 추측된다.

8. 목간

「永加羽

　현재 상태는 하부가 결손되어 있지만 상당한 길이의 목간이라 생각된다. 그 상단부만으로 물품명을 기재한 가격표 목간이라 추측된다. 시기도 제12호 구 내의 출토유물이 고훈시대에서 헤이안시대의 토기가 혼재되어 있으므로 특정하는 것이 어렵다.

9. 참고문헌

いわき市敎育文化事業團『發掘ニュース』38, 1993年

矢島敬之「福島·番匠地遺跡」(『木簡研究』15, 1993年)

いわき市敎育文化事業團·いわき市敎委·建設省磐城國道工事事務所『番匠地遺跡 水田跡の調査』(いわき市埋藏文化財調査報告42) 1996年

9) 根岸遺跡(9次)

1. 이름 : 네기시 유적(9차)
2. 출토지 : 福島縣(후쿠시마현) いわき市(이와키시)
3. 발굴기간 : 1996.11~1997.1
4. 발굴기관 : (財)いわき市敎育文化事業團
5. 유적 종류 : 관아
6. 점수 : 10

7. 유적과 출토 상황

　根岸遺跡은 태평양을 향해 돌출된 台地의 선단부에 있으며 JR常磐線 이와키(いわき駅)에서 동남동으로 2.4㎞, 태평양의 현해안선에서 서쪽으로 1.4㎞에 위치하고 있다. 제9차 조사는 본

유적 중앙의 연못부와 그 둘레의 가장자리를 조사하였고 그 결과 목간을 포함한 유물의 폐기장과 창고가 출토되었다. 목간은 자연늪지에서 출토되었으며 기와, 하지키, 스에키, 적소토기 등의 목제품 다수가 함께 출토되었다. 목간은 19점 출토되었지만 그중 묵서가 확인되는 목간은 7점이다.

8. 목간

(1)

「[   ]泊田鄉□置□□□〔參束?〕楯縫□[   ]右□□　□訖□□
　　　　　　　　　　　　　　　　　　　　楯縫[   ]三束

단책형의 문서목간, 그 밖에는 하찰목간으로 추측된다. 앞면은 2차적으로 약간 깎았다.

(2)

・「∨玉造鄉 戶主□部□□□
　　　　　□〔戶?〕□□□□[ ]

・「∨　　　　　　『□□神　　　　□』

(3)

×□□□飽田二人 [   ]一□〔人ヵ〕　□□□□□□〔四?〕人[   ]□□□□□
　　　　　　　[   ]一□　　　　　[   ]□〔人?〕[　　　　　　　　　]

(4)

・「□□〔判祀?〕鄉生部足人一石」

・「　『□廣寸□』　　　　　　　　　」

(5)

「□□□福里 戶主丈部□×
　　　　　　穀一石

(6)

「∨飯野鄉 戶主□□□〔君?〕万呂

□□宮万呂

9. 참고문헌

いわき市教育文化事業團·いわき市教委『根岸遺跡 平成8年度範囲確認發掘調査槪報』
1997年

　猪狩忠雄「福島·根岸遺跡」(『木簡研究』19, 1997年)

　いわき市教育文化事業團·いわき市教委『根岸遺跡―磐城郡衙跡の調査』(いわき市埋藏文
化財調査報告72) 2000年

10) 大猿田遺跡(1次)

1. 이름 : 오산다 유적(1차)
2. 출토지 : 福島縣(후쿠시마현) いわき市(이와키시)
3. 발굴기간 : 1995.4~1995.9
4. 발굴기관 : 福島縣敎育委員會·(財)福島縣文化センター
5. 유적 종류 : 취락
6. 점수 : 1

7. 유적과 출토 상황

　大猿田遺跡은 JR常磐線四倉驛의 북서 약 4㎞의 지점에 위치하고 있다. 조사는 常磐自動車道
이와키(いわき)中央~이와키(いわき)四倉 간의 건설에 앞서 1993년도에 시굴조사, 1995년도
부터 발굴조사를 실시하였다. 유구의 대부분은 나라·헤이안시대의 것으로 확인되었다. 목간은
1995년도에 실시된 제1차 조사에서 中島川 서측에서 출토된 유로터의 출토면에서 1점 출토되
었다. 유로의 연대는 나라·헤이안시대로 보인다.

8. 목간

· 「判祀十六　[　]
　　　　　　 少丁一

· 「(記號)

현재 상태에서는 반절되어 있으며 하단이 결손되었다. '判祀'는 小茶円遺跡에서 1992년에 출토된 목간과 관련된 것으로 보인다. 목간의 내용은 분명하지 않으나 아마도 어떠한 것의 세금 부담에 관한 문서목간이라 추측된다.

9. 참고문헌

福島縣文化センター·福島縣教委『常磐自動車道遺跡調査報告6 大猿田遺跡(第1次調査)』(福島縣文化財調査報告書329) 1996年

大越道正·平川南「福島·大猿田遺跡」(『木簡研究』18, 1996年)

11) 大猿田遺跡(2次)

1. 이름 : 오산다 유적(2차)
2. 출토지 : 福島縣(후쿠시마현) いわき市(이와키시)
3. 발굴기간 : 1996.4~1996.12
4. 발굴기관 : 福島縣教育委員會·(財)福島縣文化センター
5. 유적 종류 : 취락
6. 점수 : 9

7. 유적과 출토 상황
제1차 조사에서는 구릉부에서 스에키 가마와 목탄 가마가 확인되었지만 제2차 조사에서는 계곡부에서 수혈주거 23동, 굴립주건물 12동, 토갱 44기, 자연유로를 포함한 구 66조 등이 확인되었다. 특히 조사구 서단에는 대형 수혈주거와 구립주건물군이 구에 의해 구획된 것으로 확인된다. 이들 유구의 대부분은 대략 8~9세기 후반의 시기이다. 8세기 후반의 토기와 다량의 목제품이 출토된 21호 구 터에서 목간 7점과 주로 9세기대의 토기가 출토된 자연유로인 16호 구 터에서 1점이 출토되었다.

8. 목간

21호 구
(1)
· 「∨玉造鄉四斗」
· 「∨七月廿日　　」
오른쪽 상반부와 하단의 일부가 약간 결손되어 있다. 머리부를 산모양이며 좌우에 칼집 홈이 들어가 있다. 하찰목간이다.

(2)
· 「∨常世家万呂[　　　　　]□[　　　　　]」
· 「∨□　　　□　[　　　]　　　　　　　」
두꺼운 봉 형태에 가까운 완전한 형태의 가격표목간.

(3)
· 「∨[　　　　　]□□三斗」
　　　[　　　　　]二斗」
· 「∨　潤六月廿三日　　　」
완전한 형태의 가격표목간. 묵흔이 거의 사려져서 상세한 내용은 알 수 없지만 아래의 목간과 같은 공진물 가격표로 생각된다.

(4)

・「∨白田[   ]　石足二斗
　　　　　[   ]□〔筑?〕山三斗^{合五斗□□〔巳上?〕}　　　」

・「∨『欠二升』　　　　　　　　　　　　　　　」

하반부는 단면 쐐기형으로, 좌측은 극단적으로 얇다. 거의 완전한 형태의 목간.

(5)

・「□作部□…□五斗」

・　　　□□　　　　」

2점으로 쪼개어져 있어 접합되지 않다. 상부가 결실되었다. '인명+수량'의 가격표이지만 아마도 米五斗에 관한 공진 가격표라 추측된다.

(6)

斗」

상부가 결실되었다. 바로 위 다섯 번째 목간과 비슷한 가격표 목간으로 추정된다.

(7)

「□領六申今日甚□

현재 상태에서는 2조각이 되어 있으며, 하단이 결손. 상단부의 앞면을 날카롭게 커트되어 있다. 하단은 결실되었으나 문서목간이 틀림없다.

16호 구

(8)

「戸主葛原部　　[　　　　　]」

9. 참고문헌

今野徹・平川南「福島・大猿田遺跡」(『木簡研究』19, 1997年)

福島縣文化センター・福島縣教委『常磐自動車道遺跡調査報告11　大猿田遺跡(第2次調査)』

(福島縣文化財調査報告書341) 1998年

三上喜孝·氏家浩子·大越道正「福島·大猿田遺跡(第一九號)·釋文の訂正と追加」(『木簡研究』23, 2001年)

12) 高堂太遺跡(4次)

1. 이름 : 다카도타 유적(4차)

2. 출토지 : 福島縣(후쿠시마현) 喜多方市(기타카타시)

3. 발굴기간 : 2008.5~2008.12

4. 발굴기관 : (財)福島縣文化振興事業團

5. 유적 종류 : 취락

6. 점수 : 1

7. 유적과 출토 상황

高堂太遺跡은 조몬시대 전기에서 야요이시대, 그리고 헤이안시대 및 근세에 걸친 복합유적으로 그중에서도 헤이안시대의 10세기 말에서 11세기 전반까지의 유구와 유물이 중심이다. 유적은 喜多方市街地의 남동방향에 위치하며 會津분지평탄면의 구석에 입지하고 있다. 확인된 주요 유구는 헤이안시대의 우물, 구, 건물 등이 있다. 목간은 조사구 남측에서 확인된 구에서 1점 출토되었다. 溝의 시기는 10세기 말에서 11세기 전반까지로 유적은 일부 남측에 위치한 중세의 유적과 중복되나 그것과는 관계가 없는 것으로 추측된다.

8. 목간

· 「∨[   ]」

· 「∨[   ]」

9. 참고문헌

福島縣文化振興事業團·福島縣敎委·國土交通省東北地方整備局郡山國道事務所『會津縱貫北道路遺跡發掘調査報告9 高堂太遺跡(下高額館跡を含む)4次』(福島縣文化財調査報告書462) 2009年

阿部知己「福島·高堂太遺跡」(『木簡硏究』34, 2012年)

13) 泉廢寺跡(10次)

1. 이름 : 이즈미하이지 유적(10차)
2. 출토지 : 福島縣(후쿠시마현) 南相馬市(미나미소마시)
3. 발굴기간 : 1998.6~1998.8
4. 발굴기관 : 原町市敎育委員會
5. 유적 종류 : 관아
6. 점수 : 1

7. 유적과 출토 상황

泉廢寺跡의 발굴조사는 1994년부터 실시되어 2003년까지 19차에 걸쳐 조사되었다. 그 결과 陸奧國行方郡衙跡인 것이 판명되었다. 이번의 조사는 농업기반정비에 대한 확인조사로 유적의 동단에 위치하는 舘前지구에서 실시된 것이다. 조사 결과, 정지층, 굴립주건물 4동, 구, 우물이 출토되었고 목간, 수막새, 암막새, 수키와 등이 출토되었다. 목간은 이들 유구의 동측에 위치한 2기의 우물 중 SE1에서 출토되었다. 우물 내에서 출토된 여러 유물들과 함께 폐기되었을 가능성이 크다.

8. 목간

· □□　」

· □□位」

　상단은 결손 되었으나 하단, 양측단은 원형을 유지하고 있다. 묵서는 양면에 있지만 묵흔 자체는 사라졌으며 문자는 풍화에 의한 흔적이 남아 있다. 묵흔은 판독이 어렵다.

9. 참고문헌

原町市教委『原町市內遺跡發掘調査報告書4 平成10年度試掘調査－竹花A遺跡(第3次調査)泉廢寺(第8次調査)泉廢寺(第10次調査)前屋敷遺跡(第3次調査)新橋橫穴墓群』(原町市埋藏文化財調査報告書18) 1999年

荒淑人「福島·泉廢寺跡」(『木簡硏究』25, 2003年)

福島縣南相馬市教委文化財課『泉廢寺跡－陸奧國行方郡家の調査報告』(南相馬市埋藏文化財調査報告書6) 2007年

14) 泉廢寺跡(陸奧國行方郡衙)(16次)

1. 이름 : 이즈미하이지 유적(16차)
2. 출토지 : 福島縣(후쿠시마현) 南相馬市(미나미소마시)
3. 발굴기간 : 2001.5~2001.11
4. 발굴기관 : 原町市敎育委員會
5. 유적 종류 : 관아
6. 점수 : 1

7. 유적과 출토 상황

제16차 조사는 유적의 거의 중앙의, 正倉院이라 생각되는 지구의 조사이다. 조사에서는 신구 2시기의 구획 溝가 확인되어 오래된 시기의 구획 구를 제1구획 구, 새로운 시기의 구를 제2구획 구라 한다. 목간은 제1구획 구에서 1점 출토되었다. 제1구획 구는 인위적으로 메워져 있다. 목간은 이 매립토 아래의 자연퇴적토에 포함되었으며 거의 바닥면 바로 위에서 출토되었다. 따라서 제1구획 구가 기능하고 있던 단계에서 폐기되었을 가능성이 크다.

8. 목간

「□〔合?〕　□□〔拾肆?〕　【『□大伴部□』】

하단과 우측면에 결손이 있지만 하단과 좌측면은 원형을 유지하고 있다. 묵서가 쓰인 방향에서 세로방향으로 반절되어 있다. 위아래 양방향에서 문자가 쓰여 있다. 묵의 농담에 차가 보이며 깎은 흔적에서도 한번 사용된 후, 앞면을 깎아 재사용하였다고 추측된다. 앞면에 잔존해 있는 묵서는 비교적 진하다. 하부는 상부의 묵서에 비해 먹의 상태가 나쁘다.

9. 참고문헌

原町市教委『原町市內遺跡發掘調査報告書7 平成13年度試掘調査─泉廢寺(第16·17次調査)·一丁田條里跡·丸山舘跡·北山橫穴墓群·北山古墳群·無線塔跡』(原町市埋藏文化財調査報告書28) 2002年

荒淑人「福島·泉廢寺跡(陸奧國行方郡衙)」(『木簡硏究』24, 2002年)

福島縣南相馬市敎委文化財課『泉廢寺跡─陸奧國行方郡家の調査報告』(南相馬市埋藏文化財調査報告書6) 2007年

15) 泉廢寺跡(陸奧國行方郡衙)(21次)

1. 이름 : 이즈미하이지 유적(21차)
2. 출토지 : 福島縣(후쿠시마현) 南相馬市(미나미소마시)
3. 발굴기간 : 2003.10~2004.3
4. 발굴기관 : 原町市敎育委員會
5. 유적 종류 : 관아
6. 점수 : 4

7. 유적과 출토 상황

제21차 조사에서는 II기 正倉院(쇼소인)을 구획하는 동서구 SD1이 확인되었다. SD1은 폭약 4m, 깊이 0.8m로, 최하층에는 식물유체의 흑회색점토, 중층~상층은 인위적으로 쌓은 퇴적층이 확인된다. 목간은 최하층의 흑회색점토층에서 4점 출토되었다. 같은 층위이지만 출토지점이 산재된 것으로 보아 개별로 폐기한 것이라 추측된다. 그 밖에 묵흔은 확인되지 않지만 형상으로 보아 목간으로 사용되었다고 추적되는 목제품도 출토되었다.

8. 목간

  (1)

• 「∨嶋□鄕□□〔成?〕里□□〔部?〕白人」
• 「∨□〔米?〕一石□□十一日   」

완전한 형태의 하찰목간. 앞면 첫 번째 글자 '嶋'의 상반부만 묵흔이 진하게 남아 있고, 그 외는 깎여 있어 묵이 약간 남아 있는데 육안으로도 확인할 수 있다.

  (2)

□□□□

엇결목재의 목간. 칼 등으로 절단되어 초승달 형태이다. 어떠한 부재로 용도가 전환되었다.

묵흔은 비교적 명료하게 남아 있으며 모두 같은 글자의 잔획일 가능성이 있지만 판독은 불가능하다.

    (3)

「[   ]」

엇결목재의 단책형의 목간이다. 한면에 약하게 묵흔을 적외선 장치로 확인될 뿐이다.

    (4)

□

    부식되어 있어 보존상태가 나쁘다. 상하 양단 모두 절손되었다.

9. 참고문헌

原町市教委 『原町市内遺跡發掘調査報告書9 平成15年度試掘調査ー泉廢寺跡(第20次·21次調査)·泉舘跡(第1次調査)·櫻井B遺跡(第1次·2次調査)·萱浜原畑遺跡·陣ケ崎A遺跡·三島町遺跡·西町遺跡·五治郎內古墳群』(原町市埋藏文化財調査報告書34) 2004年

藤木海 「福島·泉廢寺跡(陸奧國行方郡衙)」(『木簡研究』27, 2005年)

福島縣南相馬市敎委文化財課 『泉廢寺跡ー陸奧國行方郡家の調査報告』(南相馬市埋藏文化財調査報告書6) 2007年

16) 江平遺跡

1. 이름 : 에다이라 유적
2. 출토지 : 福島縣(후쿠시마현) 石川郡玉川村(이시카와군 다마카와무라)
3. 발굴기간 : 1999.5~2000.10
4. 발굴기관 : 福島縣敎育委員會·(財)福島縣文化センター
5. 유적 종류 : 취락

6. 점수 : 1

7. 유적과 출토 상황

江平遺跡는 福島空港의 남서 약 2㎞의 지점에 위치하며 阿武畏川 동쪽 기슭의 하안단구 위에 입지한다. 본 조사는 福島空港·아부쿠마(あぶくま)남도로의 건설에 따른 것으로 1999년에서 2년에 걸쳐 조사가 실시되었다. 1999년도의 조사에서는 수혈주거 40채, 굴립주건물 80동, 토갱 226기, 구 71조, 우물 8기, 고훈 23기 등이 확인되었다. 그중 출토 목간과 동시기 혹은 연속되는 시기의 유구로는 수혈주거군과 유물 동반의 굴립주건물군이 있다. 목간은 유적 남서부를 흐르는 택지에서 출토되었다. 그 밖에도 하지키나 스에키, 대나무 피리, 농기구 등이 출토되었으며 제사구를 일괄하여 폐기하였을 가능성도 있다.

8. 목간

• 「
　　　　　　　　　　　　　　　　　　　又大□〔般?〕□百卷
　　最□〔勝?〕□□佛説大□〔弁?〕功德四天王經千卷　　　　　　　　　」

• 「
　　　　　　　　　　　　　天平十五年三月□日
　　合千卷百卷謹告万呂精誦奉　　　　　　　　　　　」

좌하단측면이 약간 결손되었으나 거의 완전한 형태의 단책형. 묵서는 앞뒤양면에 확인되었다.

9. 참고문헌

福田秀生·平川南「福島·江平遺跡」(『木簡研究』22, 2000年)

福島縣文化振興事業團·福島縣教委·福島縣土木部『福島空港·あぶくま南道路遺跡發掘調査報告12 江平遺跡(第3分冊)』(福島縣文化財調査報告書394) 2002年

木簡學會編『日本古代木簡集成』東京大學出版會, 2003年

6. 茨城縣

1) 島名熊の山遺跡

1. 이름 : 시마나쿠마노야마 유적
2. 출토지 : 茨城縣(이바라키현) つくば市(쓰쿠바시)
3. 발굴기간 : 2011.1~2011.8
4. 발굴기관 : (財)茨城縣教育財團
5. 유적 종류 : 취락
6. 점수 : 1

7. 유적과 출토 상황

島名熊の山遺跡은 筑波·稻敷台地를 남류하는 東谷田川 오른쪽 기슭의 台地 위에서 사면부에 걸쳐 입지한다. 해당 유적은 茨城縣域의 최대 취락유적이다. 목간이 출토된 조사구는 남부의 경사지로 조사된 유구로서 수혈주거 1채, 굴립주건물 2동, 우물 13기, 토갱 27기, 구 5조, 유물집중지점 1곳 등 이다. 유구는 고훈시대에서 헤이안시대에 걸쳐있다. 목간은 우물틀이 남아 있는 제204호 우물에서 1점 출토되었다. 목간의 시기는 함께 출토된 토기로 보아 8세기 중엽으로 보인다.

8. 목간

· □長三尋一尺七□〔寸?〕

· □〔道?〕淨人

상단부가 결손. '尋'은 길이의 단위로 천·비단 등에 사용된 사례가 있다.

9. 참고문헌

茨城縣教育財團 『埋藏文化財年報』 31, 2012年
川井正一 「茨城·島名熊の山遺跡」 (『木簡研究』 34, 2012年)

茨城縣教育財團『島名熊の山遺跡－島名·福田坪一体型特定土地區劃整理事業地內埋藏文化財調查報告書ⅩⅨ』(茨城縣教育財團文化財調查報告380) 2013年

2) 鹿島湖岸北部條里遺跡(宮中條里遺跡爪木Ⅱ地區)

1. 이름 : 가시마코간호쿠부조리 유적(규주조리 유적 쓰마기Ⅱ지구)

2. 출토지 : 茨城縣(이바라키현) 鹿嶋市(가시마시)

3. 발굴기간 : 1983.6~1984.2 ; 1984.4~1984.9

4. 발굴기관 : 鹿島町敎育委員會

5. 유적 종류 : 관아·수전

6. 점수 : 4

7. 유적과 출토 상황

鹿島湖岸北部條里遺跡은 茨城縣의 남동부, 北浦湖岸의 동측에 위치하고 있다. 유적은 A·B지점으로 나뉘어져 있다. A지점은 계곡 안 평야의 입구부로 고훈시대의 수전유적으로 생각되는 유구가 출토되었다. 유물은 이 수전유적에서 석제모조품의 미제품을 비롯하여 토기, 도기, 금속제품, 목제품이 다수 출토되었고 목간도 이 중에서 발견되었다. B지점은 台地端에 따라 비교적 넓은 부분으로 토기조각이나 도기조각, 금속제품, 목제품이 다수 출토되었다. 지점 모두 유물의 존재로 보아 호안의 취락이 홍수에 의해 씻겨 내린 결과로 추정된다. 유물은 헤이안시대 이후의 것이 많다.

8. 목간

　(1)

「噫々〔如?〕律令」

(2)
・「[   ]二百
　　七十
・「[   ]
(3)
「正□□」

9. 참고문헌

鹿島町教委『鹿島湖岸北部條里遺跡Ⅴ 宮中條里遺跡爪木Ⅱ地區』(鹿島町の文化財39) 1984年

田口崇「茨城・鹿島湖岸北部條里遺跡」(『木簡研究』6, 1984年)

3) 鹿島湖岸北部條里遺跡(豊鄕條里遺跡沼尾Ⅰ地區)

1. 이름 : 가시마코간호쿠부조리 유적(도요사토조리 유적 누마오Ⅰ지구)
2. 출토지 : 茨城縣(이바라키현) 鹿嶋市(가시마시)
3. 발굴기간 : 1984.4~1984.9
4. 발굴기관 : 鹿島町敎育委員會
5. 유적 종류 : 관아·수전
6. 점수 : 1

7. 유적과 출토 상황

　　鹿島湖岸北部條里遺跡은 茨城縣의 남동부, 北浦의 동쪽 기슭에 위치해 있다. 그중 沼尾地區
는 Ⅰ구, Ⅱ구로 나뉘며 Ⅰ구에서는 옛 하천유로로 생각되는 유구가 출토되었고 다량의 목제품
이나 토기, 뼈, 조개 껍질, 토제품 등이 출토되었다. 여기서 묵서가 있는 목제품은 옛 유로의 옹

덩이 부분에서 4점 출토된 것으로 건축재의 일부라 생각되는 나무더미, 왜나막신 등 일상생활 용구라 생각된다. 목간 형태의 얇은 판제품이 함께 출토되었다.

8. 목간

(석독 불가능)

선단을 말뚝과 같이 뾰족하게 만들었다. 깎아낸 한 면에 공양경을 쓴 것이다. 묵의 잔존 상태가 좋지 않아 판독하기는 어렵다.

9. 참고문헌

鹿島町教委『鹿島湖岸北部條里遺跡Ⅶ 豊鄕條里遺跡沼尾Ⅰ地區』(鹿島町の文化財48) 1985年
田口崇「茨城・鹿島湖岸北部條里遺跡」(『木簡研究』8, 1986年)

4) 栗島遺跡

1. 이름 : 구리시마 유적
2. 출토지 : 茨城縣(이바라키현) 筑西市(지쿠세이시)
3. 발굴기간 : 2005.4~2005.8
4. 발굴기관 : (財)茨城縣教育財團
5. 유적 종류 : 취락
6. 점수 : 5

7. 유적과 출토 상황

栗島遺跡은 筑西市의 중앙부를 남류하는 大谷川의 우측 기슭에 입지한다. 출토된 유구는 수혈주거 29채, 굴립주건물 2동, 토갱 146기, 구 10조, 유로 2조 등이 있다. 목간은 1호 유로의 수장(水場)시설 부근의 복토 속에서 5점 출토되었다. 목간의 연대는 함께 출토된 토기로 보아 나라시대 말에서 헤이안시대 초기인 것이 분명하다. 茨城縣에서 출토된 목간 가운데 연대가 명확한 것은 처음이다.

8. 목간
　　(1)
　・「
　　　　　　　　　　　　白六石
　　　伊佐鄕舂米卅一斛
　・「□□米料八百廿束　　□□□
　　(2)
「∨　　　　　□□□
　　□□□天天大大大」

　상단과 중앙 조금 위의 2곳에 좌우 일대의 칼집이 나 있다. 글자가 1열로 나란히 쓰여 있고 깎인 흔적이 많은 점에서 습서라 생각된다.
　　(3)
　　　　　　加乙巳□□〔年九?〕
　　　　　　五十
[　　]　　　□□
　　　□□束

　상하 양단 모두 결손. 묵서면도 거의 사라졌다. '乙巳'가 연호라 한다면 함께 출토된 토기로 보아 天平神護 원년(765)이거나 天長2년(825)으로 추정된다.
　　(4)
　・廿卅　　　□
　・[　　　　　　]

(5)

「意生□□〔長?〕　　□□

　□〔定?〕□□

(6)

□□□〔奉?〕

9. 참고문헌

川井正一「茨城·栗島遺跡」(『木簡研究』 28, 2006年)

茨城縣敎育財團『栗島遺跡――一般國道50號下館バイパス改築事業地內埋藏文化財調査報告書』(茨城縣敎育財團文化財調査報告268) 2007年

川井正一「茨城·栗島遺跡(第二八號)·釋文の訂正と追加」(『木簡研究』 32, 2010年)

7. 栃木縣

1) 下野國府跡(寄居地區)

1. 이름 : 시모쓰게코쿠후 유적(기거지구)
2. 출토지 : 栃木縣(도치기현) 栃木市(도치기시)
3. 발굴기간 : 1982.4~1982.7
4. 발굴기관 : 栃木縣教育委員會·(財)栃木縣文化振興事業團
5. 유적 종류 : 취락
6. 점수 : 1

7. 유적과 출토 상황

본 유적은 栃木市의 동쪽을 南流하는 思川의 우측 기슭 충적저지 위에 위치한다. 발굴조사는 도로개량공사에 앞서 실시된 것이다. 목간은 우물터 매립토 최하층 중에서 하지키, 목판 형태의 목제품, 표주박과 함께 출토되었다. 목간과 목판 형태의 목제품은 거의 같은 폭이다. 해당 목간은 판으로 재이용된 것이 명확해졌다. 목간과 함께 출토된 하지키의 연대는 9세기이다.

8. 목간

[   ]
[   ]□合色□　都
[   ]

목간은 양단부가 잘려 있다. 양측 가장자리는 깎여지거나 부러진 흔적이 확인된다. 이와 같은 양단·양측 가장자리의 상황은 본 목간이 재이용될 때 목적에 맞게 재가공되었기 때문이라고 추정된다.

9. 참고문헌

栃木縣教委『栃木縣埋藏文化財保護行政年報』(栃木縣埋藏文化財調查報告53) 1983年

木村等·岩淵一夫「栃木·下野國府跡寄居地區遺跡」(『木簡研究』5, 1983年)

栃木縣教委『下野國府跡寄居地區遺跡—縣道小山·都賀線建設に伴う發掘調査』(栃木縣埋藏文化財調査報告78) 1986年

栃木縣教委『下野國府跡Ⅶ—木簡·漆紙文書調査報告』(栃木縣埋藏文化財調査報告74) 1987年

2) 下野國府跡(6次)

1. 이름 : 시모쓰게코쿠후 유적(6차)

2. 출토지 : 栃木縣(도치기현) 栃木市(도치기시)

3. 발굴기간 : 1979.5~1980.3

4. 발굴기관 : 栃木縣教育委員會·(財)栃木縣文化振興事業團

5. 유적 종류 : 관아

6. 점수 : 1

7. 유적과 출토 상황

여러 곳의 소재지 추정설이 있는 下野國府跡의 발굴조사에 1976년부터 착수하였지만 4년 차인 1979년에 국청내곽유구를 확인할 수 있었다. 목간은 西脇展 굴립주의 礎材로 용도가 전환되었다. 목간의 현상태는 거의 사각형으로 묵서면을 위라 하였을때 상부 및 좌측면은 절단면이 예리하고 그와 비교해 하측면은 절단면이 거칠다. 우측면은 쪼개지고 부러져있다.

8. 목간

```
「          郡  私  私  私人
          大大大大大大郡□〔郡〕

  國                        」
```

견고한 글자로 우측에 붙어 2행, 중앙 상변에 한 글자가 판독된다. 문면에서는 내용 이해가 어렵고 같은 문자가 연속하는 점에서 습서류라 생각된다. 栃木縣 첫 출토 목간.

9. 참고문헌

栃木縣教委『下野國府跡Ⅱ-昭和54年度發掘調査槪報』(栃木縣埋藏文化財調査報告 35) 1980年

大金宣亮「栃木·下野國府跡」(『木簡硏究』2, 1980年)

栃木縣教委『下野國府跡資料集Ⅰ(木簡·漆紙文書)』1985年

栃木縣教委『下野國府跡Ⅶ-木簡·漆紙文書調査報告』(栃木縣埋藏文化財調査報告74) 1987年

3) 下野國府跡(18次)

1. 이름 : 시모쓰게코쿠후 유적(18차)
2. 출토지 : 栃木縣(도치기현) 栃木市(도치기시)
3. 발굴기간 : 1982.1~1983.3
4. 발굴기관 : 栃木縣敎育委員會·(財)栃木縣文化振興事業團
5. 유적 종류 : 관아
6. 점수 : 5100

7. 유적과 출토 상황

본 유적은 82년도의 발굴조사를 끝으로 총 24차, 8년에 걸쳐 조사되었다. 제18차 발굴조사에서 출토된 유구는 목간, 削屑이 출토된 토갱 20여 기이다. 목간이 출토된 토광군(群)은 출토상황과 퇴적토 등으로부터 A, B로 나뉜다. 목간 중 4점은 A군, 2점은 B군의 토갱에서 출토되었다.

8. 목간

　　(1)

・□　延暦十年七月廿□

・　　　　　□〔中?〕

상하좌우의 테두리 부분이 모두 부식되었다. 年記는 조각의 중간에서 하반에 기록되어 있다. 뒷면 중앙부분에 한 글자가 확인된다.

　　(2)

・□〔藥〕師寺

　月料

・[　　]□

　□〔解?〕文

축부는 일부 결실되었으나 제첨부는 잘 보존되어 있다. 글자는 앞뒷면 모두 2행 쓰여 있다. 목간은 당국 藥師寺에서 국부 앞으로 상신된 월급에 대한 문서에 붙여진 제첨이다.

　　(3)

・[　　　　]□□〔學生?〕　丈丈丈丈部浜足足足

・[　　　　　　　　]

　德　　德　　德　　天平元□[　]

　[　　　　　　　　]

세 조각으로 절손되어 있지만 접합은 가능하다. 윗부분은 削損되었으며 아랫부분 좌우변은 割損 혹은 折損되어 있다. 문자가 남아 있는 양면은 부분적이기는 하나 묵서 후 깎인 흔적이 남아 있다. 양면에 보이는 서체가 달라 異筆의 가능성도 있다.

9. 참고문헌

栃木縣教委『栃木縣埋藏文化財保護行政年報』(栃木縣埋藏文化財調査報告44) 1982年

栃木縣教委『下野國府跡Ⅳ－昭和56年度發掘調査槪報』(栃木縣埋藏文化財調査報告

50) 1982年

　栃木縣教委『栃木縣埋藏文化財保護行政年報』(栃木縣埋藏文化財調査報告53) 1983年

　栃木縣教委『下野國府跡Ⅴ－昭和57年度發掘調査槪報』(栃木縣埋藏文化財調査報告 54) 1983年

　大金宣亮・田熊清彦「栃木・下野國府跡」(『木簡研究』5, 1983年)

　田熊清彦「栃木・下野國府跡」(『木簡研究』6, 1984年)

　栃木縣教委『下野國府跡資料集Ⅰ(木簡・漆紙文書)』1985年

　栃木縣教委・栃木縣文化振興事業團『下野國府跡 木簡記錄稿Ⅰ~Ⅳ』1986年

　栃木縣教委『下野國府跡Ⅶ－木簡・漆紙文書調査報告』(栃木縣埋藏文化財調査報告74) 1987年

4) 下野國府跡(19次)

1. 이름 : 시모쓰게코쿠후 유적(19차)
2. 출토지 : 栃木縣(도치기현) 栃木市(도치기시)
3. 발굴기간 : 1981.1
4. 발굴기관 : 栃木縣敎育委員會·(財)栃木縣文化振興事業團
5. 유적 종류 : 관아
6. 점수 : 50

7. 유적과 출토 상황

下野國府跡은 栃木市의 동쪽을 南流하는 思川의 우안 충적저지 위에 위치하고 있다. 政廳터는 現宮延神社 경내의 주변지구에서 출토되었으며 지금까지의 조사에 의해 Ⅰ~Ⅳ기로 구분되는 건물군의 변천이 확인되었다. 목간이 출토된 유구는 政廳Ⅰ기(8세기 전반)에 구축된 것으로 보이는 溝(SD111)과 政廳Ⅱ기(8세기 후반~9세기 전반) 소실 시에 이미 폐기된 토광(SK011)이다. 목간 및 삭설(1)~(6), (8)은 溝(SD111)과 같은 위치상에 굴착된 농업용 수로공사 중에 팬 것으로 보인다. (1), (2), (8)은 수로공사排土 속에서, (3)~(6)은 일괄하여 B지점에서 채집되었고 (7)은 제1트렌치 중위층에서 출토되었다. 토광은 政廳 서쪽에 인접한 지구에서 출토되었다. 목간 (9)는 토광 윗면을 덮은 政廳Ⅱ기 소실시의 정지토에서도 하위 埋土에서 출토되었다.

8. 목간

(1)

• 「都可鄕進藤一荷□

• 『『檢領□〔藤?〕所返抄　郡雜器所　申送』』

4단편으로 되어 있으며 각각 따로 채집된 것이다. 상단파편의 축소가 확연히 눈에 띈다. 문자는 앞면에 잘 남아 있지만, 뒷면의 묵흔은 심하게 옅어서 불분명하다. 앞면의 '都可鄕'은 '倭名類聚抄'의 下野國都賀郡 속에서는 나타나지 않는 鄕名이다.

(2)

石田鄕委

앞면이 평활하지 않아서 문자 두꺼운 느낌이다. 뒷면은 조금 부식되어 있으며 글자는 확인되지 않았다. 또한 '石田鄕'은 '倭名類聚抄'에 당국의 芳賀郡의 한 鄕으로 기록되어 있다.

(3)

□〔鎭〕火祭□□

'鎭火祭'의 행사는 神祇令天神地祇條 및 令義解註釋文을 참고한다면 宮城四方外角에서 季夏, 季冬에 이루어진 것으로 보이며 지방의 국부에 있어서도 동양의 제사가 행해진 것을 알려주는 자료이다.

(4)

□里正德

잔존하는 '里正'이라는 2문자는 이것을 鄕里制 시행 아래 마을의 장을 나타내는 의미로 해석을 할 수 있다면 下野國府跡 政廳Ⅰ기의 연한을 고정함에 있어 특히 중요한 자료라 할 수 있다.

9. 참고문헌

栃木縣敎委 『下野國府跡Ⅳ―昭和56年度發掘調査槪報』(栃木縣埋藏文化財調査報告
50) 1982年

大金宣亮·田熊清彦·木村等 「栃木·下野國府跡」(『木簡研究』4, 1982年)

栃木縣敎委 『下野國府跡資料集Ⅰ(木簡·漆紙文書)』1985年

栃木縣敎委·栃木縣文化振興事業團 『下野國府跡 木簡記錄稿Ⅰ~Ⅳ』1986年

栃木縣敎委 『下野國府跡Ⅶ―木簡·漆紙文書調査報告』(栃木縣埋藏文化財調査報告74) 1987年

5) 長原東遺跡

1. 이름 : 나가하라히가시 유적
2. 출토지 : 栃木縣(도치기현) 栃木市(도치기시)
3. 발굴기간 : 1982.7~1982.9
4. 발굴기관 : 栃木縣敎育委員會
5. 유적 종류 : 취락
6. 점수 : 1

7. 유적과 출토 상황

長原東遺跡은 栃木市의 동방을 南流하는 思川의 우측 기슭 충적저지 위에 위치하는 취락유적이다. 발굴조사는 초등학교 교정확장공사에 앞서 실시한 긴급조사이다. 확인된 유구는 8세기 중엽에서 10세기에 이르는 것으로 수혈주거터 12채, 우물 터 4기, 토갱 20기 등이다. 목간은 2기의 우물터에서 다른 목기나 자연유물과 함께 출토되었다.

8. 목간

  (1)

□□」

　SE30 매립토 상부에서 출토된 목간. 세로로 2등분되어 있으며 상단은 절손되어 있지만 다른 부분은 완전히 보존되어 있다. 묵흔은 선명하지만 글자가 부분적으로 존재할 뿐 판독은 어렵다.

  (2)

「□□」

　SE11 바닥면에서 출토된 목간이다. 각목재의 절단상태의 것에 묵서한 것이다. 글자는 묵흔도 선명하고 완전한 상태이지만 판독할 수 없다.

9. 참고문헌

栃木縣教委『栃木縣埋藏文化財保護行政年報』(栃木縣埋藏文化財調査報告53) 1983年

木村等「栃木·長原東遺跡」(『木簡研究』5, 1983年)

栃木縣教委『下野國府跡資料集Ⅰ(木簡·漆紙文書)』1985年

栃木縣教委『下野國府跡Ⅶ―木簡·漆紙文書調査報告』(栃木縣埋藏文化財調査報告74) 1987年

8. 群馬縣

1) 元總社寺田遺跡(7次)

1. 이름 : 모토소쟈테라다 유적(7차)

2. 출토지 : 群馬縣(군마현) 前橋市(마에바시시)

3. 발굴기간 : 1993.4~1993.10

4. 발굴기관 : ㈶群馬縣埋藏文化財調査事業團

5. 유적 종류 : 취락·하도

6. 점수 : 3

7. 유적과 출토 상황

元總社寺田遺跡는 前橋市街地의 서쪽 약 1㎞, 南流하는 牛池川을 따라 위치하고 있다. 본 유적의 조사는 牛池川의 하천개수공사에 동반하여 1988년부터 착수되었다. 제4차 조사에서는 總社神社 남동쪽의 台地를 대상으로 하였다. 묵서가 있는 목제품이나 묵서토기는 모두 옛 하도에서 출토되었다. 옛 하도 중에서는 8~9세기대 다량의 토기류를 중심으로 여러 유물이 출토되었다.

8. 목간

(1)

「檜女」

(2)

「檜女」

위 두 목간은 人形의 형상인 앞면, 가슴 부분에 묵서가 기입되어 있다. 두 점 모두 얼굴의 표현은 명료하다. 굿(祓)을 행한 인물의 이름이라 생각된다. 그밖에도 人形이 3점 있지만 묵흔은 확인되지 않았다.

(3)

「十四

　　泉　 」

9. 참고문헌

群馬縣埋文調査事業團『群馬縣埋藏文化財調査事業團 年報13』1994年

藤巻幸男·高島英之「群馬·元總社寺田遺跡」(『木簡研究』16, 1994年)

群馬縣埋文調査事業團『元總社寺田遺跡Ⅲ(木器編)――一級河川牛池川河川改修工事に伴う埋藏文化財發掘調査報告書』(群馬縣埋藏文化財調査事業團調査報告書208) 1996年

2) 國分境遺跡(3次)

1. 이름 : 고쿠부자카이 유적(3차)
2. 출토지 : 群馬縣(군마현) 高崎市(다카사키시)
3. 발굴기간 : 1983.12~1984.3
4. 발굴기관 : (財)群馬縣埋藏文化財調査事業團
5. 유적 종류 : 취락
6. 점수 : 1

7. 유적과 출토 상황

國分境遺跡의 조사는 關越自動車道 건설에 따른 사전조사로 고훈시대부터 헤이안시대의 수혈주거 168채, 굴립주건물 5동, 우물 2기, 구 21조, 지하식 토광 1기, 토갱 다수, 옛 하도 1곳 등이 확인되었다. 목간은 현재의 牛池川에 접하는 형태로 흔적이 확인된 옛 하도 속에서 1점 출토되었다. 목간과 함께 다수의 하지키, 스에키와 함께 목기, 목제품, 그리고 자연목이 출토되

354　　일본 목간 총람 (상)

었다.

8. 목간

「□□□

　　□□□

　상단부 및 양 측면은 원형이 유지되어 있으나 하단부는 결손되었다. 현재 상태로 2행, 6글자분의 묵흔이 확인되지만 판독은 불가능하며 목간의 성격, 용도, 기능 등이 명확하지 않다. 함께 출토된 유물로 보아 7세기 후반~8세기 전반으로 생각된다.

9. 참고문헌

群馬縣埋文調査事業團『群馬縣埋藏文化財調査事業團 年報3』1984年

群馬縣埋文調査事業團·群馬縣敎委『國分境遺跡─關越自動車道(新潟線)地域埋藏文化財發掘調査報告書34』(群馬縣埋藏文化財調査事業團調査報告書104) 1990年

麻生敏隆·高島英之「群馬·國分境遺跡」(『木簡研究』12, 1990年)

3) 前六供遺跡

1. 이름 : 마에롯쿠 유적
2. 출토지 : 群馬縣(군마현) 太田市(오타시)
3. 발굴기간 : 1998.10~1999.12
4. 발굴기관 : 新田町敎育委員會
5. 유적 종류 : 취락
6. 점수 : 1

7. 유적과 출토 상황

前六供遺跡은 石田川左岸의 低台地 위에 입지하고 있다. 이번 조사는 縣道의 확장에 따라 협장(狹長)한 범위를 대상으로 하여 고훈시대 전기의 전방후방분 1기, 수혈식 주거 8동, 나라시대에서 중세의 굴립주건물 6동, 우물 8기 등의 유구가 확인되었다. 목간은 조사지의 북단부에 있는 3호 우물에서 출토되었다. 이 우물은 직경 2.4m, 깊이 1.4m로 최하면에서는 목제의 틀이 남아 있었다. 목간은 우물의 바닥면에서 위로 10㎝의 지점에서 출토되었다. 목간 외에 스에키, 하지키, 나무접시 등이 출토되었다.

8. 목간

・「以三月十六日天福　十八□〔日?〕天福

　　　　　　　　　　　　　四月九日[　　]天福　□〔貞?〕觀九年四月十五日[　　]　　」
・「　　別當代[　　]　　　　　　　　　　　　　　　　目代[　　]『天福』

　　　　　　　　　　　　　　　　　　　　　　　　檢收權目代壬生『道□』　　」

'□觀九年'은 출토된 토기의 연대관 등으로 貞觀九年(867)으로 보인다. 曲物의 개판을 전용하여 양면으로 묵서하였다. 측면의 일부가 결실되었으나 목간으로서는 거의 完形이다.

9. 참고문헌

新田町敎委 『前六供遺跡·後谷遺跡·西田遺跡―縣道伊勢崎新田線道路整備に伴う發掘調査報告書』 (新田町文化財調査報告書25) 2000年

小宮俊久 「群馬·前六供遺跡」 (『木簡硏究』 22, 2000年)

4) 內匠日向周地遺跡

1. 이름 : 다쿠미히나타슈치 유적

2. 출토지 : 群馬縣(군마현) 富岡市(도미오카시)

3. 발굴기간 : 1990.5~1991.3

4. 발굴기관 : (財)群馬縣埋藏文化財調査事業團

5. 유적 종류 : 수전

6. 점수 : 3

7. 유적과 출토 상황

목간이 출토된 內匠日向周地遺跡은 內匠·下高瀨遺跡群의 거의 중앙부에 위치한다. 서쪽에 접한 下高瀨上之原 유적에서 서에서 동으로 향하는 谷津狀지형의 바닥부에 위치한다. 고대 水田면의 아래에는 대략 15~30㎝의 회갈색 실트간층이 있으며, 이 실트층은 퇴적 상태가 양호한 곳은 3개 층으로 나누어져 있는데 목간은 이 3층 중 최하층의 강바닥 조약돌면에 밀착한 상태로 출토되었다. 강바닥 조약돌면(河床礫面)에서는 목간 이외에 괭이, 曲物, 건축 부재 등의 목제품과 다수의 토기 조각이 출토되었다. 이 목제유물의 대부분은 이 계곡의 상류부에서 운반된 것으로 생각된다.

8. 목간

이 3개의 목간은 대략 20~30m 정도의 근접한 범위에서 출토되었다. 목간의 연대는 동일층에서 출토된 토기의 파편에서 고훈시대 전기 이후, 淺間B輕石 강하 이전으로 생각된다.

　　(1)

「□□□□奉龍王

　하단부와 좌측면을 살짝 결실하였지만, 거의 원형이다.

　　(2)

「[　　　]奉□〔龍?〕王

　2개로 부러져 하부가 결실되었다. 남은 묵서의 상태가 좋지 않다. 묵흔은 확인되나 문자 수는 명확하지 않다.

(3)

「   」

두세 글자의 묵흔이 비교적 양호하게 확인되지만 중앙부가 결실되어 판독이 어렵다.

9. 참고문헌

津金澤吉茂 「群馬·內匠日向周地遺跡」 (『木簡硏究』 14, 1992年)

群馬縣埋文調査事業團 『內匠日向周地遺跡 · 下高瀨寺山遺跡 · 下高瀨前田遺跡ー關越自動車道 (上越線)地域埋藏文化財發掘調査報告書31』 (群馬縣埋藏文化財調査事業團報告書188) 1995年

9. 埼玉縣

1) 大久保領家遺跡(10次)

1. 이름 : 오쿠보료케 유적(10차)
2. 출토지 : 埼玉縣(사이타마현) さいたま市(사이타마시)
3. 발굴기간 : 2007.5~2007.7
4. 발굴기관 : さいたま市遺跡調査會
5. 유적 종류 : 취락
6. 점수 : 1

7. 유적과 출토 상황

大久保領家遺跡은 야요이시대 전기에서 근세에 걸친 복합유적으로 大宮台地의 경계를 흐르는 荒川이 형성한 자연제방 위에 입지하며 埼玉市의 서단에 위치한다. 이번 발굴조사는 분양주택건설에 따른 것이다. 출토된 주요 유구는 헤이안시대의 우물, 溝, 중세의 우물, 板碑가 출토된 수혈 형태 유구, 주택부지의 구획이라 생각되는 溝 등이 있다. 목간은 중앙북단에 위치하는 우물의 중층에서 1점 출토되었다. 複弁八葉蓮華文의 수막새나 벋새, 수키와, 젓가락 형태 목제품, 齋串형태 목제품이 함께 출토되었지만, 토기는 극히 적다. 목간의 형태나 함께 출토된 목제품 등으로 보아 8~10세기의 유구로 생각된다.

8. 목간
　□□事

상단이 결손되었다. 좌변은 깎임으로 일부 갈라졌으며, 우변과 하단부는 정성스럽게 다듬어 정형. 뒷면은 박리되었다. 풍화가 심하며 육안으로는 묵서판독이 어렵지만 옅게 한 글자가 확인된다. 문서목간이다.

9. 참고문헌

さいたま市遺跡調査會『大久保領家遺跡』(さいたま市遺跡調査會報告書80) 2008年

澁谷寛子「埼玉·大久保領家遺跡」(『木簡研究』33, 2011年)

2) 八幡前·若宮遺跡(1次)

1. 이름 : 하치만마에·와카미야 유적(1차)
2. 출토지 : 埼玉縣(사이타마현) 川越市(가와고에시)
3. 발굴기간 : 1993.10~1993.12
4. 발굴기관 : 川越市遺跡調査會
5. 유적 종류 : 취락(駅家)
6. 점수 : 1

7. 유적과 출토 상황

八幡前·若宮遺跡은 河越市街地에서 서쪽 4㎞, 入間川좌안의 入間台地남동사면에 소재한다. 발굴된 유구는 주로 8~9세기의 토갱군이다. 성격은 분명하지 않지만 흙을 채굴한 듯한 형상이다. 목간은 헤이안시대의 우물에서 출토되었다. 목제접시 6점, 小曲物 2점, 물을 담기 위한 曲物 2점 등이 함께 출토되었다. 완전한 형태의 물을 담기 위한 曲物 아래에서 파손된 曲物가 발견된 것으로 보아 우물은 최소한 1번의 개수가 이루어진 것을 알 수 있다. 목간은 새로운 曲物보다 상층에서 출토된 것으로 보아 우물의 폐기 시에 버려진 것으로 시기는 9~10세기로 추정된다.

8. 목간

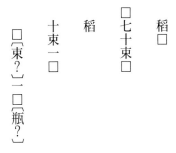

본래 橫材의 대형 목간의 일부라 생각되는데 상하가 원형인지는 불명확하다. 좌우는 전용 혹은 폐기를 위해 나무결에 따라 쪼개어져 있다. 목간의 내용은 벼 등의 출납장부 같은 것으로 생각된다. 목간으로 보아 관아와 관련된 것으로 보인다.

9. 참고문헌

田中信「埼玉·八幡前·若宮遺跡」(『木簡研究』16, 1994年)

川越市敎委·川越市遺跡調査會『八幡前·若宮遺跡(第一次調査)』(川越市遺跡調査會調査報告 31) 2005年

埼玉縣敎委·埼玉縣『埼玉縣史料叢書11 古代·中世新出重要史料1』2011年

3) 北島遺跡(第19地点)

1. 이름 : 기타지마 유적(제19지점)

2. 출토지 : 埼玉縣(사이타마현) 熊谷市(구마가야시)

3. 발굴기간 : 1999.4~2000.12

4. 발굴기관 : (財)埼玉縣埋藏文化財調査事業團

5. 유적 종류 : 취락

6. 점수 : 3

7. 유적과 출토 상황

北島遺跡은 荒川에 형성된 선상지의 끝자락에 위치한다. 제19차 조사지는 남북으로 뻗은 와지(窪地)를 끼고 동쪽으로 고분군이 형성되어 있고 서쪽으로는 나라시대에 總柱건물·側柱건물·수혈주거·대형우물로 이루어진 취락이 있다. 그 후 헤이안 시대에는 사각이 설치된 이중의 구획구 내에 5간4면의 집이 세워졌었다. 목간은 제19차 지점의 제42호 우물에서 1점, 제200호 구에서 2점, 총 3점 출토되었다. 전자는 8세기 후반이며 후자는 근세에 속한다.

8. 목간

제42호 우물

・「∨有有有有□是□大　『是』是是　是　是　　大　是□□　　　　o
　　　　　　　　　　□□　長　　　□　長　□　長　　　　　十
　　　有有有有長長十十　『長』□　『長』□長長十□　十十□　　　　　」
・「∨大大大長□□□□是十　　□　　　　有有有有有有
　　　　　　　是　　　　大是　　有丈有
　　　有是□□有□斤□有有　　　　　　有有□有有有o　　　　　　」

가공 정도가 적은 통나무 반절의 목재를 '井'자로 짠 대형우물의 중층부터 출토되었다. 함께 출토된 토기로 보아 8세기 후반이라 생각된다. 목간의 양면에는 전면에 걸쳐 습서가 확인되었다. 편의적으로 앞뒤를 설정하였지만, 앞면 우측열 글자가 전체로 빠져 있는 점, 앞면 우측 아래 모퉁이에 한 변 3㎜ 사방의 작은 구멍이 뚫려 있는 것으로 보아 처음에는 이 작은 구멍을 중심으로 묶여 있는 목간이라 이해된다. 이 습서를 쓴 인물은 是와 長의 판별이 미숙하여 반복해서 연습한 것이라 생각한다.

9. 참고문헌

埼玉縣埋文調査事業團·埼玉縣『北島遺跡Ⅴ 熊谷スポーツ文化公園建設事業關係埋藏文化財
發掘調査報告書(第1分冊)(第2分冊)』(埼玉縣埋藏文化財調査事業團報告書278) 2002年

埼玉縣埋文調査事業團·埼玉縣『北島遺跡Ⅸ 熊谷スポーツ文化公園建設事業關係埋藏文化財
發掘調査報告書(第1分冊)(第2分冊)』(埼玉縣埋藏文化財調査事業團報告書293) 2003年

田中廣明「埼玉·北島遺跡(第一九地点)」(『木簡研究』26, 2004年)

埼玉縣教委·埼玉縣『埼玉縣史料叢書11 古代·中世新出重要史料1』2011年

4) 西別府祭祀遺跡(6次)

1. 이름 : 니시벳푸사이시 유적(6차)
2. 출토지 : 埼玉縣(사이타마현) 熊谷市(구마가야시)
3. 발굴기간 : 2012.2~2012.3
4. 발굴기관 : 熊谷市教育委員會
5. 유적 종류 : 제사유적
6. 점수 : 1

7. 유적과 출토 상황

西別府祭祀遺跡는 熊谷市西別府에서 深谷市에 걸쳐 펼쳐진 유적으로 櫛引(구시히키)台地선
단 부근 및 언덕 아래의 저지에 소재하며 저지부분에는 굴이 구축되어 있다. 1963년도 및 1992
년도에 湯殿神社 뒤의 경사지를 포함한 굴 전체의 조사가 이루어졌다. 7세기 후반에서 11세기
전반에 걸친 석제모조품 외 하지키, 스에키 등의 토기, 土錘 등의 유물이 점토층 및 모래와 자갈
층에서 대량으로 출토되었다. 제6차 조사에서는 하천터가 출토되었으며, 이는 제사유물이 다수
출토된 굴의 북측에 해당한다. 목간은 이 하천터의 하상 부근에서 1점 출토되었다. 목간의 시기

는 함께 출토된 하지키 잔이나 스에키 잔으로 보아 대략 7세기 3/4분기로 생각된다.

8. 목간

· 「百　二百　三百　　四百

· 「『大大大大』　君而　『□□□〔忽忽忽?〕□□』

상단은 圭頭狀이다. 하단은 결손되었다. 좌우 양변은 깎음정형이 되어 있지만, 일부 결손되었다. 표면 및 뒷면 중앙의 두 문자의 필적은 닮아 있지만, 뒷면 상하 좌측 쪽의 문자와는 다른 필적이다. 따라서, 두 명의 필적이 확인된다.

9. 참고문헌

吉野健「埼玉·西別府祭祀遺跡」(『木簡研究』35, 2013年)

5) 小敷田遺跡

1. 이름 : 고시치다 유적
2. 출토지 : 埼玉縣(사이타마현) 行田市(교다시)
3. 발굴기간 : 1983.7~1984.3
4. 발굴기관 : (財)埼玉縣埋藏文化財調査事業團
5. 유적 종류 : 취락
6. 점수 : 10

7. 유적과 출토 상황

小敷田遺跡은 熊谷市 주변에 발달된 이른바 荒川 선상지의 동측범람원, 자연제방지역에 입지한다. 본 유적의 발굴은 일반국도17호의 건설공사에 따른 것으로 1983년부터 착수하였다.

A구에서는 야요이시대 중기의 주거지 3동, 나라시대로 생각되는 總柱의 굴립주건물터 1동, 시기를 알 수 없는 굴립주건물터 1동, 야요이시대 중기·고훈시대 전기·8~9세기대의 토광 합쳐서 약 50기, 구 약 25조가 확인되었다. 목간은 總柱의 굴립주건물터의 근처에서 출토된 29호 및 52호 토광에서 출토되었다. 목간과 함께 출토된 유물에는 하지키장·접시·옹기, 스에키 잔·高台付杯·접시·뚜껑가 있다. A구에서는 그외에 8~9세기대라 생각되는 구·토광·우물터·유물포함층에서 출토된 스에키 잔이나 뚜껑에 묵서가 확인되었지만, 이는 29호·52호 토광에서 출토된 토기보다 시기가 이르다.

8. 목간

29호토광

(1)

・□□直許在□□代等言而布四枚乞是寵命座而」

・□乎善問賜欲白之   」

상부가 소실되었는데 書簡文 같다. 뒷면의 '□'는 旁이 '也'로 판독되지만, 偏의 부수가 불에 타서 판독이 어렵다.

(2)

・「九月七日五百廿六□□□〔四百?〕」

・「卅六次四百八束□千□百七十

　少稲二千五十五束   」

볏짚 수를 집계한 것이다. 少稲가 어떠한 벼인지 확정할 수 없다.

(3)

・[　　]比□□百五十束□」

・[　　]六束   」

(4)

「十五日

　十六日　　　　　　『[　　　　]□木里

　十七□〔日?〕　　　『　　　□味味』

　十八日　　　　　　　　　　　　」

　(5)

・「今貴大德若子御前頓首拝白云」

・「□□[　　　　]　　　　　　　」

'云'으로 끝나 서간문의 시작 부분의 본보기로 생각된다. '御前'이라는 표현이 사용된 것이
藤原宮 출토 목간에 사례가 많은 것은 이 목간이 쓰인 연대를 생각하는 데 매우 흥미롭다.

　(6)

・「直上畳廿五絞薦八立薦二枚合百廿枚」

・「[　　　　　　　　　　　]」

　(7)

數　　　墨俣『[　　　　]』

　[　　]

　(8)

「万凡物応□□

　(9)

「□連連首連

9. 참고문헌

埼玉縣埋文調査事業團『埼玉縣埋藏文化財調査事業團 年報4』1984年

田中正夫「埼玉·小敷田遺跡」(『木簡研究』7, 1985年)

木簡學會編『日本古代木簡選』岩波書店, 1990年埼玉縣埋文調査事業團『小敷田遺跡 (第1分

冊 遺構遺物編) (第3分冊 寫眞圖版編)――一般國道17號熊谷バイパス關係埋藏文化財發掘調査報告』(埼玉縣埋藏文化財調査事業團報告書95) 1991年

著者不明「小敷田遺跡(埼玉縣行田市)出土の出擧關係木簡」(『木簡研究』13, 1991年)

著者不明「小敷田遺跡(埼玉縣行田市)から最古級の呪符木簡出土」(『木簡研究』14, 1992年)

宮瀧交二「行田市小敷田遺跡出土の木簡」(川崎市市民ミュージアム編『古代東國と木簡』雄山閣出版, 1993年)

沖森卓也・佐藤信編『上代木簡資料集成』おうふう, 1994年

奈文研飛鳥資料館『木簡黎明―飛鳥に集ういにしえの文字たち』2010年

⑥山崎上ノ南遺跡B地点

1. 이름 : 야마자키카미노미나미 유적 B 지점

2. 출토지 : 埼玉縣(사이타마현) 本庄市(혼조시)

3. 발굴기간 : 1996.11~1997.11

4. 발굴기관 : 兒玉町教育委員會

5. 유적 종류 : 취락·생산

6. 점수 : 1

7. 유적과 출토 상황

이 유적은 兒玉市街地의 남서 약 4㎞에 있으며 지형적으로는 秩父連山에서 이어지는 上武山地에 해당한다. 이번 조사로 확인된 유구는 수혈주거지 11동, 스에키 가마터 1기, 토갱, 매몰곡 등이 있다. 출토된 유물은 스에키·하지키 등의 토기류를 비롯하여 제철 관련의 송풍관, 철부스러기, 또 매몰곡에서는 목간을 비롯하여 소반·그릇·曲物·火鑽臼나 가공흔적이 있는 다수의 목제품, 복숭아 등의 종자류나 식물유존체 등이 있다. 목간은 유물포함층 중 위에서 문자면을 아래로 하여 약간 경사진 상태로 출토되었다.

8. 목간

桧前部名代女上寺稻肆拾束

　　　　寶龜二年十月二日稅長大伴國足」

　상단은 결손되었는데 하단은 원형을 유지하고 있다. 문자는 비교적 양호하게 남아 있다. 판재는 곧은 결의 중간으로 나뭇결은 경사져있다. 하단부는 마모되었다. 뒷면은 표면을 벗겨낸 상태이며 성형·조정 모두 조잡하게 느껴진다.

9. 참고문헌

大熊季廣 「埼玉·山崎上ノ南遺跡B地点」 (『木簡硏究』 20, 1998年)

本庄市遺跡調査會 『飯倉南部遺跡群－ゴルフ場建設に伴う埋藏文化財發掘調査報告書』 (本庄町遺跡調査會報告書39) 2011年

埼玉縣敎委·埼玉縣 『埼玉縣史料叢書11 古代·中世新出重要史料1』 2011年

7) 岡部條里遺跡

1. 이름 : 오카베조리 유적

2. 출토지 : 埼玉縣(사이타마현) 深谷市(후카야시)

3. 발굴기간 : 1996.1~1996.3

4. 발굴기관 : (財)埼玉縣埋藏文化財調査事業團

5. 유적 종류 : 취락

6. 점수 : 1

7. 유적과 출토 상황

岡部條里遺跡는 岡部町의 북부에 위치하며 북측을 흐르는 利根川의 亂流에 의해 형성된 자연제방 위를 중심으로 펼쳐져 있다. 유적의 발굴조사는 福川의 하천개수에 따라 실시되어 고훈시대 후기와 나라·헤이안시대의 복합유적인 것으로 밝혀졌다. 목간이 출토된 C구에서는 8세기 중엽에서 후엽의 수혈주거터 6동과 溝 2조가 출토되었고, 목간은 조사구를 동서로 횡단하는 폭 1m, 깊이 1m의 3호구에서 출토되었다. 3호구의 복토는 소토·재와 8세기 중엽의 토기 파편이 혼재한 상층과 유목 이외의 유물을 포함하지 않는 하층으로 나뉘는데 목간은 하층의 구 벽면에 붙은 상태로 출토되었다. 출토 상황으로 보아 목간의 연대는 8세기 중엽 이전으로, 조사구 밖에서 흘러왔을 가능성이 크다.

8. 목간

□□

大

상·하단, 양측단을 결실. 좌측과 뒷면에 일부 공구에 의해 절삭된 흔적이 남아 있다.

9. 참고문헌

福田聖「埼玉·岡部條里遺跡」(『木簡研究』19, 1997年)

埼玉縣埋文調査事業團『岡部條里 戸森前―福川河川改修關係埋藏文化財發掘調査報告Ⅱ』(埼玉縣埋藏文化財調査事業團報告書217) 1999年

埼玉縣教委·埼玉縣『埼玉縣史料叢書11 古代·中世新出重要史料1』2011年

10. 千葉縣

1) 萱野遺跡

1. 이름 : 가야노 유적
2. 출토지 : 千葉縣(지바현) 館山市(다테야마시)
3. 발굴기간 : 2008.9~2008.12
4. 발굴기관 : (財)埼玉縣理藏文化財調査事業團
5. 유적 종류 : 취락·생산
6. 점수 : 1

7. 유적과 출토 상황

萱野遺跡은 야요이시대에서 중세에 걸친 복합유적으로 滝川 좌안의 해발 10~14m의 砂州 위에 위치한다. 발굴조사는 하천개수사업에 따른 것이다. 출토된 주된 유구로는 야요이시대의 環濠의 일부와 옛 河道 외에 고훈시대의 수전, 나라·헤이안시대의 토갱형태 유구·우물틀 형태의 치목 등이 있다. 목간은 남측확장구의 북단에 위치하는 정형되지 않은 3SX002에서 1점 출토되었다. 대량의 하지키와 목제품이 퇴적중층에서 하층에 걸쳐 출토되었는데 목간도 그중에 포함되어 있다. 함께 출토된 유물로 보아 연대는 나라시대 후반의 것이다.

8. 목간

福　福成　福成

□　□　□　□

상하 양단을 결손, 목간의 좌단에 글자의 일부로 생각되는 묵흔이 있으며 좌변도 결손되어 전체의 형상은 알 수 없다.

9. 참고문헌

千葉縣敎育振興財團文化財センター『館山市萱野遺跡(3)―河川基盤整備委託(滝川)埋藏文化

財調査報告書』(千葉縣文化財センター調査報告書680) 2012年

2) 市原條里制遺跡(市原地區·上層本調査)

1. 이름 : 이치하라조리세이 유적
2. 출토지 : 千葉縣(지바현) 市原市(이치하라시)
3. 발굴기간 : 1990.4~1991.3
4. 발굴기관 : (財)千葉縣文化財センター
5. 유적 종류 : 수전·조리(條里)
6. 점수 : 1

7. 유적과 출토 상황

市原條里制遺跡은 市原市 북서부에 펼쳐진 해발 약 5m의 충적평야에 위치한다. 조사는 東關東自動車道의 건설에 따라 행해졌으며 1988년에는 시굴조사가, 1988~89년에는 확인조사가 실시되었고, 1991년 본조사가 진행되었다. 조사 결과, 條里적 토지구획의 수전터를 고대·중세 전반·중세 후반·근세의 4면에서 확인하였으며 모두 수전구획도 전 단계의 논둑과 같은 위치에서 만들어진 것으로 확인되었다. 유물량도 많고 스에키·하지키·회유도기·청자·중세도기 등의 이외에도 철 화살촉·동전도 출토되었다. 목간은 고대 수전의 남측에서 1점 출토되었다.

8. 목간
「∨□□米五斗」

목간의 형태는 장방형 엇결목재의 상부에 양측에서 다듬은 것이다. 글자는 한쪽 면에만 쓰여 있고 묵흔은 옅게 적외선tv로 관찰한 결과 다섯 글자가 확인되었다. 그중 하부의 '米五斗'란 글자가 판별되었다. 글자 내용으로 보아 목간은 쌀의 이동에 따른 하찰목간으로 추측된다.

9. 참고문헌

大谷弘幸「千葉·市原條里制遺跡」(『木簡研究』13, 1991年)

千葉縣文化財センター·日本道路公團·市原市『市原市 市原條里制遺跡一東關東自動車道(千葉富津線), 市原市道80號線埋藏文化財調査報告書』(千葉縣文化財センター調査報告354) 1999年

3) 市原條里制遺跡(実信地區·下層本調査)

1. 이름 : 이치하라조리세이 유적
2. 출토지 : 千葉縣(지바현) 市原市(이치하라시)
3. 발굴기간 : 1990.6~1991.3
4. 발굴기관 : ㈶千葉縣文化財センター
5. 유적 종류 : 수전·조리(條里)
6. 점수 : 1

7. 유적과 출토 상황

市原條里制遺跡実信地區는 市原市 북서부에 펼쳐진 해발 약 5m의 충적평야에 입지하고 있다. 조사 결과 조몬시대 후기의 패총, 야요이시대 중기의 溝, 고대에서 근세에 걸친 水田이 출토되었다. 그중 고대에서 근세에 걸친 수전은 일부가 市原市原地區 출토의 條里 모양의 수전과 주축 방향이나 규격이 일치한 것으로 생각된다. 고대 이후의 유물은 수전경토 안에서 출토된 것으로 경작에 의해 세편화하긴 하였지만 하지키·스에키·회유도기·청자·중세도기 등 종류는 풍부하다. 이번에 보고한 목간은 하층(패총) 조사 때에 흙 속에서 발견된 것으로 연대는 명확하지 않다.

8. 목간

- □□□
- □□□

바른 결의 목제로 상하 양단이 결손되었다. 앞뒤 양면에 묵흔이 확인되며 적외선 장치로 관찰하였지만 각각 세 글자 정도의 글자가 상정될 뿐이다.

9. 참고문헌

千葉縣文化財センター·日本道路公團·市原市『市原市 市原條里制遺跡—東關東自動車道(千葉富津線), 市原市道80號線埋藏文化財調査報告書』(千葉縣文化財センター調査報告 354) 1999年

大谷弘幸「千葉·市原條里制遺跡(実信地區)」(『木簡研究』27, 2005年)

4) 西原遺跡(確認調査)

1. 이름 : 사이바라 유적
2. 출토지 : 千葉縣(지바현) 袖ケ浦市(소데가우라시)
3. 발굴기간 : 1996.9~1996.11
4. 발굴기관 : ㈶君津郡市文化財センター
5. 유적 종류 : 취락
6. 점수 : 1

7. 유적과 출토 상황

西原遺跡가 소재하고 있는 소데가우라시(袖ケ浦市) 나가치(永地)는 시의 거의 중앙부에 위치한다. 그 지구의 중앙부를 흐르는 松川의 남측과 동측은 양상이 조금 다른데 서측은 야요이시대 중기에서 고훈시대의 취락이 전개되며 남에서 서의 저지에는 헤이안시대에서 중세의 유물이 산포하고 있다. 동측은 구가 거의 출토되지 않았지만 台地부근 저지의 일부에서 나라·헤이안시대와 고훈시대의 유물포함층이 확인되었다. 나라·헤이안시대의 유물포함층은 약 40㎝의 두께로 퇴적된 암회갈색의 점질토층으로 목간은 확인조사 때 이 층 속에서 1점 출토되었다. 함께 출토된 유물은 9세기 중반에서 10세기에 걸친 하지키 잔이 많으며 묵서토기도 포함되어 있다.

8. 목간

• 「(符籙)天柱□〔身?〕此身護為」

완형의 주부목간이다. 앞면 전체에 붉은색의 글자가 쓰여 있으며 안료는 벵갈라로 생각된다. 상부 중앙에 나무 못 흔적이 있는 것으로 보아 건물의 입구 등에 달아놓고 사용한 것으로 생각된다.

9. 참고문헌

千葉縣木更津土地改良事務所·袖ケ浦市敎委『平成8年度 袖ケ浦市內遺跡發掘調査報告書—西原遺跡』1997年

君津郡市文化財センター『西原遺跡—ほ場整備事業(縣營担い手)浮戶川上流2期地區に伴う埋藏文化財發掘調査報告書』(君津郡市文化財也ソター發掘調査報告書124) 1997年

桐村久美子「千葉·西原遺跡」(『木簡硏究』20, 1998年)

11. 東京都

1) 中里遺跡

1. 이름 : 나카자토 유적
2. 출토지 : 東京都(도쿄도) 北區(기타구)
3. 발굴기간 : 1983.6~1984.10
4. 발굴기관 : 中里遺跡調査會
5. 유적 종류 : 관아, 근세취락
6. 점수 : 100

7. 유적과 출토 상황

中里遺跡은 武藏野台地의 崖線 바로 아래에 형성된 유적이다. 발굴조사는 東北新幹線건설에 더불어 실시되었다. 나라시대에서 헤이안시대에 해당하는 유구로서는 溝 3조, 나무로 만든 침상 유구 형태의 유구 12기가 출토되었다. 이 유구 및 유물포함층에서 출토된 유물로 90점의 묵서토기가 있다. 구유·廣鍬미제품·陽物形의 목제품과 함께 판독할 수 없는 목간이 1점 출토되었다.

8. 목간

목간 판독불가

출토된 목간은, 합계 100점으로 그중 1점이 032형식의 나라 말~헤이안시대 초두의 목간이다. 하지만 표면이 깎여 있어 묵서의 판독이 어렵다.

9. 참고문헌

中里遺跡調査團·東北新幹線中里遺跡調査會『中里遺跡―發掘調査の槪要Ⅰ』1984年

中里遺跡調査團·東北新幹線中里遺跡調査會『中里遺跡 遺跡と古環境1』(東北新幹線建設に伴う發掘調査1) 1987年

中里遺跡調査團·東北新幹線中里遺跡調査會『中里遺跡 遺跡と古環境2』(東北新幹線建設に伴う發掘調査2) 1987年

中里遺跡調査團·東北新幹線中里遺跡調査會『中里遺跡 遺構』(東北新幹線建設に伴う發掘調査3) 1989年

中里遺跡調査團·東北新幹線中里遺跡調査會『中里遺跡 遺物2』(東北新幹線建設に伴う發掘調査5) 1989年

古泉弘·河村三枝子「東京·中里遺跡」(『木簡研究』11, 1989年)

2) 伊興遺跡(94年度調査)

1. 이름 : 이코 유적(94년도 조사)
2. 출토지 : 東京都(도쿄도) 足立區(아다치구)
3. 발굴기간 : 1994.4~1995.1
4. 발굴기관 : 足立區伊興遺跡調査會
5. 유적 종류 : 취락
6. 점수 : 4

7. 유적과 출토 상황

伊興遺跡는 埼玉縣草加市의 경계를 접하는 東京都 북부의 足立區, 毛長川右岸의 미고지 위에 위치하고 있다. 목간은 이 미고지의 자연제방 아래쪽 저지대의 2지점에서 출토되었다. 목간(1)은 이탄층에서 출토되었으며 다양한 목제품도 출토되었다. 이 지점에서는 그 외에도 2점의 목간이 출토되었지만 묵흔이 확인될 뿐 내용은 알 수 없다. 또 나라·헤이안시대의 유물이 집중적으로 출토되는 지점 중의 한 지점에서 목간 (2)가 출토되었다. 같은 지점에서 묵서토기·齋串·母子勾玉 등도 출토되어 제사장일 가능성도 있다.

8. 목간

　　(1)

　　・　　　　　□□□□

　　・[　　]々如律令腹病□

　　목간의 아랫부분이 잘려 나갔으며 좌측에도 결손된 곳이 몇 군데 확인된다. 윗부분에 둥근
형태의 홈이 있어 曲物의 뚜껑임을 알 수 있다. 주부목간의 일종으로 유존상태가 나쁘다.

　　(2)

　　[　　]申狀[　　]

　　목간 중앙변의 묵흔은 '申狀'이라 판독되지만 그다지 명료하지 않다.

9. 참고문헌

佐々木彰「東京・伊興遺跡」(『木簡研究』17, 1995年)

足立區伊興遺跡調査會『伊興遺跡－下水道敷設工事に伴う發掘調査』1997年

3) 伊興遺跡(95年度調査)

　　1. 이름 : 이코 유적(95년도 조사)

　　2. 출토지 : 東京都(도쿄도) 足立區(아다치구)

　　3. 발굴기간 : 1995.4~1996.3

　　4. 발굴기관 : 足立區伊興遺跡調査會

　　5. 유적 종류 : 취락

　　6. 점수 : 4

7. 유적과 출토 상황

伊興遺跡은 足立區에 있는 유적으로 毛長川우안의 자연제방위에 입지하며 유적 주변은 자연제방을 둘러싼 저지대로 이탄층이 발달되어 있다. 하안에서 9세기대 유물이 출토되었다. 이 저지대에서는 800년을 전후하는 묵서토기와 曲物류를 비롯한 목제품류가 다량 출토되었다. 보고된 목간도 이들 목제품류의 일부로 4점 모두 중층~하층 속에서 출토되었으며 출토지점은 멀리 떨어져 있지 않다. 거의 같은 시기에 폐기 혹은 유입된 것으로 생각된다.

8. 목간

(1)

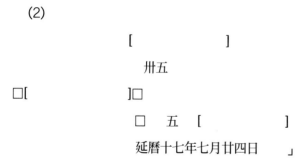

・「[   ]
　　[   ]
　　[   ]
・「　 (騎馬像)　(騎馬像)

하단부가 없으며 좌측에도 몇 군데 약간의 결손이 확인되는 목찰이다. 그 때문에 상단에 그려진 말의 얼굴은 볼 수가 없다. 하단에도 기마상이 있을 것이라고 상정되지만 묵흔은 옅어 인물의 얼굴과 말의 모습이 약간 확인될 뿐이다.

(2)

　　　　[   ]
　　　　　卅五
□[   ]□
　　　　□　五　[   ]
　　　延曆十七年七月廿四日　　　」

문서목간으로 추측된다. 이 목간에는 延曆十七年(798)이라는 기년이 쓰여 있어 헤이안시대 초두로 추정할 수 있다.

(3)

「□〔立?〕薦二巻間

[   ]。

　하단부가 절단되었으며, 호상의 얕은 구와 구멍이 있는 등 2차적으로 가공된 것으로 추측된다. 본래는 길이가 조금 길었을 것이라 추측된다. 묵흔은 남아 있지 않지만 글자의 흔적이 남아 있어 사광으로 일부를 판독할 수가 있었다. 청구 혹은 수납의 물품 등의 사서에 해당하는 문언이 기재되어 있었을 가능성이 있다.

(4)

□□□□□　。」

　상단부가 결실되었는데 하단부와 한쪽 테두리가 약간 가공되어 있다. 아래쪽에는 3개씩 2단으로 구멍이 뚫려 있다. 2차적 가공에 의한 것으로 본래는 단책형이었을 것으로 생각된다.

9. 참고문헌

佐々木彰「東京·伊興遺跡」(『木簡研究』19, 1997年)

足立區伊興遺跡調査會『伊興遺跡Ⅱ―保木間堀親水水路整備工事に伴う發掘調査』1999年

大崎美鈴「東京·伊興遺跡(第一九號)·釋文の訂正と追加」(『木簡研究』21, 1999年)

4) 多摩ニュータウン遺跡群(No.107遺跡)

1. 이름 : 다마 뉴타운 유적(No.107 유적)

2. 출토지 : 東京都(도쿄도) 八王子市(하치오지시)

3. 발굴기간 : 1989.10~1989.12

4. 발굴기관 : ㈶東京都教育文化財團東京都埋藏文化財センター

5. 유적 종류 : 취락

6. 점수 : 25

7. 유적과 출토 상황

이 遺跡群은 東京都의 서남부의 多摩丘陵북변부에 해당한다. No.107遺跡은 그 중앙부에 위치하며 大栗川와 太田川의 합류지점에 이어진 하안단구 위에 있다. A유적에서는 大石氏舘과 관련된 유구가 확인되었으며 그와 중복하여 조몬시대 중기의 묘역을 포함한 취락, 고훈시대·나라~헤이안시대의 굴립주건물이 동반된 취락유적이 확인되었다. B유적의 계곡부에서는 각 시대의 자연유로 이외에 A유적과 관련된 다수의 유구가 확인되었다. 그중에서도 나라시대 후반에서 헤이안시대 초두에 만들어진 취락에 부속된 수리시설이 발견되었는데 목간과 함께 대량의 목제품·스에키가 출토되었다. 목간은 4점 출토되었지만 모두 수장유구의 윗면에서 출토되었다. 삭설에 묵서가 보이는 것이 1점, 曲物에 묵서된 것이 2점, 모두 작은 파편으로 묵서도 판독이 불가능하다.

8. 목간
· 「　　(符籙)　(墨畵1)　(墨畵2)(鳥の絵)
· 「[　　　　　　　　　　]

세로 20㎝, 가로 4.7㎝, 두께 0.7㎝로 상·하단이 결실되었다. 묵서는 선명하지 않지만 하단 두 곳에 새의 그림이 그려져 있으며 뒷면에는 두꺼운 선의 묵흔이 확인되지만 해석은 어렵다.

9. 참고문헌

石井則孝·竹花宏之「東京·多摩ニュータウン遺跡群(No.107遺跡)」(『木簡研究』12, 1990年)
東京都埋文センター『多摩ニュータウン遺跡No.107遺跡 古代編』(東京都埋藏文化財センター調査報告64) 1999年
竹花宏之「東京·多摩ニュータウン遺跡群№.107遺跡(第一二號)·釋文の訂正と追加」(『木簡

5) 日野市 No.16遺跡

1. 이름 : 히노시 No.16 유적

2. 출토지 : 東京都(도쿄도) 日野市(히노시)

3. 발굴기간 : 2004.5~2005.3

4. 발굴기관 : (財)東京都教育文化財團東京都埋藏文化財センター

5. 유적 종류 : 舊河道

6. 점수 : 1

7. 유적과 출토 상황

日野市No.16遺跡은 東京의 서교, 多摩川의 중류역의 日野市, 사면 기슭부, 충적저지에 있다. 조사지점은 근세 이전에는 작은 하천이 반복해서 범람하였으며 이후에는 인위적으로 방향을 바꿔놓은 소하천이 확인되었다. 목간은 이 하천에서 1점 출토되었다. 함께 출토된 유물로는 새 모양 목제품, 齋串모양 목제품이나 다량의 스에키 잔이 있으며 헤이안시대 전반으로 비정된다.

8. 목간

· 「大大□大大大大[   ]
· 「□   大大大
　　　　　大　大

하단이 결손되었는데 거의 원형을 유지하고 있다. 뒷면에는 칼로 가공한 흔적이 확인되며 양측 테두리에는 총 14곳의 구멍이 있다. 습서로 보인다.

9. 참고문헌

東京都埋文也ソター『日野市No.16遺跡·神明上遺跡——一般國道20號日野バイパス(日野地區)改築工事に伴う埋藏文化財發掘調查』(東京都埋藏文化財センター調查報告213) 2007年

栗城讓一「東京·日野市№.16遺跡」(『木簡研究』32, 2010年)

12. 神奈川縣

1) 今小路西遺跡(御成小學校內)(1次)(舊, 今小路周邊遺跡)

1. 이름 : 이마코지니시 유적(오나리소학교내) (1차) (이마코지 주변 유구)
2. 출토지 : 神奈川縣(가나카와현) 鎌倉市(가마쿠라시)
3. 발굴기간 : 1984.5~1985.1
4. 발굴기관 : 今小路西遺跡發掘調查團
5. 유적 종류 : 관아
6. 점수 : 5

7. 유적과 출토 상황

今小路西遺跡은 중세도시 鎌倉의 中央路若宮大路의 今小路의 주변일대를 가리키지만, 조사 지는 같은 길 서측에 위치하는 御成小學校의 교정 부분이다. 목간은 고대 관아터의 주혈복토와 중세우물의 복토에서 출토되었다. (1)목간은 제1기의 正殿과 南脇殿을 연결하는 남서角地의 기둥열 중의 한 주혈에서 출토되었다. 주혈은 기둥이 뽑힌 상황으로 보아 목간은 柱根 삭편과 함께 옛 주혈 안에 폐기된 것이라 생각된다. (2)목간은 관아건물군에서 북쪽으로 벗어난 장소의 주혈에서 출토되었다(나머지 2점의 목간은 연대가 중세임으로 생략한다).

8. 목간
   (1)
 ・「∨糒五斗天平五年七月十四日
 ・「∨鄉長丸子□□
   (2)
 □□

9. 참고문헌

河野眞知郎「神奈川・今小路周邊遺跡」(『木簡研究』8, 1986年)

今小路西遺跡發掘調査團『今小路西遺跡(御成小學校內)發掘調査槪報』1988年

今小路西遺跡發掘調査團・鎌倉市敎委『鎌倉市 今小路西遺跡(御成小學校內)發掘調査報告書(第1分冊本文篇)』1990年

木簡學會編『日本古代木簡選』岩波書店, 1990年

2) 下曽我遺跡(國學院1次・2次)
3) 下曽我遺跡(千代廢寺・下曽我遺跡縣60年度調査)

1. 이름 : 시모소가 유적(국학원 1차, 2차)・(지요폐사・시모소가 유적 현 60년도 조사)

2. 출토지 : 神奈川縣(가나가와현) 小田原市(오다와라시)

3. 발굴기간 : 1960.4, 1960.6

4. 발굴기관 : 赤星直忠氏

5. 유적 종류 : 관아

6. 점수 : 2

7. 유적과 출토 상황

본 유적은 고고학자 赤星씨에 의해 千代廢寺를 중심으로 한 답사가 이루어지거나 보고서 및 논문이 발표되는 등 조사가 이어져 왔다. 1945년 이후에는 현교육위원회 등과 함께 제1차 千代台조사를 시작하였으며 1960년에는 현과 小田原市가 千代廢寺조사의 일부로 북쪽의 氷塚유적 분포조사를 실시하였다. 그 결과 曽我병원 부지내의 土取공사장에서 흑갈색 濕泥層 속에서 다량의 목편, 하지키・스에키의 파편을 확인하였다.

이 유적은 小田原市域에서 동쪽으로 相模灣을 향해 흐르는 酒匂川의 좌안 약 2.2㎞에 위치한다. 조사가 이루어진 지점은 현재 曾我병원의 뒤편, 永耕園 앞의 주차장 북쪽 부근으로 서쪽 低台地의 동쪽사면에서 충적지에 해당한다. 제 1차 조사에서는 병원 뒤 유적의 동쪽 절반쯤을 발굴하였다. 그 결과 토기류·목제품 등이 다수 출토되었다. 특히 동서의 트렌치에서 우물터를 확인하였지만 그 자체는 조사하지 못하였으며 그 주변에서 목제품·건축부재(기둥)·말뚝·녹유도기·발화판 등을 발견하였다. 묵흔이 있는 목간을 발견하였지만 付札狀 목제품일 가능성이 있다. 제2차 조사는 주거지 즉 취락을 확인하기 위한 목적으로 실시되었다. 야요이 후기로 생각되는 목책상 유구(밭두둑?), 曲物·台付折敷·鶴嘴狀 목제품 등과 하지키·스에키·목편을 확인하였다. 이전 조사에서 확인된 우물터를 본격적으로 조사하여 그 아래에 升形의 나무틀을 가진 2호 우물을 확인하였으며 또 3번째 우물도 있음을 확인하였다.

8. 목간

(1)

□□□

(2)

□□□□□

(3)

「六十四」

　장방형의 목재 상단은 山形이며, 하단은 뾰족하다. 한 면에만 刻書되어 있다. 형상으로 보아 공진물에 붙은 付札로 보인다. 물품명이 없고 수량의 단위도 쓰여 있지 않아서 물품과 직접적으로 관련된 번호라고 생각된다.

(4)

「□□□□神丸」

9. 참고문헌

赤星直忠 「下曽我病院內遺跡調査槪報」 (『橫須賀考古學會年報』 6, 1961年)

神奈川縣『神奈川縣史資料編』20, 1979年

鈴木靖民「下曾賀遺跡と出土木簡」(『木簡研究』13, 1991年)

岡本孝之「千代寺院跡の復原と木簡の位置」(『神奈川地域史研究』18, 2000年)

下曽我遺跡發掘調査團·鎌倉遺跡調査會『下曽我遺跡 永塚下り畑遺跡第Ⅳ地点—社會福祉法人永耕會施設建設にともなう埋藏文化財發掘調査』2002年

4) 千代南原遺跡第Ⅶ地点(7次)

1. 이름 : 치요미나미하라 유적(7차)

2. 출토지 : 神奈川縣(가나가와현) 小田原市(오다와라시)

3. 발굴기간 : 1998.12~1999.3

4. 발굴기관 : 小田原市千代南原遺跡第Ⅶ地点發掘調査團

5. 유적 종류 : 유물포함층

6. 점수 : 2

7. 유적과 출토 상황

千代遺跡은 JR御殿場線의 下曾驛 남서에 전개된 광범위한 유적이다. 이번 조사는 토지구획정리사업에 따른 사전조사로 실시된 것이다. 조사는 千代廢寺에서 가장 가까운 A~D지구까지 4지구에서 실시되었으며 그중 C지구에서 2점의 목간이 다량의 토기·기와·목제품 등과 함께 출토되었다. 해당 지구에서는 延曆19년에 강하한 것으로 추정되는 火山灰純層 아래에서 하지키잔·옹기, 스에키 잔·뚜껑·高盤·옹기와 숫기와·암기와, 주조 관련 유물, 목제품으로는 齋串·簓棒 등의 제사구, 나막신·젓가락 형태의 목제품 등이 출토되었다. 이들 유물은 8세기 제2/4~3/4분기로 비정된다.

8. 목간

(1)

・「八月三日前遺米四斗·五升二合 又□
　　　　　　　　　　　　　　　　　□

・「八月四日□〔前?〕□四斗[　　　　　　]

　단책형이며 하단이 결실되었다. 앞면의 묵흔은 양호하게 남아 있으나 뒷면은 아주 약간 확인 가능할 정도이다. 앞에 월일을 기재한 기록간으로 앞뒷면에 월일의 쌀 출납을 기록하고 있다. 규격성이 높은 카드형식으로 사용된 것으로 상정된다.

(2)

・[　　　　]□運三遍積阿

・　　　　□人麻呂

　상·하단 모두 결손되었지만 폭이 넓은 목간이다. 하단부의 형상은 칼 형태를 띠며 2차적으로 가공되었을 가능성이 크다. 앞면에는 승려명(□運)과 아미타경 등의 경전의 강독횟수(三遍)가 기재되어 있는 것으로 생각된다. 앞면은 판독불가능한 부분이 많지만, 실무담당자명(□人麻呂)을 적은 문서목간의 말미 부분이라 생각된다.

9. 참고문헌

小田原市東千代特定土地區劃整理組合·小田原市千代南原遺跡第Ⅶ地点發掘調查團『神奈川縣小田原市 千代南原遺跡第Ⅶ地点－千代台地南緣部における低湿地遺跡の發掘調查報告書』2000年

小池聡「神奈川·千代南原遺跡第Ⅶ地点」(『木簡研究』22, 2000年)

5) 居村 B 遺跡(本調査)

1. 이름 : 이무라 B 유적(본조사)
2. 출토지 : 神奈川縣(가나가와현) 茅ヶ崎市(지가사키시)
3. 발굴기간 : 1987.10~1988.5
4. 발굴기관 : 茅ヶ崎市埋藏文化財調査會
5. 유적 종류 : 생산지
6. 점수 : 2

7. 유적과 출토 상황

이 유적은 湘南砂丘의 거의 중앙에 위치하고 있다. 더욱이 해당 시에서는 현 해안에서부터 제4번째 사구열의 북측기슭에 형성된 支谷에 남아 있는 저습지에 해당한다. 조사 결과 고대의 溝 2조와 논둑 모양의 陸起帶가 출토되었다. 溝는 폭이 좁은 저습지를 형성하는 谷戶의 거의 중앙을 흘렀던 것으로 생각된다. 습지성의 흑색토로 이루어진 고대층 속에서 명료하게 식별할 수 있었다. 畦狀의 陸起帶는 백색 경석이 주변보다 집중되어 있으며 이 부근에는 각종 유물이 특히 집중되어 있다. 목제유물은 폐기된 것으로 보인다. 토기류도 같은 상태로 출토되었으며 고훈시대 말에서 헤이안시대 후기에 걸친 것이다. 하지만 조사구 전역으로 보아 층위의 상하관계는 섞여 있을 것으로 추측된다. 토기는 스에키, 하지키가 많지만 소량의 녹유도기, 脚台付円面硯이라 생각되는 스에키의 출토는 주목할 만하다. 목제유물은 목간 2점을 포함해 목간형태 목제품, 소형付札형태의 목제품 5점, 齋串형태 목제품, 火切板 몇점, 소형의 나막신 등이 다량으로 출토되었다.

8. 목간

⟨1⟩, ⟨2⟩ 모두 조사구 중앙부에서 도랑 형태 유구 북측, 畦狀유구의 동측에 근접하여 (1)은 비스듬하게 (2)는 거의 직립된 상태로 출토되었다.

(1)

□道道道道

칼과 같이 깎인 판의 양단이 결손된 것으로 4개 이상의 「道」가 습서된 것이다.

(2)

· 　　　　　　　　ｏ

□□郡十年料□　放生布施□□〔事?〕」

·『　　　　　　　伊

飛　飛　鳥飛部□豊春部足人』

　　　　　　　　ｏ　　　　　　　　」

앞뒷면 모두 문자가 확인되었지만 동일한 시기에 묵서된 것은 아니라고 생각된다, 앞면이 최초로 사용된 정식 문서라 생각되며 사용 후 뒷면 하반부를 가공하여 하단을 둥글게 한 것으로 보인다. 뒷면의 문자는 확실하게 그 후에 묵서된 것이다. 상단은 결손되어 있지만 원래 두께는 7㎜로 보인다. 앞면은 '□□郡(연호) 10년도의 물품을 방생의 보시에 할당한 것'을 郡이 명한 國衙단계의 지시문서로 추측된다. 뒷면은 '鳥飛部伊□豊' 및 '春部足人'라는 部姓의 인물이 적혀 있지만 상부에 '飛'가 연속해서 적혀 있어 습서라 생각된다.

9. 참고문헌

神奈川地域史硏究會 『居村「放生木簡」シンポジウムの記録』 1989年

富永富士雄 「居村遺跡と出土木簡」 (茅ヶ崎市史編集委員會 『茅ヶ崎市史硏究』 13, 1989年)

富永富士雄 「神奈川·居村B遺跡」 (『木簡硏究』 11, 1989年)

6) 居村B遺跡(3次)

1. 이름 : 이무라 B 유적(3차)

2. 출토지 : 神奈川縣(가나가와현) 茅ヶ崎市(지가사키시)

3. 발굴기간 : 1992.6

4. 발굴기관 : 茅ヶ崎市埋藏文化財調査會

5. 유적 종류 : 수전

6. 점수 : 1

7. 유적과 출토 상황

居村B遺跡은 現 해안사구에서 제4열째의 북측기슭에 존재하는 소규모 사구 사이 요지에 입지한다. 저습지와 미고지를 구획하고자 파여진 溝가 출토된 것 이외에는 유구는 특정할 수 없지만, 유물은 전역에서 출토되었다. 유물은 2층에서 중세 후반에 속한 도코나메(常滑) 등의 도자기 편, 질그릇 등이 소량 출토된 이외에 3층에서 스에키, 하지키 파편이 비교적 많이 출토되었다. 이 유물의 시기는 고훈시대 후기에서 헤이안시대 중기에 걸친 것이다. 또 이 토기류와 함께 출토된 많은 목제유물이 출토되었지만 고대에 속한 목제품으로는 曲物의 바닥판이 3점, 발화추로 생각되는 봉형태 도구가 1점, 성격을 알 수 없는 판제품 파편 등이 출토되었다.

8. 목간

```
        茜槽
『炭□
  壹□
  炭炭           一
  炭壹              一
  □〔大?〕大
   茜二斤』      一  一
```

본 목간은 원형 曲物의 바닥판 3분의 1이 결손된 것으로 바깥면 한면에 묵서가 있다. 그중 나뭇결과 거의 같은 방향으로 '茜槽', 이것과 조금 다른 방향으로 '炭', '茜二斤', '壹', '大' 등이라 쓰인 문자가 판독되었다. '茜'는, 섬유제품을 緋色으로 물들일 때 사용되는 염료식물이다. '延喜式'에는 緋綾의 염색에 필요한 재료로서 茜, 米, 灰, 薪 등이 있다. 본 목간에 '茜'와 함께 보이는 '炭'도, 연료를 끓여낼 때에 사용되는 연료의 의미로 적혀 있을 가능성이 있다.

9. 참고문헌

富永富士雄·三上喜孝「神奈川·居村 B 遺跡」(『木簡研究』18, 1996年)

7) 本村居村 B 遺跡(4次)

1. 이름 : 혼손이무라 B 유적(4차)
2. 출토지 : 神奈川縣(가나가와현) 茅ヶ崎市(지가사키시)
3. 발굴기간 : 1911.10~1912.5
4. 발굴기관 : (財)茅ヶ崎市文化·スポーツ振興財團
5. 유적 종류 : 수전
6. 점수 : 3

7. 유적과 출토 상황

本村居村 B 遺跡은 茅ヶ崎市남부에 형성된 사구지역에 소재하며 두 열의 동서 사구에 끼인 저습지에 입지하고 있다. 목간은 9세기 중엽에서 후엽까지의 수전과 그와 유사한 띠 모양의 퇴적된 모래에서 3점 출토되었다. 본 유적에서는 과거에도 근접한 조사지점에서 3점의 고대 목간이 출토되었다. (1)(2)는 밭두둑 안에서, (3)은 밭두둑 모양으로 퇴적된 모래 속에서 출토되었다.

8. 목간

(1)

· 「貞觀□年八月十□日勾村□殿秋村□□給

　　　合 市田殿酒一斗　　□□殿酒一斗

　　　　吉成殿酒一斗　　新勾殿酒一斗一　田□殿酒一

　　　　□□上□給酒一斗□殿酒一斗　　　　　□□　　　　　」

· 「□□□□　雜物□

　　　□□員九□〔十?〕□人　飯一石七斗

　　酒一石九斗　　　　　　雜菜卅一根　　　　　　　　　」

묵서토기를 포함한 다량의 토기 파편과 함께 9점의 단편으로 출토되었다. 사용 후, 의도적으로 절단된 것이 밭두둑의 계속적인 사용으로 세편화된 것으로 추정된다. 단편의 접합으로 거의 원형으로 복원되었다. 단책형으로 상단의 우측 절반부가 조금 비스듬하게 깎여 있다. 지역의 유력자가 그 종자에게 음식을 지급할 때 사용한 장부목간으로 생각된다.

(2)

□福人妻之□

(3)

「之之之及及人∨

하단부가 파손되었으며, 하부의 양측에는 칼집이 들어가 있다. 반복된 글자로 보아 습서목간이라 생각된다.

9. 참고문헌

押木弘己 「神奈川·本村居村 B 遺跡」(『木簡研究』 35, 2013年)

8) 香川·下寺尾遺跡群(下寺尾地區北 B 地点)

1. 이름 : 가가와·시모테라오 유적(시모테라오 지구 북B지점)
2. 출토지 : 神奈川縣(가나가와현) 茅ヶ崎市(지가사키시)
3. 발굴기간 : 1999.6~1999.8
4. 발굴기관 : 香川·下寺尾遺跡群發掘調査團
5. 유적 종류 : 제사유구·하도
6. 점수 : 1

7. 유적과 출토 상황

조사지는 茅ヶ崎市內 가장 안쪽부의 사구열 위 및 조사구 내를 서류하는 駒寄川의 개척으로 형성된 충적저지 위에 입지해 있다. 조사 결과, 본 지점의 대부분은 駒寄川 구(舊)하도인 것이 판명되었으며 나라~헤이안시대의 유물 집중구가 11곳에서 발견되었다. 각 유물 집중구는 남측의 1호 하도 내 및 그 주변에서 출토되었으며 북측의 2호 하도에서는 유물이 출토되지 않았다. 목간은 주로 9세기 중기~10세기 초두의 것이며 1호 유물 집중구의 동부에서 출토되었다.

8. 목간

心心長□□□□大□」

9. 참고문헌

中村哲也·大村浩司「神奈川·香川·下寺尾遺跡群(下寺尾地區北 B 地点)」(『木簡研究』22, 2000年)

香川·下寺尾遺跡群發掘調査團『神奈川縣茅ヶ崎市 香川·下寺尾遺跡群―北B地点·下寺尾廢寺地區·篠谷地區―發掘調査報告書』2005年

9) 西富岡·向畑遺跡

1. 이름 : 니시토미오카·무코바타 유적
2. 출토지 : 神奈川縣(가나가와현) 伊勢原市(이세하라시)
3. 발굴기간 : 2010.4~2011.3
4. 발굴기관 : (財)かながわ考古學財團
5. 유적 종류 : 취락
6. 점수 : 1

7. 유적과 출토 상황

西富岡·向畑遺跡은 伊勢原市북부의 구릉지대에 소재하며 富岡구릉과 서측을 남류하는 滋田川에 끼인 台地 위에 입지한다. 고훈시대 후기(6세기 후반)에서 헤이안시대(10세기 후반)에 걸친 취락은 현재까지 수혈주거 200채, 굴립주건물 56동이 확인되었다.

목간은 구릉 서쪽 자락의 서쪽 100~150m에 있는 매몰곡에서 1점 출토되었다. 이 매몰곡은 폭 약 40m로 남북 방향으로 뻗어 있다. 주변에서는 曲物, 접시를 중심으로 한 목제품이 출토되었다. 상세한 시기는 특정하기 어렵지만 7세기경으로 추정하고 있다.

8. 목간

· ×荒山大豆五×

· 　　□□

바른결 목재를 사용하고 있으며 상하 양단은 절손, 좌우 양변도 갈라져 원형을 알 수 없다. 앞뒤면 모두 칼에 의해 깎인 흔적은 확인되지 않지만, 상처 및 부식은 확인된다. 溝의 공지에 관한 하찰의 단편일 가능성이 있다.

9. 참고문헌

かながわ考古財團『年報18 平成22年度』2012年

10) 宮久保遺跡

1. 이름 : 미야쿠보 유적
2. 출토지 : 神奈川縣(가나가와현) 綾瀬市(아야세시)
3. 발굴기간 : 1981.10~1984.2
4. 발굴기관 : 神奈川縣立埋藏文化財センター
5. 유적 종류 : 취락
6. 점수 : 1

7. 유적과 출토 상황

발굴조사는 현립고등학교건설에 앞서 실시된 것으로 先土器시대에서 에도시대까지의 각 유물이 복합적으로 출토되었다. 그중에서도 목간과 관련된 나라·헤이안시대의 유구로는 수혈주거 155동·굴립주건물 63동·토갱49기·토광묘4기 등이 확인되었다. 목간은 우물의 하층에 해당하는 흑색점질토층 속에서 출토되었다. 玉石敷面 상층에서는 나라시대 전반에서 헤이안시대 후반까지의 하지키·스에키·회유도기류의 잔·접시 등의 파편이 700점 이상 출토되었으며, 묵서문자를 가진 헤이안시대 후기의 잔류도 출토되었다.

8. 목간

• 「鎌倉鄉鎌倉里□□〔輕部?〕□寸稻天平五年九月」
• 「田令輕部麻呂郡稻長輕部眞國   」

목간은 1점만 출토되었으며 하단을 양측에서 산모양으로 뾰족하게 한 완형품이다. 형태로 보아 하찰목간으로 생각된다.

9. 참고문헌

神奈川縣立埋文センター『神奈川縣立埋藏文化財センター年報3』1984年

神奈川地域史研究會『シンポジウム 宮久保木簡と古代の相模』有隣堂, 1984年

國平健三「神奈川·宮久保遺跡」(『木簡研究』6, 1984年)

神奈川縣立埋文センター『宮久保遺跡Ⅲ(本文編)(土器觀察表·圖版編)(附圖)―縣立綾瀬西高等學校建設に伴う調査』(神奈川縣立埋藏文化財センター調査報告15) 1990年

木簡學會編『日本古代木簡選』岩波書店, 1990年

13. 新潟縣

1) 的場遺跡(89年度調査)
2) 的場遺跡(90年度調査)

1. 이름 : 마토바 유적
2. 출토지 : 新潟縣(니이가타현) 新潟市(니이가타시)
3. 발굴기간 : 1989.7~1989.11 ; 1990.4~1990.10
4. 발굴기관 : 新潟市教育委員會
5. 유적 종류 : 관아·취락
6. 점수 : 7

7. 유적과 출토 상황

的場遺跡은 니이가타시의 시가지 남서쪽 약 7㎞, 현재의 해안선으로부터 약 4㎞ 내륙의 니이가타평야 최저 습지의 모래언덕 위에 위치한다. 유물로 스에키, 하지키, 灰釉토기, 綠釉토기, 製鹽토기 등의 정리용 상자 약 700상자 이외에 본 유물의 성격을 시사하는 유물로 8,000점이 넘는 管狀土錘나 木製浮子, 大形石錘, 木製網針 등의 어업 관련 유물, 鎊帶金具(丸鞆·巡方·鉈尾·弦狀金具), 銅製大刀足金物, 銅鈴, 和同開珍* 22점, 神功開寶* 1점, 방추차, 손도끼, 단도 등의 금속제품, 목제 제사도구(人形·馬形·舟形·刀形·刀子形·齋串·箸形 등), 참빗, 범부채, 木沓, 나막신, 팽이, 안족(雁足), 배를 젓는 노 등이 있다.

문자자료로는 목간 5점, 墨書土器 약 300점 외에 옻칠한 잔 밑 부분 등에 단순한 기호를 장식한 것, 管狀土錘에 '大', '×'로 새긴 것 등 여러 점 있지만 지명이나 관아명을 기록한 것은 없다.

목간은 모두 유적의 서쪽 끝에 있는 연못의 부식층 안에서 앞서 서술한 목제 제사도구, 木沓, 나막신, 팽이, 和同開寶, 神功開寶, 鎊帶金具, 大刀足金物, 墨書土器 등과 함께 출토되었다. 목간의 연대는 부식층 출토토기의 연대로부터 8세기 전반에서 9세기 중엽으로 여겨진다. 본 유적은 고훈시대 초두에 단기간 존속한 후, 4세기 이상에 걸친 두절기간을 거쳐, 8세기 전반에 다시 성립한다. 유적 주변의 환경이나 어업도구의 양, 농기구로 보이는 유물이 없는 점으로 보아 일반적인 농경을 기반으로 한 취락이라고는 생각하기 어렵다. 수산물을 중심으로 하여 관련된 물자관리와 관련된 유적일 가능성이 크고 후에 게재한 목간(2)으로 보아 에미시(蝦夷)인들에 대한 정책과의 관련성을 생각할 수 있다. 또한 율령제사가 실시되었을 것으로 감안한다면 본 유적의 성립 및 운영에 대한 官人의 강한 관여를 상정할 수 있다.

8. 목간

(1)

「杉人鮏 [　]
　　　[　]

杉人이라고 하는 사람의 연어라는 의미로 보인다. 『延喜式』에는 越後國이 庸·調·中男作物·諸國貢進御贄年料로써 御贄 및 어지의 가공품을 납부하는 것이 규정되어 있어 본 목간으로부터 9세기 중엽에는 越後에서 연어잡이가 시행되었다는 것을 확인할 수 있다.

(2)

狄食　狄食　狄食　狄食

이적에 지급하는 식량이라는 의미로 보인다.

(3)

「□□町九百五十六文　□町七□六百×

□町三□〔貫?〕六百廿□〔五?〕文　[　　]

무언가 값을 열거한 것이다. '町'이 전답의 면적단위일 경우에 (2)와 관련지어 이적의 포로를 위한 소작인 등의 임대료(賃租)로 볼 수 있다.

9. 참고문헌

新潟市教委 『1989年度 埋藏文化財發掘調査報告書』 1991年

本間桂吉 「新潟·的場遺跡」 (『木簡研究』 13, 1991年)

小林昌二 「八幡林遺跡等新潟縣內出土の木簡」 (『木簡研究』 14, 1992年)

新潟市教委『1990年度 埋藏文化財發掘調查報告書』1992年

新潟市教委『新潟市 的場遺跡ー的場土地區劃整理事業用地內發掘調查報告書』1993年

石川縣理文保存協會『古代北陸と出土文字資料』1998年

小林昌二·戶根與八郎·相澤央『新潟縣內出土古代文字資料集』2004年

3) 緒立C遺跡

1. 이름 : 오타테C 유적

2. 출토지 : 新潟縣(니이가타현) 新潟市(니이가타시)

3. 발굴기간 : 1989.9~1989.12 ; 1990.4~1990.11

4. 발굴기관 : 黑埼町敎育委員會

5. 유적 종류 : 관아, 중세취락

6. 점수 : 3

7. 유적과 출토 상황

오타테C 유적은 信濃川 하구로부터 1.3㎞ 남서쪽 니이가타평야의 최저지대에 위치하고 있다. 이 주변은 해발 0m 이상으로 최근까지 많은 수의 潟湖가 산재해 있다. 유적은 저습지의 자연제방(微高地), 매몰된 모래언덕 위에 입지하고 있으며 남서쪽에는 오타테A(고훈시대)·오타테B(조몬 말기~헤이안시대, 취락촌) 유적이 인접하고 있다.

목간은 나라·헤이안시대와 중세의 것이며, 이하 시대별로 유구의 내용을 서술한다.

나라·헤이안시대로 확인되는 유구는 호상가옥 4동, 우물 1기, 토갱 수 기, 말뚝(杭列) 등이 있다. 호상가옥은 모두 격자모양의 기둥을 세운 창고로 보이는데 도리가 3~5칸, 대들보가 2칸, 기둥과 기둥 사이가 3m 이상의 규모가 큰 것이다. 건물 북쪽의 모래언덕 경사진 끝자락에는 물가의 제사를 연상하게 하는 목제품이 집중된 지점도 보인다. 이 시기의 유물은 출토량이 정리용 상자 150~160상자 정도로 총 출토량의 2/5를 차지한다. 대부분은 하지키, 스에키이지만 그 밖에 목간, 통, 나막신, 齋串, 管狀木製品, 거문고의 기러기발, 건축 부자재와 같은 목제품도 25상자 정도 출토되었다. 또한 주목되는 유물로서 和同開珍*, 銙帶(巡方), 주사위(한 변이 0.5~0.6㎝의 뼈 혹은 뿔로 만듦), 인면묵서토기가 출토되어 유적의 성격을 파악하는데 도움이 된다.

8. 목간

　　　　　　　　　　　□□[　]
・「甋一䰇六水戸四□二
　　　　　　　酒杯九十

　　　　[　　　　　]　　　　　」
・「□□□□[　　　　　　　　　　]」

　　연대는 나라·헤이안시대로 앞서 서술한 제사를 연상하게 하는 유물의 집중부의 연변에서 출토되었다. 양 측면은 결손되었으나 상하 끝부분은 원형을 보존하고 있다. 토기의 이름과 수량이 나열된 것으로써, 물품 청구 목간이라 여겨진다. 토기의 이름인 '甋', '䰇', '水戸'는 양조용, 혹은 물 저장용 용기를 표현하고 있으며, 스에키의 대·중형 항아리가 해당되는 것 같다.

9. 참고문헌

渡邊ますみ「新潟·緖立C遺跡」(『木簡研究』13, 1991年)

小林昌二「八幡林遺跡等新潟縣內出土の木簡」(『木簡研究』14, 1992年)

黑埼町敎委『緖立C遺跡發掘調査槪報』1993年

黑埼町敎委『緖立C遺跡發掘調査報告書』1994年

石川縣理文保存協會『古代北陸と出土文字資料』1998年

小林昌二·戶根與八郞·相澤央『新潟縣內出土古代文字資料集』2004年

4) 大澤谷內遺跡(12次)

1. 이름 : 오사와야치 유적(12차)
2. 출토지 : 新潟縣(니이가타현) 新潟市(니이가타시)
3. 발굴기간 : 2008.4~2008.12
4. 발굴기관 : 新潟市埋藏文化財センター
5. 유적 종류 : 관아
6. 점수 : 1

7. 유적과 출토 상황

오오사와야치 유적은 新津 구릉 서쪽의 충적지에 있으며 유적의 서쪽 약 1㎞의 장소는 信濃川이 흐르고 있다. 조몬시대 말기부터 중세에 걸쳐서 斷續적으로 운영된 유적으로 하층에 조몬시대, 상층에 고대·중세를 중심으로 하는 集落의 유적이 서로 겹친다. 상층의 조사에서는 호상가옥 5동, 溝 22조, 우물 20기, 기둥구멍 660기 이상의 유적을 발굴하였다. 대부분은 아스카시대부터 나라시대 초기(7세기 후반~8세기 초)의 것으로 생각된다. 호상가옥은 모두 주축을 남북 방향으로 갖추어져 있다.

목간은 조사구역의 남부에서 출토된 폭 약 15m, 깊이 약 3m의 하천 유적에서 1점 출토되었다. 하천유적에서는 목간 이외에 齋串이나 舟形, 화살촉모양의 목제품 등이 출토되어 물가에서 실시한 제사의 모습을 엿볼 수 있다.

8. 목간

```
「七九六十三    四三六    一九々々□    六八卅八    一八□
 八九七十二    七九四七    二九四八    七八七十六    二八□
 九々八十一    六九七十四    三九二十四    八々六十四    三八□□
                                              [×五]
```

상단 및 좌우 양쪽은 원형을 유지하고 있지만 하단은 결손되었다. 3행 쓰기로 5단락에 걸쳐서 구구단을 기록하고 있다. 1단락 좌측 행의 '九々八十一'부터 우측으로 써내려가며, 5단락 우측 행의 '一八□'까지 9단과 8단의 구구단을 기록한다. 좌측에서 우측으로 종행으로 구구단을 써 내려가는 용례로서는 藤原宮跡出土木簡, 長野縣千曲市屋代遺跡群出土木簡 등이 있다.

구구단의 오류나 오자 및 탈자가 보인다. 오류는 2단락 좌행의 '六九'가 '七十四'로 되어 있거나, 3단락 좌측 행의 '三九'가 '二十四'로 되어 있곤 한다. 오자로는 2단락 중간 행은 본래 '五九'라야 하는 곳인데 '七九'가 되어 있다. 탈자로는 2단락 우측 행이 본래는 '四九三十六'이라야 하는 곳인데 '九'와 '十'이 탈락되어 '四三六'이 되어 있다. 또한 5단락 우측 행의 '三八'은 일단 '五八'로 쓴 후에 '五'의 위로부터 '三'을 겹쳐서 쓰고 있으며, 5단락까지 8단을 마무리하기 위해서 '五八'과 '四八'을 생략한 것 같다.

9. 참고문헌

前山精明·相澤央「新潟·大澤谷內遺跡」(『木簡研究』31, 2009年)

新潟市文化財センター·新潟市教委『大澤谷內遺跡Ⅱ 第7·9·11·12·14次調查——一般國道403號小須戶田上バイパス整備工事に伴う大澤谷內遺跡第2·4·6·7·9次發掘調查報告書(本文編)(圖版編)(寫眞圖版編)』2012年

5) 八幡林遺跡(90年度調査)

1. 이름 : 하치만바야시 유적(90년도 조사)

2. 출토지 : 新潟縣(니이가타현) 長岡市(나가오카시)

3. 발굴기간 : 1990.8~1991.3

4. 발굴기관 : 和島村敎育委員會

5. 유적 종류 : 관아

6. 점수 : 3

7. 유적과 출토 상황

하치만바야시 유적은 島崎川 왼쪽 기슭에 반도형태로 돌출된 언덕 위에 위치하고, 그 선단부에는 현재 島崎의 취락이 있다. 島崎川 유역에는 고대의 유적이 많이 분포되어 있으며 특히 제철유적이나 스에키·기와를 구운 생산유적이 집중되어 있다. 또한 8세기 전후에 창건된 橫滝山의 절터나 延喜式內社古志郡六座 중에 三座가 본 유역에 위치하는 등 古志郡에서도 중심적인 지역이라 생각한다.

출토된 유물은 나라시대 전기의 자료로 스에키, 하지키가 반 이상을 차지하고 있지만 나라 三彩의 稜椀 뚜껑이 1점 출토되어 주목된다. 목제품으로는 죽간 3점, 人形 1점, 齋串 2점 등이 있다.

8. 목간

(1)

· 「郡司符　靑海郷事少丁高志君大虫　右人其正身率[　　]　　　　　　　　　　　」

符到奉行　火急使高志君五百嶋

· 「虫大郡向參朔告司□〔身?〕率申賜　　　　　　　　九月廿八日主帳丈部[　　]」

세 개로 크게 단절되어 있어서 파손된 면을 관찰해보면 예리한 칼로 칼집을 낸 후에 비틀어 끊은 것으로 추정된다. 단절 위치가 모두 문장의 단락인 점을 보면 당시의 공문서를 처분하는 방법을 생각하는데 흥미로운 사실이다. 내용은 蒲原郡司가 靑海郷 앞으로 보낸 문서로, 高志君大虫에게 越後國府에 알현하여 10월 1일에 실시된 告朔의 의식에 출석하는 것을 요구하는 것이라 생각된다. 장대한 모양을 띠는 점은 단순한 소환장이 아니라 過所의 성격을 겸하고 있는 목간으로 보이고 있다.

(2)

· 廿八日解所請養老×

・□祝 沼垂城

　상·하단 모두 손상되어 있으므로 상세한 내용은 알 수 없지만 '沼垂城'은 『日本書紀』의 大化3년(647)과 齊明4년(658)조에 보이는 '淳足柵'을 가리키는 것이라 생각되고, 同城柵이 養老年間(717~724) 전후의 시점까지 기능하였다는 것이 분명하게 되었다.

9. 참고문헌

田中靖「新潟·八幡林遺跡」(『木簡研究』13, 1991年)

和島村敎委『八幡林遺跡』(和島村埋藏文化財調査報告書1) 1992年

小林昌二「八幡林遺跡等新潟縣內出土の木簡」(『木簡研究』14, 1992年)

沖森卓也·佐藤信編『上代木簡資料集成』おうふう, 1994年

石川縣埋文保存協會『古代北陸と出土文字資料』1998年

木簡學會編『日本古代木簡集成』東京大學出版會, 2003年

小林昌二·戶根與八郎·相澤央『新潟縣內出土古代文字資料集』2004年

和島村敎委『八幡林遺跡Ⅳ――一般國道116號和島バイパス建設に伴う埋藏文化財發掘調査報告書』(和島村埋藏文化財調査報告書16) 2005年

6) 八幡林遺跡(92年度調査)

1. 이름 : 하치만바야시 유적(92년도 조사)

2. 출토지 : 新潟縣(니이가타현) 長岡市(나가오카시)

3. 발굴기간 : 1992.4~1993.3

4. 발굴기관 : 和島村敎育委員會

5. 유적 종류 : 관아

6. 점수 : 19

7. 유적과 출토 상황

하치만바야시 유적은 島崎川 왼쪽 기슭에 반도형태로 돌출된 언덕 위에 위치하고, '郡司府'나 '沼垂城'의 목간이 발견된 1990년 조사 이후에 3차에 걸쳐서 조사가 진행되었다.

유물은 8세기 말부터 9세기 전반의 것과 9세기 후반의 것으로 전자는 整地 층 밑의 腐植土 층을 중심으로 포함되어 있다. 주목되는 유물로서는 목간, '大領', '郡', '厨' 등으로 묵서한 토기, 帶金具의 鉈尾, 大刀外裝具의 帶執足金具, 神功開寶가 있다.

8. 목간

목간은 묵흔이 희미하게 확인되는 것을 포함해서 30점 이상 출토되었다. 보존상황은 전반적으로 그다지 좋지 않다고 말할 수 있고, 내용은 판독할 수 없는 작은 파편이 많다. 출토 상황은 대부분 整地 층 밑의 腐植土 안에 포함되어 있어서 잔존물을 동반한 것은 없지만, 함께 출토된 토기로부터 8세기 말에서 9세기 전반에 위치할 가능성이 크다.

(1)

・「請雜物　□□　□□□
　　　　　奈□〔多?〕□□□

・「□諸□

(2)

・「郡□□

・「[　　]

(3)

×日□力一束　作毎殖力二束　注□〔所?〕×

이상은 문서형태의 목간인데, 모두 작은 파편이라서 상세한 내용은 알 수 없다. 두 번째 목간의 '郡…'이라고 기록을 시작하고 있어서 郡 이하는 직명 등일 가능성을 생각할 수 있다.

(4)

「∨卅五隻」

(5)

「∨射水臣□□□□

(6)

「∨□□下」

(7)

「∨甕三×

　이상의 목간은 말하자면 부찰목간이라 생각되고, 같은 형태의 것이 약 반수를 차지하고 있다. 구체적인 품목을 기재하고 있지 않지만 수량 및 형태로 보아 공납물의 부찰일 가능성이 강하다.

(8)

・是是是是

　是是□□

이상은 습서목간이며, '是', '道', 등의 문자가 습서되어 있다.

・　大大□

【『大大』】　(역방향)

9. 참고문헌

田中靖「新潟・八幡林遺跡」(『木簡硏究』15, 1993年)

和島村敎委『八幡林遺跡』(和島村埋藏文化財調査報告書2) 1993年

石川縣埋文保存協會『古代北陸と出土文字資料』1998年

小林昌二・戶根與八郎・相澤央『新潟縣內出土古代文字資料集』2004年

7) 八幡林遺跡(93年度調査)

1. 이름 : 하치만바야시 유적(93년도 조사)
2. 출토지 : 新潟縣(니이가타현) 長岡市(나가오카시)
3. 발굴기간 : 1993.4~1994.3
4. 발굴기관 : 和島村教育委員會
5. 유적 종류 : 관아
6. 점수 : 49

7. 유적과 출토 상황

하치만바야시 유적은 島崎川 왼쪽 기슭에 반도형태로 돌출된 언덕 위에 위치하고, '郡司府'
나 '沼垂城' 의 목간이 발견된 1990년의 조사 이후에 4차에 걸쳐서 조사가 진행되었으며, 古志
郡에 관한 다량의 문자자료가 출토되었다.

출토유물은 8세기 말부터 9세기 전반의 것과 9세기 후반의 것으로 전자는 整地 층 밑의 腐植
土 층을 중심으로 포함되어 있다. 주목되는 유물로서는 '大領', '郡佐', '郡殿', '南家', '大家驛' 등의
묵서토기 245점, 봉함목간 17점을 포함하는 목간 58점, 자기의 長頸瓶, 漆紙, 刷毛·筐 등의 칠
기구, 帶金具, 문서궤가 있다.

목간은 整地層 밑의 泥炭層에서 출토되었다. 기년명을 가진 것은 없지만, 동반 출토된 토기
로부터 8세기 말에서 9세기 중엽으로 비정된다. 내용적으로는 봉함목간이 17점 출토되었으며,
문서궤의 존재와 함께 정식 작법에 따른 문서의 교환이 지방에서도 실시된 것을 알 수 있다. 봉
함목간에 보이는 수신처에는 '大領殿門', '郡殿門'이 확인되어 본 유적이 '古志郡衙' 혹은 '大領'
개인에 관한 시설임이 확실하다.

8. 목간

「當荷取文 合駄馬廿六匹□□丁併夫十二人

□進丁日置蓑万呂特内子鮭四隻米一斗

又千進丁能等豊万呂特内子鮭四隻米一斗

万呂進丁物部□〔黒?〕栖特内子鮭三隻米一斗

×淵万呂特内子鮭□

□[　]六斗五升 □マ八千万呂進丁□満人□
夫[　]鮭廿[　]

鮭[　]　　　[　]八千万呂進丁神人淨万
□四[　]　　□〔丸?〕マ[　]万呂進丁□〔山?〕田□

刑マ□□進丁□□

2차적인 가공이나 파손 때문에 전체의 내용은 알 수 없지만, 짐을 운반하는데 종사한 駄馬 24필과 進丁·夫 12명의 이름, 内子鮭·米의 수량이 기록된 장부모양의 목간이다. 인명에는 '能等'이나 若狹·越前·加賀에 널리 분포하는 '丸部' 등, 北陸地方과의 관련이 깊은 것이라든지, 蒲原郡의 日置鄉이나 三嶋·頸城兩郡의 物部神社 등과의 관련성을 생각할 수 있는 '日置', '物部' 등의 성씨가 확인되며, 古志郡 내에서 생활하고 있었던 사람들의 출자계통을 고려하는데 중요한 단서를 제공하는 자료이다.

9. 참고문헌

田中靖「新潟·八幡林遺跡」(『木簡研究』16, 1994年)
和島村敎委『八幡林遺跡』(和島村埋藏文化財調查報告書3) 1994年
石川縣埋文保存協會『古代北陸と出土文字資料』1998年
木簡學會編『日本古代木簡集成』東京大學出版會, 2003年
小林昌二·戶根與八郎·相澤央『新潟縣內出土古代文字資料集』2004年

8) 下ノ西遺跡(2次)

1. 이름 : 시모노니시 유적(2차)

2. 출토지 : 新潟縣(니이가타현) 長岡市(나가오카시)

3. 발굴기간 : 1997.7~1997.10

4. 발굴기관 : 和島村敎育委員會

5. 유적 종류 : 관아

6. 점수 : 11

7. 유적과 출토 상황

이 유적의 주변에는 고대의 유적이 고밀도로 분포하고 있으며 본 유적의 북서쪽 800m에는 古(高)志郡家에 관련된 하치만바야시 유적이 소재하고 있다. 주요 출토유물은 古志郡을 나타낼 가능성이 있는 '古' 묵서토기나 漆紙文書, 목간, 馬形, 스에키, 漆器椀, 木皿 등이 있다.

목간은 모두 8점 있는데, Ⅰ區西SE201의 복토 안에서 출토되었다.

8. 목간

　(1)

「殿門上稅四百五十九束先上

　三百五十束後上一百九束　十四

　又後六十六束

　掾大夫借貸卅五束　　　八十束」

　곡물의 未製品을 기록간으로 옮겨 적은 것으로 뒷면에는 예리한 손도끼로 깎은 흔적이 남아 있다. 말미에 '八十束' 이후에도 문장이 계속되는 것으로 보아 이 부분부터 그 좌측은 손상되었을 가능성이 크다.

(2)

- 「∨　　　　　志志　　　□□　　　　　∨
越後國高志郡□越志□□高□高志　　　　　　　　」

- 「∨　　　　　　高千　　　　　　　　∨
百二　百千千　五世卅　六□　□〔關?〕在首　　」
　　　　　　　十　道　道

완전한 부찰이지만 위아래의 홈은 한쪽에만 패어 있다. 처음부터 '越後國高志郡'까지 쓰기 시작한 곳에서 '郡'의 위치가 우측으로 너무 치우쳐 있어 부찰로서 사용하던 것의 앞뒤 여백 부분에 습서한 것으로 추측된다.

9. 참고문헌

和島村敎委『下ノ西遺跡─出土木簡を中心として』(和島村埋藏文化財調査報告書7) 1998年
石川縣埋文保存協會『古代北陸と出土文字資料』1998年
田中靖「新潟·下ノ西遺跡」(『木簡硏究』20, 1998年)
木簡學會編『日本古代木簡集成』東京大學出版會, 2003年
小林昌二·戶根與八郎·相澤央『新潟縣內出土古代文字資料集』2004年

9) 下ノ西遺跡(3次)

1. 이름 : 시모노니시 유적(3차)
2. 출토지 : 新潟縣(니이가타현) 長岡市(나가오카시)
3. 발굴기간 : 1998.8~1998.12
4. 발굴기관 : 和島村教育委員會

5. 유적 종류 : 관아

6. 점수 : 4

7. 유적과 출토 상황

이 유적은 1996년 이후 수 차례에 걸쳐서 조사가 실시되었으며, 나라-헤이안시대를 중심으로 하는 다수의 유구 및 유물이 확인된다.

1998년도 조사에서는 목간 4점 이 외에 봉함목간의 미완성품 등 목제품과 8세기 전기에 해당하는 토기가 있다.

8. 목간

　(1)

・「今浪人司謹牒丸部臣專司二□

・「寵山俣水取小布西三村田人□

본 목간은 '今浪人司'를 차출자로 한다. '今浪人司'라고 하는 관사명은 처음으로 보이며 구체적인 직장 등은 명확하지 않지만, 본적지로부터 도망간 '浪人(浮浪人)'을 관리하는 관사를 가리킬 가능성이 크다. 본 목간의 수신자는 '丸部臣'이다. 國府에 소속하는 '今浪人司'가 '謹牒'라고 하는 서식을 취하고 있는 점으로 보아 이 인물은 郡司레벨이라고 하는 것보다도 國司에 상응하는 인물이 아닐까 생각한다.

　　(2)

　□□仕□二石四斗

'仕'의 다음 글자는 '流'아니면 '疏'로 보인다. 물품명(仕流 혹은 仕疏)+수량(石·斗를 단위로 한다)을 적는데 비교적 작은 문자로 기록되어 있어 장부모양의 목간 일부로 보인다.

9. 참고문헌

和島村教委『下ノ西遺跡Ⅱ』(和島村埋藏文化財調査報告書9) 1999年

田中靖「新潟·下ノ西遺跡」(『木簡研究』21, 1999年)

田中靖「新潟·下ノ西遺跡(第二一號)·釋文の訂正と追加」(『木簡研究』23, 2001年)

木簡學會編『日本古代木簡集成』東京大學出版會, 2003年

小林昌二·戶根與八郎·相澤央『新潟縣內出土古代文字資料集』2004年

10) 下ノ西遺跡(6次)

1. 이름 : 시모노니시 유적(6차)

2. 출토지 : 新潟縣(니이가타현) 長岡市(나가오카시)

3. 발굴기간 : 2000.4~2000.12

4. 발굴기관 : 和島村教育委員會

5. 유적 종류 : 관아

6. 점수 : 22

7. 유적과 출토 상황

島崎川 저지대의 약간 높은 지대에 위치하고 있으며 북쪽에는 島崎川·小島谷川·梅田川의 합류점을 앞두고 北陸道가 부근을 통과하는 등, 수상 및 육상 교통의 요충지에 입지한 고대의 유적이다. 주변에는 같은 시기의 유적이 고밀도로 분포하며 본 유적의 북서 800m에는 古志郡衙에 관련된 국가지정사적 八幡林官衙 유적이 소재하고 있다.

1998년도 이후 조사에 따르면 아스카시대부터 헤이안시대를 중심으로 하는 다량의 유구 및 유물을 확인할 수 있다. 특히 公出擧·國司借貸에 대해서 기록한 장부모양의 목간과 "越後國高志郡"이라고 하는 국명부터 쓴 貢進物付札은 본 유적이 古志郡衙와 관련된 유적이라는 것을 여실히 이야기하고 있다.

2000년도의 조사에서는 목간 22점이 출토되었다.

8. 목간

(1)

・□越後國□□〔遣召?〕

・　　　□□

　두 조각으로 부서져 좌측 이외에는 원형이 남아 있지 않다. 문장 안에 '越後國'의 기록이 있어서 주목되지만 조각 편이라서 상세한 내용은 알 수 없다.

(2)

・「∨。志多々美」

・「∨。丈□□〔部子?〕□」

　완성품의 부찰로 머리 부분 우측에 홈에 가까운 부분에 구멍이 보인다. 표면에 물품명인 '志多々美'(작은 소라의 일종)의 문자, 뒷면에 공납자로 보이는 '丈部'의 인명이 기록되어 있다.

(3)

・□□〔道?〕君□〔道?〕阿刀連□

・[　　　　　　　　　　]

　상·하단 및 우측이 손상되었다. 원형이 남아 있는 좌측은 아래로 향하면서 조금 가늘어지는 형상을 하고 있어서 얼핏 보기에는 봉함목간의 손잡이 부분과 비슷하다. 양쪽 면에 글자가 있으며, 한 면은 인명을 열거하고 있다. 가문의 이름인 '道郡', '阿刀連'은 모두 越後國에서는 처음 보인다.

9. 참고문헌

田中靖「新潟·下ノ西遺跡」(『木簡研究』23, 2001年)

　和島村教委『下ノ西遺跡Ⅳ－縣營圃場整備事業(桐島桐原地區)に伴う埋藏文化財發掘調查報告書』(和島村埋藏文化財調查報告書14) 2003年

11) 浦反甫東遺跡

1. 이름 : 우라탄보히가시 유적
2. 출토지 : 新潟縣(니이가타현) 長岡市(나가오카시)
3. 발굴기간 : 2011.8~2012.10
4. 발굴기관 : 和島村敎育委員會
5. 유적 종류 : 취락
6. 점수 : 6

7. 유적과 출토 상황

이 유역에는 나라·헤이안시대의 관아 관련 유적인 八幡林遺跡이나 下ノ西遺跡, 개발영주의 관사로 여겨지는 門新遺跡 이 외에 橫滝山의 절터, 다수의 제철유적 및 스에키 가마터 등이 분포하여 고대의 越後國古志郡 중에서도 중요한 위치를 점하고 있다.

목간이 출토된 SD976은 북동쪽 방향에서 흐르는 하천으로 최대 폭 27m이고 깊이가 2m에 다다른다. 출토 위치는 하천의 좌측 언덕 쪽으로 서쪽의 건물군의 남쪽에 해당한다. 목간 6점과 칠기·목기·錺帶具 등이 출토되었다. 이상의 유구 및 유물은 토기의 연대를 통해서 9세기 후반부터 10세기 초반까지 것으로 추정된다.

8. 목간

(1)

□□□□□〔前?〕

글자 좌측의 반이 손상되었으나 5글자로 보인다.

(2)

[   ]里眞志□〔瓶?〕

글자의 부분을 경계로 급한 각도로 굽어 있다. 하반부에 6글자 이상이 보이지만 글자의 의

미를 파악하지는 못하였다.

9. 참고문헌

丸山一昭「新潟·浦反甫東遺跡」(『木簡研究』35, 2013年)

12) 箕輪遺跡

1. 이름 : 미노와 유적
2. 출토지 : 新潟縣(니이가타현) 柏崎市(가시와자키시)
3. 발굴기간 : 1999.4~1999.11
4. 발굴기관 : 新潟縣敎育委員會·(財)新潟縣埋藏文化財調査事業團
5. 유적 종류 : 관아 관련
6. 점수 : 6

7. 유적과 출토 상황

이 유적에서는 스에키, 하지키, 흑색토기, 녹유도기 등 다량의 유물이 출토되었으며 그중에서 齋串·人形, '上殿' '勅' 등의 묵서토기도 있어서 관아 관련 유적으로 주목되었다. 1999년도 조사에서는 폭 약 4m 깊이 1m의 하천 터에서 다량의 토기, 목제품, 목간이 출토되었다.

8. 목간

・「牒　三宅史御所　応□□□〔出來?〕　□併□〔米?〕

・□〔時?〕不過可到來於驛家村勿□□〔怠遲?〕

상단과 좌우측은 원상태로 유지하고 있지만 하단은 손상되었다. 앞면의 '宅'도 뒷면의 '家'도 '宀'의 두 번째 획이 길어서 广과 같이 적고 있다. 앞면의 '応' 다음 글자는 묵흔이 선명하지 않아서 '勘'일 가능성이 있다. 뒷면의 '驛'의 자형은 平城宮木簡에 유사한 용례(『平城宮木簡三』3131호 목간)가 있다. 본 목간은 '三宅史御所'로 보내는 '牒'의 문서목간이다. 앞면은 '반드시 □출하해야하는 일'이라고 하는 내용을 적고, 이어서 출하해야 할 물품명(쌀 등)을 적어서 '三宅史御所'에 대해 물품청구를 한 것으로 생각된다. 아울러 뒷면에 '驛家村에 도달해야 함'이라고 하는 것으로 보아, 그 물품을 '驛家村'으로 운송하라고 명령하고 있는 것 같다. 명령을 받은 '三宅史御所'에서는 본 목간을 지참하여 驛家村으로 가지고 가서 '驛家村'에서 목간을 폐기한 것으로 추정된다.

9. 참고문헌

新潟縣埋文調査事業團『新潟縣埋藏文化財調査事業團年報 平成11年度』2000年
高橋保「新潟·箕輪遺跡」(『木簡研究』22, 2000年)
木簡學會編『日本古代木簡集成』東京大學出版會, 2003年
小林昌二·戶根與八郎·相澤央『新潟縣內出土古代文字資料集』2004年

13) 曽根遺跡

1. 이름 : 소네 유적
2. 출토지 : 新潟縣(니이가타현) 新發田市(시바타시)
3. 발굴기간 : 1981.7~1981.10
4. 발굴기관 : 豊浦町敎育委員會
5. 유적 종류 : 취락
6. 점수 : 4

7. 유적과 출토 상황

이 유적에서 출토된 유구는 호상가옥의 터가 25동, 우물터가 9기이다. 이 중에 8호 우물의 벽 파편을 C14에 따른 절대연대를 측정한 결과 AD 940년±120년으로 추정되었다.

유물의 대부분은 스에키와 하지키, 적색의 구운 토기와 함께 목간을 포함한 목제유물이다. 우물과 쓰레기장에서 출토되었다. 목제유물은 나막신, 부채, 젓가락, 통, 갈고랑이, 절굿공이, 국자, 나뭇공이, 접시, 둥근물건, 배 모양, 齋串, 하찰, 빗 등이 있다.

문자가 기록된 목판은 5개로 모두 쓰레기장에서 출토되었다. 한편 스에키 등에 문자가 기록된 것이 340점 출토되었다.

8. 목간

(1)

佛□有

(2)

「門繼損同□匡合」

(3)

「井於連□□」

(4)

×千

×道

9. 참고문헌

豊浦町敎委 『曽根遺跡Ⅱ』(豊浦町文化財調査報告書4)1982年

家田順一郎 「新潟·曽根遺跡」(『木簡研究』6, 1984年)

小林昌二·戶根與八郎·相澤央 『新潟縣內出土古代文字資料集』2004年

14) 野中土手付遺跡(1次)

1. 이름 : 노나카도테즈게 유적(1차)
2. 출토지 : 新潟縣(니이가타현) 新發田市(시바타시)
3. 발굴기간 : 1998.5~1998.9
4. 발굴기관 : 新潟縣教育委員會·(財)新潟縣埋藏文化財調査事業團
5. 유적 종류 : 취락
6. 점수 : 3

7. 유적과 출토 상황

이 유적에서 출토된 유구는 고훈시대 전기와 헤이안시대의 것이 있다. 헤이안시대의 유물로는 토기와 목기가 대다수 출토되었다. 토기로는 스에키의 잔, 잔 뚜껑, 항아리, 공기, 긴 항아리 등이 있으며, 잔 등의 식사용구 안에는 '方', '道□', '王', '凡', '十' 등이 기록된 묵서토기가 존재한다. 목기는 실타래, 망치, 나뭇공이 등의 일상생활도구 이 외에 齋串, 목간이 출토되었다.

여기서 소개하는 2점의 목간은 남측의 자연유로 SD24에서 출토된 것으로, 근처의 중세 취락에서 폐기된 것 같다.

8. 목간

(1)

□〔七?〕舊川

좌측은 원형을 유지하고 있지만, 상·하단 및 우측은 손상되어 있다. 조각의 면에만 묵서가 보이지만 의미 등은 알 수 없다. 첫 번째 글자는 '七'로 추정되지만, 목간의 우측이 결실되면서 가로획이 끊겨 판단할 수 없고, 또한 두 번째 획도 도중에 멈춘 느낌이 들어 '廿'일 가능성도 있다. 세 번째 글자는 '川'이라 생각되지만, 다른 두 글자에 비해서 글자 자체가 가늘고, 세 번째 획의 세로획 상부의 일부에 묵흔이 남아 있는 것에 지나지 않는다.

(2)

「(符籙)子子急□

　하단부의 일부가 파손되어 있는 주부목간이다. 머리 부분은 사각이 져 있는 것보다는 원모양을 하고 있으며, 표면 아랫부분에는 지운 흔적이 세로로 나 있다. 상부의 '子'자 위에도 희미한 묵흔이 보여서 부적이 있었던 것으로 생각된다. 종횡으로 직선을 그은 '四縱五橫', 내지는 2행 3단에 '日'자가 기록되어 있는 것으로 생각되지만, 자세히 관찰하면 상단은 가로선의 위에 세로선이 튀어나와 있으므로 후자일 가능성이 크다. '急'의 아랫부분에는 묵흔이 약간 보이기 때문에 부적의 전형적인 어구인 '急急如律令'이라 적은 것 같다. 본 용례는 반출유물로부터 연대를 결정할 수는 없지만, 형태나 문언으로부터 중세의 주부목간으로 생각된다.

9. 참고문헌

新潟縣埋文調查事業團『新潟縣埋藏文化財調查事業團年報 平成10年度』1999年

戶根與八郎「新潟·野中土手付遺跡」(『木簡研究』22, 2000年)

小林昌二·戶根與八郎·相澤央『新潟縣內出土古代文字資料集』2004年

新潟縣敎委·新潟縣埋文調查事業團『野中土手付遺跡·砂山中道下遺跡─日本海沿岸東北自動車道關係發掘調查報告書ⅩⅦ』(新潟縣埋藏文化財調查報告書164) 2006年

15) 野中土手付遺跡(2次)

1. 이름 : 노나카도테즈게 유적(2차)
2. 출토지 : 新潟縣(니이가타현) 新發田市(시바타시)
3. 발굴기간 : 204.11~2004.12
4. 발굴기관 : 加治川村敎育委員會
5. 유적 종류 : 취락

6. 점수 : 1

7. 유적과 출토 상황

발굴조사는 縣營圃場整備事業에 따른 것으로, 목간은 川跡埋土의 모래층에서 출토되었다. 동반 출토된 토기는 9세기대이다. 그 밖에 하찰상이나 봉함상목제품도 출토되었는데 묵흔이 확인된 것은 이 1점뿐이다. 또한 '奉人', '矢', '大', '力', '六' 등의 묵서토기가 출토되었다.

8. 목간

「□□」

 적외선 촬영으로도 판독이 불가함.

9. 참고문헌

加治川村教委『野中土手付遺跡2次發掘調査報告書ー加治川地區縣營ほ場整備事業に伴う埋藏文化財發掘調査槪要調書』(加治川村埋藏文化財調査報告書5) 2005年

鈴木曉「新潟·野中土手付遺跡」(『木簡研究』33, 2011年)

16) 靑田遺跡(立會調査)

1. 이름 : 아오타 유적(입회조사)

2. 출토지 : 新潟縣(니이가타현) 新發田市(시바타시)

3. 발굴기간 : 1999.1

4. 발굴기관 : 新潟縣敎育委員會·(財)新潟縣埋藏文化財調査事業團

5. 유적 종류 : 유물산포지

6. 점수 : 1

7. 유적과 출토 상황

목간은 1999년 10월에 시행된 용수로 공사의 입회조사에서 출토되었다. 협소한 범위의 조사라서 출토지점의 상세한 상황에 대해서는 명확하지 않은 점이 많다.

목간과 함께 Ⅵ층에서는 9세기 중엽부터 말기까지의 스에키나 하지키 외에, 土錘, 浮子, 목제의 쟁반, 曲物 엽판, 齋串·馬形 등의 목제로 된 제사도구가 출토되었다.

8. 목간

「□〔梵字?〕 南無阿弥陀佛

첫 번째와 두 번째 글자 사이에 간격이 있어서 두 번째 글자 이후의 내용을 포함해서 생각해보면 첫 번째 글자는 梵字로 추정된다. 목간의 성격으로서는 문자 내용으로부터 塔婆(무덤)으로서 사용된 것으로 추정된다. 상단부가 圭頭상태라든지 두께가 상당히 얇은 특징도 다른 塔婆의 목간과 유사하다.

9. 참고문헌

新潟縣埋文調査事業團『新潟縣埋藏文化財調査事業團年報 平成11年度』2000年

新潟縣埋文調査事業團·新潟縣敎委『靑田遺跡―日本海沿岸東北自動車道關係發掘調査報告書Ⅴ(本文·觀田中一穗「新潟·靑田遺跡」(『木簡硏究』26, 2004年)

17) 馬見坂遺跡(1次)

1. 이름 : 우마미자카 유적(1차)
2. 출토지 : 新潟縣(니이가타현) 新發田市(시바타시)
3. 발굴기간 : 1999.5~1999.10
4. 발굴기관 : 新潟縣敎育委員會·(財)新潟縣埋藏文化財調査事業團

5. 유적 종류 : 취락

6. 점수 : 1

7. 유적과 출토 상황

이 유적에서는 조몬시대와 헤이안시대의 유적이 출토되었지만 모두 성격이 불분명하다. 목간은 모래언덕의 내륙 측에서 발견된 자연적인 유로 안에서 출토되었다. 유로에는 상류부에서 흘러온 土石流로 추정되는 자갈층이 퇴적되었으며 그 안에서 마멸된 하지키·스에키의 다수의 파편, 齋串·曲物 밑판 등과 함께 목간이 출토되었다.

8. 목간

×□〔華?〕光如來過十二小却授堅×

좌우측은 원형을 그대로 유지하고 있지만, 상·하단부는 손상되어 있다. 하단은 앞면 및 뒷면에 칼집을 넣어 절단되어 있다. 내용은 『法華經』 譬喩品第三의 일부를 서사한 것으로 "舍利弗. 華光佛壽. 十二小劫. 除爲王子. 未作佛時. 其國人民. 壽八小劫. 華光如來. 過十二小劫. 授堅滿菩薩. 阿耨多羅三貌三菩提記. 告諸比丘"라고 하는 부분에 해당한다.

9. 참고문헌

新潟縣埋文調査事業團『新潟縣埋藏文化財調査事業團年報 平成11年度』2000年

高橋聡「新潟·馬見坂遺跡」(『木簡研究』22, 2000年)

新潟縣教委· 新潟縣埋文調査事業團『馬見坂遺跡·正尺A遺跡·正尺C遺跡ー日本海沿岸東北自動車道關係發掘調査報告書XVⅢ』(新潟縣埋藏文化財調査報告書165) 2006年

18) 七社遺跡

1. 이름 : 나나야시로 유적
2. 출토지 : 新潟縣(니이가타현) 新發田市(시바타시)
3. 발굴기간 : 1999.8
4. 발굴기관 : 新發田市教育委員會
5. 유적 종류 : 취락
6. 점수 : 1

7. 유적과 출토 상황

七社遺跡은 新發田市街地 북동쪽 沖積低地에 위치한다. 유적의 북서쪽에는 9세기 이후에 형성된 것으로 여겨지는 옛 鹽津潟(紫雲寺潟)이 펼쳐져 있었다.

목간은 헤이안시대의 유물을 포함한 층에서 1점 출토되었다. 함께 출토된 스에키로 보아 9세기 후반에 속할 것으로 판단된다. 그 밖에 '月', '物', '七', '貴'의 묵서토기가 출토되었다.

8. 목간

· 「□〔九?〕九八十一八九七十二七九六十卅三

　　六九五十四五九□□〔四?〕□九□□

　　　一九又九八八六十四　　　　　　　　」

· 「[　　　　]　　　　　　　　　　　」

목간은 넓이가 일정한 두 파편으로 이루어져 있지만 양자는 측면으로 접합하면, 글자가 양쪽으로 걸쳐 있으므로 묵서 후에 단절된 것 같다. 상·하단은 모두 원통형으로 曲物의 밑 부분이었을 것이라 생각된다. 뒷면도 묵흔이 확인되었지만 판독할 수 없었다. 글자는 서툴러서 독특한 습관이 있으며, 일부에서는 구구단의 오류가 보이는 것으로 보아 구구단의 습서목간이라고 할 수 있다.

9. 참고문헌

新發田市教委『七社遺跡 發掘調査報告書―縣營ほ場整備事業(加治川地區)に伴う埋藏文化財
發掘調査報告書Ⅳ』(新發田市埋藏文化財調査報告42) 2011年

鈴木曉「新潟·七社遺跡」(『木簡研究』33, 2011年)

19) 空毛遺跡

1. 이름 : 소리게 유적

2. 출토지 : 新潟縣(니이가타현) 新發田市(시바타시)

3. 발굴기간 : 2009.6~2009.9

4. 발굴기관 : 新發田市教育委員會

5. 유적 종류 : 취락

6. 점수 : 2

7. 유적과 출토 상황

空毛遺跡은 新發田市街地 남서쪽의 沖積低地에 위치한다. 加治川扇狀地의 扇端부분에 해당
하며, 유적의 서남쪽 2.5㎞에는 福島潟이 펼쳐져 있다.

목간은 취락의 남쪽에 있는 자연 유로의 하단 부근에서 스에키·쟁반 등 다수의 목제품과 함
께 출토되었다. '若□'이라고 기록된 묵서토기도 2점 출토되었다.

8. 목간

(1)

(符籙)□□〔急々?〕×

위아래 양 끝이 손상되었지만, 하래 부분은 약간 뾰족하게 가공한 것으로 보인다. 중앙부에

는 칼 등으로 홈을 넣은 후에 자른 것으로 보인다. 묵흔 부분은 주위보다도 약간 부풀러 올라서 일정 기간 비바람에 노출되었던 것으로 생각된다.

(2)

[　　　][(符籙)?]

묵흔이 미세하게 보여서 판독이 불가능하지만 앞의 符籙과 같은 흔적이 보이는 것으로 보아 呪符로 생각할 수 있다. 또한 앞서 본 목간과 같이 상단·하단·중앙에 절단되어 있어서 呪符의 사용방법을 생각하는데 흥미롭다.

9. 참고문헌

新發田市敎委 『空毛遺跡 發掘調査報告書一經營体育成基盤整備事業(佐々木南部鄕2期地區)に伴う埋藏文化財發掘調査報告書Ⅰ』(新發田市埋藏文化財調査報告43) 2012年

鈴木曉 「新潟·空毛遺跡」(『木簡研究』 34, 2012年)

20) 馬越遺跡(99年度調査)

1. 이름 : 우마코시 유적(99년도 조사)
2. 출토지 : 新潟縣(니이가타현) 加茂市(가모시)
3. 발굴기간 : 1999.8~1999.12
4. 발굴기관 : 加茂市敎育委員會
5. 유적 종류 : 취락·관아
6. 점수 : 3

7. 유적과 출토 상황

본 조사에서 출토된 주요 유물은 다수의 호상가옥, 溝, 우물, 土坑, 하천터 등이 있다. 주목할 만한 유물로서는 銙帶金具(丸鞆), 石帶(丸鞆), 石製品(分銅?) 등이 있다. 묵서토기도 여러 점 출토되어 '大田', '是人' 등이 기록되어 있다.

이번에 보고된 3점의 목간 중에 2점은 土坑에서, 나머지 1점은 包含層에서 출토되었다. 2점이 출토된 土坑은 상당히 가까이 위치하여 목간 이외에도 齋串이나 용도를 알 수 없는 목제품이 출토되었다. 또 양쪽 土坑부근에는 石帶, 綠釉陶器, 灰釉陶器가 출토된 L자형에 배치된 호상가옥이나 齋串, 舟形木製品이 출토된 溝 등이 있다. 양쪽 土坑 모두 출토 토기로 보아 9세기 후반에서 10세기 초기로 비정되므로 2점의 목간도 같은 시기로 추정된다.

8. 목간

(1)

• 「丈部□□〔家?〕[　　]□□□□□〔九九九九九九?〕

• 「　　　　　　　　　　　[　　　]

하단은 손상되어 있지만, 상단은 방형으로 마무리되어 있으며, 폭은 중앙에서 가늘어지는 형태로, 齋串으로 생각된다. '家?' 다음은 '~'와 같은 부호가 기록되어 있는 것이 보인다. 이러한 형태와 출토 상황으로부터 제사에 관련된 것으로 생각한다. '丈部'는 和島村八幡林遺跡에서 출토된 郡符목간의 差出人에도 보인다.

(2)

「丈部□□□□

하단부가 손상되어 있지만, 앞의 목간과 같은 형태의 것으로 추측된다. 이름에 해당하는 '丈部'가 명확한 것 외에는 해독할 수 없다.

9. 참고문헌

加茂市教委『平成10年度 加茂市内遺跡確認調査報告書 たて屋敷遺跡·蚊口太遺跡·草生津遺跡·大塚遺跡·馬越遺跡·鬼倉遺跡』(加茂市文化財調査報告9) 1999年

伊藤秀和「新潟·馬越遺跡」(『木簡研究』22, 2000年)

小林昌二・戶根與八郎・相澤央『新潟縣內出土古代文字資料集』2004年

加茂市敎委『馬越遺跡―國道403號線道路改良工事に係わる埋藏文化財發掘調査報告書』(加茂市文化財調査報告14) 2005年

21) 馬越遺跡(06年度調査)

1. 이름 : 우마코시 유적(06년도 조사)

2. 출토지 : 新潟縣(니이가타현) 加茂市(가모시)

3. 발굴기간 : 2006.8~2006.11

4. 발굴기관 : 加茂市敎育委員會

5. 유적 종류 : 취락·관아

6. 점수 : 1

7. 유적과 출토 상황

馬越遺跡은 하조천좌안의 自然堤防上 해발 6m 전후에 입지한다. 유구는 주로 나라·헤이안시대이며 고훈시대 중기와 가마쿠라시대의 취락이 확인된다.

유적은 나라 및 헤이안시대를 주체로 하며 지점에 따라서는 고훈시대 중기나 가마쿠라시대의 취락이 확인된다. 목간은 C구역 상층부(12세기~14세기 전반)의 우물에서 1점, 하층(9세기후반)의 우물에서 1점 총 2점이 출토되었다.

8. 목간

· 「元□〔慶?〕

　　　　同日□□□□□□□[　　　]」

· 「[　　　　　　　　　　　　]」

좌측은 손상되었고, 앞면은 지운 흔적이 보여서 묵서가 사라졌다. 1행에는 '元慶'으로 읽힐 수 있을 가능성이 있으며, 연호를 표시한 것으로 추측된다. 元慶年間(877~885)이라면 출토된 도기의 연대와도 모순되지 않는다.

9. 참고문헌

伊藤秀和「新潟·馬越遺跡」(『木簡研究』32, 2010年)

加茂市教委『馬越遺跡Ⅲ—縣營吉津川地區ほ場整備事業及び送ガス管移設工事に係わる埋藏文化財發掘調査報告書』(加茂市文化財調査報告19) 2010年

22) 上田遺跡

1. 이름 : 조다 유적
2. 출토지 : 新潟縣(니이가타현) 見附市(미쓰케시)
3. 발굴기간 : 2000.4~2000.10
4. 발굴기관 : 見附市敎育委員會
5. 유적 종류 : 취락
6. 점수 : 1

7. 유적과 출토 상황

上田遺跡은 越後國蒲原郡과 古志郡의 郡境이었을 것으로 생각되는 刈谷川左岸에 위치하고, 근세 이후의 간척에 의해 소멸된 옛 八丁潟의 潟端에 입지한다.

목간은 조사구역 남단에서 발굴된 토갱 SK543에서 출토되었다. 발굴된 면에서부터 약 90㎝, 유적의 바닥 부분에서 약 30㎝ 위의 흑색토층에서 출토되었다. 같은 토층에서는 젓가락 모양의 목제품이나 판재·각재, 曲物의 바닥판과 측면판, 土師製 냄비의 파편, 須惠器無臺杯片

등이 함께 출토되었다. 특정한 종류의 유물에 한정하지 않고 목제품과 토기류가 혼재되어 있어서 추측하건데 쓰레기를 버리는 토갱이었을 가능성이 크다. 유적의 전체에서 많은 문자자료가 출토되었는데 '山', '越', 등이 墨書 또는 漆書된 토기가 약 300점 있다.

8. 목간

□廿五束 乎□□

목간은 사용 후에 2차적으로 절단된 것으로 생각된다. 즉 상단부는 수평으로 절단되고 하단부는 깔쭉깔쭉한 절단면이 남아 있다. 글자는 해서체로 적혀 있지만 '束'만은 초서이다. '廿五束'이라는 벼에 관한 기재 내용과 고대의 초기 장원 내에 입지하고 있던 가능성을 고려하면 出擧에 관련된 것으로 볼 수 있다.

9. 참고문헌

見附市敎委 『上田遺跡一縣營圃場整備事業に伴う埋藏文化財發掘調査報告書Ⅱ』(見附市埋藏文化財調査報告20)2005年

田中一穗 「新潟·上田遺跡」(『木簡硏究』 27, 2005年)

23) 前波南遺跡(06年度調査)
24) 前波南遺跡(07年度調査)

1. 이름 : 젠나미미나미 유적(06·07년도 조사)

2. 출토지 : 新潟縣(니이가타현) 糸魚川市(이토이가와시)

3. 발굴기간 : 2006.4~2006.8 ; 2007.4~2007.8

4. 발굴기관 : (財)新潟縣埋藏文化財調査事業團

5. 유적 종류 : 하천

6. 점수 : 2

7. 유적과 출토 상황

前波南遺跡은 前川右岸의 해안사구와 구릉 사이의 沖積低地에 입지하고, 해발은 약 4m이다. 유적에서 고훈시대의 溝, 옛 유로를 발견하였다. 고훈시대에 하천을 이용한 하나의 방법을 보여준다.

목간은 야요이시대부터 중세에 걸쳐서 형성된 옛 유로에서 1점, 溝(SD1)이 조사구역 중앙의 옛 유로과 합류하는 부근에서 1점 총 2점이 출토되었다.

8. 목간

(1)

「出雲[　]」

상단은 산의 모양을 하고 있고 하단은 손상되었다. 8세기 후반에서 9세기로 비정되는 토기와 함께 출토되었다.

(2)

「出雲眞山」

삼나무재질의 판자집기를 한 것으로 장방형의 목재를 좌우로 깎아서 하단부는 날카롭게 뾰족하게 만들었다. '出雲眞山'은 인명일 가능성이 있다. 이 목간은 헤이안시대의 것으로 보이는데 동반된 목재의 방사성 탄소연대측정의 결과를 보아도 그럴 가능성이 크다.

9. 참고문헌

新潟縣埋文調査事業團 『新潟縣埋藏文化財調査事業團年報 平成18年度』 2007年

新潟縣敎委·新潟縣埋文調査事業團 『六反田南遺跡 前波南遺跡－一般國道8號糸魚川東バイパス關係發掘調査報告書Ⅲ』 (新潟縣埋藏文化財調査報告書202) 2008年

春日眞實·石川智紀 「新潟·前波南遺跡」 (『木簡硏究』 30, 2008年)

25) 三角田遺跡

1. 이름 : 미쓰마타 유적
2. 출토지 : 新潟縣(니이가타현) 上越市(조에쓰시)
3. 발굴기간 : 2004.4~2004.12
4. 발굴기관 : 新潟縣教育委員會·(財)新潟縣埋藏文化財調査事業團
5. 유적 종류 : 유물산포지·취락
6. 점수 : 1

7. 유적과 출토 상황

三角田遺跡은 高田平野를 남북으로 흐르는 關川右岸의 自然堤防上에 입지한다. 關川右岸에서는 小河川 등의 自然堤防上에 고대의 취락유적이 확인되고 조사되었다. 고대에는 越後國頸城郡津有鄕에 해당하는 지역이다.

조사 결과 8세기 후반 이후를 중심으로 하는 상층과 8세기 전반의 하층 유구면을 확인하였다. 목간이 출토된 하층은 유물이 출토되지 않은 砂質의 홍수층에 덮여서 상층에는 유물이 유입되지 않았다. 유물은 高田平野 주변의 구릉에서 구운 스에키나 하지키의 술잔류, 長頸壺, 항아리류 등이며 스에키 중에는 轉用硯도 보인다. 토기의 연대는 8세기 초엽에서 중기에 걸친 것으로 생각되며 그 밖에 목제품이나 숫돌 등도 출토되었다. 轉用硯도 포함되어 있지만 주요 토기의 구성이 저장도구나 밥을 짓는 도구이며, 이랑모양의 유구를 고려하면 전반적으로 관아라기보다는 취락의 성격이 강하다.

목간은 호상가옥 SB5의 북서쪽 모퉁이의 柱穴에서 1점 출토되었다. 한 곳에만 柱根이 남아있지 않으므로 의도적으로 뽑았을 가능성도 있다.

8. 목간

· 「獻進下□[   ]□□

・「□〔倉ヵ〕[　　　　　　　　　]

　상단부는 둥근 모양이다. 앞면의 윗부분에서 약 6㎝ 아래까지는 원형을 잘 보존하고 있다. 調整痕이나 묵흔도 명료하여 '獻進下'는 육안으로도 판독할 수 있다. 그 이하는 부식에 따라 차례로 가늘어져서 하단부는 원형을 확인할 수 없다.

9. 참고문헌

田中一穂「新潟·三角田遺跡」(『木簡研究』27, 2005年)

新潟縣埋文調査事業團『新潟縣埋藏文化財調査事業團年報 平成16年度』2006年

新潟縣教委·新潟縣埋文調査事業團『三角田遺跡——一般國道235號上越三和道路關係發掘調査報告書Ⅲ』(新潟縣埋藏文化財調査報告書154) 2006年

26) 延命寺遺跡(06年度調査)
27) 延命寺遺跡(07年度調査)

1. 이름 : 엔노이지 유적(06·07년도 조사)

2. 출토지 : 新潟縣(니이가타현) 上越市(조에쓰시)

3. 발굴기간 : 2006.4~2006.11 ; 2007.5~2007.10

4. 발굴기관 : (財)新潟縣埋藏文化財調査事業團

5. 유적 종류 : 취락

6. 점수 : 9

7. 유적과 출토 상황

　延命寺遺跡은 高田平野의 거의 중앙 飯田川左岸의 沖積地에 입지하고, 해발 약 9.1~9.8m에 이른다. 유적 내에는 남동에서 북서 방향으로 혀의 모양과 같은 微高地가 형성되어 있는데 주요한 유구는 이 위에 위치한다.

주요 유구는 8세기 전엽을 전후하는 호상가옥, 우물, 밭터, 논터, 토갱 등이 있다. 목간은 21점이 출토되었고 그 밖에 대량의 자연목이 출토되었다.

8. 목간

(1)

·「道智僧稲在所野田村船木直麻呂所四百斤 大藏×

·「[   ]×

좌측 상단부분을 隅丸으로 가공하였고 우측 상단부가 수직으로 되어 있으며, 아래로 갈수록 글자의 우측이 손상된 것으로 보아 우측편은 세로로 갈라진 것으로 생각된다. 하단부도 손상되었다. '道智'는『溫泉寺緣起』에 나라시대의 인물로 등장한다. '野田村'은 유적 주변의 大字上野田·下野田에 그 이름이 남아 있다. 船木씨는 伊勢나 畿內, 能登에서는 확인할 수 있지만 越後·佐渡관계의 사료에서는 처음 보인다. '大藏'도 씨족명으로 해석된다. '稲在所'라고 있으므로 '四百斤'은 벼의 양. 본 목간은 벼의 운반 등에 관련된 것으로 생각된다.

(2)

·「　　　　　　　　　　物部鄉□□里戸主物部多理丸□〔口?〕　物部鳥丸野田村奈良田三段又中家田六×
　　　物部鄉□□里戸主物部多理丸□〔口?〕　□〔有?〕人伊神鄉人酒君大嶋田直米二石一斗　　」

·「　　　　　田沽人多理丸戸人物マ比呂天平七年三月廿一日相知田領神田君万□〔呂?〕　　」

하단부 우측 모퉁이가 일부 손상되었지만, 거의 완전한 형태이다. '物部鄉'은『和名抄』越後國頸城郡에 보이며, 현재의 上越市淸里區大字武士 일대에 비정된다. 大字武士에 가까운 大字南田中에는 式內社物部神社가 鎭座한다. '野田村'은 유적 주변의 大字上野田·下野田에 그 이름이 남아 있다. '奈良田', '中家田'은 논밭의 명칭인데 상세한 것은 알 수 없다. '伊神鄉'은 郡名으로 기록되지 않기 때문에 物部鄉과 같은 頸城郡에 소속된 것으로 추정한다.『和名抄』에서는 頸城郡에 '伊神鄉'은 보이지 않지만 아마도 五十公鄉에 해당할까? 기록된 '伊神鄉'과 表音의 유사성이 지적될 수 있다. 한편『延喜兵部式』에는 北陸道 越後國의 '伊神驛'이 보이지만 그 소재지는 弥彦紳士의 부근으로 비정되며 頸城郡에서 떨어져 있다. '田沽人'은 논밭을 판매(沽=賣)하는 사람의 뜻. '相知'는 賣券文書에 자주 보인다. '田領'은 논밭에 관한 것을 관장하는 郡雜任이다. 이상으로 보아 본 목간은 토지의 賃租에 관한 문서목간이라는 것을 알 수 있다.

9. 참고문헌

新潟縣埋文調査事業團『新潟縣埋藏文化財調査事業團年報 平成18年度』2007年

新潟縣埋文調査事業團『新潟縣埋藏文化財調査事業團年報 平成19年度』2008年

新潟縣教委『延命寺遺跡――一般國道253號上越三和道路關係發掘調査報告書』(新潟縣埋藏文化財調査報告書201) 2008年

山崎忠良·田中一穗「新潟·延命寺遺跡」(『木簡研究』30, 2008年)

28) 岩ノ原遺跡

1. 이름 : 이와노하라 유적

2. 출토지 : 新潟縣(니이가타현) 上越市(조에쓰시)

3. 발굴기간 : 2006.5~2006.11

4. 발굴기관 : (財)新潟縣埋藏文化財調査事業團

5. 유적 종류 : 장원 관련

6. 점수 : 1

7. 유적과 출토 상황

岩ノ原遺跡은 高田平野의 西緣에 위치하고 儀明川右岸의 沖積地에 입지한다. 주요 유구는 掘立柱건물 16동, 杭列 2열, 우물 1기, 토갱 11기, 경작용 우물이 있으며 두 곳에 모여 분포한다.

유물은 나라 및 헤이안시대의 하지키, 스에키가 중심으로 시기는 8세기 후반부터 9세기 중엽이다. 그 밖에 轉用碩, 錢貨(萬年通寶), 자물쇠, 철도끼, 羽口, 柱根, 하찰목간, 목간형태의 목제품, 齋串을 포함한 목제품 등이 출토되었다. 또한 유적의 성격을 결정하는 묵서토기가 100점 출토되었다.

목간은 SB58 주혈 掘形埋土에서 1점 출토되었는데, 호상가옥의 시기로 보아 9세기 전반에서 중엽으로 비정된다.

8. 목간

• 「□□□上黒米」

• 「□□□〔十一月?〕[　　] 」

거의 완전한 형태로 남아 있다. 약간의 손상은 있지만, 뒷면 상단부에 2㎜ 정도 지워져 있다. 調整은 양면에 이루어져 있으며 뒷면은 명확하지 않지만 앞면에서는 잘 확인할 수 있다. 調整에 동반한 칼의 흔적도 앞면의 상단부 부근에 약간 남아 있다. 묵흔은 양면 모두 희미하여 육안으로는 글자의 판독이 어렵다. 앞면의 기재 내용이나 목간의 형상으로부터 莊園 유적에서 출토된 春米 관련 貢進付札의 가능성을 생각할 수 있다.

9. 참고문헌

新潟縣埋文調査事業團 『新潟縣埋藏文化財調査事業團年報 平成18年度』 2007年

新潟縣教委·新潟縣埋文調査事業團 『岩ノ原遺跡―北陸新幹線關係發掘調査報告書Ⅳ』(新潟縣埋藏文化財調査報告書182) 2008年

高橋保雄 「新潟·岩ノ原遺跡」(『木簡研究』31, 2009年)

29) 發久遺跡(88年度調査)

1. 이름 : 홋큐 유적(88년도 조사)
2. 출토지 : 新潟縣(니이가타현) 阿賀野市(아가노시)
3. 발굴기간 : 1988.1
4. 발굴기관 : 笹神村敎育委員會
5. 유적 종류 : 사원
6. 점수 : 6

7. 유적과 출토 상황

發久遺跡은 新潟平野의 東端을 가로막는 菱ケ岳山脈의 구릉지대에서 서쪽으로 1㎞ 떨어진 저습지대 水田 아래에 위치한다.

유구는 柱穴列, 溝, 土壙 등으로 이를 덮은 두꺼운 4층의 포함층에서 엄청난 양의 스에키, 녹로 하지키, 목기, 목편이 출토되었다. 형태적으로는 목간으로 간주할 수 있는 것은 총 51점이며 그중에서 육안으로 묵흔을 확인할 수 있는 것은 6점이다.

8. 목간

(1)

· 　　　　三月朔戊辰日

　×卯日　六月朔丙申日」

· ×未日　　　　　　　」

각 달의 삭일을 기록한 것으로 해당하는 연도는 延曆14년(795)이 된다. 이 목간 상부의 결실 부분을 복원하면 다음과 같이 생각할 수 있다.

(2)

· 右米領納如件

```
    返抄          」
·       四
    九月卅日磯部廣人」
```

쌀의 납입에 관한 反抄簡으로, 날짜의 우측 부분은 '四'를 빠뜨렸기 때문에 써넣은 것 같다.

9. 참고문헌

川上貞雄「新潟·發久遺跡」(『木簡研究』11, 1989年)

笹神村教委『發久遺跡發掘調査報告書』(笹神村文化財調査報告8) 1991年

小林昌二「八幡林遺跡等新潟縣內出土の木簡」(『木簡研究』14, 1992年)

石川縣理藏文化財保存協會『古代北陸と出土文字資料』1998年

笹神村『笹神村史資料編1 原始·古代·中世』2003年

小林昌二·戶根與八郎·相澤央『新潟縣內出土古代文字資料集』2004年

30) 發久遺跡(99年度調査)

1. 이름 : 홋큐 유적(99년도 조사)
2. 출토지 : 新潟縣(니이가타현) 阿賀野市(아가노시)
3. 발굴기간 : 1999.7~1999.8
4. 발굴기관 : 笹神村教育委員會
5. 유적 종류 : 관아 관련
6. 점수 : 2

7. 유적과 출토 상황

發久遺跡은 阿賀野川右岸, 菱ケ岳山脈과 新潟砂丘 사이에 있는 평야 안에 위치한다. 구릉지대에서는 복수의 중소하천이 흘러나오며, 사구열의 안쪽에 福島潟을 형성하고 있다. 이 조사에서는 掘立柱건물로 추정되는 柱穴列과 토갱 등이 발견되었고, 2만점에 가까운 유물이 출토되다. 延曆14년(795)으로 추정되는 曆樣목간과 返抄목간 등 목간 6점이 발견되었다.

　　출토유물은 스에키, 하지키, 목제품 등으로 유물의 연대는 거의 9세기로 정리된다. 목간 2점은 상층의 腐植土層에서 箸狀목제품, 板狀목제품 등과 함께 출토되었다.

8. 목간

　　「健兒等解申進上宿直事　家人家□」

　　출토된 두 개의 절단 파편을 접합시킨 것으로 원래 하나의 목간을 의도적으로 부러뜨려서 폐기한 것으로 생각된다. 목간의 우측면은 글자 부분을 잘라서 2차적으로 整形되었으며 상단에서 18㎜, 15㎜, 15㎜ 사이의 폭으로 3곳에 얕은 홈이 패여 있다. 내용은 健兒*의 숙직보고이며, '家人家□'는 숙직을 실시한 健兒의 이름으로 생각할 수 있다.

9. 참고문헌

中山俊道·小林昌二·相澤央「新潟·發久遺跡」(『木簡研究』22, 2000年)

笹神村『笹神村史資料編1 原始·古代·中世』2003年

木簡學會編『日本古代木簡集成』東京大學出版會, 2003年

小林昌二·戶根與八郎·相澤央『新潟縣內出土古代文字資料集』2004年

31) 腰廻遺跡

1. 이름 : 고시마와리 유적

2. 출토지 : 新潟縣(니이가타현) 阿賀野市(아가노시)

3. 발굴기간 : 1999.9~1999.10 ; 2000.4~2000.8

4. 발굴기관 : 笹神村敎育委員會

5. 유적 종류 : 하천

6. 점수 : 13

7. 유적과 출토 상황

腰廻遺跡은 新潟平野의 북부 阿賀野川右岸에 위치한다. 山倉村취락의 동반부 折居川과 그 지류에 의해서 형성된 해발 3.8m 정도의 自然堤防上에 입지한다.

유물의 대부분이 고대의 하천유적 내에서 출토되었는데, 8세기에서 10세기의 토기와 함께 목간 3점, 串, 人形, 檜扇 등의 목제품이 많이 별견되었다. 또한 묵서토기도 100점 정도 발견되었다.

8. 목간

· ×□伍本   」

· 寶龜五年五月卅日」

하단은 원형 그대로이며 상단 및 좌우측면은 손상되었다. 수량 및 연월일의 기록에서 무언가 물품에 부착한 하찰로 생각되는데 상부가 손상되었기 때문에 물품명은 알 수 없다.

9. 참고문헌

中山俊道「新潟·腰廻遺跡」(『木簡硏究』23, 2001年)

笹神村『笹神村史資料編1 原始·古代·中世』2003年

小林昌二·戶根與八郞·相澤央『新潟縣內出土古代文字資料集』2004年

32) 余川中道遺跡(1次)(舊, 六日町余川地內試掘調査地点)

1. 이름 : 요카와나카미치 유적(1차)

2. 출토지 : 新潟縣(니이가타현) 南魚沼市(미나미우오누마시)

3. 발굴기간 : 2001.7

4. 발굴기관 : ㈶新潟縣埋藏文化財調查事業團

5. 유적 종류 : 유물산포지

6. 점수 : 1

7. 유적과 출토 상황

조사지역은 옛 余川川에 의해 형성된 양쪽을 魚沼丘陵과 인접하는 扇狀地南端의 肩部에 해당한다. 목간은 갈대 등의 식물유체가 혼합된 水邊의 토층에서 출토되었다.

고고학적인 시기나 유적의 성격을 나타내는 것은 발견할 수 없었다.

8. 목간

· 　　　……　　　　　　　[　　]

　　　　　[　　]　　　□束□□分

廿八日上十二束□□分……

　　　　[　　　]……　　[　　]

· 　　　　　　……田租料二石五斗

　[　　]　　　　　[　　]

9. 참고문헌

新潟縣埋文調查事業團 『新潟縣埋藏文化財調查事業團年報 平成13年度』 2002年

田中一穗 「新潟·六日町余川地內試掘調查地点」 (『木簡研究』 24, 2002年)

33) 中倉遺跡(3次)

1. 이름 : 나카쿠라 유적(3차)

2. 출토지 : 新潟縣(니이가타현) 胎內市(다이나이시)

3. 발굴기간 : 1997.6~1997.7

4. 발굴기관 : 中條町敎育委員會

5. 유적 종류 : 취락·하도

6. 점수 : 4

7. 유적과 출토 상황

中倉遺跡은 中條町의 築地지구에 있으며, 砂丘列의 안쪽 갯벌에 면하여 입지하고 있다.

유물의 대부분은 하천의 경사면에서 출토되었고 유구가 없는 동쪽에 폐기된 것으로 생각된다. 토기류는 유존률이 높은 것이 많고 묵서토기는 20점 정도 파악된다. '王', '丁'이 많고, '原', '牧人'은 두세 점, '역'은 1점만 있다. 또한 '王'이라고 각서한 스에키도 몇 점 출토되었다. 목간은 4점이 출토되었다.

8. 목간
   (1)

· 人足等受國足□〔黍?〕飯   」

· [   ]□□□□□□□□□□□殿

                    [   ]神人部宮加女」

완전한 목간이다. 두께가 약 1~2㎜로 전체적으로 비교적 얇다. 앞면은 '黍飯'에 관련된 내용이다. 國足 앞으로 보낸 飯을 人足이 받았다는 의미일까. 뒷면은 묵흔이 선명하지 않아서 내용은 알 수 없지만, 여성의 인명과 같은 문언 등의 몇 글자를 판독할 수 있다. 또 黍飯의 고대의 용례로『延喜式』의 陰陽寮式·大學寮式·雜式에, 庭火·平野神竈祭나 중앙 및 지방의 釋尊의 공물 중의 하나로 보인다.

(2)

・×升 斗阿二升　□□二升

・【×□〔升?〕　子嶋二升】

상·하가 손상되었고, 우측은 갈라져 있다. 기재방식은 인명과 수량의 열거로 생각된다. 유사한 용례로 秋田城跡에서 출토된 제18호 목간 등이 있다.

9. 참고문헌

水澤幸一「新潟·中倉遺跡」(『木簡研究』20, 1998年)

中條町教委『中倉遺跡3次―縣營堪水防除事業に伴う發掘調査報告Ⅱ』(中條町埋藏文化財調査報告16)1999年

小林昌二·戶根與八郎·相澤央『新潟縣內出土古代文字資料集』2004年

34) 船戶川崎遺跡(4次)

1. 이름 : 후나토카와사키 유적(4차)

2. 출토지 : 新潟縣(니이가타현) 胎內市(다이나이시)

3. 발굴기간 : 1998.7~1998.12

4. 발굴기관 : 中條町教育委員會

5. 유적 종류 : 취락·관아

6. 점수 : 6

7. 유적과 출토 상황

船戸川崎遺跡은 鹽津潟에 흘러들어오는 舟戸川 하구에 위치하는 취락 터이다. 유구는 거의 확인되지 않았지만 율령제하의 제사와 관련된 유물군이 대량 출토되었다.

목간이 출토된 제4차 조사 B지점에서 길이 25m, 폭 6~15m의 하천유적에서 다량의 유물이 폐기되어 있었다. 유물은 하지키, 스에키와 다량의 목제품 등이 있다. 시기는 주로 8세기 후반부터 9세기 전반이다. 토기의 묵서에는 '守部', '田次', '安萬呂', '眞成', '井家', '中', '仁', '恐', '子', '生', '十', '○', '千' 등을 확인할 수 있었다. 목제품은 6점의 목간 이외에 漆器盤 3점, 漆器椀 1점, 白木盤 2점, 白木椀 1점 大鉢 1점 및 다수의 齋串 등이 주목된다.

8. 목간

□□□□〔部?〕□國十三□　ヘ土師船守十三□白

　ヘ[　　　　　　　]　□□　　　　　　」

아래의 우측면 및 하단 이외에는 손상되어 있으며 중간 부분에 두 개로 부러졌다. 기재는 '인명+수량'이 연속하고 있으므로 현시점에서는 단위가 명확하지 않기 때문에 품명은 알 수 없다. 수량은 모두 '十三'이며 사람별로 물품이 지급된 것을 나타낼 가능성이 있다.

9. 참고문헌

水澤幸一「新潟·船戸川崎遺跡」(『木簡研究』21, 1999年)

中條町教委『船戸川崎遺跡4次—主要地方道中條紫雲寺線改築工事에 伴う發掘調査報告書 Ⅱ』(中條町埋藏文化財調査報告24) 2002年

小林昌二·戸根與八郎·相澤央『新潟縣內出土古代文字資料集』2004年

35) 船戸川崎遺跡(6次)

1. 이름 : 후나토카와사키 유적(6차)
2. 출토지 : 新潟縣(니이가타현) 胎內市(다이나이시)
3. 발굴기간 : 2001.4~2001.5
4. 발굴기관 : 中條町教育委員會
5. 유적 종류 : 관아
6. 점수 : 2

7. 유적과 출토 상황

船戸川崎遺跡은 鹽津潟에 흘러들어오는 하구 근처의 유적이다.

유물은 스에키, 하지키, 목제품 등이 다량으로 출토되었으며 묵서토기는 6점의 중형 스에키·하지키, 1점의 대형 스에키가 있다. 목제품은 13점의 盤, 2점의 椀을 포함하여 齋串, 曲物, 籠, 火鑽棒 등 다수가 있다. 시기는 주로 8세기 후반부터 10세기이다. 목간 1점이 9세기 후반의 층위에서 출토되었다.

8. 목간

(1)

・□部直部□〔直?〕部□□□〔直?〕部∨」
・   [   ]   ∨」

상단을 깎아 없애고, 하단의 한쪽에 홈이 있다. '直部'를 반복해서 쓴 습서목간으로 생각된다.

(2)

・大野□
　　□

・[   ]

　十〆 [   ]

9. 참고문헌

中條町教委『船戶櫻田遺跡4·5次 船戶川崎遺跡6次―縣營圃場整備事業に伴う發掘調査報告書Ⅳ』(中條町埋藏文化財調査報告25) 2002年

水澤幸一「新潟·船戶川崎遺跡」(『木簡研究』24, 2002年)

小林昌二·戶根與八郎·相澤央『新潟縣內出土古代文字資料集』2004年

36) 船戶櫻田遺跡(2次)

1. 이름 : 후나토사쿠라다 유적(2차)

2. 출토지 : 新潟縣(니이가타현) 胎內市(다이나이시)

3. 발굴기간 : 1999.8~2000.3

4. 발굴기관 : 中條町教育委員會

5. 유적 종류 : 취락·제사유적

6. 점수 : 4

7. 유적과 출토 상황

船戶櫻田遺跡은 鹽津潟으로 흐르는 舟戶川 하구에 위치하는 취락 터이다. JR羽越線을 사이에 둔 上流側(東)에는 '少目御館來'라고 기록된 목간이 출토된 藏ノ坪遺跡이 있다.

2차 조사구역에서는 목간과 65점의 木製盤이 출토된 하천의 하류부분을 확인하였다. 이 하천에서는 목간을 포함하여 스에키, 하지키, 목제품 등의 유물이 출토되었다. 목제품으로 盤이 출토되었다. 또한 스에키 뚜껑의 轉用碩이나 分銅形土製品 등도 확인되었다. 묵서토기 '三宅人

神', '木' 2점이 출토되었다.

8. 목간

□□鄕□□

상단과 우측면은 원형이나 하단은 양면을 다듬어 절단하였다. 鄕名과 人名이 기록되어 있는 것으로 생각되는 바, 하찰목간의 가능성이 있다. 鄕名은 묵흔이 희미하여 확인할 수 없다.

9. 참고문헌

水澤幸一「新潟·船戶櫻田遺跡」(『木簡硏究』23, 2001年)

中條町敎委『船戶櫻田遺跡4·5次 船戶川崎遺跡6次─縣營圃場整備事業に伴う發掘調査報告書IV』(中條町埋藏文化財調査報告25) 2002年

小林昌二·戶根與八郎·相澤央『新潟縣內出土古代文字資料集』2004年

37) 船戶櫻田遺跡(4次)
38) 船戶櫻田遺跡(5次)

1. 이름 : 후나토사쿠라다 유적(4·5차)

2. 출토지 : 新潟縣(니이가타현) 胎內市(다이나이시)

3. 발굴기간 : 2000.10~2000.11 ; 2001.4~2001.5

4. 발굴기관 : 中條町敎育委員會

5. 유적 종류 : 취락·관아

6. 점수 : 2

7. 유적과 출토 상황

船戶櫻田遺跡은 鹽津潟으로 흐르는 舟戶川 유역에 입지하는 취락 터이다. 조사를 통해 목간이 출토된 제2차, 제4차 조사지점의 상류에 해당하는 하천 터를 확인하였다.

소량의 스에키 및 하지키와 다수의 목제품이 출토되었다. 목제품은 1점의 漆器盤, 15점의 盤, 櫛이나 曲物, 火鑽棒 등이 있다. 목간도 여기서 출토되었는데 시기적으로는 8세기 후반에서 10세기 초엽이며 목간은 9세기 중엽의 것으로 생각된다.

8. 목간

「□〔御?〕□□符 [ ]黒緒^直」

상·하단은 원형이고 뒷면은 未調整되었다. 상단은 조정되어 있지만 하단은 나뭇결과 굽은 그대로이다. 내용은 御□□(관아 내의 기구?)로 보아 '[ ]黒緒(개인명)'앞으로 보내는 符의 문서목간이다. 내용은 하단 우측에 기록된 '直'자로 보아 숙직을 명령한 목간의 가능성이 있다.

9. 참고문헌

中條町敎委『船戶櫻田遺跡4·5次 船戶川崎遺跡6次一縣營圃場整備事業に伴う發掘調査報告書Ⅳ』(中條町埋藏文化財調査報告25) 2002年

水澤幸一「新潟·船戶櫻田遺跡」(『木簡研究』24, 2002年)

小林昌二·戶根與八郎·相澤央『新潟縣內出土古代文字資料集』2004年

39) 藏ノ坪遺跡(1次)

1. 이름 : 구라노쓰보 유적(1차)
2. 출토지 : 新潟縣(니이가타현) 胎內市(다이나이시)
3. 발굴기간 : 1999.9~1999.12

4. 발굴기관 : 新潟縣敎育委員會·(財)新潟縣埋藏文化財調査事業團

5. 유적 종류 : 취락

6. 점수 : 1

7. 유적과 출토 상황

藏ノ坪遺跡은 해발 약 10.5m의 尾根 先端部에 위치한다. 그 서쪽 일대는 胎內川의 扇狀地로 넓게 水田지대가 펼쳐진다.

유물로는 많은 토기 및 목제품이 있다. 토기는 주로 스에키, 하지키이며 연대는 8세기 후반부터 9세기 후반으로 비정된다. 유구도 이 시기의 것이다. 흑색토기도 비교적 많고, 뚜껑이 있는 短頸壺 등도 있다. 그 밖에 銅製로 생각되는 帶金具도 출토되었다.

목간은 1점이 출토되었다. 묵서토기로는 항구나 선착장을 나타내는 '津' 3점과 '王', '得', '寺' 등이 출토되었다.

8. 목간

· 「∨□〔束?〕 」

· 「∨小戶[   ]」

상단 좌측에 약간의 손상이 있지만 거의 완전한 하찰목간이다.

9. 참고문헌

新潟縣埋文調査事業團『新潟縣埋藏文化財調査事業團年報 平成12年度』2001年

高橋保「新潟·藏ノ坪遺跡」(『木簡硏究』23, 2001年)

新潟縣敎委·新潟縣埋文調査事業團『藏ノ坪遺跡――一般國道7號中條黑川線バイパス關係發掘調査報告書』(新潟縣埋藏文化財調査報告書115) 2002年

小林昌二·戶根與八郞·相澤央『新潟縣內出土古代文字資料集』2004年

40) 藏ノ坪遺跡(2次)

1. 이름 : 구라노쓰보 유적(2차)
2. 출토지 : 新潟縣(니이가타현) 胎內市(다이나이시)
3. 발굴기간 : 2000.4~2000.11
4. 발굴기관 : 新潟縣敎育委員會·(財)新潟縣埋藏文化財調査事業團
5. 유적 종류 : 취락
6. 점수 : 4

7. 유적과 출토 상황

藏ノ坪遺跡은 해발 약 10.5m의 尾根先端部에 위치한다. 그 서쪽일대는 胎內川의 扇狀地로 넓게 水田지대가 펼쳐진다.

유물로는 하천터에서 출토된 많은 토기, 목제품이 있다. 토기는 주로 스에키, 하지키이며 8세기 전반부터 9세기 후반으로 비정된다. 遺構群도 이 시기의 것이다. 흑색토기도 비교적 많고 뚜껑이 있는 短頸壺 등도 있다. 그 밖에 동으로 제작된 帶金具도 출토되었다.

목간은 총 4점 출토되었다. 묵서토기는 항구나 선착장을 나타내는 '津' 3점이 출토된 것 외에, '王', '得', '寺' 등이 있다.

8. 목간

(1)
· 「少目御館米五斗」
· 「　□□□□所進」

머리 부분은 산 모양으로 다듬고, 하단은 뾰족하게 깎은 소형 하찰목간이다. 앞면에 '少目御館米五斗'와 뒷면의 '所進'의 문구로부터 이 쌀의 하찰은 少目御館 앞으로 보낸 쌀의 하찰로 해석된다.

(2)

「不不不不

　하단은 손상되었지만, 습서한 것이다.

9. 참고문헌

新潟縣埋文調査事業團『新潟縣埋藏文化財調査事業團年報 平成12年度』2001年

高橋保「新潟·藏ノ坪遺跡」(『木簡研究』23, 2001年)

新潟縣埋文調査事業團·新潟縣教委『藏ノ坪遺跡——一般國道7號中條黒川線バイパス關係發掘調査報告書』(新潟縣埋藏文化財調査報告書115) 2002年

小林昌二·戸根與八郎·相澤央『新潟縣內出土古代文字資料集』2004年

41) 草野遺跡(2次)

1. 이름 : 구사노 유적(2차)

2. 출토지 : 新潟縣(니이가타현) 胎內市(다이나이시)

3. 발굴기간 : 2002.6

4. 발굴기관 : 中條町教育委員會

5. 유적 종류 : 자연유로

6. 점수 : 6

7. 유적과 출토 상황

조사지는 현재 평야에 입지하는데, 河川蛇行部 葦原의 微高地에 세운 유적이다.

조사 결과 하천 터, 기둥구멍, 溝 등을 발견하였지만 건물의 규모 등은 명확하지 않다. 목간은 모두 하천 터에서 출토되었다. 상류에 해당하는 동쪽 하천에서 '구구단' 목간이 출토된 것 외에 모두 하류에 해당하는 서쪽 하천 터에서 출토되었다. 유물 대부분은 이들 하천에서 출토되었고 동쪽 하천에서는 대량의 스에키나 木製盤, 大型曲物 등과 함께 水柵遺構를 발견하였다. 서쪽의 하천에서 출토된 유물은 적지만 목간 이외에 壺鐙 등의 목제품이 출토되었다.

8. 목간

(1)
- 「六八卌八　五八卌　四八卅三　三八
- 「[　　　　]八[　　　]

하단은 손상되어 있으며 양면에 8단의 구구단이 적혀 있다. 四八卅三이라고 하는 오류도 볼 수 있다.

(2)
- □□□一年□　□　猪油二
　　　　升　荏□升　　　　。」
- □□□□□
　　□　□□□〔四月廿?〕六日　。」

두 개로 갈라져 있으며 상단은 손상되었다. 하단 부근에 구멍을 뚫었다. 물품 및 수량이 적혀 있으며 뒷면에는 月日이 확인된다. 物品進上札일 가능성이 있다.

(3)
- 「□□□
　　　〔仍?〕
- 「右人□□□□

세로로 두 개로 갈라져 있으며, 하단은 손상되었다.

9. 참고문헌

中條町教委『平成8年度 町內遺跡確認調査報告書—寺前遺跡·草野遺跡·下名倉遺跡·中倉遺

跡2次·舟戸川崎遺跡·舟戸櫻田遺跡』(中條町埋藏文化財調査報告11) 1997年

水澤幸一「新潟·草野遺跡」(『木簡研究』25, 2003年)

小林昌二·戸根與八郎·相澤央『新潟縣內出土古代文字資料集』2004年

42) 草野遺跡(3次)

1. 이름 : 구사노 유적(3차)

2. 출토지 : 新潟縣(니이가타현) 胎內市(다이나이시)

3. 발굴기간 : 2008.5

4. 발굴기관 : 胎內市教育委員會

5. 유적 종류 : 관아

6. 점수 : 4

7. 유적과 출토 상황

조사지는 현재 평야의 안에 있지만 나라시대 전반기에는 葦原 안에 위치한 微高地이었으며 하천의 蛇行部에 입지했던 유적이다. 유구는 거의 조사지역 전역이 하천 터에 해당하며 세 곳에 治木 유구가 설치되어 있었다. 유물의 대부분은 하천터에서 출토되었다. 스에키가 두드러지나 盤, 曲物 등 목제품도 많다.

목간은 모두 하천에서 출토되었고 총 4점이다. 시기는 7세기 말에서 8세기 초엽으로 여겨진다.

8. 목간

(1)

「(符籙)九々八十一」

완전한 목간으로 앞면의 상부에만 표면처리를 하여 글자를 기록하고 있다. '九々八十一'을 기록한 呪符木簡이다.

(2)

□巳者□卅五束又□□束記　　□□又□□五

좌우 양쪽은 원형이나 상단은 부러져 있고, 하단은 손상되었다. 상부의 1/3 정도의 위치에서 끊어져 있어서 현재로서는 두 개로 갈라져 있다. 내용은 앞면만 글자가 기록되어 있다. 목간의 상단부에 적힌 글자와 하단부에 적힌 글자 사이에는 공백이 있고, 하단부에 적힌 글자는 묵흔이 희미하다. 잔존 부분 서두에 '□巳'은 간지에 의한 날짜를 나타내고 있는 것으로 생각되고 이어서 '卅五束'은 수량을 기록한 것이므로 무언가 물품의 수납, 혹은 지출에 대해서 기록한 기록간으로 생각된다.

9. 참고문헌

胎內市敎委『新潟縣胎內市 草野遺跡3次─廣域營農團地農道整備事業發掘調査報告書』(胎內市埋藏文化財調査報告15) 2009年

水澤幸一「新潟·草野遺跡」(『木簡硏究』31, 2009年)

43) 屋敷遺跡(2次)

1. 이름 : 야시키 유적(2차)

2. 출토지 : 新潟縣(니이가타현) 胎內市(다이나이시)

3. 발굴기간 : 2002.9~2002.11

4. 발굴기관 : 中條町敎育委員會

5. 유적 종류 : 구하도

6. 점수 : 5

7. 유적과 출토 상황

조사지는 평야의 중앙부에 입지하는데, 하천을 따라 위치하는 유적으로 생각된다. 고훈시대 후기를 중심으로 하는 유물이 출토되었는데 유구는 거의 보이지 않고 유적의 성격도 알 수 없다.

목간은 모두 하천의 터에서 출토되었다. 小泊産 스에키가 출토되지 않기 때문에 헤이안시대 초기의 유물군으로 생각된다. 같은 시기의 유물로는 스에키 이 외에 木製盤, 椀, 弓二張 등이 출토되었다.

8. 목간

(1)

□□〔山家?〕石□〔女?〕□□若女

세 조각으로 나누어져 있으며, 하단의 절단 부분은 칼집을 넣고 자른 것이다. 상·하단 및 우측면은 손상되어 있다. 2명의 인명(여성)을 열거하여 기록하고 있다.

(2)

布二段

日[　]

상·하단 및 좌측면이 손상되어 있다. 물품의 수납에 관련된 것으로 생각된다.

9. 참고문헌

水澤幸一「新潟·屋敷遺跡」(『木簡研究』25, 2003年)

中條町敎委『新潟縣北蒲原郡中條町 屋敷遺跡2次―縣營圃場整備事業に伴う發掘調査報告書 Ⅷ』(中條町埋藏文化財調査報告31) 2004年

44) 築地館東遺跡

1. 이름 : 쓰쿠지야가타히가시 유적

2. 출토지 : 新潟縣(니이가타현) 胎內市(다이나이시)

3. 발굴기간 : 2004.1

4. 발굴기관 : 中條町敎育委員會

5. 유적 종류 : 취락

6. 점수 : 1

7. 유적과 출토 상황

築地館東遺跡은 砂丘內端과 그 경계를 흐르는 하천의 중간지점에 위치한다.

조사 결과 자연 유로가 발견되었고 목간이 출토되었다. 목간은 자연 유로에서 1점 출토되었다. 함께 출토된 유물은 스에키, 하지키나 목제품이 있다. 하천 밑바닥에 장대한 나무가 고정되어 있어서 무언가 시설이 존재했을 가능성이 있다. 목간의 연대는 함께 출토된 유물로 보아 8세기로 생각할 수 있다.

8. 목간

「山家深□〔江?〕

상단은 圭頭狀으로 整形하였으며 좌우 측면은 원형이나 하단은 손상되었다. 앞면은 일부가 벗겨져 떨어져 나갔다. 山家는 越後國 磐船郡의 鄕名으로 하찰목간의 가능성도 생각할 수 있다.

9. 참고문헌

水澤幸一「新潟·築地館東遺跡」(『木簡研究』27, 2005年)

胎內市教委『築地館東遺跡·堂前遺跡─縣營圃場整備事業に伴う發掘調査報告書7』(胎內市埋藏文化財報告書5) 2007年

45) 大坪遺跡

1. 이름 : 오쓰보 유적
2. 출토지 : 新潟縣(니이가타현) 南蒲原郡 田上町(미나미칸바라군 다가미마치)
3. 발굴기간 : 1994.10~1994.12
4. 발굴기관 : 田上町教育委員會
5. 유적 종류 : 유물산포지
6. 점수 : 1

7. 유적과 출토 상황

유구는 거의 대부분이 헤이안시대 중기의 것이다. 유물은 헤이안시대 중기의 토기 및 근세 도기가 대다수를 차지하고 있다.

목간은 1점 출토되었는데, 목간과 같은 시기로 생각되는 토기 중에는 스에키의 잔 측면에 '下'이라고 적힌 묵서토기가 1점 출토되었다. 이 토기는 헤이안시대 중기의 토기이다.

8. 목간

· □前
· □□

상·하단 모두 손상되었으며, 형상 또한 명확하지 않다. 앞면에는 두 글자가 확인되지만, 판독한 글자는 '前' 한 글자이다.

9. 참고문헌

田上町教委『大坪遺跡─新潟縣營高生産大區劃事業田上鄕地區埋藏文化財緊急發掘調査報告書』(田上町文化財調査報告書10) 1997年

田畑弘「新潟·大坪遺跡」(『木簡硏究』19, 1997年)

14. 富山縣

1) 豊田大塚遺跡

1. 이름 : 도요타오쓰카 유적
2. 출토지 : 富山縣(도야마현) 富山市(도야마시)
3. 발굴기간 : 1995.5~1995.7
4. 발굴기관 : 富山市教育委員會
5. 유적 종류 : 제사유적
6. 점수 : 1

7. 유적과 출토 상황

豊田大塚遺跡은 富山市의 중심부에서 북동 방향으로 약 5㎞에 위치하고 있다. 조사 결과 야요이시대 후기부터 고훈시대 전기에 걸쳐서 형성된 沼와 湧水點에 관련된 유구와 헤이안시대의 溝가 발견되었다.

헤이안시대의 溝에서 인면묵서토기 2점, 목제人形 4점(글자가 적힌 人形을 포함), 刀形木제품 등의 제사용 유물이 출토되었다.

8. 목간

「神服小年賀」

목제人形의 뒷면에 묵서되어 있다. 앞면에는 귀, 눈, 입 등이 묘사되어 있다. 이 人形의 상태는 일반적인 것과는 달리 다리 부분의 표현이 없고, 하단은 뾰족하다. 몸통 부분의 좌우측면에는 아랫부분부터 홈이 있어서 손으로 생각되지만 명료하지 않다. 뒷면의 글자는 '神服某'라고 하는 인물명으로 추정하고 있다.

9. 참고문헌

堀澤祐一「富山·豊田大塚遺跡」(『木簡研究』18, 1996年)

富山市教委『富山市 豊田大塚遺跡發掘調査槪要』1998年

石川縣埋文保存協會『古代北陸と出土文字資料』1998年

2) 下佐野遺跡(豊原地區)(試掘調査)

1. 이름 : 시모사노 유적(도요하라 지구) (시굴조사)
2. 출토지 : 富山縣(도야마현) 高岡市(다카오카시)
3. 발굴기간 : 2009.11~2009.12
4. 발굴기관 : 高岡市教育委員會
5. 유적 종류 : 취락
6. 점수 : 2

7. 유적과 출토 상황

下佐野遺跡은 高岡市街地의 남서쪽 庄川扇狀地와 하천에 의해 형성된 佐野台地上에 입지한
다.

목간은 조사구역 남부에 있는 溝의 유구 하층에서 2점 출토되었다. 동일한 토층에서는 9세
기 후반에서 10세기에 걸친 토기가 출토되어 목간도 이 시대의 것일 가능성이 크다. 건물 등의
유구는 발견되지 않았지만, 도랑 형태의 유구에서 '曹司', '正?', '西', '續?'이라고 쓰인 묵서토기
가 출토되었다.

8. 목간
  (1)
・廣上眞里米田七束四把
・   [   ]

□□□□□[　　　　]

상단은 부러져 있고, 하단은 깎여져 있으며, 좌우 양쪽은 갈라져 있다. '廣上眞里'를 지명으로 볼 경우, 현재의 高岡市街地 동부에서 射水市 지역에 걸쳐서 소재하는 '廣上'이 주목된다.

　　(2)

・×□〔束?〕八把　へ枚□□〔万呂?〕　二束四把　□

　　　□□□〔把?〕　□□　　　　　　　□□四把

・[　　　　　　　　　　　　　　　　]□〔束?〕二

상단은 2차적으로 깎여 있고 하단은 부러졌다. 좌우 양쪽은 갈라져 있어서 손상된 것으로 보인다. '七束四把'나 '二束四把' 등의 기록이나 合點에서 보면 모두 벼의 출납에 관한 장부의 가능성이 있다.

9. 참고문헌

高岡市教委『市內遺跡調査概報ⅩⅩⅠ―平成22年度, 下佐野遺跡(豊原地區)の調査他』(高岡市埋藏文化財調査概報72) 2012年·

根津明義「富山·下佐野遺跡」(『木簡研究』34, 2012年)

3) 中保B遺跡(8次)

1. 이름 : 나카호 B 유적(8차)

2. 출토지 : 富山縣(도야마현) 高岡市(다카오카시)

3. 발굴기간 : 1997.4~1997.12

4. 발굴기관 : 高岡市教育委員會

5. 유적 종류 : 관아

6. 점수 : 1

7. 유적과 출토 상황

中保B遺跡은 庄川水系의 扇狀地 末端에 입지한다. 이 유적은 장기간에 걸쳐서 존속한 관아 유적이다. 선착장이나 창고들이 설치되어 있는 것을 보면, 수상교통을 매개로 하는 물류의 거점적인 기능이 있었던 것으로 보인다.

목간은 수로의 강바닥에서 발견되었다. 특히 연대는 기재되지 않았지만, 토층에서 8세기 전반에서 9세기 초엽까지의 연대로 추정되는 묵서토기 등과 같은 시기로 보인다.

8. 목간

· 　　　　□〔舟?〕□□□

　　□置取人

· 　十九

　　　　　　　四斗□

목간은 상하와 좌측에 손상되어 있으며, 원형을 유지하고 있지 않다. 앞면에는 인명으로 보이는 글자가 있으며, 뒷면에는 '四斗'라고 하는 것으로 보아 쌀 등에 관한 가능성도 생각해 볼 수 있다.

9. 참고문헌

根津明義 「富山·中保B遺跡」(『木簡研究』 21, 1999年)

高岡市敎委 『中保B遺跡 調査報告－中保土地區劃整理組合による高岡市中保地區の區劃整理事業に伴う調査』(高岡市理藏文化財調査報告8) 2002年

4) 東木津遺跡(98年度調査)

1. 이름 : 히가시키즈 유적(98년도 조사)

2. 출토지 : 富山縣(도야마현) 高岡市(다카오카시)

3. 발굴기간 : 1998.6~1999.4

4. 발굴기관 : 高岡市教育委員會

5. 유적 종류 : 관아, 중세취락

6. 점수 : 11

7. 유적과 출토 상황

東木津遺跡은 高岡市 중앙부 小矢部川과 庄川 사이에 낀 해발 약 11~12m의 微高地에 위치한다.

이 유적에서 확인된 유구는 호상가옥, 溝, 토갱, 자연 유로 등이 있다. 출토유물은 고훈시대 전기 및 8~9세기의 유물이 중심이다. 움푹 파인 하부에는 고훈시대 전기의 溝가 파여져 있다. 이 溝는 고분의 주변 溝일 가능성이 있다. 이러한 움푹 파인 表土에 가까운 포함층에서 목간을 1점 발견하였다. 또한 '悔過', '平'이라고 기록한 묵서토기가 출토되었다.

SD205의 출토유물은 8~9세기의 것으로 보인다. 목간은 8점 출토되었다.

8. 목간

(1)

· 「氣多大神宮寺涅槃淨士紙布米入使　　」

· 「□曆二年九月五日廿三枚入布師三□」

氣多大神宮寺는 石川縣 羽咋市 寺家에 위치하고, 能登國一宮인 氣多紳士에 부속하는 神宮寺로 생각된다. '紙布'는 한 글자로 紙자의 이체자일 가능성 외에 두 글자로 '紙布'로 이해하는 견해도 있다. 뒷면의 '□曆'의 연호는 남은 획이나 공간의 관계로 보아 '正曆'일 가능성이 있다. 正曆二年은 서기 991년에 해당한다. '布師三□'는 인명으로 생각된다.

(2)

「はルマ止左くや古乃は□」

難波津의 노래에서 下句이다. 難波津의 노래는 『古今和歌集』의 假名序에 배우기 쉬운 노래로 기록된 유명한 노래이다. 두 번째 글자의 片假名의 'ル'은 헤이안시대 초기의 訓點資料로 보인다. 마지막 문자 '□'는 'セ' 혹은 '奈'로 추정된다.

9. 참고문헌

高岡市教委 『市內遺跡調査槪報Ⅸ-平成10年度 下佐野遺跡の調査他』(高岡市埋藏文化財調査槪報41) 1999年

荒井隆·岡田一廣 「富山·東木津遺跡」(『木簡研究』21, 1999年)

高岡市教委 『石塚遺跡·東木津遺跡調査報告-都市計劃道路下伏間江福田線築造に伴う平成9·10年度の調査』(高岡市埋藏文化財調査報告書7) 2001年

荒井隆·岡田一廣 「富山·東木津遺跡(第二一號)·釋文の訂正と追加」(『木簡研究』23, 2001年)

5) 東木津遺跡(99年度調査)

1. 이름 : 히가시키즈 유적(99년도 조사)
2. 출토지 : 富山縣(도야마현) 高岡市(다카오카시)
3. 발굴기간 : 1999.6~1999.8
4. 발굴기관 : 高岡市教育委員會
5. 유적 종류 : 취락·관아
6. 점수 : 5

7. 유적과 출토 상황

東木津遺跡은 高岡市 중심부의 小矢部川과 庄川 사이에 낀 해발 약 11~12m의 微高地에 위

치한다. 본 유적은 야요이시대 후기부터 나라·헤이안시대를 중심으로 하는 유적이다. 유적의 북동지역 근처에 溝 2곳과 자연지형의 목간은 자연지형의 구덩이를 확인하였다.

이 자연지형의 구덩이는 저습지대의 일부분에 해당하는데, 여기서 5점의 목간이 출토되었다. 공반유물로는 8세기 후반부터 9세기 전반에 걸친 스에키·하지키·人形·鳥形·馬形·舟形·琴柱形·刀子形·齋串·橫櫛·針·曲物·火鑽板·火鑽杵·物差·箸 등의 목제품, 묵서토기, 고훈시대 전기의 赤彩土師器 등이 있다.

8. 목간
(1)
· □□□□□□〔郡?〕」
· □二月六日便」

상단부는 손상되어 있다. '二月' 위에 글자가 있으며, '年' 혹은 '十'일 것이라 추측된다. '便'의 의미에 대해서는 명확하지 않다.

(2)
· 「[　　]□□□〔粮物?〕百束十□〔日?〕
· 「[　　]戸主高田國足

하단부가 손상되었으며, 측면은 갈라졌다. '百束'은 양으로서는 굉장히 많다.

9. 참고문헌
高岡市敎委『市內遺跡調査槪報X 平成11年度─出來田南遺跡の調査他』(高岡市埋藏文化財調査槪報45) 2000年

荒井隆·岡田一廣「富山·東木津遺跡」(『木簡研究』22, 2000年)

6) 須田藤の木遺跡(99年度調査)

1. 이름 : 스다후지노키 유적(99년도 조사)
2. 출토지 : 富山縣(도야마현) 高岡市(다카오카시)
3. 발굴기간 : 1999.7~1999.10
4. 발굴기관 : 高岡市教育委員會
5. 유적 종류 : 관아·장원
6. 점수 : 3

7. 유적과 출토 상황

이 유적은 金田章裕씨 등이 殘存地割과 수맥을 검토하여 東大寺領須加莊로 비정하고 있는 지역이다.

유물은 8세기 중엽부터 10세기 중엽까지의 것이 발견되었다. 내용은 다양하지만, '道', '宗人', '小墨家', '吉', '宅'이라고 적힌 묵서토기 이 외에 轉用硯이나 水滴과 같은 문구, 8세기 중엽의 暗文土器, 8세기 후반의 것으로 보이는 裝飾大刀의 銅製山形金具 등도 출토되어 전반적으로는 관아로 보이며 중앙과의 교류가 빈번했을 것으로 보이는 유물도 포함되어 있다. 총괄하면 이 유적은 관아유적이라고 할 수 있으나 구체적인 성격에 대해서는 확정할 수 없다.

8. 목간

(1)

　　　右依□□給事

□　□□　□〔前?〕□□

사용 후에 별도의 부재 등으로 전용된 것으로 보이며, 상하좌우가 손상되었다. 글자는 한 면에만 남아 있지만, 석문이나 규격으로부터 본래는 지방목간으로 보이는 대형 문서목간이었을 것으로 생각한다.

(2)
・∨布師鄕戸主丈部□〔宗?〕□□□
・∨　　　　十月十日

　상하와 좌측이 손상되었다. 상단에는 홈이 남아 있는 것으로부터 글자는 鄕名에서 뽑아 쓴
것으로 판단된다. '布師鄕'이란 종래『和名類聚抄』에 의해서만 존재한다고 알려진 鄕名으로서
越中國 射水郡의 鄕이다. 형식과 기재 내용으로 보아 본 목간은 莊園이나 郡衙 등에 稅物과 함
께 운반된 하찰목간이었을 것으로 해석될 수도 있다.

9. 참고문헌
　高岡市敎委『須田藤の木遺跡調査報告 平成11年度－主要地方道小矢部伏木港線の道路建設
工事に伴う調査』(高岡市埋藏文化財調査報告4) 2000年
　根津明義「富山・須田藤の木遺跡」(『木簡硏究』22, 2000年)

7) 出來田南遺跡(D區)

1. 이름 : 데키덴미나미 유적(D구)
2. 출토지 : 富山縣(도야마현) 高岡市(다카오카시)
3. 발굴기간 : 2011.6~2011.11
4. 발굴기관 : (財)富山縣文化振興財團埋藏文化財調査事務所
5. 유적 종류 : 관아·장원
6. 점수 : 3

7. 유적과 출토 상황
　出來田南遺跡은 고대와 중세의 복합유적으로 동쪽에 庄川, 서쪽에 千保川, 북서쪽에는 地久

子川이 흐르는 해발 9m 전후의 沖積地에 입지한다. 발견된 유구의 약 8할이 고대이며 중세의 유구는 掘立柱건물 3동, 우물 2기, 구획도랑 등이 있다. 나라시대의 유구는 掘立柱건물 30동 이상, 竪穴건물 7동을 시작으로 柱穴, 토갱, 畠이 있다. 유적의 거의 중앙에는 남동쪽에서 북서쪽으로 흐르는 大溝가 있으며, 그 兩岸에 건물군이 펼쳐져 있다.

목간은 大溝에서 3점 출토되었다. 大溝은 폭이 4.5~10m, 최대 깊이가 약 1.5m에 이른다. 유물은 人面墨書土器 4점과 다수의 묵서토기를 포함한 하지키, 스에키, 齋串, 馬形 각 1점, 挽物의 접시와 뚜껑 등을 포함한 목제품이 다량 출토되었다. 묵서토기에는 '大家', '上川邊', '酒麻呂', '安麻呂', '友田土', '三萬', '五十' 등이 있다.

8. 목간

(1)

· 「丸部飯刀自女上米一半」

· 「十月十六日　　　　　　」

상단부는 사각머리로 하단부는 좌우를 예리하게 깎아서 뾰족하지만, 좌우가 대칭을 이루지는 않는다. '一半'은 수납한 쌀이 五斗인 것을 의미한다고 생각해도 좋다. '一半'이라고 하는 표기는 곡물(대두 등)의 하찰 등으로 유사한 용례가 있지만, 쌀의 경우에는 '五斗'로 기록하는 용례가 대부분이다. 국군향명 및 기년이 기재되지 않은 것, 품목이 쌀인 점으로 보아 근처에 있어서 경작지의 貸借에 따른 賃租를 납부할 때의 하찰로 생각된다.

(2)

· 見見眷𪢠𪢠𪢠𪢠𪢠　□　𪢠𪢠𪢠𪢠𪢠𪢠

·　　　𪢠𪢠𪢠𪢠𪢠𪢠

상하양면이 손상되었지만, 앞면에 치졸한 글자로 '見見眷'과 橫線, 뒷면에도 橫線이 적힌 습서목간이다. '見'과 '眷'은 모두 음이 '겐'이기 때문에 同音文字의 습서로 보인다.

(3)

· 「(符籙)　急々如律令

· 「【五六□□】

呪符木簡이다. 뒷면에는 天地를 반대로 '五六□□'이라고 적혀 있지만 앞뒤 모두 묵서의 상태가 좋지 않다.

9. 참고문헌

富山縣文化振興財團埋藏文化財調查事務所『平成23年度 埋藏文化財年報』2012年

富山縣文化振興財團埋藏文化財調查事務所『とやま發掘だより－平成23年度 發掘調查速報』2012年 中川道子「富山·出來田南遺跡」(『木簡研究』34, 2012年)

8) 櫻町遺跡(中出地區)(87年度調查)

1. 이름 : 사쿠라마치 유적(87년도 조사)
2. 출토지 : 富山縣(도야마현) 小矢部市(오야베시)
3. 발굴기간 : 1987.5~1987.11
4. 발굴기관 : 小矢部市敎育委員會
5. 유적 종류 : 취락
6. 점수 : 5

7. 유적과 출토 상황

櫻町遺跡은 小矢部川과 子撫川의 合流部 西側에 있으며, 시가지와 子撫川 사이의 水田지대에 입지한다. 유적 자체는 조몬시대부터 근세까지 복합적이지만, 대체로 조몬시대 중기부터 말기까지와 아스카시대부터 헤이안시대 전기에 걸친 유구가 중심을 이룬다.

목간은 5점 출토되었는데, 그 밖에 地名, 人名, 神職名을 표기한 묵서토기, 齋串 등의 목제품이 출토되었다.

8. 목간

一石一石 [　] 一

　판목재로 상하 양끝은 손상된 듯하다. 습서목간으로 생각된다.

9. 참고문헌

　小矢部市教委『富山縣小矢部市 櫻町遺跡發掘調査報告書―弥生·古墳·古代·中世編Ⅰ(第1分冊)(第2分冊·寫眞圖版)』(小矢部市埋藏文化財調査報告書51) 2003年

　塚田一成「富山·櫻町遺跡」(『木簡研究』26, 2004年)

9) 五社遺跡(A地區)

1. 이름 : 고샤 유적(A지구)

2. 출토지 : 富山縣(도야마현) 小矢部市(오야베시)

3. 발굴기간 : 1992.7~1993.6

4. 발굴기관 : (財)富山縣文化振興財團埋藏文化財調査事務所

5. 유적 종류 : 취락

6. 점수 : 1

7. 유적과 출토 상황

　五社遺跡은 小矢部川과 庄川에 의해 형성된 礪波平野의 扇中部西端에 위치하고, 小矢部川과 岸渡川 사이에 낀 自然堤防에 입지한다.

　유물은 고훈시대부터 고대에 걸쳐서 하지키, 스에키가 출토되었다. 大足의 縱樺·橫木·足板이 겹쳐진 상태에서 출토되었다. 그중의 橫木 한 개에서 묵서가 확인되었다.

8. 목간

「□〔庄?〕　□□□□□」

묵서는 7글자로 생각되며, 최초의 글자는 '庄'이라 생각되지만 이하는 판독이 불가능하다.

9. 참고문헌

富山縣文化振興財團埋文調査事務所『埋藏文化財年報5 平成5年度』1994年

横山和美·山元祐人「富山·五社遺跡」(『木簡研究』18, 1996年)

富山縣文化振興財團埋文調査事務所『五社遺跡發掘調査報告—能越自動車道建設に伴う埋藏文化財發掘報告Ⅰ(第1分冊)(第2分冊)』(富山縣文化振興財團埋藏文化財發掘調査報告9) 1998年

石川縣埋文保存協會『古代北陸と出土文字資料』1998年

10) 高瀬遺跡

1. 이름 : 다카세 유적
2. 출토지 : 富山縣(도야마현) 南砺市(난토시)
3. 발굴기간 : 1971.4~1971.5
4. 발굴기관 : 富山縣教育委員會
5. 유적 종류 : 장원
6. 점수 : 2

7. 유적과 출토 상황

조사 결과 掘立柱건물 3종, 柵 1조, 蛇行하는 自然流路 1조, 打入板 3곳, 集石遺構, 토갱 약간이 확인되었다.

유적의 건물군 서쪽과 남쪽을 한정한 형태로 폭이 3m이며 깊이가 1m의 자연 유로가 발견되었다. 이 유로의 바닥에 자갈이 얇게 퇴적되어 있고 상반부에는 암갈색의 점질토가 퇴적되어 있다. 이 상반부의 埋土에서 기둥, 나뭇조각 등 대량의 가공 목재와 함께 목간이 출토되었다. 헤이안 전기의 유구로 사용되다 단기간에 폐기된 것으로 보인다.

8. 목간

「昔右支□〔篤?〕易曹上人□〔須?〕難

우측변에 흠이 있고, 하부는 파손되었다. 상부와 좌측변은 조정을 위한 가공을 하였으며 원형은 短冊形일 것이다. 글자는 한 면에만 약간 잔글씨로 적혀 있으며 그 서풍은 단정한 수도권의 분위기이다. 서풍으로 보아 헤이안 중기를 내려가지 않는 것으로 보인다. 문맥은 분명하지 않지만, 한시의 한 구절일지도 모른다.

9. 참고문헌

富山縣教委『高瀨遺跡發掘調査槪報』1972年

富山縣教委『井波町高瀨遺跡·入善町じょうべのま遺跡發掘調査報告書』(富山縣埋藏文化財調査報告書3) 1974年

木簡學會編『日本古代木簡選』岩波書店, 1990年

櫛木謙周「富山·高瀨遺跡」(『木簡研究』14, 1992年)

石川縣埋文保存協會『古代北陸と出土文字資料』1998年

11) 小杉流通業務團地 No.20遺跡

1. 이름 : 고스기류쓰교단치나이 No.20 유적
2. 출토지 : 富山縣(도야마현) 射水市(이미즈시)
3. 발굴기간 : 1978.6~1978.7

4. 발굴기관 : 富山縣敎育委員會

5. 유적 종류 : 취락

6. 점수 : 1

7. 유적과 출토 상황

유적은 小杉町 북측에 펼쳐진 射水平野에서 돌출된 砂丘上에 위치한다. 이 구릉지대는 고대 射水郡의 생산거점으로 고훈시대부터 고대까지의 스에키 가마와 제철관련 생산유적이 집중하고 있다.

목간은 제5호 주거의 주혈로 생각되는 P2에서 1점 출토되었다. 시대는 8세기 후반이다.

8. 목간

- 「一」
- 「二」
- 「三」
- 「三」

주사위 형태의 목제품이다. 유존상태가 좋고 각 면에 '一'에서 '三'까지 순서로 묵서되었다. 형상은 단면 정방형의 방주체로 양쪽 끝은 뿔 모양으로 가공하였다.

9. 참고문헌

富山縣敎委 『富山縣小杉町 流通業務團地No.20遺跡 緊急發掘調査槪要』 1979年

酒井重洋 「富山·小杉流通業務團地No.二十遺跡」 (『木簡研究』 26, 2004年)

12) 北高木遺跡(1次)(A·B區)

1. 이름 : 기타타카기 유적(1차)(A·B구)
2. 출토지 : 富山縣(도야마현) 射水市(이미즈시)
3. 발굴기간 : 1992.5~1992.12
4. 발굴기관 : 大島町教育委員會
5. 유적 종류 : 취락·제사유적
6. 점수 : 1

7. 유적과 출토 상황

목간은 하천유적에서 출토되었다. 유물은 나라시대 후반부터 헤이안시대 초기까지의 것으로 목간도 이 시기에 버려진 것으로 간주된다.

8. 목간

· ×本利併七十五束又□□□〔同本利?〕×

· 【□□又五十□〔束?〕□□】

앞면에는 11글자가 적혀 있다. '빌린 벼와 그 이자를 합쳐서 75束. 또한 같이 원금과 이자……'라고 하는 내용의 出擧에 관련된 목간이다. 동반된 유물은 나라시대 후반부터 헤이안시대 초반까지의 시기로 비정될 수 있다. 그렇다면 5할의 이자가 되어야 한다. 빌린 벼와 그 이자를 합하면 75束이라고 했으므로 빌린 벼는 50束, 그 이자는 25束, 그 합계가 75束이 되므로 계산상으로는 맞다.

9. 참고문헌

安念幹倫 「富山·北高木遺跡」 (『木簡研究』 15, 1993年)

富山縣埋文センター·大島町教委 『富山縣大島町 北高木遺跡發掘調査報告書』 1995年

石川縣埋文保存協會『古代北陸と出土文字資料』1998年

木簡學會編『日本古代木簡集成』東京大學出版會, 2003年

13) 北高木遺跡(3次)(C·D區)

1. 이름 : 기타타카기 유적(3차) (C·D구)

2. 출토지 : 富山縣(도야마현) 射水市(이미즈시)

3. 발굴기간 : 1994.4~1994.12

4. 발굴기관 : 大島町教育委員會

5. 유적 종류 : 취락·제사유적·자연유로

6. 점수 : 9

7. 유적과 출토 상황

목간은 자연유로 터에서 9점이 발견되었다. 본 유구는 유물의 상황, 특히 하지키, 스에키의 시기로 보아 두 시기로 나누어 볼 수 있다. 즉 8세기 말부터 9세기 초까지와, 9세기 중반부터 10세기 초기의 것으로 생각할 수 있다.

8. 목간

(1)

· □諾冠□冠冠□〔歟?〕請冠□　□〔安?〕万呂楊麻□〔呂?〕呂楊□〔楊?〕万呂□〔楊?〕万呂」

· □右□□□□□　　　　　　　　　　　　　　　　　　　　　　　　　　」

이 목간은 습서목간으로 安万呂과 楊万呂이라고 하는 인명이 확인된다. '冠'의 글자가 적힌 목간의 출토는 전국적으로도 드물며 藤原京跡(나라현), 城山遺跡(시즈오카현)의 두 유적에서 확인될 뿐이다. 양 유적에서는 '加冠'이라고 하는 표현으로 사용되고 있는 것에 비해서 본 유적에서는 '請冠'이며, 상당히 드문 표현이다. 시기적으로는 헤이안시대 후반으로 생각된다.

　(2)

· 「道長大神進上申　三月十日

　兄江富繼天女建部乙成女生子兄江千仁女大神解申神×

· 「品治部他當女道長大神進上申事如件三月十日

　이 목간에는 고유명사로 생각되는 '道長大神'와 4명의 이름인 '兄江富繼天女', '建部乙成女', '兄江千仁女', '品治部他當女'와 '三月十日'이라고 하는 날짜를 알 수 있다.

　(3)

· 「[　　　]　□万呂二合　六月廿七八日米三升　　□万呂一升二合

　　　　　　　□万□□合　□万呂一升二合

　　　　　　　□万呂六合　浦万呂一升二合

· 「[　　　]

　거의 육안으로는 판독이 불가능한 목간이지만, 6명분의 인명과 '六月廿七八日', '三升' 등의 수량 및 날짜를 표시하는 기록을 볼 수 있으므로 장부모양의 목간으로 생각된다.

　(4)

· 「春三千百六十束交易又夏一千七百卅二…十二束本　利二千四百卅六□〔束?〕

· 「　　　　　　　　　□□束

　　□□十二口廿六束□□□百六十□…卅二束□□〔在蓑?〕　　□□□
　　　　　　　　　　　　　　　　　　　　　　　　　□□□□〔戶?〕

　出擧에 관련된 기록으로 볼 수 있는 목간이다. 앞면의 문맥은 '春3160束, 夏1732(束, 합쳐서 489), 2束을 本稻로 하고, 그 利稻가 2446束이 되는 것인데, 봄과 여름에 出擧를 실시하고, 그 이자가 5할이라는 것을 알 수 있다.

9. 참고문헌

富山縣埋文센터·大島町教委『富山縣大島町 北高木遺跡發掘調查報告書』1995年

高橋眞実「富山·北高木遺跡」(『木簡研究』17, 1995年)

石川縣埋文保存協會『古代北陸と出土文字資料』1998年

14) 二口五反田遺跡

1. 이름 : 후타쿠치고탄다 유적
2. 출토지 : 富山縣(도야마현) 射水市(이미즈시)
3. 발굴기간 : 1993.1
4. 발굴기관 : 林寺嚴州氏による表面採集
5. 유적 종류 : 취락
6. 점수 : 1

7. 유적과 출토 상황

二口五反田遺跡은 富山縣의 거의 중앙부에 위치한다. 庄川右岸의 扇狀地上에 입지하고 있으며 해발은 약 7m이다.

유적에서는 야요이 후기부터 고훈시대, 나라 및 헤이안시대의 유구가 발견되었다. 야요이시대 중기 및 후기, 고훈시대, 나라 및 헤이안시대, 중세부터 근세의 유물이 출토되었다. 나라 및 헤이안시대의 것은 8세기 중엽부터 9세기 말엽으로 비정된다. 목간은 1993년 포장정비사업 종료 후에 지표면에서 채집된 것이다.

8. 목간

「∨二口村□〔庄?〕」

상단은 좌우로 홈이 있고, 하단은 양 측면을 깎아서 뾰족하다. 하단의 끝은 날카롭지 않고, 약간 손상되었을 가능성이 있다. 한 면에 미약하게 묵흔이 보이지만 글자는 육안으로 거의 판독이 불가능하다. 위의 3글자는 '二口村'으로 읽을 수 있다. 二口村은 天正11년(1583)부터 메이

지시대까지 존재했던 지명이며, 현재도 大門町의 大字名으로 남아 있다. 목간의 연대는 확언할 수 없지만, '二口村'의 지명이 고대까지 거슬러 올라갈 가능성을 생각하게 해 주는 자료라고 말할 수 있다.

9. 참고문헌
久々忠義「富山·二口五反田遺跡」(『木簡研究』20, 1998年)

15) 辻遺跡(2次)

1. 이름 : 쓰지 유적(2차)
2. 출토지 : 富山縣(도야마현) 中新川郡立山町(나카니이카와군 다테야마마치)
3. 발굴기간 : 1989.6~1989.8
4. 발굴기관 : 立山町教育委員會
5. 유적 종류 : 하천
6. 점수 : 2

7. 유적과 출토 상황
立山町은 富山縣의 동남부에 위치하고, 立山連峰에서 근원하는 常願寺川에 의해서 형성된 광대한 扇狀地上에 펼쳐진 마을이다.

유구는 야요이·나라시대의 유물이 교착해서 출토되었으므로 유로가로 생각된다. 유물의 출토 수량으로는 목제품이 많고 齋串, 나막신, 표주박의 국자, 曲物의 밑판 등이 있다. 대량의 나뭇조각, 식물유체 등이 공반되었다. 나라시대의 토기로 스에키는 供膳具, 하지키는 취사도구라고 하는 기능의 분화가 분명하게 보인다. 스에키 가운데 옻칠을 한 것이나 '土'의 묵서가 있는 질그릇이 있다. 특히 질그릇 뚜껑을 전용한 벼루는 목간과 거의 같은 위치에서 출토되어 관련성을 지적할 수 있다. 유물의 대부분이 8세기 전반에 한정된 것이 주목된다.

8. 목간
(1)

- □長□〔谷?〕部是女乙嶋北□〔野?〕三和廣麻呂射水×
- 【□大大　　　□□】(天地逆)

(2)

□〔中?〕□□〔原?〕　　□ [　　　　　　　　　　　　　　　　]
　　　　　　　　　□□〔葦原?〕里正□□〔墨目?〕郡司射水□〔臣?〕[　　　]

위의 두 목간은 원래 하나의 목간이었을 것이다. 함께 땅속에 꽂혀 있는 형태로 출토되어 버려진 것으로 생각된다. 처음에 긴 목간으로서 글자가 적힌 후에 불에 타서 두 개가 되고, 다시 적은 것 같다. 첫 번째의 것은 인물을 열거한 것이고, 두 번째의 것은 내용이 석연치 않지만 '里正'의 글자가 있는 것으로 보아 8세기 전반의 연대에 부합한다. 이 목간이 출토됨으로써 郡司로서 射水씨의 존재를 종래보다 1세기 이상 올라가게 되었다.

9. 참고문헌
立山町敎委 『辻遺跡 第2次發掘調査報告書』(立山町文化財調査報告書12) 1990年
山寄典子 「富山·辻遺跡」(『木簡硏究』12, 1990年)
石川縣埋文保存協會 『古代北陸と出土文字資料』1998年

16) じょうべのま遺跡(1次·3次·5次)

1. 이름 : 조베노마 유적(1차, 3차, 5차)

2. 출토지 : 富山縣(도야마현) 下新川郡入善町(시모니이카와군 뉴젠마치)

3. 발굴기간 : (1次)1970.6, (3次)1972.9~1972.11, (5次)1974.10~1974.12

4. 발굴기관 : 入善町教育委員會·富山縣教育委員會

5. 유적 종류 : 장원

6. 점수 : 9

7. 유적과 출토 상황

じょうべのま遺跡은 黑部川에 의해 형성된 전형적인 扇狀地의 先端部에 위치한다.

목간 및 묵서토기는 헤이안 전기의 건물군의 주혈 등에서 출토되었다. 이 중에 묵서토기는 '西莊'이라고 적힌 것이 다수 출토되었다.

묵서토기 및 목간의 기재 내용으로 보아 유적은 莊家의 터일 것으로 생각된다.

8. 목간

　(1)

　　□□〔山繼?〕

　상단은 사각모양이며 하단은 뾰족하게 만들어졌으며 온전한 형태이다.

　(2)

・□大水可進上□

・月十九□〔日?〕

사용을 끝낸 목간을 용도를 알 수 없는 목제품으로 2차적인 가공을 한 것 같다.

9. 참고문헌

入善町教委·富山縣教委『入善町 じょうべのま遺跡發掘調査概報』1972年

富山縣教委『井波町高瀬遺跡·入善町じょうべのま遺跡發掘調査報告書』(富山縣埋藏文化財調査報告書3) 1974年

入善町教委·富山縣教委『入善町 じょうべのま遺跡發掘調査槪要3』1975年

木簡學會編『日本古代木簡選』岩波書店, 1990年

櫛木謙周「富山·じょうべのま遺跡」(『木簡研究』14, 1992年)

石川縣埋文保存協會『古代北陸と出土文字資料』1998年

15. 石川縣

1) 近岡遺跡

1. 이름 : 지카오카 유적
2. 출토지 : 石川縣(이시카와현) 金澤市(가나자와시)
3. 발굴기간 : 1983.7~1984.3
4. 발굴기관 : 石川縣立埋藏文化財センター
5. 유적 종류 : 취락
6. 점수 : 1

7. 유적과 출토 상황

야요이시대 말기부터 고훈시대 초기의 大溝가 발견되었고, 목간 등 헤이안 시기의 유물은 大溝의 북쪽에 편재하여 출토되었다. 溝 안의 퇴적토와 유물의 출토 상황을 검토하였는데 大溝의 북쪽에는 헤이안 시기의 유구가 존재했을 가능성이 있지만, 조사범위의 한계로 규모는 명확하게 알 수 없었다.

목간과 동반된 출토유물에는 人形 4점과 '依'로 읽을 수 있는 온전한 형태의 묵서토기가 1점 있다. '依'의 묵서토기의 연대는 10세기 초 전후로 비정된다.

8. 목간

×解申田中殿□□〔目代?〕□

상·하단 및 좌측에 손상이 있고, 좌측 아랫부분에 걸쳐서 불탄 흔적이 확인된다. 목간의 내용에 대해서는 解文으로 생각된다. 田中殿 아래의 두 글자는 좌변에 작게 묵서되어 있어서 '目代'라고 읽을 수 있을 가능성이 있다. 그러나 '代'라고 읽기 위해서는 좌방 변에 난점이 있어서 판정할 수 없다. 아래의 한 글자에 대해서는 타버렸기 때문에 판독이 곤란하다. 연대에 대해서는 동반 출토된 묵서토기가 시기를 알 수 있는 유일한 자료이며 이에 따르면 10세기 초기 전후에 비정할 수 있다.

9. 참고문헌

石川縣立埋文センター『金澤市 近岡遺跡－金澤港泊地造成事業關係埋藏文化財發掘調査槪要報告書7』1984年

戸潤幹夫「石川・近岡遺跡」(『木簡研究』6, 1984年)

石川縣立埋文センター『石川縣立埋藏文化財センター年報5 昭和58年度』1985年

石川縣立埋文センター『近岡遺跡』1986年

石川縣埋文保存協會『石川縣出土文字資料集成』1997年

2) 千木ヤシキダ遺跡(3次)

1. 이름 : 세기야시키다 유적(3차)

2. 출토지 : 石川縣(이시카와현) 金澤市(가나자와시)

3. 발굴기간 : 1989.9~1989.12

4. 발굴기관 : 金澤市教育委員會

5. 유적 종류 : 취락

6. 점수 : 1

7. 유적과 출토 상황

千木ヤシキダ遺跡은 金腐川右岸에 위치하는 고훈시대부터 중세에 걸친 복합유적이다. 이 유구는 헤이안시대의 호상가옥을 중심으로 우물, 담, 地鎭遺構 등이 있다. 地鎭遺構에는 총 77매의 皇朝錢이 출토되어 특기할 만하다. 목간은 木扇의 조각으로 대형건물 부근에서 출토되었다.

8. 목간

□是□□□□[   ]□[   ]。」

　　삼나무재의 부채살에 묵서되어 있다. 하단부는 반원형으로 마무리되었으며 직경 2㎜의 구멍이 나 있다. 扇面經 혹은 轉用木簡의 가능성을 생각할 수 있다.

9. 참고문헌

金澤市敎委 『金澤市 千木ヤシキダ遺跡Ⅱ-平成元·2年度發掘調査報告書』(金澤市文化財紀要86) 1991年

石川縣埋文保存協會 『石川縣出土文字資料集成』 1997年

出越茂和 「石川·千木ヤシキダ遺跡」(『木簡硏究』 28, 2006年)

3) 西念·南新保遺跡

1. 이름 : 사이녠·미나미신보 유적
2. 출토지 : 石川縣(이시카와현) 金澤市(가나자와시)
3. 발굴기간 : 1984.7~1989.7
4. 발굴기관 : 金澤市敎育委員會
5. 유적 종류 : 취락
6. 점수 : 1

7. 유적과 출토 상황

　　西念·南新保遺跡은 동쪽과 서쪽을 淺野川과 犀川이, 북쪽을 大野川으로 구획된 저습지로 경사가 완만한 충적평야에 입지하고 있다.

　　목간은 하천의 터 상층에서 출토되었다. 이 하천에서 목간과 함께 8세기 후반부터 9세기 전반의 스에키, 하지키, '甲', '河戶', '莊', '吉成', '記', '常石' 이라고 적힌 묵서토기, 曲物의 바닥판이 출토되었다.

8. 목간

須留女

  '須留女'에 대해서는 元和古活字本『和名類聚抄』에, "小蛸魚和名知比佐岐太古一云須留女"라 고 기재되어, 『箋注倭名類聚抄』에는 '須流米'라고 기재되어 있다.

9. 참고문헌

金澤市教委·金澤市『金澤市 西念·南新保遺跡Ⅱ』(金澤市文化財紀要77) 1989年
楠正勝「石川·西念·南新保遺跡」(『木簡研究』16, 1994年)
石川縣埋文保存協會『石川縣出土文字資料集成』1997年

4) 三小牛ハバ遺跡

1. 이름 : 미쓰코지하바 유적
2. 출토지 : 石川縣(이시카와현) 金澤市(가나자와시)
3. 발굴기간 : 1987.4~1987.12
4. 발굴기관 : 金澤市敎育委員會
5. 유적 종류 : 사원
6. 점수 : 3

7. 유적과 출토 상황

三小牛ハバ遺跡은 평탄지에 입지하고, 해발은 150~170m이다. 주변에는 조몬, 나라, 헤이

안시대의 유적이 있으며, 그 밖에도 몇 군데의 헤이안시대의 유물이 채집되었다.

목간은 L자형 해자의 코너 부분에서 3점 출토되었다. 함께 출토된 유물은 다수의 스에키, 하지키, 목기 이외에 나라 삼채, 묵서토기가 출토되었다. 묵서토기에는 '三千', '三千寺', '太繩', '厨', '氣成', '佐木', '沙弥', '弥', '沙弥古萬呂', '廣'의 글자가 확인되었다.

8. 목간

(1)

· 「∨有　有

· 「∨道　道

(2)

□山山寺□

위의 두 목간은 습서목간이다.

(3)

【□大大大大】□間家□

寫經用 定規, 즉 기준자에 묵서한 것이다.

9. 참고문헌

金澤市教委·毎田建設(株)『金澤市三小牛ハバ遺跡調査概報』1988年

南久和「石川·三小牛ハバ遺跡」(『木簡研究』11, 1989年)

金澤市教委『三小牛ハバ遺跡』(金澤市文化財紀要112)1994年

石川縣埋文保存協會『石川縣出土文字資料集成』1997年

5) 上荒屋遺跡(4次)

1. 이름 : 가미와라야 유적(4차)
2. 출토지 : 石川縣(이시카와현) 金澤市(가나자와시)
3. 발굴기간 : 1991.4~1991.12
4. 발굴기관 : 金澤市敎育委員會
5. 유적 종류 : 장원
6. 점수 : 55

7. 유적과 출토 상황

上荒屋遺跡은 手取川扇狀地의 扇端, 安原川유역의 微高地에 입지하고 있다. 에도시대까지는 上荒屋의 취락까지 安原川을 사용하여 뱃짐을 옮기는 등 교통이 좋은 곳이기도 하다.

목간은 53점 출토되었다. 모두 폭 약 8m에 깊이 약 2m의 하천에서 나온 것이다. 나라 및 헤이안시대의 건물로 생각되는 것은 개축을 포함하여 23동의 호상가옥을 발견하였다. SD40에서는 목간 및 묵서토기 이 외에 齋串이 65점, 人形이 25점, 馬形 그 밖에 形代 등의 목제품이나 帶金具, 銅鈴, 儀鏡 등의 금속제품이 출토되었다.

8. 목간
　(1)
「品治部君足黒五斗二升 」
　(2)
「荒木佐ツ麻呂黒五斗二」
　(3)
・「酒人月朔 」
・「　奉　　　」

(4)

「∨大根子籾種一石二斗」

(5)

「秦於政□〔大〕神山人進上」

付札木簡이 25점 있는데, 전체의 약 반수를 차지한다. 그중에 대부분은 백미 및 흑미의 부찰로 그 특징은 다음과 같다.

① 기본적인 서식은 '貢進者＋黑(米) 또는 白米＋糧目'이다.

② 그 형태는 長岡京木簡에서 많이 보이는 상단을 山形으로 하고 하단을 양 측면에서 깎아 뾰족하게 한 점이 특징이다.

③ 거의 같은 시기의 長岡京木簡과 비교해서 소형이다.

④ 郡鄕名을 기재하지 않는다.

⑤ 목간의 뒷면에 기재 내용이 없다.

⑥ 연월일을 기재하지 않는다.

⑦ 백미 5두에 비해서 흑미의 경우에는 '5두2승'이라고 기록한 것은 아마도 精白代를 플러스해서 공진한 것으로 생각된다.

⑧ 인명은 성을 생략한 것도 있다.

9. 참고문헌

金澤市敎委·金澤市『金澤市 上荒屋遺跡槪報―東大寺領横江庄「東庄」所跡』(金澤市文化財紀要94) 1991年

小西昌志·出越茂和·平川南「石川·上荒屋遺跡」(『木簡研究』13, 1991年)

金澤市敎委『東大寺領横江荘推定地 上荒屋遺跡(2)奈良·平安時代1』(金澤市文化財紀要106) 1993年

石川縣埋文保存協會『石川縣出土文字資料集成』1997年

金澤市埋文센터·金澤市敎委『石川縣金澤市 上荒屋遺跡Ⅳ 中世·馬具·木簡·木製品』

(金澤市文化財紀要165) 2000年

　木簡學會編『日本古代木簡集成』東京大學出版會, 2003年

6) 上荒屋遺跡(5次)

　1. 이름 : 가미와라야 유적(5차)

　2. 출토지 : 石川縣(이시카와현) 金澤市(가나자와시)

　3. 발굴기간 : 1991.5~1991.10

　4. 발굴기관 : 金澤市教育委員會

　5. 유적 종류 : 장원

　6. 점수 : 2

　7. 유적과 출토 상황

　上荒屋遺跡은 手取川扇狀地의 扇端에 입지한다. 전근대까지는 安原川을 사용하여 뱃짐을 부리는 등 水運의 교통이 좋은 곳이기도 하다.

　목간은 56점이 출토되었다. 나라·헤이안시대의 초기 장원의 경영 등에 관한 것이므로 9세기의 유구는 東大寺領橫江莊으로 추정되고 있다.

　8. 목간

　　(1)

　　　　　, 別止萬呂 , 服部安万呂二人

　　万呂 , 福繼　　　, 三田万呂　　　　」

　각 인명의 상부에 흑점을 찍고 있으며, 해당 유적에서는『木簡研究』13호에 게재한 (21)에 이어서 두 번째 예시이다. 흑점은 무언가 잘 생각해서 검사한 흔적으로 생각된다. 13호에 게재된 (14)의 표, 최초의 부분은 '別止萬呂十一束'이라 읽으며 이 목간의 '別止萬呂'와 동일인으로 보아도 좋을 것 같다.

(2)

「∨壹斛一斗三升」

상단 좌우에 홈이 있는 부찰목간으로 해당 유적에서는 유사한 용례가 8점 있으며 그중에 수량이 기재되어 있는 것은 6점 있다. 일반적으로 좌우에 홈이 없는 것은 '白米', '黑米'의 부찰 목간은 5斗가 기본적인 수량이지만, 앞서 서술한 6점은 13호에 기재한 (5)의 '籾種一石二斗'의 그 외에는 품목이 개재되어 있지 않고, 또한 그 무게는 모두 1석 이상이다.

9. 참고문헌

金澤市教委·金澤市『金澤市 上荒屋遺跡槪報一東大寺領横江庄「東庄」所跡』(金澤市文化財紀要94) 1991年

小西昌志「石川·上荒屋遺跡」(『木簡研究』14, 1992年)

金澤市教委『東大寺領横江荘推定地 上荒屋遺跡(2)奈良·平安時代1』(金澤市文化財紀要106) 1993年

石川縣埋文保存協會『石川縣出土文字資料集成』1997年

金澤市埋文センター·金澤市教委『石川縣金澤市 上荒屋遺跡Ⅳ 中世·馬具·木簡·木製品』(金澤市文化財紀要165) 2000年

7) 戸水大西遺跡(2次)

1. 이름 : 도미즈오니시 유적(2차)
2. 출토지 : 石川縣(이시카와현) 金澤市(가나자와시)
3. 발굴기간 : 1993.5~1993.9

4. 발굴기관 : 金澤市教育委員會

5. 유적 종류 : 관아

6. 점수 : 9

7. 유적과 출토 상황

戶水大西遺跡은 金澤市街地의 西方에 위치하고 동해까지는 약 3㎞이다.

유구에서 주목되는 것은 T자형으로 뻗어 있는 규칙적인 大溝이다. 동서 溝 SD30은 폭이 약 4m, 깊이가 약 0.5m로 약간 얕지만, 직선으로 약 180m 이상 되는 이곳에서 목간 8점이 출토되었다.

유물은 다종다양하게 출토되었는데, 食膳具로 스에키 및 흑색토기, 貯藏具로 스에키, 취사도구로 하지키가 사용되었다. 목기는 著, 橫櫛, 曲物, 나막신, 漆器 등이 있다. 제사도구에는 人形 25점, 馬形 2점, 舟形 3점, 齋串 50점 이상, 銅鈴 1점이 있다. 묵서토기는 약 300점 출토되었다. 그중에 200점을 판독할 수 있다. 그중에 '宿家'라고 기재한 토기는 8세기 말에서 9세기 초엽으로, '大市'는 加賀立國(823년) 후의 9세기 전반에서 중엽에, '西', '西家'는 9세기 후반으로 비정할 수 있다.

8. 목간

(1)

「(符籙)急々如律令

아마도 길이가 50㎝가 넘는 대형 呪符목간으로 머리 부분은 사각 형태이다.

(2)

∨□竈鳥□□□□〔眞公?〕□□□□□□□□□□　　　　∨

　　□秦眞公□家竈□〔鳥?〕弘仁十三年五月一日庚寅　　　」

상부에 흠이 있는 장대한 것이기 때문에 묵이 퇴색되어 있어서 글자가 부풀어 오른 것으로 판독하였다. 秦眞公, □家鳥의 인명이 두 번이나 등장 가능성이 있다. 弘仁十三年은 加賀立國

전년에 해당한다.

9. 참고문헌

出越茂和「石川·戸水大西遺跡」(『木簡研究』16, 1994年)

石川縣埋文保存協會『石川縣出土文字資料集成』1997年

金澤市埋文センター·金澤市教委『戸水遺跡群Ⅱ 戸水大西遺跡Ⅰ』(金澤市文化財紀要 160) 2000年

8) 戸水大西遺跡(3次)
9) 戸水大西遺跡(4次)

1. 이름 : 도미즈오니시 유적(3·4차)

2. 출토지 : 石川縣(이시카와현) 金澤市(가나자와시)

3. 발굴기간 : 1996.8~1996.11 ; 1997.11~1997.12

4. 발굴기관 : 金澤市教育委員會

5. 유적 종류 : 취락·장원 관련

6. 점수 : 1

7. 유적과 출토 상황

유적은 金澤市의 북방 淺野川과 大野川 사이의 沖積地에 있다.

이 유적에서는 많은 掘立柱건물, 溝, 우물 등이 발견되었는데 묵서토기나 목간 등의 문자자료가 매장된 곳은 SD30이라고 이름 붙인 溝이다. 이 유구에서는 다양한 토기 목기와 함께 묵서토기, 齋串, 形代 등의 제사도구가 출토되었다. 목간 2점 모두 溝의 하층에서 출토되었다.

8. 목간

   (1)

「□□□□□□〔謹解殿門御稻?〕

   우측의 반과 아랫부분을 쪼개서 기둥 형태를 띠고 있다. 상부에 칼집을 넣어서 부러트린 흔적이 보인다. 묵흔은 명료하다.

   (2)

・「[   ]

     [   ]

・「[   ]

   □〔相?〕[   ]

   아랫부분 및 좌우 양쪽이 손상되어 있다. 앞뒷면에 2행씩 묵서한 것으로 생각되지만, 판재의 표면이 벗겨져 떨어져 나가서 거의 판독이 불가능하다.

9. 참고문헌

   前田雪惠 「石川·戶水大西遺跡」(『木簡硏究』 20, 1998年)

   金澤市埋文センター 『平成9年度 金澤市埋藏文化財調查年報』(金澤市文化財紀要145) 1998年

   金澤市埋文センター·金澤市敎委 『金澤市 戶水遺跡群Ⅲ 戶水大西遺跡Ⅱ』(金澤市文化財紀要174) 2001年

10) 金石本町遺跡(3次)

   1. 이름 : 가나이와혼마치 유적(3차)

   2. 출토지 : 石川縣(이시카와현) 金澤市(가나자와시)

3. 발굴기간 : 1986.9~1986.12

4. 발굴기관 : 石川縣立埋藏文化財センター

5. 유적 종류 : 관아·하도

6. 점수 : 2

7. 유적과 출토 상황

金石本町遺跡은 金澤市를 흐르는 犀川河口域에 위치한다. 倉庫群을 포함한 다수의 건물이 확인되었는데 나루터와 관련된 곳을 보인다.

목간은 유적의 중앙을 흐르고 있는 II區大溝에서 2점 출토되었다. 토기는 8세기 후반에서 9세기 후반을 중심으로 하는 시기의 것이다. '稻麻呂', '吉城'이라고 기재된 묵서토기가 출토되었다.

8. 목간

   (1)

·□一石 又 倉部安倍弓田直七束
             贊人□萬呂[　　　　　]

·併　　卅四束

   (2)

·□鳥大大夫□

·[　　　　　　]

위의 두 목간은 상·하단 모두 손상되었고 사철나무 재질이다. 두 번째 목간은 습서로 추정된다. 첫 번째 목간의 '人' 이후의 □은 '黑'자나 '里'자로 생각된다.

9. 참고문헌

石川縣埋文センター·石川縣敎委『金澤市金石本町遺跡―縣土幹線軸道路整備工事に係る埋

藏文化財發掘調查報告書 緊急地方道路整備工事(3.3.2臨港線)に係る埋藏文化財發掘調査報告書』2009年

平川南·武井紀子·大西顯「石川縣金澤市金石本町出土木簡について」(『石川縣埋藏文化財情報』23, 2010年)

大西顯「石川·金石本町遺跡」(『木簡研究』32, 2010年)

11) 金石本町遺跡(8次)

1. 이름 : 가나이와혼마치 유적(8차)

2. 출토지 : 石川縣(이시카와현) 金澤市(가나자와시)

3. 발굴기간 : 1995.5~1995.9

4. 발굴기관 : 石川縣立埋藏文化財センター

5. 유적 종류 : 관아·하도

6. 점수 : 3

7. 유적과 출토 상황

金石本町 유적은 金澤시가지의 북서, 동해 연안에서 약 1㎞ 내륙에 있으며 犀川·淺野川을 비롯한 크고 작은 하천에서 형성된 충적지의 西端에 위치한다.

金石本町 유적의 북반부는 야요이시대 중기의 유구가 분포하고, 야요이시기부터 고훈시대의 주거지도 있다. 유적의 시기는 대체로 7세기 후반부터 9세기 전반이다. 그중에서도 7세기 후반에서 8세기 전반에는 3間×9間에 이르는 대형 掘立柱건물 등을 거느리고, 후에 加賀國의 영역에서도 1, 2를 다투는 거점적인 취락이었던 것으로 보아도 큰 차이는 없을 것이다.

목간은 河道에서 3점 출토되었다.

8. 목간

(1)

· 「[   ]□□□父御前申田□

· 「□□□□阿皆欲難□□

하단과 좌측면이 손상되어 있다. 내용은 명확하지 않지만, '아무개의 앞에서 아뢰다'라고 하는 문서형식, 또는 '阿'자에 있어서 𨸏에 대한 오른쪽의 첫 번째 획이 상당히 아래에서 긋고 있는 자형상의 특징으로부터 7세기의 요소를 포함하고 있다.

(2)

「伍伯[   ]□〔長?〕[   ]」

홈 부분과 우측면 및 하단의 일부가 손상되어 있지만 거의 온전한 형태를 유지하고 있다. '伍伯'이라고 하는 숫자나 형상으로 볼 때 부찰이었을 것으로 보이지만 내용은 명확하지 않다.

(3)

□稻 大者君稻廿三」

상단부는 손상되었지만 본래 短冊形이었을 것으로 추측된다. '大者君'이란 존칭의 한 종류로 생각되며 그렇다면 본 목간은 존칭+벼+수량이라고 하는 표현에 의한 出擧木簡으로 생각하는 것이 타당하며 연대는 7세기 후반의 특징을 가지고 있는 것으로 평가된다.

9. 참고문헌

石川縣立埋文センター『石川縣立埋藏文化財センター年報17 平成7年度』1997年

石川縣立埋文センター『金石本町遺跡ー錢五記念館(仮称)建設工事に係る埋藏文化財發掘調査報告書』1997年

滝川重德「石川·金石本町遺跡」(『木簡研究』20, 1998年)

12) 金石本町遺跡(9次)

1. 이름 : 가나이와혼마치 유적(9차)
2. 출토지 : 石川縣(이시카와현) 金澤市(가나자와시)
3. 발굴기간 : 1996.5
4. 발굴기관 : 金澤市教育委員會
5. 유적 종류 : 관아
6. 점수 : 1

7. 유적과 출토 상황

金石本町遺跡은 金澤市內를 흐르는 犀川右岸의 河口부근에 위치한다. 주로 나라·헤이안시대의 유적으로 3間×9間의 대형 掘立柱건물과 倉庫群, 河道 터 등이 확인되었다.

이 유구에서는 고훈시대부터 나라·헤이안시대에 걸친 유물을 중심으로 목간 3점, 약 200점 이상의 묵서토기, 齋串, 人形, 舟形 등의 제사유물이나 淨瓶 등이 출토되었다.

8. 목간

「二月廿八日槐本連甲奉米一石」

　형상은 方頭로 선단은 뾰족하다. 묵흔은 앞면만 있고 뒷면에는 확인되지 않는다.

9. 참고문헌

久保有希子「石川·金石本町遺跡」(『木簡研究』19, 1997年)

金澤市埋文センター·金澤市教委『扇台遺跡·金石本町遺跡·矢木ジワリ遺跡·夕日寺跡遺跡』(金澤市文化財紀要152) 1999年

13) 大友西遺跡

1. 이름 : 오토모니시 유적
2. 출토지 : 石川縣(이시카와현) 金澤市(가나자와시)
3. 발굴기간 : 1994.4~1994.10
4. 발굴기관 : 金澤市敎育委員會
5. 유적 종류 : 취락·장원, 근대구
6. 점수 : 2

7. 유적과 출토 상황

大友西遺跡은 金澤市街地의 西方에 위치하고, 북으로는 大野川이, 남으로는 犀川이 흐른다.

헤이안시대의 주요 유구는 호상가옥 9동, 우물 5기, 皇朝錢을 매장한 地鎭 터 1곳 등이 있다. 목간은 우물 SE01의 掘形에서 출토되었다.

8. 목간

「∨泉在內□

'泉'은 8세기 후엽의 묵서토기에 출현하고 9세기 후반까지 존속했으므로 지명의 가능성도 생각할 수 있다.

9. 참고문헌

出越茂和「石川·大友西遺跡」(『木簡研究』17, 1995年)

石川縣理文保存協會『石川縣出土文字資料集成』1997年

金澤市理文センター·金澤市『大友西遺跡Ⅰ(航空測量圖編)』(金澤市文化財紀要179) 2001年

金澤市理文センター·金澤市『石川縣金澤市 大友西遺跡Ⅱ(本文編)』(金澤市文化財紀要 180) 2002年

金澤市理文センター·金澤市『石川縣金澤市 大友西遺跡Ⅲ』(金澤市文化財紀要196) 2003年

14) 磯部カンダ遺跡

1. 이름 : 이소베칸다 유적

2. 출토지 : 石川縣(이시카와현) 金澤市(가나자와시)

3. 발굴기간 : 1995.7~1995.12

4. 발굴기관 : 金澤市教育委員會

5. 유적 종류 : 취락? 관아

6. 점수 : 5

7. 유적과 출토 상황

磯部カンダ遺跡은 金澤市街地의 북방 약 2㎞에 위치하고 서쪽 약 0.5㎞에는 淺野川이 있다. 조사 결과 헤이안시대(9세기~10세기를 주체로 하는)의 유물을 포함하는 자연유로(폭 9m, 깊이 2m)와 掘立柱건물 몇 동(규모 불명)이 발견되었으며 自然流路에서는 다량의 제사유물이 출토되었다. 현재, 人形 17점, 齋串36점, 鳥形 1점이 있으며, 그 밖에 제사와 관련한 것으로 생각되는 銅製鈴 1점이 출토되었고, 목간도 이 자연유로에서 출토되었다.

묵서토기는 스에키, 하지키를 합쳐서 50점 출토되었는데 주요 묵서로는 '大'가 4점, '大野'가 3점으로 많고, 그 밖에는 '酒坏', '豊', '宮', '里', '十二月□', '三月□'이 있다. '大野'는 해당 유적에서 북서쪽 약 5㎞에 위치하는 지역의 고대 加賀郡의 鄕名이 보인다.

8. 목간

「元慶五年十一月」

글자는 곡물의 바닥판 안쪽에 묵서되어 있다. 元慶五年은 서기 881년에 해당한다.

9. 참고문헌

楠正勝「石川·磯部カンダ遺跡」(『木簡研究』18, 1996年)

石川縣埋文保存協會『石川縣出土文字資料集成』1997年

金澤市埋文センター『磯部カンダ遺跡』(金澤市文化財紀要154) 1999年

楠正勝「石川·磯部カンダ遺跡(第一八號)·釋文の訂正と追加」(『木簡研究』22, 2000年)

15) 神野遺跡

1. 이름 : 가미노 유적

2. 출토지 : 石川縣(이시카와현) 金澤市(가나자와시)

3. 발굴기간 : 1997.5~1997.12

4. 발굴기관 : 金澤市教育委員會

5. 유적 종류 : 취락

6. 점수 : 3

7. 유적과 출토 상황

본 유적은 金澤市의 西方 犀川西岸의 沖積平野에 위치한다. 기본적으로 고대의 유적이지만, 부분적으로 야요이·고훈시대의 유구 및 유물도 확인된다. 목간이 출토된 유구는 9세기 중엽부터 후반에 걸쳐서 유물이 출토되었다. 그 밖에 '松', '綱長' 등이라고 기재한 묵서토기나 목제人形 등의 목제품이 출토되었다.

8. 목간

□□二百六十四束

[   ]

목간의 윗부분과 좌측의 글자가 끊어져 있으므로 적어도 그 방향은 2차적으로 가공한 것 같다. 목간으로 사용한 후에 무언가 목제품으로 전용했을 가능성이 크다. 또 뒷면에는 세로로 홈이 패어 있는데 그것이 목간으로서 기능하고 있을 당시의 것인지, 2차적인 것인지는 판단할 수 없다. 앞면에는 알 수 없는 두 글자에 이어서 '二百六十四束'의 글자가 적혀 있다. 벼의 수량을 기록한 것으로 생각되며 出擧에 관련된 자료일 가능성이 크다. 몇 사람분을 합쳐서 기록한 것 같다. 가령 10인분으로 합쳐서 가정하면 1인분에 벼의 양은 약 26束이 된다.

9. 참고문헌
谷口明伸「石川·神野遺跡」(『木簡研究』21, 1999年)

金澤市理文センター·金澤市教委『金澤市 神野遺跡Ⅱ』(金澤市文化財紀要168) 2001年

16) 觀法寺遺跡

1. 이름 : 간포지 유적

2. 출토지 : 石川縣(이시카와현) 金澤市(가나자와시)

3. 발굴기간 : 1999.5~1999.8

4. 발굴기관 : ㈶石川縣理藏文化財センター

5. 유적 종류 : 취락·도로

6. 점수 : 1

7. 유적과 출토 상황
본 유적은 金澤市 北東部에 위치한다. 북서 방향에는 河北潟이 펼쳐지고, 북쪽에는 能登이 있으며, 동쪽으로 낮은 구릉지대를 건너면 富山縣이 있다. 조사 결과 고훈시대 초두의 토기 및 玉造 관련의 유물이 출토된 溝, 나라시대로 보이는 掘立柱건물과 우물, 거의 평행해서 달리는 2조의 溝를 확인하였다. 목간이 출토된 이 溝의 토기류는 8세기 말경의 스에키가 많고, 묵서토기로 생각되는 개체도 몇 점이 보이지만, 모두 판독이 불가능하다.

8. 목간

加志皮急

상하와 좌측면이 손상되어 있다. 묵서는 한 면에만 보이며 4글자 모두 묵흔은 상당히 명료하다. '加志皮'는 인명으로 생각된다.

9. 참고문헌

石川縣埋文センター『石川縣埋藏文化財情報3』2000年 松浦郁乃「石川·觀法寺遺跡」(『木簡研究』22, 2000年)

石川縣埋文センター·石川縣教委『金澤市 觀法寺遺跡──一般國道159號(金澤東部環狀道路)改築工事に係る埋藏文化財發掘調査報告書6』2013年

17) 畝田·寺中遺跡(99年度調査)

1. 이름 : 우네다·지추 유적(99년도 조사)
2. 출토지 : 石川縣(이시카와현) 金澤市(가나자와시)
3. 발굴기간 : 1999.5~2000.1
4. 발굴기관 : (財)石川縣埋藏文化財センター
5. 유적 종류 : 관아·하도
6. 점수 : 2

7. 유적과 출토 상황

본 유적은 동해로 향하는 犀川과 大野川 하구부의 扇狀地上에 입지하고 있으며, 유적지 내에는 犀川지류의 하나인 大德川이 흐른다.

이 유적에서는 고훈시대 중·후기, 나라·헤이안시대의 유구가 발견되었는데 溝 SD031에서 목간이 출토되었다. 이 유구에서는 묵서토기 30점, 목간 1점이 출토되었다. 묵서토기 13점의 '津'자를 중심으로 '山田', '男山' 등이 확인되었으나 옛 河道에서 반 이상을 차지한 '語'자 그룹에 속하는 것은 확인되지 않았다. 묵서된 스에키의 시기도 8세기 중엽에서 후반에 걸쳐 있어 옛 河道와 그 성격을 달리하는 것 같다.

8. 목간

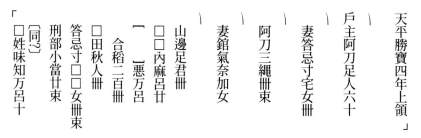

판재를 횡으로 사용하였으며 두 개로 부러진 상태에서 출토되었다. 전체적으로 '個人名+稻束量'이 나열되어 있으므로 出擧 관련 목간이라 생각된다. '上領'의 단어에서 出擧返納 시에 작성된 기록간으로 간주할 수 있을 것 같다. 合點은 창고에 수납할 때 표시한 것일까? 기록양식은 籍帳類로부터 발췌하여 적은 것 같은 규칙성이 있는 것으로, 총계로 기재한 '合稻二百卅'을 경계로서 전반부와 후반부로 나누어 볼 수 있다. 전반부는 '戶主', '妻'의 혈연관계의 기재가 보이기 때문에 이 목간의 歷名은 阿刀足人의 戶에 대해 기록하고 있는 것으로 생각되며 出擧가 戶를 단위로 하여 실시되고 있었던 실태를 보여주고 있다. 후반부의 4명도 같은 호적구성원으로 생각되지만, 기재양식도 다르고 合點도 없으므로 出擧稻 미납자를 나열한 것으로 해석하고 싶다.

9. 참고문헌

石川縣埋文センター 『石川縣埋藏文化財情報3』 2000年

和田龍介 「畝田·寺中遺跡第一號木簡覚書」(石川縣埋文センター 『石川縣埋藏文化財情報』

4) 2000年

和田龍介 「石川·畝田·寺中遺跡」(『木簡研究』 22, 2000年)

木簡學會編 『日本古代木簡集成』 東京大學出版會, 2003年

18) 畝田·寺中遺跡(01年度調査)

1. 이름 : 우네다·지추 유적(01년도 조사)
2. 출토지 : 石川縣(이시카와현) 金澤市(가나자와시)
3. 발굴기간 : 2001.5~2001.12
4. 발굴기관 : (財)石川縣埋藏文化財センター
5. 유적 종류 : 관아·하도
6. 점수 : 6

7. 유적과 출토 상황

본 유적은 동해로 향하는 犀川과 大野川 하구부의 扇狀地上에 입지하는 야요이시대부터 중세까지의 복합유적이다.

이 유적에서는 고훈시대 중후기, 나라·헤이안시대, 가마쿠라·무로마치시대의 유구가 확인되었다. 목간을 포함한 고대 유물은 유적을 남북으로 蛇行하면서 흐르는 하천 터에서 출토되었다. 이 하천 터에서는 나라시대의 유물이나 약간의 묵서토기와 함께 목간이 6점 출토되었다.

8. 목간

(1)

- 「郡□〔符?〕　　大野鄕長□〔等?〕　　　件□[　　]
- 「　　　　　　　　　　　　　　　　　「主政」
　　罪科知□出火急
　　　　　　　　　　　　　　　　　「主帳」

앞부분에 '郡□'라고 있는 것에서 郡府木簡으로 생각된다. 뒷면에 '主政' '主帳'이 각각 다른 글씨로 기록되어 있어 보내는 사람은 加賀郡司, 받는 곳은 본 유적 일대를 포함한 加賀郡大野鄕의 鄕長이다. 군부목간의 대부분이 2척인 것을 생각하면 본 목간은 거의 중앙에서 부러져 폐기된 것으로 추측할 수 있다. 기재 내용은 명확하지 않은데 뒷면에 '出火急'이라고 쓰여 있어 소환을 목적으로 한 것으로 생각된다.

(2)

「追　召　阿部淮下女

　　　　山邊志祁良

우측 부분과 하단부가 손상되었다. 召文木簡으로 생각된다. 첫 글자 '追'는 추가를 의미하는 가능성이 있다. '追'가 중앙에 온다면 歷名部分은 3행 쓰기였을 가능성이 있다. 좌행의 '山邊志祁良'은 본 유적 출토의 1호 목간에 同姓者가 보인다.

(3)

- 「幡部連弘万呂白米一石」
- 「　　　　　　　『御物』」

온전한 형태로 삼나무를 사용하였다. '幡部連'은 확인한 결과 그 밖의 자료에서는 나타나지 않고 '秦部連'의 별도 표기로 생각된다. '弘'은 이체자로 기록되어 있다. '御物'은 앞면과 다른 필체로 기록하고 있으며 '白米一石'의 용도를 나타내는 것 같다.

9. 참고문헌

石川縣埋文センター『石川縣埋藏文化財情報8』2002年

和田龍介「石川·畝田·寺中遺跡」(『木簡研究』24, 2002年)

19) 畝田·寺中遺跡(02年度調査)

1. 이름 : 우네다·지추 유적(02년도 조사)

2. 출토지 : 石川縣(이시카와현) 金澤市(가나자와시)

3. 발굴기간 : 2002.4~2002.12

4. 발굴기관 : (財)石川縣埋藏文化財センター

5. 유적 종류 : 관아·하도

6. 점수 : 2

7. 유적과 출토 상황

畝田·寺中遺跡 犀川과 大野川 하구부의 扇狀地上에 입지하는 조몬시대부터 중세까지의 복합유적이다.

이 유적에서는 야요이시대, 고훈시대 중기부터 후기, 나라시대부터 무로마치시대의 유구가 발견되었다. 유적은 주로 나라시뎅 해당하며 옛 유로, 溝에서 목간 8점과 200점 이상의 묵서토기가 출토되었다.

이 조사에서는 새로이 조몬시대 후기의 유구가 발견되었다. 또 나라시대의 것으로 생각되는 대형 호상가옥 1동과 창고 8동이 발견되어 관아 관련 유적일 가능성이 한층 더 높아졌다. 고대의 유물로는 溝에서 2점의 목간이 출토되었다.

8. 목간

(1)

・「符　田行笠□等　横江臣床嶋□
　　　　　　　　西岡□〔部?〕物□

・「□相宮田行率召持來今□〔船?〕以付
　　　　田領横江臣『□』

하반부가 손상된 郡符로 생각되는 목간이다. 보내는 사람은 加賀郡司, 받는 사람은 田行笠某일 것이다. 현존하는 중앙부에 칼집 흔적이 확인되는 것 외에 손상부에는 뒷면에서 칼 같은 것으로 칼집을 내어 부러뜨린 흔적이 확인된다. 군부목간의 대부분이 2척인 것을 감안하면 본 목간은 거의 중앙을 부러뜨려서 폐기한 것으로 추측할 수 있다. 앞면에 보이는 '田行'은 본 목간에서 처음으로 나온 관직명이다. 뒷면의 '田領'과 같은 양상으로, 田畑의 관리에 종사하는 말하자면 郡雜任으로 생각된다. 뒷면의 '□相宮'은 神社名을 나타내는 것으로도 생각되지만 본 유적의 주변에는 비정될 수 있는 神社의 존재가 알려져 있지 않다. 구체적인 내용에 대해서는 분명하지 않지만 加賀郡司에서 '田行笠□等' 앞으로, '横江臣床嶋'과 함께 '西岡(部)', 혹은 그 밖의 몇 명의 이름을 소환해서 명령한 것으로 생각된다.

(2)

・□□山村里」

・□□　　　　　」

부찰목간으로 상부의 반 이상이 손상되었다. '□□山村里'는 인명 혹은 지명으로 추정되는데 상세한 것은 알 수 없다.

9. 참고문헌

石川縣埋文センター 『石川縣埋藏文化財情報10』 2003年
金山哲哉 「石川・畝田・寺中遺跡」(『木簡研究』 25, 2003年)

20) 畂田ナベタ遺跡

1. 이름 : 우네다나베타 유적

2. 출토지 : 石川縣(이시카와현) 金澤市(가나자와시)

3. 발굴기간 : 2000.4~2000.12

4. 발굴기관 : (財)石川縣埋藏文化財センター

5. 유적 종류 : 관아·하도

6. 점수 : 6

7. 유적과 출토 상황

본 유적은 金澤市 서부의 해안평야에 위치한다. 주변에는 戶水 C유적, 戶水大西 유적, 藤江 B 유적, 金石本町 유적 등, 고대의 莊園 및 官衙와 관련된 유적이 집중하는 지역이다.

목간이 출토된 SD67은 자연 유로로 출토유물로는 9세기에서 10세기 전반의 호상가옥군과 거의 같은 시기의 스에키, 목제접시, 編物, 漆塗円形板, 漆付着土器, 貝類 등이 출토되었다. 묵서 토기는 '東○'가 가장 많고, '館', '宅萬呂', '射水', '×', '≡' 등이 출토되었다.

8. 목간

　(1)

□上□□〔六十?〕

　(2)

「∨酒流女一石余」

　부찰목간

　(3)

□〔盗?〕盗盗□□

□酒

　습서목간

(4)

「∨須□〔留?〕女一石一斗」

　부찰목간

　　(5)

「∨否益一石二斗」

　부찰목간

　　(6)

「∨比田知子一石二斗」

　부찰목간

9. 참고문헌

石川縣埋文センター『石川縣埋藏文化財情報6』2001年

布尾幸恵「石川·畝田ナベタ遺跡」(『木簡研究』23, 2001年)

平川南「畝田ナベタ遺跡出土木簡」(石川縣埋文センター·石川縣教委『金澤市畝田東遺跡
群Ⅵ―金澤西部第二土地區劃整理事業に係る埋藏文化財發掘調査報告書 14』2006年)

21) 中屋サワ遺跡(中屋·福增遺跡群)(01年度調査)

1. 이름 : 나카야사와 유적(나카야·후쿠마스 유적군) (01년도 조사)

2. 출토지 : 石川縣(이시카와현) 金澤市(가나자와시)

3. 발굴기간 : 2001.6~2002.3

4. 발굴기관 : 金澤市教育委員會

5. 유적 종류 : 취락·장원

6. 점수 : 7

7. 유적과 출토 상황

中屋サワ遺跡은 手取川扇狀地의 扇端部에 위치하는 조몬시대 後·晚期부터 근세에 이르는 복합유적이다.

목간은 모두 하천 터에서 6점 출토되었다. 이 유구는 8세기 중엽에서 9세기 혹은 10세기까지 기능했던 하천 터로 폭이 17m 이상, 발견면에서 약 깊이 1.2m이다. 출토유물로는 대량의 하지키, 스에키, 목제품이 출토되었으며, 묵서토기도 약간 발견되었다.

8. 목간

· 六段百八十步　物部須毛　　廿七足原田一町　　□

· 　　　　　　　　北三段□〔佃?〕一段　國古□〔茂?〕　　　□
　　　　　　　　　　　地子二段

상하 및 좌측이 손상되어 있다. 내용은 莊園의 條里, 土地管理에 관한 목간으로 생각되며 (坊[坪]+小字地名的名稱)+耕作權所有面積+人名으로 생각되는 기재를 세 곳에서 볼 수 있다.

9. 참고문헌

金澤市敎委『平成13年度 金澤市埋藏文化財調査年報』(金澤市文化財紀要187) 2002年

向井裕知「石川·中屋サワ遺跡」(『木簡硏究』25, 2003年)

向井裕知「石川·中屋サワ遺跡(第二五號)·釋文の訂正と追加」(『木簡硏究』29, 2007年)

金澤市埋文センター『石川縣金澤市 中屋サワ遺跡Ⅲ 弥生·古墳·奈良·平安·鎌倉·室町時代編－いなほ工業團地造成事業に伴う埋藏文化財發掘調査報告書』(金澤市文化財紀要242) 2007年

22) 能登國分寺跡(S190~E40地區)

1. 이름 : 노토코쿠훈지 유적(S190~E40지구)
2. 출토지 : 石川縣(이시카와현) 七尾市(나나오시)
3. 발굴기간 : 1988.4~1988.5
4. 발굴기관 : 七尾市敎育委員會
5. 유적 종류 : 사원
6. 점수 : 1

7. 유적과 출토 상황

能登國分寺跡은 能登반도의 기부에 위치하고, 천혜의 항구라 불리는 七尾港으로부터 약 2.5㎞ 내륙부로 들어간 평지에 입지한다.

溝 SD41은 폭이 2m, 깊이 0.5m로 측정되며 11m를 발굴하였다. 복토에서 다량의 나뭇조각을 포함하여, 스에키가 소량 출토되었다. 스에키는 벼루로 전용된 坏蓋 1점, 坏身 2점, 대칼로 쓴 기호가 있는 坏身 3점을 포함한 약 10점이 출토되어, 9세기 후반부터 10세기 전반으로 비정된다. 이 溝의 바닥에서 목간 1점이 출토되었다.

8. 목간

「上日鄕戶主舟木淨足戶□□〔西岡?〕

　목간은 하단부에 균열이 있지만, 거의 온전한 형태를 유지하고 있다. 하단부는 뾰족하며 051형식에 속한다. 글자는 한 면에만 있고 양면 모두 작은 칼로 다듬었으며 뒷면은 조잡하다. 묵흔은 전반적으로 양호하지만 마지막 두 글자는 상당히 흐려서 판독하기 곤란하다. 위의 10글자와 아래의 2글자는 방향도 달라서 위를 먼저 적은 후에 아래의 두 글자(인명)를 추가한 것 같다.

'上日鄕'는 『和名類聚抄』의 能登郡 '上日(阿左比)鄕'에 해당한다. 인명인 '舟木'은 종래 能登

지방에서는 '舟木秋麻呂', '舟木部積萬呂', '舟木マ申'이 사료에 보이며 이 지방에 분포하고 있었던 것을 확인할 수 있다. 기재양식은 '지명(향명)+인명(호주+호구명)'이며 목간의 형태가 부찰목간으로 특이한 형식이므로 貢進物의 부찰이라 판단된다.

9. 참고문헌

七尾市教委『史跡 能登國分寺跡ー第5・6・7次發掘調査報告書』(七尾市埋藏文化財調査報告書 10) 1989年

土肥富士夫「石川・能登國分寺跡」(『木簡研究』11, 1989年)

七尾市教委『史跡 能登國分寺跡ー第8次發掘調査報告書』(七尾市埋藏文化財調査報告書 11) 1990年

石川縣埋文保存協會『石川縣出土文字資料集成』1997年

23) 吉田C遺跡

1. 이름 : 요시타 C 유적
2. 출토지 : 石川縣(이시카와현) 七尾市(나나오시)
3. 발굴기간 : 2000.8~2000.9
4. 발굴기관 : (財)石川縣埋藏文化財センター
5. 유적 종류 : 취락
6. 점수 : 3

7. 유적과 출토 상황

吉田C遺跡은 田鶴浜町의 거의 중앙부, 赤藏山 남동쪽 산자락에 입지하고 있다.

주로 8세기 후반에서 9세기에 비정되는 토기가 출토되었으며 특히 중층에서 하층에 걸쳐 출토된 온전한 형태의 스에키가 눈에 띤다. 스에키 잔 및 뚜껑 안에는 묵서된 것이 몇 점 출토되었는데 '廚', '地', '地地', '地□', '大'등을 확인할 수 있다.

목간은 모두 3점 출토되었으며 출토 층위는 중층에서 하층직상에 걸쳐 확인된다.

8. 목간

(1)

「三國子一石」

　두 개로 부러진 상황에서 출토되었다. 좌측 상단부만 손상되어 있으며 상단부 좌우측에 홈을 넣은 付札이다. 그 형상이나 근세의 駿河, 遠江國에 있어서 村明細帳에 '四國'이라고 하는 품종의 벼가 보이는 것으로 보아 본 목간은 벼의 품종을 기록한 부찰이라 추측된다.

(2)

「戶主山□部□〔眞?〕得万呂

　좌측면이 2차적으로 깎여서 '呂'자 다음에 손상되어 있어서 전모는 알 수 없으나, '戶主+人名'으로 읽을 수 있어서 籍帳에 관련된 목간으로 생각된다.

(3)

戶主眞

　좌측면에 칼집을 넣고 있으며 상하 끝부분은 소상되었다.

9. 참고문헌

石川縣埋文センター『石川縣埋藏文化財情報5』2001年

西田昌弘「石川·吉田C遺跡」(『木簡研究』23, 2001年)

石川縣埋文センター·石川縣教委『田鶴浜町 吉田C遺跡一縣營ほ場整備事業(相馬地區)に係る埋藏文化財發掘調査報告書』2004年

24) 漆町遺跡(C地區)

1. 이름 : 우루시마치 유적(C지구)
2. 출토지 : 石川縣(이시카와현) 小松市(고마쓰시)
3. 발굴기간 : 1981.4~1981.8
4. 발굴기관 : 小松市教育委員會
5. 유적 종류 : 취락
6. 점수 : 2

7. 유적과 출토 상황

漆町遺跡은 小松市街地의 東方 약 1㎞, 해발 3m의 微高地上에 조영된 야요이시대 후기부터 중·근세에 걸친 복합유적이다.

목간이 출토된 유구는 저습지의 동쪽 연안에서 1m 떨어진 곳에서 발견되었다. 스에키나 스에키 전용벼루가 동반 출토되었으며 헤이안시대 후기로 비정된다.

8. 목간

· 「依里物忌固物忌天岡急々如律令
· 「依里物忌固物忌天岡急々如律令

9. 참고문헌

石川縣立埋文センター『漆町遺跡』1982年

小村茂 「石川·漆町遺跡(C地區)」(『木簡研究』4, 1982年)

25) 高堂遺跡

1. 이름 : 다칸도 유적
2. 출토지 : 石川縣(이시카와현) 小松市(고마쓰시)
3. 발굴기간 : 1981.5~1981.11
4. 발굴기관 : 石川縣立埋藏文化財センター
5. 유적 종류 : 관아
6. 점수 : 2

7. 유적과 출토 상황

高堂遺跡은 小松市街地에서 북동쪽으로 약 4㎞의 能美平野 北端部에 입지한다.

이 유적은 야요이시대 종말기부터 무로마치시대의 각 시기에 걸친 복합유적이지만 헤이안시대 전기에 비정되는 유구가 눈에 띈다. 호상가옥 터나 溝 형태의 유구 등 주요 유구를 비롯하여 다수의 묵서토기, 皇朝十二錢, 목간 등이 출토되어 본 유적의 성격을 규정하기 어렵다.

목간이 출토된 이 유구에서 '隆', '改吉' 등의 묵서토기가 백 수십여 점이 출토된 것 외에 曲物, 橫櫛 등의 목제품이 다수 출토되었다.

8. 목간

(1)

×□造□□□〔宿女?〕

남측 건물 유적군에 근접한 溝 안의 하층 퇴적토에서 출토되었다. 첫 번째 글자는 '禾'변이 명료하지만 우측 부분이 손상되어 읽어 낼 수가 없다. 아래의 두 글자 '宿女'라고 읽을 수 있는데 인명을 기록한 것으로 상정된다. 9세기로 비정된다.

(2)

「金光明最勝王經四天王護國品

상단은 山形으로 뾰족하게 깎았으며 하부에는 글자가 확인되지 않는다. 鎭護國家의 根本聖典이 된 經題를 나타내는 것으로서 특필된다. 본 유적이 能美郡衙 혹은 郡寺에 수반하는 관아 터일 가능성도 있으므로 郡領層과 國家儀容의 관계의 한 측면을 보여주고 있는 것으로 생각된다.

9. 참고문헌

戶澗幹夫「石川·高堂遺跡」(『木簡研究』 4, 1982年)

石川縣立埋文センター『高堂遺跡 第3次發掘調査報告槪報』1982年

石川縣立埋文センター『石川縣立埋藏文化財センター年報3 昭和56年度』1983年

石川縣立埋文センター『小松市 高堂遺跡――一般國道8號改築事業(金澤西バイパス)關係埋藏文化財緊急發掘調査報告書』1990年

26) 淨水寺跡(2次)

1. 이름 : 기요미즈데라 유적(2차)
2. 출토지 : 石川縣(이시카와현) 小松市(고마쓰시)
3. 발굴기간 : 1984.5~1985.3
4. 발굴기관 : 石川縣立埋藏文化財センター
5. 유적 종류 : 사원
6. 점수 : 1

7. 유적과 출토 상황

조사지는 加賀지방의 중심지역으로 알려진 小松市 동부의 開析丘陵上에 위치한다.

목간이 출토된 大溝은 절 내부의 중앙에 위치하고 옛 지형의 작은 골짜기로 생각된다. 각 층에서 9세기 후반에서 11세기 전반의 묵서토기가 다량 포함되어 있고 스에키나 하지키 등의 유물이 정리용 상자로 약 130박스 출토되었다. 목간은 이 大溝의 최하층에서 출토된 것으로 연대는 9세기 후반으로 생각된다.

묵서토기는 大溝 이 외를 포함해서 1,222점 출토되었다. 그중에 판독이 가능한 것은 6할 정도 된다. 절 이름의 '淨水寺'를 비롯하여 절 이름의 약칭인 '淨水', '寺' 등이나, '前院', '南房', '南室', '仁房', '中房', '中室', '廚' 등의 절 내부 시설의 명칭으로 해석되는 묵서토기군과 '珍', '珍來', '集', '富', '富集', '吉來', '大吉', '吉加' 등의 吉祥句節, 招福關聯의 묵서군의 두 부류가 반 이상을 차지한다. 그 밖에 '三坂萬呂', '氣丸', '成女' 등의 인명의 묵서, '酒坏', '淨前坑' 등의 용도를 나타내는 묵서, '神', '佛', '阿難' 등의 神佛의 묵서, '吉谷寺', '春', '泉' 등의 묵서가 있다.

8. 목간

「今月□□恐物忌人者 楊丸子菩提薩陲 」

목간은 폭이 넓은 장방형의 轉用材로 하단은 뾰족하게 깎았다. 묵서는 한 면에만 있고, 뒷면에는 옻칠이 되어 있다. 내용은 '今月□□恐物忌人者'가 글자체가 크며 物忌에 관련된 어구이고 '楊丸子'는 인명으로 판단된다.

9. 참고문헌

石川縣立埋文센터『石川縣立埋藏文化財센터年報6 昭和59年度』1986年

石川縣立埋文센터『淨水寺墨書資料集』(淨水寺跡發掘調査報告書1) 1989年

垣內光次郎「石川·淨水寺跡」(『木簡硏究』13, 1991年)

石川縣埋文保存協會『石川縣出土文字資料集成』1997年

木簡學會編『日本古代木簡集成』東京大學出版會, 2003年

石川縣埋文센터·石川縣敎委『小松市 淨水寺跡一一般國道8號小松바이패스改築工事に係る埋藏文化財發掘調査報告書』2008年

27) 指江B遺跡

1. 이름 : 사시에 B 유적
2. 출토지 : 石川縣(이시카와현) かほく市(가호쿠시)
3. 발굴기간 : 1998.9~1998.12, 1999.6~2000.1
4. 발굴기관 : 石川縣立埋藏文化財センター
5. 유적 종류 : 취락
6. 점수 : 10

7. 유적과 출토 상황

유적은 河北潟이 내려다보이는 구릉 자락에 위치한다. 유구의 대부분 고훈시대 후기부터 중세의 것이다. 목간은 E區 하도에서 1점, G구 하도에서 3점, I구 하도에서 6점 출토되었다. 목간의 연대는 8세기 전반에서 10세기 전반이다. 묵서토기는 8세기의 '大宮', '小神', '羽咋郡', '寺', 多眞利', '夜乎', '倉人', '姜奴九' 9세기에서 10세기 전반의 '吉', '家'로 나누어진다.

8. 목간

(1)

「大國別社□[ ]略二祓集厄第[ ]佐□阿加□[ ]田[ ]穂根」

장대한 목간으로 형상에서 지면에 세워서 경계 등의 표시로서 사용된 것으로 생각된다. 神社名으로 보이는 '大國別社'의 기록이 있다. '祓集厄'의 기재에서 액운을 없애기 위해 사용된 것으로 추정된다.

(2)

· 　江沼臣□末呂事依而□」
· □一石在止母[ ]□　　」

뒷면 중앙 부분에 장축 방향으로 가늘고 긴 약간의 깊은 깎기가 관찰되어 커트 글라스 형태의 깎기로 상정된다.

   (3)

・道□道郡部為[   ]

・「□〔馬?〕   □   人

          石   人

'人', '道'가 계속되어 습서목간의 가능성이 있다.

9. 참고문헌

石川縣埋文センター『石川縣埋藏文化財情報2』1999年

石川縣埋文センター『石川縣埋藏文化財情報4』2000年

石川縣埋文センター『年報Ⅰ』2000年

石川縣埋文センター・石川縣教委『宇ノ氣町 指江遺跡・指江B遺跡ー農村活性化住環境整備
事業(宇ノ氣南部地區)に係る埋藏文化財發掘調査報告書』2002年

大西顕「石川・指江B遺跡」(『木簡研究』24, 2002年)

28) 森ガッコウ遺跡

1. 이름 : 모리간코 유적

2. 출토지 : 石川縣(이시카와현) かほく市(가호쿠시)

3. 발굴기간 : 2004.9~2004.11

4. 발굴기관 : 石川縣立埋藏文化財センター

5. 유적 종류 : 취락

6. 점수 : 1

7. 유적과 출토 상황

森ガッコウ遺跡은 かほく市森集落의 북쪽 200m 떨어진 沖積평야에 위치하는 나라·헤이안시대부터 중세의 취락 터이다.

목간은 42호 溝에서 1점 출토되었다. 이외에 다량의 스에키, 하지키 이 외에 '石山', '仁', '千', '田中', '壬'(혹은 千一)이라고 적힌 묵서토기, 齋串도 출토되었다.

8. 목간

石

앞뒤 양면 및 좌우 양쪽은 지우고 깎아서 다듬었고, 상하는 2차적으로 칼집을 내서 손으로 부러뜨렸다. 부찰목간으로 생각된다.

9. 참고문헌

石川縣埋文센터·石川縣教委『かほく市 森ガッコウ遺跡·鉢伏淨水場遺跡ー縣營ほ場整備事業(宇ノ氣中央地區·宇ノ氣東部地區)に係る埋藏文化財發掘調査報告書』2008年

金山哲哉「石川·森ガッコウ遺跡」(『木簡研究』30, 2008年)

29) 横江荘遺跡(テニスコート地區·85年度調査)

1. 이름 : 요코노쇼 유적(테니스코트지구·85년도 조사)

2. 출토지 : 石川縣(이시카와현) 白山市(하쿠산시)

3. 발굴기간 : 1985.6~1985.9

4. 발굴기관 : 松任市教育委員會

5. 유적 종류 : 장원

6. 점수 : 3

7. 유적과 출토 상황

橫江莊遺跡은 松任市街地 북동쪽 약 3㎞에 위치하고, 현에서 가장 큰 하천인 手取川이 형성한 대형 扇狀地의 北部扇端 부근에 입지한다.

목간의 출토지는 莊家 터 중앙의 남북 溝에서 서쪽으로 약 54m 떨어진 위치에 해당하며 목간은 서쪽 경사면에 약 200점의 가공목 편 및 하지키, 小壺 1점도 함께 출토되었다. 목간 및 가공목편의 연대는 하지키의 연대로 보아 9세기 초엽으로 추정된다.

8. 목간

·「(符籙)×

·「(符籙)×

손상이 심하다. 앞뒤 양면에 符籙를 적은 呪符목간이다.

9. 참고문헌

金山弘明「石川·橫江莊遺跡」(『木簡研究』10, 1988年)

松任市教委『東大寺領橫江庄遺跡Ⅱ』1996年

石川縣埋文保存協會『石川縣出土文字資料集成』1997年

30) 橫江莊遺跡(第2次分布調査·88年度調査)

1. 이름 : 요코노쇼 유적(제2차 분포조사·88년도 조사)
2. 출토지 : 石川縣(이시카와현) 白山市(하쿠산시)
3. 발굴기간 : 1987.11~1995.3
4. 발굴기관 : 松任市教育委員會
5. 유적 종류 : 장원·창고군

6. 점수 : 2

7. 유적과 출토 상황

横江莊遺跡은 현에서 가장 큰 하천인 手取川이 형성한 扇狀地 扇端 부근에 위치한다. 横江莊은 桓武天皇의 皇女로 平城天皇의 皇妃인 朝原內親王이 伊勢齋宮을 역임한 후 延曆15년(796) 경에 親王賜田으로서 성립된 것으로 보이며, 弘仁9년(818)의 유언에 따라 東大寺에 헌납한다.

이 목간 2점은 9세기 말부터 10세기의 많은 스에키, 하지키와 함께 출토되었다.

8. 목간

倭万呂　　繩女

□万呂　　[　　]

상하는 뒷면에 칼 같은 것으로 중간까지 칼집을 낸 후에 부러뜨린 것이다. 우측면은 목간 본래의 다듬은 흔적이 확인되지만, 우측면에 2차적으로 갈라졌고 그 후에 깎아서 우측면을 거칠게 다듬었다. 내용은 인명의 열거로 현 상태로는 4명의 인명이 2단 2열에 걸쳐서 기록하고 있다. 인명은 모두 이름뿐이며 성의 기재는 확인되지 않는다. 이 목간의 성격으로서는 인원에 관한 기록류(역명), 혹은 가장 앞에 사건을 기록하고 이하 인명을 열거한 문서라고 하는 두 가지의 가능성을 생각할 수 있다.

9. 참고문헌

松任市教委『東大寺領横江莊遺跡Ⅱ』1996年

木田清「石川·横江莊遺跡」(『木簡研究』18, 1996年)

石川縣埋文保存協會『石川縣出土文字資料集成』1997年

31) 加茂遺跡(4次)

1. 이름 : 가모 유적(4차)
2. 출토지 : 石川縣(이시카와현) 河北郡津幡町(가호쿠군 쓰바타마치)
3. 발굴기간 : 1994.4~1994.12
4. 발굴기관 : (社)石川縣埋藏文化財保存協會
5. 유적 종류 : 관아·도로
6. 점수 : 1

7. 유적과 출토 상황

加茂遺跡이 소재하는 津幡市는 金澤市의 북쪽에 접해 있고, 그 서쪽에는 河北潟이 존재한다. 주요 유구는 도로, 掘立柱건물, 우물, 토갱, 大溝, 小溝群, 柵이 있다.

이 목간은 도로에서 1점 출토되었다. 이 도로는 側溝와 거리가 약 9m이며 側溝에서 스에키, 하지키가 출토되었다. 側溝의 매장 시기는 8세기 말로 보인다. 느린 시기의 것은 거리가 약 6m 이며, 목간은 이 시기의 서쪽 側溝肩部에서 출토되었다. 側溝의 매장 시기는 10세기 초엽으로 보인다.

8. 목간

· 「謹啓　丈部安□…[　　] 　獻上人給雜魚十五隻　　　　　无礼狀具注以解」
　　　　　　　　　　　　　□□消息後日參向而語□〔奉?〕

· 「　　　……　　　　　　　　　七月十日　　　□□造□主」

형태는 온전하지 않지만 6개의 조각을 이으면 온전한 형태에 가깝게 복원할 수 있다. 기능 면에서 분류하면 이 목간은 啓 양식의 문서목간이다. 작성자는 뒷면의 '□□造□主'이며 '丈部安□'에게 발송되고 폐기된 것 같다. 啓는 公式令에서 春宮坊 혹은 中宮職이 皇太子나 三后에게 上申할 때의 문서양식으로 규정되고 있지만 실제로는 그와 같은 啓와는 다른 官司나 개인의 上

申문서로서의 啓도 많이 보이므로 이 목간도 그와 같은 범주 속에서 생각해야 할 것이다.

9. 참고문헌

石川縣埋文保存協會 『石川縣埋藏文化財保存協會年報6』 1995年

三浦純夫·森田喜久男 「石川·加茂遺跡」 (『木簡研究』 18, 1996年)

石川縣埋文保存協會 『石川縣出土文字資料集成』 1997年

石川縣埋文センター·石川縣教委 『津幡町 加茂遺跡Ⅰ一一般國道8號改築(津幡北バイパス)に係る埋藏文化財發掘調査報告書』 2009年

32) 加茂遺跡(5次)
33) 加茂遺跡(6次)

1. 이름 : 가모 유적(5·6차)

2. 출토지 : 石川縣(이시카와현) 河北郡津幡町(가호쿠군 쓰바타마치)

3. 발굴기간 : 1999.4~1999.12 ; 2000.4~2001.3

4. 발굴기관 : ㈜石川縣埋藏文化財保存協會

5. 유적 종류 : 관아

6. 점수 : 4

7. 유적과 출토 상황

加茂遺跡은 金澤市 북쪽에 인접하는 津幡市의 加茂·舟橋地 내에 위치한다. 조사 결과 이 유적은 육로와 수로가 교차하는 교통의 요충지에 위치하는 관아 관련 유적임이 밝혀졌다.

이 목간은 도로유구의 남쪽 側溝 SD5001의 大溝에서 출토되었다. 시기는 명확하지 않지만 9세기 말에는 폐기된 것으로 생각된다. 大溝는 적어도 8세기 전반에는 開鑿하여 9세기 말까지는 그 기능을 유지하고 있었다.

8. 목간

(1)

「文書文書文書生書」

습서목간으로 온전한 형태이다.

(2)

「∨兔□〔兔?〕黑□□

부찰이다. 하단부와 상단부 좌측에 손상되었다. 세 번째 글자로 '黑'이라고 있어 黑米의 부찰로 '貢進者名+黑(米)+量目'의 기재형식이 될 것으로 생각한다.

(3)

'加賀郡牓示札'이라고도 호칭할 수 있으며, 경계표시용 목간이다. 글자 방향에 본 상·하단부는 손상되었다. 상하의 손상 부분을 복원하면 거의 1척×2척이 된다. 이것은 고대 종이 1장의 치수와 같다. 판재의 중앙과 하단부 중앙에는 뒷면에서 구멍이 있다. 상단부의 좌우와 하단부의 좌, 좌측면 하반부는 각각 홈이 있다. 구멍도 게시판에 고정하기 위한 세공의 가능성이 크다.

현재의 상태로는 가장 앞에 '符'라고 서식을 기록하는데, 본래는 이 위에 손상 부분에 '郡'자가 존재했을 가능성이 있는 것 같다.

年數 부분은 판독이 곤란하지만, 嘉祥2년(849)의 가능성이 크다.

9. 참고문헌

石川縣埋文センター『石川縣埋藏文化財情報4』2000年

石川縣埋文センター『石川縣埋藏文化財情報6』2001年

石川縣埋文センター・石川縣教委『シンポジウム古代北陸道に掲げられたお触れ書き』 2001年

石川縣埋文センター『發見！古代のお触れ書き－石川縣加茂遺跡出土加賀郡牓示札』大修館書店, 2001年

湯川善一「石川・加茂遺跡」(『木簡研究』23, 2001年)

津幡町教委『加茂遺跡 詳細分布調査(第1~21調査區)發掘調査報告書』2012年

34) 加茂遺跡(05年度調查)

1. 이름 : 가모 유적(05년도 조사)
2. 출토지 : 石川縣(이시카와현) 河北郡津幡町(가호쿠군 쓰바타마치)
3. 발굴기간 : 2005.5~2005.11
4. 발굴기관 : (社)石川縣埋藏文化財保存協會
5. 유적 종류 : 관아
6. 점수 : 1

7. 유적과 출토 상황

加茂遺跡은 조몬시대부터 중세에 걸친 복합유적으로 河北潟 東岸의 계곡 출구부에 입지한다.

이 유적은 '加賀郡牓示札'을 포함한 목간 7점을 비롯하여 다량의 묵서토기 등이 출토되어 주목을 받았다. 목간은 SD01에서 출토되었다. 그 밖에 시기는 약간 다르지만 '賀茂', '千' 등의 묵서토기가 출토되었다.

8. 목간

「[　　]家鄕品治部□□良英太若岡磨 『磨』」

　판목재를 사용하여 상단이 약간 손상된 것 외에는 온전한 형태이다. 하단은 칼집을 낸 흔적
이 확인된다. 쓰인 글자의 수는 확인할 수 없지만 加茂遺跡의 주변에서 '×家鄕'이라고 표기될
가능성을 가지는 것은 加賀郡內의 정가향 및 역가향이며 어느 쪽에 있는지는 결정하기 어렵다.
목간은 정리 중이므로 그 시기를 비정할 수는 없지만 헤이안시대에 속하는 것으로 추정된다.

9. 참고문헌

石川縣埋文センター『石川縣埋藏文化財情報16』2006年
和田龍介「石川·加茂遺跡(1)」(『木簡研究』28, 2006年)

35) 加茂遺跡(町5次)

1. 이름 : 가모 유적(구역5차)
2. 출토지 : 石川縣(이시카와현) 河北郡津幡町(가호쿠군 쓰바타마치)
3. 발굴기간 : 2005.6~2005.9
4. 발굴기관 : 津幡町敎育委員會
5. 유적 종류 : 관아
6. 점수 : 2

7. 유적과 출토 상황

加茂遺跡은 河北潟 東岸의 丘陵裾部에 위치하는 조몬시대 후기부터 고대에 걸친 복합유적이

다. 헤이안시대 전기로『和名抄』에 보이는 '英多鄕'에 포함된 지역으로 생각된다.

목간은 건물군의 옆을 흐르는 폭 약 7m의 大溝 하층에서 3점 출토되었다. 이 溝에서는 '曹', '中家', '內', '英太' 등 수십 점에 달하는 묵서토기도 출토되었다. 목간의 연대는 공반유물로 보아 9세기 후반으로 생각된다.

8. 목간
(1)
英太卅

상하 양끝 모두 손상되었다. 앞면은 매끄럽게 다듬어져 있지만 묵흔은 약간 명료하지 않다. 지명으로 생각되는 '英太'와 수량을 표시하는 '卅' 위의 손상부에는 품명이 기재되어 있을 가능성이 크다.

(2)
閏十月使便縣

상하 양끝 모두 손상되어 있지만 표기는 완결되어 있다. 묵흔은 비교적 명료하다. '縣'을 閏十月에 파견하였다는 내용으로 인명인'縣'도 앞의 목간에서 지명인 '英太'도 같은 지방에 있다는 곳이 흥미롭다.

(3)
□〔道?〕道□〔道?〕

상당히 얇은 판재에 기록된 습서목간이다. 상하 양쪽 모두 결손되었다. 판재에는 구멍이 뚫려 있어서 그곳에 벗나무 껍질을 통과시켜 안쪽에서 묶었다.

9. 참고문헌
戶谷邦隆 「石川·加茂遺跡(2)」(『木簡硏究』28, 2006年)
津幡町敎委『加茂·加茂廢寺遺跡一第1~12調査區의 詳細分布調査槪要』2007年

36) 田中遺跡

1. 이름 : 다나카 유적
2. 출토지 : 石川縣(이시카와현) 羽咋郡志賀町(하쿠이군 시카마치)
3. 발굴기간 : 1986.7~1986.8
4. 발굴기관 : 富來町教育委員會
5. 유적 종류 : 취락
6. 점수 : 1

7. 유적과 출토 상황

유구는 大溝과 성격을 알 수 없는 토갱, 모래밭이 약간 확인될 뿐이다. 大溝의 연대는 대체로 8세기로 한정된다. 유물의 대부분은 大溝과 그 주변에서 나온 것이다. 스에키, 하지키가 반 이상을 차지하는데, 목제품이 많다.

8. 목간

(判読不能)

9. 참고문헌

富來町教委 『石川縣羽咋郡富來町 田中遺跡─團体營圃場整備事業に係る田中遺跡緊急發掘調査報告』 1988年

平田天秋 「石川·田中遺跡」(『木簡研究』 13, 1991年)

石川縣埋文保存協會 『石川縣出土文字資料集成』 1997年

37) 森本C遺跡

1. 이름 : 모리모토 C 유적
2. 출토지 : 石川縣(이시카와현) 羽咋郡志賀町(하쿠이군 시카마치)
3. 발굴기간 : 2004.4~2004.7
4. 발굴기관 : ㈶石川縣埋藏文化財センター
5. 유적 종류 : 하도
6. 점수 : 2

7. 유적과 출토 상황

유적은 寶達山 서쪽기슭에 조각된 폭이 50m의 小解析谷出口에 입지한다. 발견된 주요 유구는 옛 河道 2조이다.

목간은 SD1에서 2점 출토되었다. 공반유물은 직경 40㎝의 木製針, '中山寺', '川相', '田處家' 등 묵서토기 약 50점 외에 바닥의 외면에 '中山寺'라고 묵서된 토기, 측면에 수염을 기른 얼굴을 거꾸로 그린 佛針模倣 스에키 등 다수이다.

8. 목간

· 「∨合□〔船?〕□□　欲請[　　]品治部□〔所?〕
　　　　　　　　『右右右　右』　　　　　　　」
· ∨[　]申□欲請四月[　]□□〔丈?〕部大□ 」

온전한 형태에 가까운 상태로 생각되고 머리 부분 양쪽에는 깎아내었다. 양면에 글자가 적혀 있으며 그중에 앞면에는 약간 깎은 후에 習書로 사용되었다.

9. 참고문헌

石川縣埋文センター『石川縣埋藏文化財情報13』2005年

澤邊利明「石川·森本C遺跡」(『木簡硏究』27, 2005年)

石川縣埋文センター·石川縣敎委『寶達志水町 森本C遺跡ー緊急地方道路整備(主)押水福岡線に係る埋藏文化財發掘調查報告書』2008年

16. 福井縣

1) 鐘島遺跡(舊, 大森鐘島遺跡)

1. 이름 : 가메시마 유적(구 大森鐘島 유적)

2. 출토지 : 福井縣(후쿠이현) 福井市(후쿠이시)

3. 발굴기간 : 1981.7

4. 발굴기관 : 清水町教育委員會

5. 유적 종류 : 취락·관아

6. 점수 : 1

7. 유적과 출토 상황

鐘島遺跡은 福井市街地에서 남서쪽으로 약 9㎞, 東大寺領道守庄比定地에서 약 5㎞에 위치하고 있다. 이 유적에서는 7세기부터 11세기에 비정되는 스에키, 灰釉, 綠釉 등의 토기군 및 직경 1m의 掘形을 가진 柱穴이나 柱根이 발견되었다. 그중에서도 묵서토기는 表採品을 포함하면 약 30점 출토되었고 '眞成'이 가장 많았다.

유적은 묵서토기나 綠釉의 耳皿 등으로 보아 취락과는 다른 성격으로 생각되며 鐘島나 明寺 등의 지명과 묵서의 眞成으로 보아 절과 관련된 것으로도 볼 수 있다.

8. 목간

「　　　　是是人

粳粳粳　富通　通通　　相相相是是是是是是是

　□□□粳□□□　　□□□□□□　□　□　□

9. 참고문헌

仁科章「福井·大森鐘島遺跡」(『木簡研究』4, 1982年)

清水町教委『清水町大森 明寺山遺跡調査概要』1983年

清水町教委『越前·明寺山廢寺一平安時代前期寺院址の調査』(清水町埋藏文化財發掘調査報告書Ⅳ) 1998年

2) 高塚遺跡

1. 이름 : 다카쓰카 유적
2. 출토지 : 福井縣(후쿠이현) 小浜市(오바마시)
3. 발굴기간 : 1999.3~1999.10
4. 발굴기관 : 小浜市敎育委員會
5. 유적 종류 : 관아
6. 점수 : 1

7. 유적과 출토 상황

高塚遺跡은 福井縣 若狹地方의 중앙에서 동서방향으로 펼쳐진 협소한 小浜平野를 西流하는 北川의 右岸에 입지한다. 高塚遺跡은 야요이시대 후기와 나라시대의 복합유적이며, 서쪽에는 야요이시대 전기의 丸山河床 유적이 존재한다. 이 유적에서 확인된 나라시대(上面)의 주요 유구로는 한쪽 면의 행랑을 지닌 2칸×4칸 이상과 方 2칸의 掘立柱건물, 습지, 溝, 그리고 고훈시대 후기의 大溝가 있다.

이 上面유구에서는 스에키를 중심으로 한 유물이 출토되었다. 그중에서도 주목할 만한 것은 製鹽土器와 建築部材로서 人形이다. 人形은 溝에서 출토되었는데 목간을 비롯하여 제염토기, 건축부재의 대부분은 습지의 汀線부근에서 출토되었다.

8. 목간

「戶主大部眞□

윗부분에 홈이 있는 부찰인데, 오른쪽 상단과 여섯 번째 글자의 아랫부분이 손상되었기 때문에 그 전모를 알 수 없다. 또 뒷면이 깎여 있어 처음의 상태는 파악할 수 없다. '大部眞……'에 관련이 있는 수하물에 부착된 목간일 것이라 생각된다.

9. 참고문헌
松川雅弘「福井·高塚遺跡」(『木簡研究』 22, 2000年)

3) 木崎遺跡

1. 이름 : 기자키 유적
2. 출토지 : 福井縣(후쿠이현) 小浜市(오바마시)
3. 발굴기간 : 2006.6~2006.9
4. 발굴기관 : 福井縣敎育廳埋藏文化財調査センター
5. 유적 종류 : 취락
6. 점수 : 4

7. 유적과 출토 상황
木崎遺跡은 남천우안의 충적평야에 위치한다. 발견된 주요 유구는 야요이시대 후기의 우물 2기, 고훈시대 후기의 호상가옥 1동, 우물 1기, 자연 유로 1조 등이다.
목간은 자연 유로에서 1점, 자연 유로로 흐르는 溝에서 1점, 호상가옥의 주혈에서 1점, 포함층에서 1점 모두 4점이 출토되었다.

8. 목간

　(1)

□□

　판목재를 가공한 것이기 때문에 상하 양 끝과 좌측이 없어서 원형은 알 수 없다.

　(2)

「∨乃間田」

　부찰목간이며 온전한 형태이다.

　(3)

「∨□□□一石

　부찰목간이며 하단 일부가 소상되었다.

　(4)

□□

　판목재를 가공한 것이으로 상하 양 끝이 손상되었다.

9. 참고문헌

坪田聡子「福井・木崎遺跡」(『木簡研究』29, 2007年)

福井縣敎育廳理文調査センター『木崎山城跡・木崎遺跡－舞鶴若狹自動車道建設事業に伴う調査』(福井縣埋藏文化財調査報告113) 2010年

4) 西繩手下遺跡(2次)

1. 이름 : 니시나와테시모 유적(2차)
2. 출토지 : 福井縣(후쿠이현) 小浜市(오바마시)
3. 발굴기간 : 2006.5~2007.3

4. 발굴기관 : 小浜市教育委員會

5. 유적 종류 : 관아

6. 점수 : 1

7. 유적과 출토 상황

西縄手下遺跡은 야요이시대 후기에서 헤이안시대에 걸친 복합유적으로 松永川에 의해 형성된 扇狀地에 입지한다. 발견된 주요 유구는 고훈시대 후기의 水田 터나 나라·헤이안시대의 성토 상태의 유구, 호상가옥, 礎石建物, 토갱, 우물, 溝, 柵列, 礫敷 등이 있다. 목간은 1점 출토되었다.

8. 목간

□□□

　상단은 손상. 하단은 뾰족하다. 앞면의 다듬는 방법은 알 수 없다. 뒷면은 다듬지 않음. 형태로는 하찰목간으로 추정된다.

9. 참고문헌

小浜市教委『西縄手下遺跡發掘調査報告書Ⅱ－ふるさと農道緊急整備事業に伴う發掘調査報告書』2009年

西島伸彦「福井·西縄手下遺跡」(『木簡研究』31, 2009年)

5) 西太郎丸遺跡

1. 이름 : 니시타로마로 유적

2. 출토지 : 福井縣(후쿠이현) 坂井市(사카이시)

3. 발굴기간 : 1993.9~1993.11

4. 발굴기관 : 春江町教育委員會·福井縣教育廳埋藏文化財調査センター

5. 유적 종류 : 취락

6. 점수 : 1

7. 유적과 출토 상황

西太郞丸遺跡은 福井市 북쪽에 인접하고 坂井평야의 남측 九頭龍川下流右岸에 있는 春江町의 중앙부 役場 부근에 위치하고 있다. 이 유적은 고훈시대부터 중세까지 단속적으로 운영된 취락유적이다. 유구는 掘立柱건물 14동, 우물 19기, 溝 약 60조 등이 발견되었다. 건물과 우물 모두 律令期와 中世의 두 시기로 구분된다.

유물의 출토량은 정리용 상자 박스로 100박스 정도이다. 유물은 스에키, 하지키가 반 이상을 차지한다. 목제품으로는 옻칠한 공기, 그릇, 나막신 등이 있으며 그 밖에 석기나 종자류가 나왔다.

8. 목간

{□　□　十　〔公?〕□}

목간은 율령기의 우물에서 출토되었다. '十' 이 외는 명확하지 않다.

9. 참고문헌

中臣順 「福井·西太郞丸遺跡」(『木簡研究』18, 1996年)

6) 田名遺跡

1. 이름 : 다나 유적

2. 출토지 : 福井縣(후쿠이현) 三方上中郡若狹町(미나타카미나카군 와카사조)

3. 발굴기간 : 1986.9~1987.3

4. 발굴기관 : 三方町敎育委員會

5. 유적 종류 : 취락

6. 점수 : 3

7. 유적과 출토 상황

田名遺跡은 三方町 동부지구 鱒川流域平野部의 중앙에 해발 5m의 水田지대에 위치하고 있다.

이 유적에서는 나라·헤이안시대의 高床狀建物 등의 유구가 발견되었다. 출토유물은 6세기 전반 및 8세기에서 10세기의 제사유물이 많다. 목간은 溝로 생각되는 지점에서 다수의 하지키, 스에키 파편과 함께 3점 출토되었다. 부근에는 메이지 초년의 지적도에서 條里유구가 확인되는 곳이 있으며 高床狀建物이나 목간이 출토된 것으로 보아 관아터일 가능성이 있다.

8. 목간

```
「∨                        能登里中臣廣足一斗  私部首宇治麻呂一□∨
          若狹國三方郡  [              ]    □□□〔竹田部?〕首□麻呂一斗
                    三家人□□一斗      右五斗              」
```


9. 참고문헌

福井縣『福井縣史 資料編1 古代』1987年

田邊常博「福井·田名遺跡」(『木簡硏究』9, 1987年)

三方町敎委『田名遺跡』(三方町文化財調査報告書8)1988年

木簡學會編『日本古代木簡選』岩波書店, 1990年

7) 角谷遺跡(1次·範囲確認調査)
8) 角谷遺跡(2次·本調査)

1. 이름 : 가도야 유적(1차·범위확인조사) (2차·본조사)
2. 출토지 : 福井縣(후쿠이현) 三方上中郡若狹町(미나타카미나카군 와카사조)
3. 발굴기간 : 1988.3 ; 1988.5~1988.6
4. 발굴기관 : 三方町敎育委員會
5. 유적 종류 : 취락
6. 점수 : 2

7. 유적과 출토 상황

角谷遺跡은 三方町東部의 高瀨川扇狀地에 조영된 유적으로 해발 12~13m의 微高地에 위치하고, 북동쪽 약 2.0㎞에는 高瀨川과 합류하는 鱒川이 北流하고 있다.

이 유적에서는 야요이시대 후기의 완형품을 많이 포함한 야요이토기 및 농기구, 방직기구, 판재 등의 목제품이 다량 출토되었다. 나라·헤이안 시기의 유구로 직경 25㎝ 내외의 柱根 및 柱穴군, 동서 방향으로 割板, 杭을 일정 간격으로 꽂은 柵列狀遺構가 발견되었다. 또 묵서토기가 2점 출토되었고 그중에 1점은 '秋'로 판독된다. 목간은 스에키, 하지키의 작은 파편, 나무못 등의 소형 목제품, 木屑 등을 포함하는 砂礫質 토층에서 출토되었다.

8. 목간

(1)

· ×□今日[   ]」
· ×□□□〔布一?〕□[   ]
　　　天平四年十月廿八日　　　」

목간은 앞뒤면 모두 기재된 문서목간으로 상단 및 측면이 손상되어 있다.

(2)

今□□□

　판목재의 목간으로 하단이 갈라져 있고 누른 것에 따라 손상되었고, 전체를 파악할 수는 없으나 원형은 短冊型을 띤다.

9. 참고문헌

田邊常博「福井·角谷遺跡」(『木簡研究』10, 1988年)

三方町教委『角谷遺跡·佛浦遺跡·江端遺跡·牛屋遺跡』(三方町文化財調査報告書10) 1991年

田邊常博「福井·角谷遺跡(第一〇號)·釋文の訂正と追加」(『木簡研究』34, 2012年)

17. 山梨縣

1) 大坪遺跡

1. 이름 : 오쓰보 유적
2. 출토지 : 山梨縣(야마나시현) 甲府市(고후시)
3. 발굴기간 : 2000.5~2000.9
4. 발굴기관 : 大坪遺跡發掘調査會
5. 유적 종류 : 취락
6. 점수 : 1

7. 유적과 출토 상황

大坪遺跡은 甲府盆地中央 北緣部의 低地 해발 260m에 입지한다.

이 유적에서는 취락과 옛 유로가 확인되었다. 옛 유로지점에서는 10m 사방의 조사구역에서 다량의 목제품, 7~10세기의 하지키류와 함께 목간 1점이 출토되었다. 이들 중에 水車車軸은 10세기로 올라가는 자료이며 유사한 용례는 알 수 없다. 그 밖에 黑漆이 남아 있는 巡方, 원형 벼루 편, 瓦塔片, 스에키 항아리 등도 출토되어 본 유적이 종교시설을 갖춘 鄕의 중심적 취락임을 알 수 있다.

8. 목간

「[   ]

　　　　　　　□　　□

글자는 2행으로 추측되지만 묵흔이 희미하고, 좌우가 2차적으로 깎여져 있어 판독할 수 없다.

9. 참고문헌

櫛原功一「山梨·大坪遺跡」(『木簡硏究』23, 2001年)

大坪遺跡發掘調査會·(福)淸翔會『大坪遺跡－平成12年度調査地点の報告』2002年

18. 長野縣

1) 榎田遺跡(92年度調査)

1. 이름 : 에노키다 유적(92년도 조사)
2. 출토지 : 長野縣(나가노현) 長野市(나가노시)
3. 발굴기간 : 1992.4~1992.12
4. 발굴기관 : (財)長野縣埋藏文化財センター
5. 유적 종류 : 취락, 연도불명유로
6. 점수 : 1

7. 유적과 출토 상황

榎田遺跡은 長野市 북동쪽 千曲川과 犀川이 합류하는 지점에 근접한 中洲狀의 微高地에 위치한다. 이 유적은 고훈시대 중후기에 취락이 계속해서 운영되고 있었으며 7세기 말에서 8세기 초엽에는 취락이 일시 단절된다. 8세기 중엽 이후에 다시 몇 동의 주거가 등장하고, 9세기 중엽에서 후반에 약 30동의 주거와 몇 조의 溝가 확인되었다. 그러나 10세기 이후의 유구는 거의 확인되지 않으며 취락이 단절되었을 가능성이 있다.

목간은 9세기 중엽에서 말엽을 주체로 하는 토기와 함께 출토되었다. 같은 溝에서는 목제의 실타래, 曲物 등도 출토되었다.

8. 목간

十七□〔日?〕百九十三束　十八日百[　　]　十九日百□〔三?〕束　廿日百七□
□□　□〔百?〕廿一□〔束?〕[　　]三□[　　　　]□□　□□卅[　　　]□〔卅?〕七□〔束?〕
　□□〔廿?〕六百十二束十日百六十四束十一日百廿四束十二日廿□〔九?〕
　□百八十八□〔束?〕　十七日百六十九束十八□□□〔日百廿?〕三束　西室□□〔內?〕

전체적으로 목재의 변질이 심하다. 양 측면은 변질이 심하여 본래는 좌우 측면이 남아 있지 않았을 가능성이 크다. 상단은 평면 혹은 측면을 지우고 하단은 끊어졌을 가능성이 크다. 상하 모두 끝부분에 글자가 걸려 있거나 근접하고 있어서 글자를 기록한 후에 상하 모두 절단되었을 가능성이 커 본래는 상하의 손상부에도 글자가 기록되었을 것이라 추측된다.

본 목간은 束數가 날짜의 순서로 기록되어 있어 수확을 매일매일 기록한 '일기'의 목간일 가능성이 있다. 그러나 어떤 束數를 세었는지 알 수 없다. 판독할 수 있는 곳을 보면 최저 2개월에 걸친 기록으로 생각되며 날짜별로 百束 이상의 束數를 기록하고 있다. 또 4행째 약간 큰 글씨로 적혀 있는 '西室'은 수납장소를 가리키는 단어일 가능성이 있다.

9. 참고문헌

長野縣埋文センター『上信越自動車道埋藏文化財發掘調査報告書12 榎田遺跡―長野市內その10(第1分冊本文編1)(第2分冊 本文編2)(第3分冊 遺物圖版)(第4分冊 寫眞圖版)』(長野縣埋藏文化財センター發掘調査報告書37) 1999年

廣田和穗「長野·榎田遺跡」(『木簡研究』21, 1999年)

2) 南條遺跡(綿內遺跡群)

1. 이름 : 미나미조 유적(와타우치 유적군)
2. 출토지 : 長野縣(나가노현) 長野市(나가노시)
3. 발굴기간 : 1996.9~1998.10
4. 발굴기관 : 長野市埋藏文化財センター
5. 유적 종류 : 취락
6. 점수 : 3

7. 유적과 출토 상황

南條遺跡은 長野盆地 東部를 北流하는 千曲川의 右岸 自然 堤防上에 위치한다. 조사 결과 헤

이안시대 전기를 주체로 하는 취락 터가 발견되었다.

목간은 9세기 전반으로 비정되는 우물 ASK12에서 3점 출토되었다. 이 우물의 밑바닥에서는 다수의 挽物皿, 曲物底板이 출토되었고 3점의 刻書, 6점의 燒印이 확인된다. 그중에 목제품 하나는 바닥의 외면 중앙에 '木'글자와 두 점의 燒印이 확인된다.

8. 목간
　(1)
「【木】
□〔全?〕　　　(刻書)
　{木}」
　(2)
「大井　　　(刻書)
　(3)
□〔十?〕　　　(刻書)

모두 挽物皿으로 바닥 외면에 刻書되어 있다.

9. 참고문헌
長野市教委・長野市埋文センター『綿內遺跡群 南條遺跡』(長野市の埋藏文化財106) 2005年
清水龍太「綿內遺跡群 南條遺跡」(『木簡研究』38, 2016年)

3) 恒川遺跡

1. 이름 : 곤가 유적

2. 출토지 : 長野縣(나가노현) 飯田市(이이다시)

3. 발굴기간 : 1981.12~1982.3

4. 발굴기관 : 飯田市教育委員會

5. 유적 종류 : 취락·관아

6. 점수 : 1

7. 유적과 출토 상황

恒川遺跡은 飯田市街에서 북동쪽으로 약 5㎞ 떨어진 天龍川河成段丘의 低位段丘上에 위치한다.

이 유적군은 야요이 중기 이후의 연속되는 취락유적이며 시기별로 상당량의 유구, 유물이 발견되었다. 이 중에 나라에서 헤이안시대에 걸친 광범위한 호상가옥이 확인되었다. 출토유물로는 和同開珍銀錢, 金銅裝銙, 蹄脚硯, 원형 벼루 등이 있다.

목간은 유적의 정 중앙에 있는 습지대에서 다량의 하지키, 목제품류와 함께 출토되었다.

8. 목간

「長□×

출토 층위를 확인할 수 없지만, 공반유물에서 보면 8세기에서 12세기에 걸친 것이다.

9. 참고문헌

小林正春 「長野·恒川遺跡」(『木簡研究』 4, 1982年)

飯田市教委 『恒川遺跡群(官衙編)』 2007年 飯田市教委 『恒川遺跡群—恒川A地籍出土木製品編』 2008年

4) 北稻付遺跡

1. 이름 : 기타이나쓰게 유적
2. 출토지 : 長野縣(나가노현) 千曲市(지쿠마시)
3. 발굴기간 : 1983.7~1983.8
4. 발굴기관 : 更埴市教育委員會
5. 유적 종류 : 취락
6. 점수 : 1

7. 유적과 출토 상황

北稻付遺跡은 善光寺平의 남단에 위치하며 聖山系의 원천으로 출발하는 佐野川扇狀地上에 조영된 유적이다.

이 유적에서는 헤이안시대의 주거 터 11동이 발견되었고 10세기에서 11세기로 비정되는 하지키, 스에키, 灰釉토기에 銅製의 帶金具, 다수의 목제품 등이 출토되었다. 또 8점의 묵서토기가 확인되며 그중에 4점은 '春'으로 판독된다. 목간은 늪이었을 것으로 추정되는 습지대의 연안에서 다수의 목제품과 함께 출토되었다.

8. 목간

「□三繩」

9. 참고문헌

更埴市遺跡調查會·更埴市教委『八幡遺跡群 北稻付遺跡―西部沖ほ場整備に伴う發掘調查報告書』1984年

佐藤信之「長野·北稻付遺跡」(『木簡研究』6, 1984年)

5) 屋代遺跡群(上信越自動車道關係)(94年度調查)

1. 이름 : 야시로 유적(조신에쓰 자동차도 관계) (94년도 조사)

2. 출토지 : 長野縣(나가노현) 千曲市(지쿠마시)

3. 발굴기간 : 1994.4~1994.12

4. 발굴기관 : (財)長野縣埋藏文化財センター

5. 유적 종류 : 취락·제사유적·수전

6. 점수 : 130

7. 유적과 출토 상황

屋代遺跡群은 善光寺平 西南部 千曲川 右岸의 自然堤防上에 위치하고 있다. 고대에는 埴科郡에 소속되어 있으며, 對岸은 更級郡이 되었다. 목간은 지형적으로 고훈시대까지 千曲川의 유로가 존재한 저지대 부분과 남측의 자연제방과의 접점에서 출토되었다.

목간은 크게 문서, 하찰, 습서, 제사도구의 묵선이나 묵서로 분류되며 각각의 출토 상황이 다르다. 문서나 하찰은 그 밖의 폐기물과 함께 湧水溝나 湧水溝 출구 부근의 東西流路 안에서 한꺼번에 출토되었다. 이에 비해서 습서나 전용품은 단독으로 출토된 경우가 많고, 묵흔이 보이는 제사용도구는 목제 제사도구가 집중적으로 폐기된 블록에서 출토되었다. 이로 보아 묵서된 대상이나 최종적인 용도의 차이에 따라서 폐기된 방법이 달랐던 것으로 보인다.

목간의 시기는 기재 내용으로 보아 ①7세기 후반에서 8세기 초엽의 목간, ②郡里制 하의 목간(701~715년), ③郡鄕里制 하의 목간(715~740년), ④9세기 중엽의 제사용도구의 묵선으로 나누어 볼 수 있다.

8. 목간

(1)

· 　　□〔奉〕□□人□□□□□□　□□人□[　　　]」

・【「小野部小[　　　]部士□□□□部二月卅日□□□】

　　(2)

「酒人部万呂郡作人□〔定〕千□〔奉または本〕出」

　　(3)

・×間郡□『□□□〔九九九〕九九』

　　　　　(天地逆)

・『□○□哉』【『□□』】

　　(4)

七年十月十四日

　　(5)

「竈神

9. 참고문헌

長野縣理文センター『長野縣 屋代遺跡群出土木簡－上信越自動車道埋藏文化財發掘調査報告書23－更埴市內その2』(長野縣埋藏文化財センター發掘調査報告書21) 1996年

長野縣立歷史館『木簡が語る古代の信濃』1996年

寺內隆夫「長野・屋代遺跡群」(『木簡研究』18, 1996年)

長野縣理文センター『更埴條里遺跡・屋代遺跡群 古代1編－上信越自動車道埋藏文化財發掘調査報告書26』(長野縣埋藏文化財センター發掘調査報告書42) 1999年

長野縣理文センター『更埴條里遺跡・屋代遺跡群(含む大境遺跡・窪河原遺跡)(總論編)－上信越自動車道埋藏文化財發掘調査報告書28－更埴市內その7』(長野縣埋藏文化財センター發掘調査報告書54) 2000年

水澤教子・傳田伊史「長野・屋代遺跡群(上信越自動車道關係)(第一八號)・釋文の訂正と追加」(『木簡研究』22, 2000年)

木簡學會編『日本古代木簡集成』東京大學出版會, 2003年

6) 屋代遺跡群(北陸新幹線關係)(94年度調査)

1. 이름 : 야시로 유적(호쿠리쿠신칸센 관계) (94년도 조사)

2. 출토지 : 長野縣(나가노현) 千曲市(지쿠마시)

3. 발굴기간 : 1994.4~1994.11

4. 발굴기관 : (財)長野縣埋藏文化財センター

5. 유적 종류 : 취락

6. 점수 : 1

7. 유적과 출토 상황

屋代遺跡群은 長野盆地 南端部 更埴市屋代에서 雨宮地籍에 걸친 千曲川 右岸의 自然堤防上에 펼쳐진 유적의 총칭이다. 이 유적은 고훈시대 후기부터 말기의 수혈주거 17軒, 掘立柱건물 1동, 8~9세기 수혈주거 57軒, 掘立柱건물 5동, 水田, 畠 등이 확인되었다.

출토된 목간은 1점으로 우물에 남아 있었던 7점의 木樺材 중에 1점이 전용되었다. 이 우물은 9세기 중엽으로 비정된다. 그 밖에는 묵서토기 47점이 출토되었으며 특히 '夫'자가 쓰인 토기가 28점이 넘어 주목된다.

8. 목간

「□□□〔駅〕 □□□」

목간의 뒷면은 剝取하고 다듬지 않았다. 앞면은 우물의 테두리로 전용되어 있었던 탓일까 풍화로 인해 다듬은 방법을 알 수 없다. 문자는 좌측에 치우쳐 6글자가 확인된다.

9. 참고문헌

長野縣埋文センター『北陸新幹線埋藏文化財發掘調査報告書3 更埴條里遺跡·屋代遺跡群─更埴市內』(長野縣埋藏文化財センター發掘調査報告書32) 1998年

水澤教子「長野·屋代遺跡群(北陸新幹線關係)」(『木簡研究』21, 1999年)

7) 八幡遺跡群社宮司遺跡

1. 이름 : 야와타이세키군샤구지 유적
2. 출토지 : 長野縣(나가노현) 千曲市(지쿠마시)
3. 발굴기간 : 2001.4~2001.12
4. 발굴기관 : (財)長野縣埋藏文化財センター
5. 유적 종류 : 취락
6. 점수 : 1

7. 유적과 출토 상황

社宮司遺跡은 佐野川扇狀地의 扇端部 南端에 '更級郡衙'의 추정지에 근접하는데 郡衙와 관련된 유적일 가능성이 크다. 이 유적은 헤이안시대를 중심으로 수혈주거 17동, 掘立柱건물 32동, 溝 85조, 묘지 1기와 다수의 토갱이 확인되었다.

목간은 동서 방향의 폭 2m, 깊이 1.5m의 1호 溝에서 출토되었다. 이로부터 북쪽에 유구는 거의 발견되지 않고, 구획의 溝로 생각된다. 복토에는 자갈이 많이 포함되고, 토기, 목제품, 식물유체가 많이 출토되었다.

8. 목간

誠□緘城咸□

상·하단 손상되었다. 세로로 두 개로 갈라져, 하단 좌측에는 경사지게 깎여져 있다. 비슷하게 만들어진 한자를 연습한 습서목간으로 생각된다.

9. 참고문헌

長野縣埋文センター『長野縣埋藏文化財センター年報18 2001年』2002年

寺內貴美子 「長野·八幡遺跡群社宮司遺跡」 (『木簡研究』 24, 2002年)

長野縣埋文センター·國土交通省關東地方整備局『一般國道18號坂城更埴バイパス埋藏文化財發掘調查報告書 社宮司遺跡ほか(第1分冊)(第2分冊)』(長野縣埋藏文化財發掘調查報告書 78) 2006年

19. 岐阜縣

1) 野內遺跡(C地區)

1. 이름 : 노치 유적(C지구)
2. 출토지 : 岐阜縣(기후현) 高山市(다카야마시)
3. 발굴기간 : 2006.4~2006.9
4. 발굴기관 : (財)岐阜縣教育文化財團文化財保護センター
5. 유적 종류 : 취락
6. 점수 : 1

7. 유적과 출토 상황

野內遺跡은 高山市 市街地에서 북동쪽 약 3㎞, 高山盆地 北西端에 위치하고, 見量山丘陵南側의 緩斜地에 입지한다. 이 유적에서 고훈시대부터 헤이안시대까지의 취락과 水田을 확인하였다. 유적의 최전성기인 나라시대부터 헤이안시대 전반에 약 250점에 이르는 묵서토기나 벼루, 綠釉陶器 등이 출토되었고 鍛冶工房이 보이는 등 일반적인 취락과는 양상이 달라 官과 관련된 것으로 보인다.

목간은 水田층에서 1점 출토되었다. 공반유물로는 주로 야요이시대 말기부터 고훈시대 초기에 걸친 것이며 주위에서 확인되고 있는 고대의 유구 혹은 水田에서 混入된 것으로 생각된다.

8. 목간

• 「□□□□
• 「□ 　□ 　□

상단은 山形으로 뾰족하지만 하단은 손상되었기 때문에 원형은 알 수 없다. 앞뒤로 묵흔이 확인되지만 판독이 불가능하다.

9. 참고문헌

岐阜縣文化財保護センター『野內遺跡C地區(第1分冊)(第2分冊)』(岐阜縣文化財保護センター調査報告書122) 2012年

近藤大典「岐阜·野內遺跡C地區」(『木簡研究』35, 2013年)

2) 弥勒寺西遺跡

1. 이름 : 미로쿠지니시 유적
2. 출토지 : 岐阜縣(기후현) 關市(세키시)
3. 발굴기간 : 2002.3~2002.9
4. 발굴기관 : 關市敎育委員會
5. 유적 종류 : 제사유적
6. 점수 : 5

7. 유적과 출토 상황

弥勒寺西遺跡은 長良川畔에 위치하는 日本指定事跡彌勒寺跡, 彌勒寺東遺跡, 池尻大塚古墳으로 구성된 '彌勒寺遺迹群'에 속하며 彌勒寺跡의 西側 谷間에 전개된 제사 및 공방의 터이다. 이 유적에서는 人形이나 齋串 등의 목제 제사용 도구, 200점이 넘는 묵서토기, 송풍구나 鐵滓 등이 출토되었으며 인공의 선거, 용수, 제사장을 구획한 掘立柱列 등이 확인되었다.

출토된 목간은 5점으로 1,300여 점의 목제품과 함께 출토되었다. 美濃지역에서 처음으로 출토된 목간이다.

묵서토기는 8세기 후반부터 9세기의 스에키로 기종이나 묵서 부위는 다양하다. 묵흔이 확인되는 230여 점 중에 해독 가능한 것이 100여 점 있다.

8. 목간

(1)

「| 　　 | □〔石?〕」

　　우측 상단이 손상되었지만, 네 변은 다듬어져 있고 뒷면 상·하단은 경사져 있다. 예리한 칼 등에 의한 두 개의 획이 있으며 좌측 하단에 1글자 분의 묵흔이 있다. 무언가 帳簿류로 전용한 것으로 생각된다.

(2)

・□□人

・□□

(3)

・□□□□□万呂[　　　　]

・　　[　　　　　　　　]

(4)

　　　建部□□〔男?〕
・　　　　　　　…右件人等以今時參向」
　　　建部□□

　　　　　　　　□
・若怠者重…
　　　　　　□□□□〔万呂?〕」

　　앞면 좌측 상단 2글자는 '日下'의 가능성이 있다. 소환장으로 판명. 차출부분이 손상되어 있지만, 2척의 길이가 상정되는 것이나, 잘게 부러뜨려서 폐기한 것 등, '郡符木簡'의 특징을 갖추고 있다.

9. 참고문헌

田中弘志「岐阜·弥勒寺西遺跡」(『木簡研究』25, 2003年)

田中弘志「岐阜·弥勒寺西遺跡(第二五號)·釋文の訂正と追加」(『木簡研究』26, 2004年)

關市敎委『弥勒寺遺跡群 弥勒寺西遺跡―關市円空館建設に伴う發掘調査』(關市文化財調査

報告23) 2007年

田中弘志「岐阜·弥勒寺西遺跡(第二六號)·釋文の訂正と追加」(『木簡研究』32, 2010年)

3) 柿田遺跡(00年度調査)

1. 이름 : 가키다 유적(00년도 조사)

2. 출토지 : 岐阜縣(기후현) 可兒市(가니시)

3. 발굴기간 : 2000.7~2001.3

4. 발굴기관 : (財)岐阜縣教育文化財團文化財保護センター

5. 유적 종류 : 취락·수전

6. 점수 : 5

7. 유적과 출토 상황

柿田遺跡은 近年까지도 양호하게 남아 '柿田條里'라고 일컬어지는 條里地割 내에 소재한다. 주요 유구는 야요이시대부터 고훈시대의 취락과 인접한 유로, 고대의 溝, 유로과 條里의 坪境에 조성된 도로상태의 유구, 중세의 건물군 여러 곳과 溝와 유로, 중세 후기의 水田面 등이다. 각 시기의 유로에서 농경도구나 건축부 자재 등의 목제품도 대량으로 출토되었다.

목간이 출토된 유구는 동쪽에서 서쪽으로 향해서 흐르는 유로이다. 유로는 상하 2층으로 나누어져 상층은 주로 중세 전기, 하층은 고대에 속하며 목간은 하층에서 출토되었다. 유로에는 관개시설의 기초가 되는 치목이 남아 있으며 치목 주변에는 목간을 포함한 人形, 馬形 등의 목재용 제사도구나 대량의 스에키가 출토되었다.

8. 목간

九斗　十斗　一□〔斗?〕

상·하단 모두 손상되어 있다.

9. 참고문헌

近藤大典 「岐阜·柿田遺跡」 (『木簡研究』 24, 2002年)

岐阜縣教育文化財團文化財保護センター 『柿田遺跡(第1分冊 本文編1)(第4分冊 遺物圖版編)
(第7分冊 遺物寫眞圖版編)』 (岐阜縣教育文化財團文化財保護センター調査報告書92) 2005年

4) 杉崎廢寺(3次)

1. 이름 : 스기치키하이지 유적(3차)
2. 출토지 : 岐阜縣(기후현) 飛驒市(히다시)
3. 발굴기간 : 1993.6~1993.12
4. 발굴기관 : 古川町教育委員會·杉崎廢寺跡發掘調査團
5. 유적 종류 : 사원
6. 점수 : 5

7. 유적과 출토 상황

이 杉崎廢寺의 폐사연대는 9세기 초엽의 연대로 볼 수 있다. 이 南北溝에서 목제품이 다량
출토되었다. 건축부 자재가 중심이지만 국자, 젓가락 등의 식기류, 挽物이나 蓋板 등의 용기,
농기구 등 다양한 종류에 걸쳐 있다. 특기할 만한 것은 건축모형의 부자재인 組物과 籌木을 들
수 있다. 목간은 현재 겨우 1점이지만 건축부 자재와 함께 출토되었다. 飛驒國荒城郡의 鄕名을
추정할 수 있는 유일한 고고자료이다. 아울러 묵흔이 없는 목간상태의 목제품이 남북 溝를 중
심으로 10여 점 출토되었다.

8. 목간

- 「符　飽□〔見?〕×

- 「急□

상단은 온전하지만 도중에 부러져서 전체의 상태는 알 수 없다. 飽見은 『和名抄』에 보이는 飛驒國荒城郡飽見鄕을 가리키는 것으로 볼 수 있다. 符는 公式令에 의하면 上級官司가 被管官司에게 보내는 하달문서이며 이것은 郡에서 鄕으로의 符, 즉 郡符목간일 가능성이 크다.

9. 참고문헌

河合英夫「岐阜·杉崎廢寺」(『木簡硏究』16, 1994年)

杉崎廢寺跡發掘調査團·古川町教委『岐阜縣吉城郡古川町 杉崎廢寺跡發掘調査報告書』(古川町埋藏文化財調査報告5) 1998年

20. 静岡縣

1) 神明原·元宮川遺跡(83年度調査)(西大谷2區)
2) 神明原·元宮川遺跡(84年度調査)(西大谷4區)

1. 이름 : 신메이바라·모토미야가와 유적(83·84년도 조사) (니시오타니2구·4구)

2. 출토지 : 靜岡縣(시즈오카현) 靜岡市(시즈오카시)

3. 발굴기간 : 1983.4~1986.3

4. 발굴기관 : (財)靜岡縣埋藏文化財調査硏究所

5. 유적 종류 : 취락

6. 점수 : 3

7. 유적과 출토 상황

神明原遺跡과 元宮川遺跡은 남과 북으로 약 500m 떨어진 각각의 유적으로 등록되어 있지만, 최근의 분포조사 결과 유적의 범위는 양 유적을 포함하여 동서 약 0.5㎞, 남북 약 1㎞로 靜岡시내에서는 최대 규모이다.

목간은 모두 옛 大谷川 유로에서 발견되었다. 1호 목간은 단일한 시기에 한정되지 않는 유물군에서 발견되어 연대관은 명확하지 않다. 2호, 3호 목간은 헤이안시대부터 중세의 유물이며 하한연대는 14세기경으로 생각된다.

8. 목간

(1)

「他田里戶主宇刀部眞酒」

상단은 角型, 하단은 串型이지만 끝부분은 잘려나갔다. '他田里'로 보아 연대는 715년 鄕里制를 시행하기 이전이다.

(2)

・「阝(金剛界大日)□南無阿弥□×」

상단은 圭頭 형태이고 하단은 뾰족하게 깎았다. 첫 번째 글자는 범자의 一尊種子·반 '金剛界大吉'을 나타내는 글자의 초서로 생각된다. 이하 '南無阿弥'로 생각되는데 아래의 글자는 확실하지 않다.

9. 참고문헌

靜岡縣埋文調査硏究所『大谷川Ⅰ—昭和58年度巴川(大谷川)總合治水対策特定河川事業埋藏文化財發掘調査報告書(神明原·元宮川遺跡)』(靜岡埋藏文化財調査硏究所調査報告5) 1984年

靜岡縣埋文調査硏究所『靜岡縣埋藏文化財調査硏究所年報Ⅰ』1985年

靜岡縣埋文調査硏究所『神明原·元宮川遺跡木簡槪要』1985年

栗野克己「靜岡·神明原·元宮川遺跡」(『木簡硏究』7, 1985年)

靜岡縣埋文調査硏究所『靜岡縣神明原·元宮川遺跡—大谷川放水路建設に伴う發掘調査槪報』1986年

靜岡縣埋文調査硏究所『大谷川Ⅲ(遺物編)—巴川(大谷川)總合治水対策特定河川事業埋藏文化財發掘調査報告書(神明原·元宮川遺跡)3(本文編)(圖版編)』(靜岡縣埋藏文化財硏究所調査報告13) 1988年

靜岡縣『靜岡縣史 資料編4 古代』1989年木簡學會編『日本古代木簡選』岩波書店, 1990

3) 神明原·元宮川遺跡(85年度調査)(宮川3·4·6區)

1. 이름 : 신신메이바라·모토미야가와 유적(85년도 조사) (미야가와3·4·6구)

2. 출토지 : 靜岡縣(시즈오카현) 靜岡市(시즈오카시)

3. 발굴기간 : 1983.4~1986.3

4. 발굴기관 : (財)靜岡縣埋藏文化財調査硏究所

5. 유적 종류 : 취락

6. 점수 : 16

7. 유적과 출토 상황

본 유적은 靜岡平野의 남동부를 흐르는 大谷川流域에 소재한다. 조사 결과 고훈시대 후기, 나라~헤이안시대, 중세에 걸쳐서 많은 양의 제사유물이 출토되었다. 고대~중세에 걸쳐 대규모의 '수변축제'가 실시되었다는 것을 알 수 있다. 옛 大谷川 주변에 펼쳐진 고지대 위에는 야요이시대, 나라, 헤이안시대, 중근세에 걸친 수혈주거터, 호상가옥, 우물, 溝, 土壙, 柵列, 점토채굴터 등의 유구가 발견되었다. 목간은 유로에서 14점 출토되었다.

8. 목간

(1)
・「相星五十戶ㅇ」
・「□□□ ㅇ」

'相星'은 『和名類聚抄』 駿河國有度郡의 항목에 기재된 鄕名 중에 '會星'에 해당하는 것으로 생각된다. 五十戶의 五자는 일부 선명하지 않다. 戶자는 우측에 1획 여분의 점이 있다. 뒷면의 두 글자 중에 첫 번째 글자의 편방을 馬로 해독할 수 있다. 연대는 공반유물인 스에키군 중에서 가장 후대의 시기가 참고가 되며 목간의 성격으로 보아 7세기 제3/4분기일 가능성이 크다.

(2)
「∨□□

이 목간은 나라시대(7세기 말에서 8세기 전반)로 생각되는 유로 5에서 출토되었다. 같이 출토된 묵서토기에 '多麻呂'라고 적힌 것이 있다.

(3)
「∨[ ]」

이 목간은 헤이안시대(10세기 후반)로 생각되는 유로 4에서 출토. 묵서토기에 '中萬', '水'라고 적힌 것이 있다.

9. 참고문헌

静岡縣埋文調查研究所『神明原·元宮川遺跡木簡概要』1985年

静岡縣埋文調查研究所『静岡縣埋藏文化財調查研究所年報Ⅰ』1985年

静岡縣埋文調查研究所『静岡縣神明原·元宮川遺跡―大谷川放水路建設に伴う發掘調查概報』1986年

栗野克己「静岡·神明原·元宮川遺跡」(『木簡研究』8, 1986年)

静岡縣埋文調查研究所『大谷川Ⅱ(遺構編)―昭和59·60年度巴川(大谷川)總合治水対策特定河川事業埋藏文化財發掘調查報告書(本文編)(圖版編)』(静岡縣埋藏文化財研究所調查報告11) 1987年

静岡縣埋文調查研究所『大谷川Ⅲ(遺物編)―巴川(大谷川)總合治水対策特定河川事業埋藏文化財發掘調查報告書(神明原·元宮川遺跡)3(本文編)(圖版編)』(静岡縣埋藏文化財研究所調查報告13) 1988年

静岡縣『静岡縣史 資料編4 古代』1989年

木簡學會編『日本古代木簡選』岩波書店, 1990年

奈文研飛鳥資料館『木簡黎明―飛鳥に集ういにしえの文字たち』(飛鳥資料館圖錄53) 2010年

4) 池ヶ谷遺跡(88年度調査)

1. 이름 : 이케가야 유적(88년도 조사)

2. 출토지 : 静岡縣(시즈오카현) 静岡市(시즈오카시)

3. 발굴기간 : 1988.5~1989.3

4. 발굴기관 : (財)静岡縣埋藏文化財調查研究所

5. 유적 종류 : 수전

6. 점수 : 2

7. 유적과 출토 상황

池ヶ谷遺跡은 静岡平野의 북서부 賤機丘陵 東裾 근처에 위치한다. 조사 결과 규모가 다른 두 종류의 밭두둑이 확인되었다.

유적은 공반된 토기가 적어서 시기를 확정하기 어렵지만 9세기대로 생각된다. 목간 등의 문자자료 외에 낫, 도끼 등의 철제품, 神功開寶 등의 금속제품이 출토되었다.

8. 목간

「□□〔臣?〕安居女

水田에 수반하는 수로에서 출토되었는데 하단은 양쪽에서 깎아서 뾰족하게 되어 있다. 현 상태는 051형식이지만 상단은 뒷면에 칼 같은 것으로 칼집의 흔적이 있어서 2차적으로 절단되었을 가능성이 있다. 그리고 3번째 네 번째 글자의 가로획은 목간의 양쪽 끝까지 뻗어 있어서 원형은 알 수 없다. '安居女'는 유사한 남성의 이름으로 '安居麻呂'가 확인되기 때문에(東大寺 奴婢帳) 여성의 이름으로 생각된다.

9. 참고문헌

志村廣三·佐藤正知「静岡·池ヶ谷遺跡」(『木簡研究』11, 1989年)

静岡縣理文調査研究所『池ヶ谷遺跡Ⅰ(遺構編)─昭和63年度~平成2年度静清バイパス(池ヶ谷地區)埋藏文化財發掘調査報告書』(静岡縣埋藏文化財調査研究所調査報告38) 1992年

静岡縣理文調査研究所『池ヶ谷遺跡Ⅲ(遺物編)─昭和63年度~平成2年度静清バイパス(池ヶ谷地區)埋藏文化財發掘調査報告書』(静岡縣埋藏文化財調査研究所調査報告62) 1995年

5) 瀬名遺跡(1區)

1. 이름 : 세나 유적(1구)

2. 출토지 : 静岡縣(시즈오카현) 静岡市(시즈오카시)

3. 발굴기간 : 1988.4~1989.3

4. 발굴기관 : (財)静岡縣埋藏文化財調査研究所

5. 유적 종류 : 수전·취락

6. 점수 : 1

7. 유적과 출토 상황

瀨名遺跡은 静岡平野 북측에서 평야와 구릉이 인접하는 위치에 있으며, 瀨名구릉과 南沼上
구릉 사이에 낀 계곡을 남하하는 長尾川이 형성된 扇狀地上에 입지한다.

목간은 자연 유로의 바닥에서 발견되었다. 공반유물로는 손으로 빚은 토기, 齋串, 人形(人面
墨書) 등이 발견되었다.

목간이 발견된 유로의 복토에서는 8세기 후반에서 9세기의 토기가 출토되었다.

8. 목간

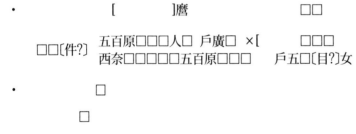

나뭇결은 약간 경사진 板木. 판독할 수 없는 부분이 많고 뒷면은 거의 읽을 수 없다. 상부의
글자는 '件'이라 했지만 '仰'의 가능성도 있다. '西奈'는 『和名類聚抄』에 나오는 盧原郡의 鄕名의
하나이며 목간이 발견된 지명 '瀨名'은 중세 이후의 비교적 새로운 용례이다. '五百原'은 盧原이
며 『古事記』에는 五百原君, '駿河國正稅帳'에는 盧原君이라고 나오기 때문에 지명 혹은 인명이
라 생각된다. 그 뒤에 '戶'라고 있으며 '麿', '廣' 등의 인명이 이어진다. 여성 이름으로 생각되는
'五目女'의 目은 月로 해석하는 것도 검토하였다.

9. 참고문헌

静岡縣埋文調査研究所『瀬名遺跡―昭和63年度静清バイパス埋藏文化財發掘調査概報』1989年

静岡縣『静岡縣史 資料編4 古代』1989年栗野克己「静岡・瀬名遺跡」(『木簡研究』11, 1989年)

原秀三郎・山中敏史「静岡縣古代史料 追補1」(『静岡縣史研究』6, 1990年)

静岡縣埋文調査研究所『瀬名遺跡Ⅰ(遺構編Ⅰ)―昭和61·62·63·平成元·平成2年度静清バイパス(瀬名地區)埋藏文化財發掘調査報告書』(静岡縣埋藏文化財調査研究所調査報告40) 1992年原秀三郎・山中敏史・仁藤敦史「静岡縣古代史料 追補2」(『静岡縣史研究』10, 1994年)

静岡縣埋文調査研究所『瀬名遺跡Ⅴ(遺物編Ⅱ)―静清バイパス(瀬名地區)埋藏文化財發掘調査報告書5』(静岡縣埋藏文化財調査研究所調査報告79) 1996年

6) 瀬名遺跡(10區)

1. 이름 : 세나 유적(10구)
2. 출토지 : 静岡縣(시즈오카현) 静岡市(시즈오카시)
3. 발굴기간 : 1989.2~1990.7
4. 발굴기관 : (財)静岡縣埋藏文化財調査研究所
5. 유적 종류 : 수전
6. 점수 : 1

7. 유적과 출토 상황

본 유적은 静岡平野의 북동부 長尾川의 扇狀地 末端에 펼쳐진 自然堤防 및 後背濕地가 발달한 低地地形上에 입지한다.

목간은 글자의 면이 아래로 된 상태에서 출토되었다. 목간이 출토된 15층은 홍수에 의해 퇴적된 토층이며 목간은 상류에서 흘러들어왔을 것으로 생각된다.

이 유적에서 헤이안시대의 옛 長尾川으로 생각되는 매몰된 유로가 발견된 것을 보아 목간이 출토된 이 유적은 安倍郡에 속하는 것 같다.

8. 목간

□戶主奈□

글자가 있는 앞면만 남아 있고 좌우 측은 年輪面에서 剝離되고 상·하단도 손상되었고 뒷면 도 剝離되어 있다. 두 번째 세 번째 글자를 '戶主'로 본다면 첫 번째 글자는 '鄕'으로도 생각할 수 있다. '戶主'의 용례는 헤이안시대 초엽까지이며 서체로 보아서도 이 목간의 연대는 헤이안시 대 전기의 것으로 생각된다.

9. 참고문헌

原秀三郎·山中敏史「静岡縣古代史料 追補1」(『静岡縣史研究』 6, 1990年)

栗野克己「静岡·瀨名遺跡(10區)」(『木簡研究』 13, 1991年)

静岡縣理文調査研究所『瀨名遺跡 平成元年~2年度發掘調査槪報』 1991年

静岡縣理文調査研究所『瀨名遺跡Ⅰ(遺構編Ⅰ)—昭和61·62·63·平成元·平成2年度静清バイ パス(瀨名地區)埋藏文化財發掘調査報告書』(静岡縣埋藏文化財調査研究所調査報告40) 1992年

原秀三郎·山中敏史·仁藤敦史「静岡縣古代史料 追補2」(『静岡縣史研究』 10, 1994年)

静岡縣理文調査研究所『瀨名遺跡Ⅴ(遺物編Ⅱ)—静清バイパス(瀨名地區)埋藏文化財發掘調 査報告書5』(静岡縣埋藏文化財調査研究所調査報告79) 1996年

7) 川合遺跡(八反田地區)

1. 이름 : 가와이 유적(핫탄다 지구)

2. 출토지 : 静岡縣(시즈오카현) 静岡市(시즈오카시)

3. 발굴기간 : 1989.10~1990.3

4. 발굴기관 : (財)静岡縣理藏文化財調査研究所

5. 유적 종류 : 관아

6. 점수 : 1

7. 유적과 출토 상황

유적은 静岡平野 북동부 南沼上구릉의 남쪽으로 뻗어가는 산자락에 위치한다.

이 유적에는 나라시대부터 헤이안시대 전기에 걸쳐서 掘立柱건물, 우물, 溝 상태의 유구 등이 존재한다. 목간은 쓰레기장에서 출토되었다. 掘立柱건물이 집중하는 지구에서는 송풍구나 鐵滓 등이 출토되어 鍛冶工房이 존재한 것을 알 수 있다.

8. 목간

「下代謹解申　高諸□大□〔刀?〕□□□」

하단 일부가 손상되었다. 여섯 번째 글자 이후의 여덟 번째 글자는 약간 우측으로 치우쳐 배치되었다. 묵흔은 윗부분 6글자는 선명하다. 세 번째 글자 '謹'의 윗부분에 점이 보이는데 깎이고 남은 것으로 판단된다. 같은 점획은 '下'와 '代' 사이에도 확인된다. 두 번째 글자를 '代'로 하였지만 '氏'의 가능성도 있다.

9. 참고문헌

佐藤正知「静岡·川合遺跡八反田地區」(『木簡研究』12, 1990年)

静岡縣理文調査研究所『川合遺跡 八反田地區Ⅰ-平成元·2年度縣營住宅南沼上團地建替工事に伴う埋藏文化財發掘調査報告書』(静岡縣理藏文化財調査研究所調査報告33) 1991年

原秀三郎·山中敏史·仁藤敦史「静岡縣古代史料 追補2」(『静岡縣史研究』10, 1994年)

8) 川合遺跡(志保田地區)

1. 이름 : 가와이 유적(시호타 지구)
2. 출토지 : 静岡縣(시즈오카현) 静岡市(시즈오카시)
3. 발굴기간 : 1995.12~1996.10
4. 발굴기관 : (財)静岡縣埋藏文化財調査研究所
5. 유적 종류 : 관아
6. 점수 : 1

7. 유적과 출토 상황

川合지구는 야요이시대부터 근세에 이르는 遺跡面이 누적되었다. 이 유적의 제3면은 유로, 우물 등의 유구 외에 제사유구로 생각되는 토기가 집중적으로 확인되었다. 중심연대는 나라시대(8세기 전반)이다.

목간은 이 제3면에 동반한 포함층에서 출토되었다. 포함층의 유물은 8세기에서 9세기에 걸쳐져 있지만 주로 나라시대 유물이 많으며 銙帶金具나 '大伴部子若麻呂', '沙彌萬', '□檀', '川萬呂', '俗月' 등의 묵서토기도 있다.

8. 목간

- ·□相　　　　　　　(表面)
- ·　　　□　(左側面)
- ·　　桧□　(裏面)
- ·　和　　　　　　(右側面)

상·하단 모두 뒤에서 가공하여 깎은 흔적이 있으며 본래의 크기나 형상 및 용도는 알 수 없지만 약 3㎝ 각재의 4면에 묵서가 보인다. 각 면에 시작한 글자가 한자씩 내려서 시작한다.

9. 참고문헌

鈴木良孝「静岡·川合遺跡志保田地區」(『木簡研究』19, 1997年)

静岡縣埋文調査研究所『川合遺跡 志保田地區一縣立静岡東高等學校体育館改築に伴う埋藏文化財發掘調査報告書』(静岡縣埋藏文化財調査研究所調査報告102) 1998年

9) 曲金北遺跡

1. 이름 : 마가리카네키타 유적
2. 출토지 : 静岡縣(시즈오카현) 静岡市(시즈오카시)
3. 발굴기간 : 1994.4~1995.5
4. 발굴기관 : (財)静岡縣埋藏文化財調査研究所
5. 유적 종류 : 도로·수전
6. 점수 : 3

7. 유적과 출토 상황

曲金北遺跡은 静岡市街地에서 동쪽으로 3㎞ 정도 떨어진 JR東静岡驛跡地에 펼쳐진 유적이다. 도로유구의 側溝에서는 스에키, 하지키, 灰釉도기 및 묵서토기, 布目瓦, 낫자루, 曲物 등의 목제품, 목간, 화살촉 외에 말뼈 등 풍부한 유물이 출토되었다. 또 노면의 자갈 속에서는 토기의 파편과 함께 鈴帶가 1점 출토되었다.

側溝 등에서 출토된 토기를 보면 이른 것은 8세기 중엽의 스에키, 늦은 것은 9세기 말에서 10세기 초엽의 灰釉도기이다.

8. 목간

(1)

黒万呂五□

　상단 및 하단이 부러져서 손상되어 있는데 상단부에는 칼로 다듬은 자국이 확인된다. 글자는 '黒万呂'라고 하는 인명과 '五'라고 하는 숫자가 확인되며, 묵흔은 명료하다. 연대는 나라시대 후반으로 비정된다.

(2)

「常陸國鹿嶋郡宮田□×

　길이가 42㎝로 대형이며 상단은 圭頭의 상태를 갖추고 하단은 손상되어 있다. 현 상태에서 하단의 1/3의 지점이 부러져서 두 개로 된 상태이다. 또 앞면 하단부분 및 뒷면은 불에 탄 상태이다. 표면 상단의 부근에 '常陸國鹿嶋郡'의 글자가 확인되는데 전체적으로 묵흔은 흐려서 '鹿嶋郡'은 어렴풋이 확인되는 정도이다.

　연대는 나라시대.

(3)

「戶主大生秋万呂五丈」

　온전한 형태이며 상단은 圭頭의 상태이며 하단은 뾰족하다. 중간 및 하단 근처의 두 곳에 굽어진 상태에서 출토되었다. 글자는 명료하게 확인된다. 연대는 나라시대에서 헤이안시대로 생각된다.

9. 참고문헌

及川司「静岡·曲金北遺跡」(『木簡研究』17, 1995年)

　静岡縣埋文調査研究所『曲金北遺跡一平成6年度東静岡都市拠点總合整備事業に伴う埋藏文化財發掘調査概報』1996年静岡縣埋文調査研究所『曲金北遺跡(遺構編)一平成6年度東静岡都市拠点總合整備事業に伴う埋藏文化財發掘調査報告書』(静岡縣埋藏文化財調査研究所調査報告68) 1996年

静岡縣理文調査研究所『曲金北遺跡(遺物·考察編)—平成6年度東静岡都市拠点總合整備事業に伴う埋藏文化財發掘調査報告書』(静岡縣埋藏文化財調査研究所調査報告68) 1996年

10) ケイセイ遺跡(7次)
11) ケイセイ遺跡(8次)

1. 이름 : 게이세이 유적(7·8차)

2. 출토지 : 静岡縣(시즈오카현) 静岡市(시즈오카시)

3. 발굴기간 : 2006.11~2007.3 ; 2008.4~2008.11

4. 발굴기관 : 静岡市教育委員會

5. 유적 종류 : 관아 관련 유적·제사유적

6. 점수 : 29

7. 유적과 출토 상황

ケイセイ遺跡은 고훈시대 후기부터 중세에 걸친 복합유적으로 賤機山구릉의 先端部에서 남동쪽으로 펼쳐진 安倍川扇狀地에 입지하다. 이 유적은 고훈시대 후기의 수혈주거, 掘立柱건물, 자연유로, 나라·헤이안시대의 호상가옥 등의 유구가 확인되었다.

문자자료로는 목간 이외에 묵서토기, 벼루가 출토되었다. 묵서토기에는 '有厨', '宇厨', '國厨', '安厨', '益厨' 등의 글자가 있으며 '有厨' 및 '宇厨'는 有度郡衙의 厨를 나타내는 것으로 생각된다.

목간은 헤이안시대의 호상가옥의 柱穴掘形에서 1점, 저습지부분에서 17점, 총 18점 출토되었다.

8. 목간

〈7차〉

(1)

「石部田麻呂　石部　礼雅礼□

　상단 및 좌우 양쪽은 깎여 있고 하단은 손상되어 있다. 습서목간으로 생각된다.

(2)

「木部。七両」

　실타래도구로 주변이 깎여져 있다.

(3)

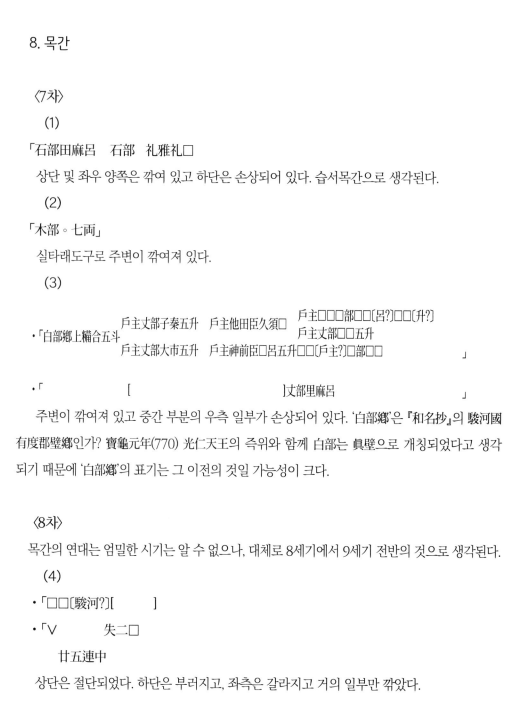

・「白部鄕上糯合五斗

　　　　戶主丈部子秦五升　戶主他田臣久須□　戶主□□部□□〔呂?〕□□□〔升?〕
　　　　　　　　　　　　　　　　　　　　　　戶主丈部□□五升
　　　　戶主丈部大市五升　戶主神前臣□呂五升□□〔戶主?〕□部□□　　　　　　　」

・「　　　　　　　　　[　　　　　　　　　　　　]丈部里麻呂　　　　　　　　　」

　주변이 깎여져 있고 중간 부분의 우측 일부가 손상되어 있다. '白部鄕'은『和名抄』의 駿河國 有度郡壁鄕인가? 寶龜元年(770) 光仁天王의 즉위와 함께 白部는 眞壁으로 개칭되었다고 생각되기 때문에 '白部鄕'의 표기는 그 이전의 것일 가능성이 크다.

〈8차〉

목간의 연대는 엄밀한 시기는 알 수 없으나, 대체로 8세기에서 9세기 전반의 것으로 생각된다.

(4)

・「□□〔駿河?〕[　　　　]

・「∨　　　　失二□

　　　廿五連中

　상단은 절단되었다. 하단은 부러지고, 좌측은 갈라지고 거의 일부만 깎았다.

9. 참고문헌

天石夏実「静岡・ケイセイ遺跡」(『木簡研究』30, 2008年)

静岡市教委『ケイセイ遺跡ー第7次發掘調査報告書』(静岡市埋藏文化財調査報告) 2009年

静岡市教委『ケイセイ遺跡ー文字資料編』(静岡市埋藏文化財調査報告) 2012年

12) 伊場遺跡(3次)
13) 伊場遺跡(4次)
14) 伊場遺跡(6·7次)
15) 伊場遺跡(9次)
16) 伊場遺跡(11次)
17) 伊場遺跡(12次-1期)
18) 伊場遺跡(12次-2期)

1. 이름 : 이바 유적(3차, 4차, 6·7차, 9차, 11차, 12차-1기, 12차-2기)

2. 출토지 : 静岡縣(시즈오카현) 浜松市(하마마쓰시)

3. 발굴기간 : 3차(1969.12~1970.12), 4차(1971.6~1972.3), 6·7차(1972.10~1973.6 ; 1973.7~1974.11), 9차(1975.10~1976.3), 11차(1977.7~1977.11), 12차-1기(1978.5~1978.7), 12차-2기(1978.9~1978.11)

4. 발굴기관 : 浜松市教育委員會

5. 유적 종류 : 관아

6. 점수 : 108

7. 유적과 출토 상황

伊場遺跡은 静岡縣 浜松市 東伊場에서 同浜名郡可美村東若林에 걸친 야요이시대 후기의 三

條 環濠를 갖춘 취락 터와 "大溝"라고 가칭한 하천의 유역에 조영된 율령시대의 掘立柱건물군으로 이루어져 있다.

유적의 중앙부를 100m 이상에 걸쳐 蛇行하며 흐르는 伊場大溝라 일컫는 매몰하천과 여기에 합류하는 枝溝에서 다량의 묵서토기와 함께 목간이 111점 출토되었다. 大溝는 7세기 전반까지는 수량이 상당하였으나 7세기 후반 이후로는 거의 잔잔한 흐름으로 바뀌었으며 가마쿠라시대에는 완전히 泥炭層이 되어 하천으로서의 기능을 상실하였다.

伊場遺跡의 발굴보고서는 2007년까지 11책이 간행되었다. 목간에 대해서는 제1책(1976년)에 77점, 제4책 유물편2(1980년)에 31점의 보고하였고 아울러서 목간편 수록목간의 석문을 보정하였다.

8. 목간

(1)
* 「　　　　　　　　　　　　　若倭□〔部?〕
　辛巳年正月生十日柴江五十戸人
　　　　　　　　　　　　　　　　　　　○」
* 「□□□三百卅束若倭部□□[　　　]　　　○」

(2)
「物部□〔毘?〕□夫百七十六束代又江田□

(3)
* 　　　　　竹田五十戸人□
* □□□〔曰佐?〕□[　　　]□〔又?〕[　　　]

(4)
「辛卯年十二月新井里人宗我部□〔稲?〕

(5)
「乙未年十月□

(6)
・□□□□□□□

袁文里百十

・　　□〔斯?〕上□□□(刻書)

위의 목간은 7세기로 판단되며 첫 번째 목간은 伊場遺跡 최고의 기년을 가진다. 간지년+월일+50호+인명+穎稻數量의 내용이며, 公出擧의 반납에 관련된 것으로 보인다.

9. 참고문헌

浜松市教委『伊場遺跡 第3次發掘調査概報』1971年

伊場遺跡調査團·浜松市遺跡調査會『伊場遺跡出土文字集成(槪報)』1971年

浜松市鄕土博物館·浜松市教委『伊場 第4次發掘調査月報合本(1~6 調査成果要旨)』1972年

浜松市教委·浜松市遺跡調査會『伊場遺跡出土文字集成(槪報)2』1973年

浜松市鄕土博物館·浜松市教委『伊場遺跡 第6·7次發掘調査概報』1975年

浜松市鄕土博物館·浜松市教委『伊場木簡』(伊場遺跡發掘調査報告書1) 1976年

東野治之「伊場遺跡出土の木簡」(奈文研『第1回木簡研究集會記錄』1976年)

浜松市鄕土博物館·浜松市教委『伊場遺跡 遺構編』(伊場遺跡發掘調査報告書2) 1977年

浜松市鄕土博物館·浜松市教委『國鉄東海道線線路敷地內埋藏文化財發掘調査報告書―伊場遺跡 第12次の1期調査概報』1979年

川江秀孝「静岡·伊場遺跡」(『木簡研究』1, 1979年)

浜松市鄕土博物館·浜松市教委『伊場遺跡 遺物編2』(伊場遺跡發掘調査報告書4) 1980年

浜松市博物館·浜松市遺跡調査會『伊場遺跡 第8~13次發掘調査概報』1981年

静岡縣『静岡縣史 資料編4 古代』1989年

木簡學會編『日本古代木簡選』岩波書店, 1990年

沖森卓也·佐藤信編『上代木簡資料集成』おうふう, 1994年

浜松市教委『伊場遺跡 補遺編(第8~13次調査遺構·自然遺物)』(伊場遺跡發掘調查報告書
11) 2007年

浜松市生涯學習課·奈文研『伊場遺跡 總括編(文字資料·時代別總括)』(伊場遺跡發掘調查報告
書12) 2008年

鈴木敏則·渡邊晃宏「静岡·伊場遺跡(第一號)·釋文の訂正と追加」(『木簡研究』30, 2008年)

奈文研飛鳥資料館『木簡黎明—飛鳥に集ういにしえの文字たち』(飛鳥資料館圖錄53) 2010年

19) 城山遺跡(2次)
20) 城山遺跡(3次)
21) 城山遺跡(4次)
22) 城山遺跡(6次)

1. 이름 : 시로야마 유적(2차, 3차, 4차, 6차)

2. 출토지 : 静岡縣(시즈오카현) 浜松市(하마마쓰시)

3. 발굴기간 : 2차(1977.11~1977.12), 3차(1979.12~1980.3), 4차(1980.7~1980.9), 6차
　　　　　　 (1995.8~1995.11)

4. 발굴기관 : 浜松市博物館·可美村敎育委員會

5. 유적 종류 : 관아

6. 점수 : 41

7. 유적과 출토 상황

城山遺跡은 伊場 유적의 북서쪽 약 250m에 위치하고 있다. 이 유적의 범위는 7세기부터 16
세기로 비정되며, 유적에서는 토기군, 목서토기, 鞴羽口, 瓦, 陶枕(唐三彩), 목제품, 목간 등과
함께 溝狀遺構 등이 발견되었다. 목간은 총 39점 출토되었는데 대부분은 나라시대 전반에 조성

된 整地面에서 출토되었다. 공반유물은 대체로 나라시대 중엽부터 후반의 것이다.

8. 목간

(1)

· 「　黑□〔和?〕

· 「□□
　□□

(2)

· 「　多祢」

· □□□□□

위의 두 목간은 9세기 초엽에 비정되는 것이다.

(3)

·「京田□□〔五十?〕

·　　　□

(4)

□〔平?〕四□〔年?〕三月二日

(5)

天平五年×

(6)

月生二日家度稻冊□…□度□□

(7)

「中寸輕部大知」

이 목간들은 具注曆목간이나 月生목간 등이 주목된다. 또 기년, 지명, 인명, 수량 등이 기재된 목간도 유적의 성격, 연대 등을 알 수 있는 근거가 될 수 있다.

9. 참고문헌

可美村教委『浜名郡可美村 城山遺跡範囲確認調査概報』1978年

川江秀孝「静岡·城山遺跡」(『木簡研究』1, 1979年)

辰巳均「静岡·城山遺跡」(『木簡研究』2, 1980年)

可美村教委『静岡縣浜名郡可美村 城山遺跡調査報告書』1981年

静岡縣『静岡縣史 資料編4 古代』1989年

木簡學會編『日本古代木簡選』岩波書店, 1990年

沖森卓也·佐藤信編『上代木簡資料集成』おうふう, 1994年

浜松市文化協會『城山遺跡Ⅵ』1997年

浜松市生涯學習課·奈文研『伊場遺跡 總括編(文字資料·時代別總括)』(伊場遺跡發掘調査報告書12) 2008年

奈文研飛鳥資料館『木簡黎明—飛鳥に集ういにしえの文字たち』(飛鳥資料館圖錄53) 2010年

23) 梶子遺跡(6次)

1. 이름 : 가지코 유적(6차)
2. 출토지 : 静岡縣(시즈오카현) 浜松市(하마마쓰시)
3. 발굴기간 : 1982.5~1982.12
4. 발굴기관 : 浜松市教育委員會
5. 유적 종류 : 관아
6. 점수 : 4

7. 유적과 출토 상황

梶子遺跡은 堤列間濕地 내의 微高地에 조영된 것으로 추정된다.

목간은 小溝의 복토 안에서 발견되었는데 溝의 바닥면에서는 고훈시대 말기(7세기 후반)의 스에키가 출토되어 溝의 초기의 것으로 생각된다.

8. 목간

　(1)

・「□万呂　五□□□　」

　(2)

・□□□〔宜部?〕廣万呂□人

・　□

　(3)

「竹田宗我部藥師　　」

　출토점수가 적은 것과 판독이 불가능한 부분이 많고, 직접 기년을 알 수 있는 부분도 없는 점 등 목간에서 이 유구나 유적의 성격을 알 수 있는 것은 없다.

9. 참고문헌

浜松市博物館·浜松市遺跡調査會『國鉄浜松工場內(梶子)遺跡 第Ⅵ次發掘調査槪報』1983年
漆畑敏「静岡·梶子遺跡」(『木簡研究』5, 1983年)
静岡縣『静岡縣史 資料編4 古代』1989年
浜松市生涯學習課·奈文研『伊場遺跡 總括編(文字資料·時代別總括)』(伊場遺跡發掘調査報告書12) 2008年

24) 梶子遺跡(9次)

1. 이름 : 가지코 유적(9차)

2. 출토지 : 静岡縣(시즈오카현) 浜松市(하마마쓰시)

3. 발굴기간 : 1992.7~1992.12

4. 발굴기관 : (財)浜松市文化協會·浜松市博物館

5. 유적 종류 : 취락·관아

6. 점수 : 12

7. 유적과 출토 상황

梶子遺跡은 三方原台地의 남쪽으로 펼쳐진 해안평야의 제2砂堤列부터 북측의 습지까지 걸쳐있다. 목간은 大溝에서 발견되었는데 유물의 대부분은 7세기 후반부터 9세기 초엽이며 목간 12점, 묵서토기, 인면묵화토기를 비롯하여 齋串, 人形, 馬形, 舟形, 토기가 출토되었다 .

8. 목간

(1)

・「　　□乎命下行荒…□〔木?〕幡比女命尓千幡男□…□□□　□[　　　]

　　尓聞□留荒別御…魂命　次生魂□〔命?〕　次□足□〔魂?〕命　右□〔六?〕柱□〔神?〕□

・「[　　]坐大神□〔命?〕□□…□〔命?〕　又荒別[　　]命　　奴良支□荒別御

　　□□　次□□〔事開?〕魂命□…□六柱神乃御□〔名?〕呼而白□〔奉?〕

耶間雄命 등 六柱의 神名 등이 기록되어 있어 이 유적의 부근에 지방의 神에 대한 신앙을 이야기하는 사료로 귀중하다. 공반유물이 없어서 8세기 전반 이전이지만 어디까지 거슬러 올라갈지는 알 수 없다. 목간의 바로 하층에서는 7세기 전반의 토기가 출토되었다.

(2)

□□□□〔長?〕□

8세기 말에서 9세기 초엽의 스에키가 동반 출토되었으므로 이 시기의 것으로 생각된다.

(3)

「赤坂[　　]部[　　　　]五斗」

8세기 말에서 9세기 초엽의 토기군의 밑에서 출토되었으므로 8세기 중엽까지 거슬러 올라갈 가능성이 있다.

(4)

若万呂

8세기 전후로 보면 된다.

(5)

□奘□長摂

공반유물이 없지만 층위적으로는 8세기대로 보인다.

9. 참고문헌

鈴木敏則・鬼頭清明「静岡・梶子遺跡」(『木簡研究』15, 1993年)

浜松市博物館・浜松市文化協會『梶子遺跡IX』1994年

原秀三郎・山中敏史・仁藤敦史「静岡縣古代史料 追補2」(『静岡縣史研究』10, 1994年)

浜松市博物館・浜松市文化協會『梶子北遺跡(遺物編本文)』1998年

木簡學會編『日本古代木簡集成』東京大學出版會, 2003年

浜松市生涯學習課・奈文研『伊場遺跡 總括編(文字資料・時代別總括)』(伊場遺跡發掘調査報告書12) 2008年

奈文研飛鳥資料館『木簡黎明―飛鳥に集ういにしえの文字たち』(飛鳥資料館圖錄53) 2010年

25) 梶子北遺跡

1. 이름 : 가지코키타 유적
2. 출토지 : 静岡縣(시즈오카현) 浜松市(하마마쓰시)
3. 발굴기간 : 1994.4~1995.7

4. 발굴기관 : ㈜浜松市文化協會·浜松市博物館

5. 유적 종류 : 관아

6. 점수 : 15

7. 유적과 출토 상황

梶子北遺跡은 浜松市街地 남서부로 펼쳐진 연안평야에 위치한다.

목간은 9세기에서 10세기경의 掘立柱건물이 발견되었는데 관아와 관련된 건물군이다. 목간이 8세기이므로 목간을 건물군과 연결하여 생각할 수는 없다.

8. 목간

(1)

· 「依調借子入□□□□〔浜津鄕鴨部?〕里□□〔戶主?〕物部三□〔狩?〕

· 「   大領『石山』

앞면 상부에 '依調衙宗'의 4글자가 거의 판독가능하다. 묵흔의 상태로 보아 '宗'의 다음에는 9글자 정도가 계속되는데 목간 자체가 하단이 손상되었으므로 전체 몇 글자가 기록되어 있는지는 알 수 없다. 뒷면에 기록된 '大領石山'이 목간의 하반부에 있었던 가능성이 높기 때문에 하단의 손상은 적었다고 생각한다. 調衙의 宗宜部에게 명령한 郡符木簡 혹은 郡司가 國衙의 調를 취급하는 시설의 '宗宜部'에 제출한 郡解木簡으로 해석된다.

(2)

「中寸宗宜部里秦」

'中寸宗宜部里秦'이라고 기록된 것으로 보아 人名이 기재된 付札 종류인 것 같다.

(3)

「赤坂鄕忍海部古□」

부찰과 같은 것인데 하단이 손상되어 있다. '赤坂鄕'은 『和名類聚抄』에 기록된 遠江國敷智郡의 鄕 중 하나이다.

9. 참고문헌

鈴木敏則「静岡·梶子北遺跡」(『木簡研究』17, 1995年)

浜松市博物館·浜松市文化協會『梶子北遺跡(遺構編)』1997年

浜松市博物館·浜松市文化協會『梶子北遺跡(木器編)』1997年

浜松市博物館·浜松市文化協會『梶子北遺跡(遺構編寫眞圖版)』1997年

浜松市博物館·浜松市文化協會『梶子北遺跡(遺物編圖版)』1998年

浜松市博物館·浜松市文化協會『梶子北遺跡(遺物編本文)』1998年

浜松市生涯學習課·奈文研『伊場遺跡 總括編(文字資料·時代別總括)』(伊場遺跡發掘調査報告書12) 2008年

26) 中村遺跡(99年度調査)

1. 이름 : 나카무라 유적(99년도 조사)

2. 출토지 : 静岡縣(시즈오카현) 浜松市(하마마쓰시)

3. 발굴기간 : 1999.11~2000.3

4. 발굴기관 : (財)浜松市文化協會·浜松市博物館

5. 유적 종류 : 관아 관련

6. 점수 : 11

7. 유적과 출토 상황

中村 유적은 崖面 바로 밑에 있는 가장 오래된 第一砂堤에 입지하는 유적이며, 남방의 第二砂堤列上에는 伊場 유적이 존재한다. 이 유적의 유구로 고대의 溝, 중세의 건물, 溝, 우물, 토갱 등이 있다. 목간은 a구SD01의 고대 溝에서 4점, 중세 溝에서 3점, 토갱이나 溝에서 단독으로 4점, 합계 11점 출토되었다. a구SD01의 溝는 砂丘와 같은 방향으로 흘러서 인위적으로 굴착되

었기 때문에 굴착기간은 출토유물로 보아 7세기 전반까지 거슬러 올라간다. 또한 윗면에서 黑笹90호窯式의 灰釉陶器가 출토되어 10세기에는 완전하게 매몰되었을 것이라 추정된다. 溝로서의 기능을 한 것은 출토유물로 보아 7세기부터 8세기로 생각된다. 溝의 성격에 대해서는 명확하지 않지만 직선적이고 폭이 넓으므로 어떤 특정한 취락이나 건물군을 둘러싸고 구획된 溝로 추정된다.

8. 목간

(1)

· 中寸里人宗我部□〔无?〕志麻呂　又貸給」

·　　和銅八年□月廿七日

　상단은 손상되었지만 문장은 완결되어 있으므로 크게는 손상되지 않았다고 생각한다. 위에 '中寸里'의 지명이 보인다. 中寸은 中村을 말하며 해당지구의 小字名으로서 현재도 남아 있다. '里人'이라고 하는 표기나 '部'를 'ア'로 표기하는 것은 7세기 목간의 특징이라고 할 수 있다. '又貸給'이라고 기록되어 있어서 出擧에 관련된 목간으로 추정된다.

(2)

「小文里語部□〔海?〕人

　하단이 손상되어 있지만, 좌측에 지운 흔적이 있는 부분에서 본래 뾰족했던 것 같다. '小文里'에 대해서는 小文鄕이 伊場 유적 99호 목간에서 볼 수 있다. 語部를 성으로 하는 인명은 伊場遺跡群에 용례가 보인다.

9. 참고문헌

鈴木敏則 「静岡·中村遺跡」(『木簡研究』22, 2000年)

浜松市博物館·浜松市文化協會 『中村遺跡(遺構寫眞圖版編)』 2001年

浜松市博物館·浜松市文化協會 『梶子北(三永)·中村遺跡(井戶·木製品編)』 2002年

浜松市博物館·浜松市文化協會 『中村遺跡(遺構実測圖版編)』 2002年

木簡學會編『日本古代木簡集成』東京大學出版會, 2003年

浜松市博物館·浜松市文化振興財團『中村遺跡(古墳·奈良時代編)』2006年

浜松市生涯學習課·奈文研『伊場遺跡 總括編(文字資料·時代別總括)』(伊場遺跡發掘調査報告書12) 2008年

27) 中村遺跡(00年度調査)

1. 이름 : 나카무라 유적(00년도 조사)

2. 출토지 : 静岡縣(시즈오카현) 浜松市(하마마쓰시)

3. 발굴기간 : 2000.4~2001.3

4. 발굴기관 : (財)浜松市文化協會·浜松市博物館

5. 유적 종류 : 관아

6. 점수 : 3

7. 유적과 출토 상황

中村遺跡은 静岡縣 서부의 天龍川과 浜名湖 사이에서 형성된 해안평야에 입지한다.

이 조사에서는 溝 SD02에서 목간 3점이 출토되었다. 이 溝는 폭이 약 4m이며 전체 길이가 60m에 도달한다. 토기로 보아 8세기의 溝로 생각된다.

8. 목간

　(1)

「□〔赤?〕□若倭部益万呂」

　상단이 일부 손상된 외에 거의 원형을 보존하고 있다. 상단은 평평하고 하단은 뾰족하다. 인명만을 기록한 부찰목간이다.

(2)

「丈部□〔廣?〕塩」

　원형을 보존하고 있으며 상단은 평평하고 하단은 뾰족하다. '丈部廣塩'라고 하는 인명이 기록된 부찰목간이다.

(3)

赤坂□

　하단은 약간 손상되었지만, 상단은 평평하고 하단을 뾰족하게 한 형태는 앞서 2점과 같다. '赤坂'는 확실히 판독이 되지만, '鄕'은 2차적으로 삭제되었기 때문인지 확실하지 않다.

9. 참고문헌

浜松市博物館·浜松市文化協會『中村遺跡(遺構実測圖版編)』2001年

鈴木敏則「静岡·中村遺跡」(『木簡硏究』23, 2001年)

浜松市博物館·浜松市文化協會『梶子北(三永)·中村遺跡(井戶·木製品編)』2002年

浜松市博物館·浜松市文化協會『中村遺跡(遺構寫眞圖版編)』2002年

浜松市教委·浜松市文化振興財團『中村遺跡(古墳·奈良時代編)』2006年

浜松市生涯學習課·奈文硏『伊場遺跡 總括編(文字資料·時代別總括)』(伊場遺跡發掘調査報告書12) 2008年

28) 中村遺跡(02年度調査)

1. 이름 : 나카무라 유적(02년도 조사)

2. 출토지 : 静岡縣(시즈오카현) 浜松市(하마마쓰시)

3. 발굴기간 : 2002.8~2003.3

4. 발굴기관 : ㈶浜松市文化協會·浜松市博物館

5. 유적 종류 : 하천

6. 점수 : 7

7. 유적과 출토 상황

中村遺跡은 三方原台地直下에 있어서 최초로 형성된 砂堤列上에 입지한다. 이 조사에서는 '里人'이나 '部'를 'ア'로 표기하는 7세기로 거슬러 올라가는 목간이 출토되었다. 『和名抄』에는 기록되어 있지 않지만, 현재 小字名 '中村'이 고대까지 거슬러 올라가는 것이 분명하다.

목간은 7점으로 모두 매몰하천에서 출토되었다. 고대의 것은 2점이고 그 외에는 중세 이후의 것이다.

8. 목간

□刀自女　□

옛 유로의 7세기에서 8세기의 포함층에서 출토되었다. 상하는 손상되어 있지만 좌우는 지워진 상태로 손상은 없다. 약간의 공간을 두고 '若'에 가까운 글자가 있다.

옛 유로의 8세기의 포함층에서 출토된 말 그림이다. 상하로 약간 손상이 있다. 뒷면에 한글자가 확인되지만 읽을 수 없다.

9. 참고문헌

鈴木敏則 「静岡·中村遺跡」(『木簡研究』 25, 2003年)

浜松市博物館·浜松市文化協會 『中村遺跡(南伊場地區)―井戶·木製品編』 2004年 浜松市教委·浜松市文化振興財團 『中村遺跡(古墳·奈良時代編)』 2006年

浜松市生涯學習課·奈文研 『伊場遺跡 總括編(文字資料·時代別總括)』 (伊場遺跡發掘調査報告書12) 2008年

29) 大蒲村東 I 遺跡

1. 이름 : 오카바무라히가시 I 유적
2. 출토지 : 静岡縣(시즈오카현) 浜松市(하마마쓰시)
3. 발굴기간 : 2004.2, 2004.3
4. 발굴기관 : ㈶浜松市文化協會·浜松市博物館
5. 유적 종류 : 하천
6. 점수 : 5

7. 유적과 출토 상황

大蒲村東 I 遺跡은 浜松市 동부에 위치하고, 天龍川이 형성된 沖積평야의 微高地上에 입지한다. 이 유적에서는 목간 5점 이 외에 曲物, 箱物, 案, 杳, 人形, 馬形, 舟形, 大足, 齋串, 鎌柄, 筬框 등의 많은 목제품과 토기가 출토되었다. 그리고 유적의 성격을 알 수 있는 木杳도 발견되어 주목된다.

이 유물들은 하천의 퇴적층과 매몰 후에 폐기에 의해 형성된 상층에서 출토되었다. 이 중에 목간을 포함한 목제품은 퇴적층에서 출토되었는데 이 층의 하부에서 7세기 말에서 8세기 전기의 토기가 출토되었다. 따라서 상층의 토기는 8세기 후반의 것이다.

8. 목간

(1)
· 「大稅給春耳十束夏耳四束   」
· 「戶主物部□〔水?〕麻呂之名附十束夏六束」

노송나무재로 표면은 말끔히 정리되어 있다. 묵흔의 상태가 좋다. 大稅를 지급한다고 쓰여 있으므로 公出擧와 관련된 것으로 생각된다. '大稅'의 표기로 목간의 연대는 天平6년(734)의 官稻混合 이전의 8세기 전반으로 추정된다. 뒷면에는 호주인 物部水麻呂의 명의로 (봄에) 10束,

여름에 6束을 지급한다는 의미로 이것도 앞면과 같이 出擧의 貸付에 관련된 것으로 생각된다.

(2)

・駅下稲十五束 [   ]

・合百□〔束?〕[   ]

노송나무재로 상단은 둥글게 깎았고, 하단은 부러졌다. 상단은 얇게 지워져서 상단의 두께가 겨우 1㎜밖에 없다. '駅下稲'는 역으로 내리는 벼로 볼 것인지, 혹은 역을 운영하는 재원으로서의 驛起稲의 가능성을 생각할 수 있다. 거기서 계속되는 부분은 묵흔이 희미하여 판독이 어렵지만 '九年'으로 읽으면 8세기 전반에 해당하는 연호는 天平 뿐이므로 737년임을 알 수 있다.

(3)

「[   ]□十二月廿二日記大□□十五束[   ]□定田[   ]

노송나무재로 하단은 손상되고 중앙에 부러졌다. 글자가 적힌 표면은 균열이 있어서 상태가 나빠지기 시작하여 묵흔이 흘러 들어가고 글자의 흔적이 희고 겨우 확인되는 상태이다. 뒷면은 말끔히 가공되어 있다. 날자+'記'로 시작하는 것은 大寶令 시행 이전에 볼 수 있는 형식으로 十二月 위의 글자가 '年'이라고 한다면 그 위에는 干支가 적혀 있을 가능성이 크다. '大□□'에 대해서는 인명일 가능성이 있다. '十五束'은 稲十五束을 말하는 것인지 검토가 필요하다.

9. 참고문헌

浜松市博物館·浜松市文化協會『大蒲村東Ⅰ·Ⅱ遺跡』2004年

鈴木敏則「静岡·大蒲村東Ⅰ遺跡」(『木簡研究』27, 2005年)

浜松市生涯學習課·奈文研『伊場遺跡 總括編(文字資料·時代別總括)』(伊場遺跡發掘調査報告書12) 2008年

奈文研飛鳥資料館『木簡黎明─飛鳥に集ういにしえの文字たち』(飛鳥資料館圖錄53) 2010年

30) 東前遺跡

1. 이름 : 히가시마에 유적

2. 출토지 : 静岡縣(시즈오카현) 浜松市(하마마쓰시)

3. 발굴기간 : 2006.7~2007.3

4. 발굴기관 : ㈶浜松市文化振興財團·浜松市文化財担當課

5. 유적 종류 : 관아

6. 점수 : 1

7. 유적과 출토 상황

東前遺跡은 浜岡市 남서부의 埋沒砂丘를 포함한 해안저지에 입지한다. 동서로 긴 埋沒砂丘의 북측에는 海蝕崖가 되어 있으며, 유적은 그 崖直下의 第一砂丘라고 불리는 砂丘上에 위치한다. 조몬시대 전기부터 근세에 걸친 것이 유물이 출토되었다. 특히 야요이시대 중기부터 나라시대의 유물이 많다.

목간은 砂丘와 微高地 사이의 유로 바닥 면에서 8세기 후반의 목제人形, 토기와 함께 출토되었다.

8. 목간

□□〔中寸?〕若日下部足石十九□〔束?〕

좌변 및 상단이 손상되고, 상단부는 약간 부식하고 있지만, 거의 원형을 보존하고 있다. '若日下部足石'은 인명으로 伊場 유적군에 유사한 용례가 많은 '鄕名+人名'의 부찰목간으로 보인다.

9. 참고문헌

鈴木敏則「静岡·東前遺跡」(『木簡研究』29, 2007年)

浜松市生涯學習課·奈文研『伊場遺跡 總括編(文字資料·時代別總括)』(伊場遺跡發掘調查報告書12) 2008年

浜松市教委·浜松市文化振興財團『静岡縣浜松市 東前遺跡Ⅱ』(伊場遺跡發掘調查報告書12) 2008年關係文獻

31) 鳥居松遺跡(5次)

1. 이름 : 도리마쓰 유적(5차)
2. 출토지 : 静岡縣(시즈오카현) 浜松市(하마마쓰시)
3. 발굴기간 : 2008.1~2008.6
4. 발굴기관 : (財)浜松市文化振興財團·浜松市文化財担當課
5. 유적 종류 : 관아
6. 점수 : 5

7. 유적과 출토 상황

조사지는 아스카시대부터 나라시대의 목간이 많이 출토된 伊場 유적의 동쪽 약 700m에 위치한다.

나라시대의 층에서 6점의 목간을 비롯하여 19점의 묵서토기, 木製의 形代가 출토되었다.

나라시대 후반기부터 헤이안시대 전기의 지층에서는 '上殿', '福刀自' 등이 기록된 묵서토기와 함께 '稻萬呂'라고 기록된 묵서토기가 11점 출토되었다. '稻萬呂'의 묵서는 글자를 둘러싼 독특한 기호가 있는데 지금까지의 伊場 유적군의 조사에서 8점이 알려져 있다.

8. 목간

(1)

□三日□

상하 양 끝에 부러지고, 좌측은 삭제되고, 우측은 갈라졌다. 첫 글자와 세 번째 글자가 가는 필치로 쓰인 것과 달리 두 번째 글자인 '三'은 두터운 획으로 기록하였다.

(2)

・×人蛭田鄕[　　　]」

・　　　　　□□□」

두 조각의 접합으로 상단은 부러지고 하단과 좌측은 지워지고 우측은 갈라짐. '蛭田鄕'은 『和名抄』에 보이는 遠江國敷智郡蛭田鄕에 해당하며, '鄕' 다음에 계속되는 묵흔은 里일 가능성이 있다.

(3)

・「　　□〔耳?〕糸一斤貸受人赤坂鄕嶋里　忍海部石□□
　　　　　　　　　　　　　　　　　　　　　□□□

・「　　　　　　　　　　　神龜元□〔年?〕□

5조각을 접합시킴. 상단은 산형으로 깎아낸 것으로 보이지만, 우측 윗부분은 손상. 좌측 윗부분은 갈라짐. 앞면 첫 번째 글자는 글자의 배치나 남은 획으로 보아 '耳'의 가능성이 크다. '赤坂鄕'은 『和名抄』에 보이는 遠江國敷智郡蛭田鄕에 해당한다. '嶋里'는 赤坂鄕의 里에서 처음으로 보인다. 耳糸(직물을 짤 때 날실로서 사용하는 두터운 실)를 赤坂鄕嶋里의 忍海部某에게 빌려준 것이 기록되어 있다.

9. 참고문헌
浜松市教委·浜松市文化振興財團『鳥居松遺跡5次 伊場大溝編』2009年

鈴木一有「静岡·鳥居松遺跡」(『木簡研究』31, 2009年)

32) 箱根田遺跡

1. 이름 : 하코네다 유적
2. 출토지 : 静岡縣(시즈오카현) 三島市(미시마시)
3. 발굴기간 : 1999.12~2000.5
4. 발굴기관 : 三島市教育委員會
5. 유적 종류 : 하천·취락
6. 점수 : 3

7. 유적과 출토 상황

箱根田 유적은 伊豆半島 북부에 소재하고, 동쪽에 箱根山, 북쪽에 富士山을 바라다보는 田方平野의 중앙부에 위치한다. 이번 조사는 점포건설에 따른 것으로, 3881㎡를 조사하였다. 그 결과 자연유로와 방대한 양의 출토유물, 관아의 掘立柱건물군이 확인되었다.

掘立柱건물의 규모는 그리 크지 않지만 溝 혹은 울타리에 의한 구획 내에 정연하게 배치되어 있으며 유로에서는 畿內系土器, 綠釉土器, 원형 벼루, 律令祭祀遺物 등 官衙관련유물이 출토된 것으로 보아 이 掘立柱건물은 관아의 倉庫群으로 伊豆國府 혹은 田方郡家에 관련된 津의 일부로 생각된다.

목간은 유로 안에서 2점, 포함층에서 1점이 출토되었다.

8. 목간

(1)

「[   ]委文□〔部?〕□代」

완전한 형태로, 앞면은 칼로 다듬었으나 뒷면은 다듬지 않았음. 두께는 균일하지 않고 중앙부분이 약간 두껍고, 상부의 단면은 반타원형의 형태를 띠고 있다. 가장 앞에 묵흔이 확인되지만 판독이 어렵다. 단 글자의 크기로 보아 1~2글자가 있는 것으로 생각된다. 확실히 확인되는 글자는 '委', '代'로 그 사이에 희미한 묵흔으로 두 글자가 있는데 이 부분에는 인명이 기록되었을 것으로 생각된다.

　　(2)

「八□秦人[　　]秦人眞□万呂」

　완전한 형태로 뒷면은 다듬지 않음. 두께는 균일하지 않고 좌측이 얇다. 두 번째 글자는 '部'와 같이 보이는데 그 기재 내용은 확실하지 않다.

　　(3)

「又又六月廿日　　　六月

　　七月廿日廿日

　□　　□□

　　　　□

　　　　　　　□〔薮?〕

　□　　　吾

　□□

　상단 및 양 측면은 원 상태를 유지하고 있지만 하단은 부러졌다. 가장 앞에 날짜가 몇 번 반복되고 있는 것 외에 묵흔이 확인되지만 판독이 어렵다. '廿日'이 반복되어 단순한 습서의 가능성도 있다.

9. 참고문헌

　三島市教委『静岡縣三島市 箱根田遺跡發掘調査報告書—店舗建設に伴う埋藏文化財發掘調査報告書』2003年

　鈴木敏中「静岡·箱根田遺跡」(『木簡研究』25, 2003年)

33) 伊勢堰遺跡

1. 이름 : 이세세키 유적

2. 출토지 : 静岡縣(시즈오카현) 三島市(미시마시)

3. 발굴기간 : 2007.5~2007.8

4. 발굴기관 : 三島市教育委員會

5. 유적 종류 : 관아

6. 점수 : 3

7. 유적과 출토 상황

伊勢堰遺跡은 狩野川이 형성된 田方평야의 거의 중앙부로 해발 12m의 평지에 위치한다. 유구의 주변에는 條里水田이 펼쳐져 있다. 남쪽으로 약 80m에는 고대의 나루터가 확인되었으며, 인면묵서토기 등 제사용도구가 다수 출토된 箱根田 유적이 있다.

목간은 大溝의 복토 안에서 2점이 출토되었다. 大溝은 폭이 약 8m, 깊이가 약 1m로 대규모 운하로 볼 수 있다. 이 大溝에서 토기, 석제품, 금속제품, 목제품, 종자, 陸獸遺體 등 많은 유물이 출토되었다.

8. 목간

(1)

「∨大宅胞二百五十」

거의 중앙에 半截되어 있다. 상하 양 끝은 원형을 보존하고 있다. 목재는 비교적 두껍다. '大宅胞(인명)'+'二百五十(수량)'으로 무언가 물품에 부착된 부찰로 생각된다.

(2)

舘佐乙□

상·하단 끝은 손상되었다. 현재 존재하는 부분은 인명이 기재되어 있지만 하단의 글자가 계속되고 있지 않기 때문에 인명만 기록한 목간으로 생각된다.

9. 참고문헌

三島市教委『静岡縣三島市 伊勢堰遺跡第3·4地点―宅地分讓工事に伴う埋藏文化財發掘調査報告書』2010年

鈴木敏中「静岡·伊勢堰遺跡(第三·四地点)」(『木簡研究』32, 2010年)

34) 御殿·二之宮遺跡(1次)

1. 이름 : 고덴·니노미야 유적(1차)
2. 출토지 : 静岡縣(시즈오카현) 磐田市(이와타시)
3. 발굴기간 : 1978.9~1980.3
4. 발굴기관 : 磐田市教育委員會
5. 유적 종류 : 관아, 근세취락
6. 점수 : 9

7. 유적과 출토 상황

본 조사는 東海道本線 磐田驛의 약 500m 남쪽에 건설되고 있었던 新幹線의 남쪽 부지 근처에 폭 평균 10m, 길이 500m의 지역을 대상으로 하였다. 유구로 야요이 시기의 柱穴群, 土壙群, 溝狀遺構가 다수 발견되었다. 목간이 발견된 이 지역은 나라시대의 도랑 상태의 유구 4조를 비롯해 다수의 토광군이 발견되었으며 조개무덤이 두 곳 발견되었다.

8. 목간

(1)

∨大鄕 小長谷部宮□o」

(2)

「狹束鄕戶主文委部麻×

(3)

「豊國鄕戶主小長谷部色万呂戶小長

(4)

「久米鄕□□□□□

9. 참고문헌

平野和夫「静岡・二之宮遺跡」(『木簡研究』1, 1979年)

磐田市敎委『御殿・二之宮遺跡發掘調査報告Ⅰ』1981年

中嶋郁夫「静岡・御殿・二之宮遺跡」(『木簡研究』3, 1981年)

静岡縣『静岡縣史 資料編4 古代』1989年

木簡學會編『日本古代木簡選』岩波書店, 1990年

35) 御殿・二之宮遺跡(34次)

1. 이름 : 고덴·니노미야 유적(34차)
2. 출토지 : 静岡縣(시즈오카현) 磐田市(이와타시)
3. 발굴기간 : 1996.4~1996.5
4. 발굴기관 : 磐田市教育委員會
5. 유적 종류 : 관아, 근세취락

6. 점수 : 1

7. 유적과 출토 상황

御殿·二之宮遺跡은 磐田市街地의 南端에 있으며, 磐田原台地 最南緣部인 磐田市中泉~二之
宮에 위치한다. 이 유적은 흑색 점토가 동쪽을 향해서 두텁게 퇴적되어 있으며 같은 층에서 야
요이시대 중기부터 가마쿠라시대의 유적이 출토되었다. 특히 중간 정도의 위치에서는 6세기
전반부터 중기의 유물이 한꺼번에 출토되었다. 그러나 나라시대 이후의 유물은 희박하다.

목간은 흑색점토층에서 단독으로 출토되었다. 공반유물은 없지만 나라시대 초기 혹은 그 이
전의 가능성도 있다.

8. 목간

而　□　祀□

상·하단은 손상되었고 글자의 마멸도 심하며 묵흔도 소실되어 있다. 글자는 앞면에 남아
있는 요철에 따라서 4글자가 관찰된다. 이 중에서 판독되는 글자는 첫 번째의 '而'와 세 번째의
'祀'의 두 글자로 네 번째도 '而'로 읽을 수 있는 가능성도 있다. 두 번째 글자는 좌방부(人偏?)를
읽을 수 있다. 글자의 간격으로 볼 때 원래는 6글자가 배치되었을 것이라 생각된다.

9. 참고문헌

磐田市埋文センター·磐田市教委『御殿·二之宮遺跡 第28·33·34次發掘調査報告書』1997
年

佐口節司「静岡·御殿·二之宮遺跡」(『木簡研究』19, 1997年)

36) 御子ヶ谷遺跡

1. 이름 : 미코가야 유적
2. 출토지 : 静岡縣(시즈오카현) 藤枝市(후지에다시)
3. 발굴기간 : 1977.6~1978.2
4. 발굴기관 : 藤枝市教育委員會
5. 유적 종류 : 관아
6. 점수 : 10

7. 유적과 출토 상황

御子ヶ谷 유적은 志太平野의 西端部, 해안선으로부터 약 7㎞ 정도 들어간 구릉지대의 末端에 위치하고, 해발 26m의 평지에 입지한다.

이 유적에서는 목간이 10점 출토되었다. 유적의 입지상의 조건에서 목제품의 보존에는 유리하며 각종 일상용기, 도구류와 함께 출토되었다.

목간과 함께 다수의 유물이 출토되었다. '志太', '志大領', '少領', '志太少領', '志太少', '主帳', '志太厨', '厨'를 포함한 237점의 묵서토기군은 지방관아(군아)로서의 유적의 성격을 명확히 나타내는 것이며 그 밖에도 陶硯, 施釉陶器類, 목제마구, 칠기 등 유물군이 포함되어 있다.

8. 목간

(1)

×申進上夫事　少長谷淨□〔成?〕

　　　　　□□□□□

(2)

日□〔置?〕

　　□

(3)

「　　　　[　　　　]　　　　□

　　　　　　□□召勘問安人□□〔昭文?〕

人□□〔足可?〕沽事[　　　]安人[　　　]

　　□□〔如件?〕　　　　　　　　　　　」

(4)

・右□〔件?〕可□〔進?〕日□　〔□?〕者□

　□仰□罪□□〔進填?〕□

・□□□

(5)

・[　　　　]　　　　」

・廿五日稅長　友足」

(6)

・「　□□[　　　]
　召　□□□　　[　　　] 以前□〔人?〕×

・「女召　付里正『丈部麻々呂』

　유감이지만 출토된 목간 중에서 직접적인 紀年을 알려주는 것이나 志太郡과의 관련성이 명확한 것은 없다. 그러나 인명이나 숫자를 기록한 진상목간이나 초청으로 생각되는 문서풍의 목간이 많이 포함되어 있는 점으로 郡衙에서 실무체계를 알려줄 귀중한 문자자료라 할 수 있다. 또 문헌자료가 부족한 상황에서 少長谷淨成, 友足, 丈部麻呂 등의 인명에 관한 자료나 '里正'에 의해 향리제 하의 연대가 상정되어 이 유적의 성립연대를 파악하는 근거를 마련해 주는 등 중요한 의의가 있다.

9. 참고문헌

藤枝市敎委『藤枝市埋藏文化財調査槪報 昭和52年度』1978年

八木勝行「静岡·御子ヶ谷遺跡」(『木簡研究』1, 1979年)

藤枝市埋文調査事務所·藤枝市教委·藤枝市土地開發公社『日本住宅公團藤枝地區埋藏文化財調査報告書Ⅲ 奈良·平安時代編 志太郡衙跡(御子ヶ谷遺跡·秋合遺跡)』1981年

藤枝市教委『國指定史跡 志太郡衙跡出土の文字資料一木簡と墨書土器』1982年

静岡縣『静岡縣史 資料編4 古代』1989年木簡學會編『日本古代木簡選』岩波書店, 1990年

藤枝市史編纂委員會·藤枝市『藤枝市史 資料編2 古代·中世』2003年

焼津市史編纂委員會·焼津市『焼津市史 資料編2 古代·中世』2003年

37) 秋合遺跡(3次)

1. 이름 : 아키아와세 유적(3차)
2. 출토지 : 静岡縣(시즈오카현) 藤枝市(후지에다시)
3. 발굴기간 : 1984.11~1985.1
4. 발굴기관 : 藤枝市教育委員會
5. 유적 종류 : 관아
6. 점수 : 2

7. 유적과 출토 상황

秋合遺跡은 국가지정사적 志太郡衙 터에서 낮은 구릉을 끼고 동측으로 인접한 水田地에 존재한다. 조사 결과 掘立柱건물과 우물이 발견되었으며, 출토된 37점의 묵서토기의 내용을 분석한 결과, 志太郡衙 터와 상당히 밀접한 관계가 있는 유적으로서 주목되었다.

이 유적에서는 나라시대의 掘立柱건물, 토기류나 목제기류와 함께 2점의 목간이 발견되었다. 목간은 유적의 포함층에서 1점, 掘立柱건물의 柱穴埋土 안에서 1점이 출토되었다.

8. 목간

(1)

・□〔卷?〕卷卷

・　　□

(2)

力〔不?〕不□

2점 모두 양 끝에 부러져서 파편이며 글자 수도 적어서 내용을 알 수는 없다. 두 번째의 목간
은 '不'자가 연속되어 습서목간의 일부로 보인다.

9. 참고문헌

藤枝市教委『静岡縣藤枝市 秋合遺跡發掘調查報告Ⅲ 昭和59年度』1985年

磯部武男「静岡·秋合遺跡」(『木簡研究』7, 1985年)

静岡縣『静岡縣史 資料編4 古代』1989年藤枝市史編纂委員會·藤枝市『藤枝市史 資料編2 古
代·中世』2003年

焼津市史編纂委員會·焼津市『焼津市史 資料編2 古代·中世』2003年

38) 郡遺跡(3次·立花 F 地區)

1. 이름 : 고리 유적(3차·릿카 F 지구)

2. 출토지 : 静岡縣(시즈오카현) 藤枝市(후지에다시)

3. 발굴기간 : 1984.10~1985.1

4. 발굴기관 : 藤枝市教育委員會

5. 유적 종류 : 관아

6. 점수 : 1

7. 유적과 출토 상황

郡遺跡은 東海道를 따라 펼쳐진 藤枝市街地에서 약간 東側으로 비켜간 立花지구에 위치하고 있다.

목간은 우물의 복토 안에서 1점 출토되었다.

8. 목간

• □ □ □ □ □

• ×□□□〔日見見?〕□〔可?〕□×

습서목간이나 주부목간일 가능성이 있다.

9. 참고문헌

八木勝行「静岡·郡遺跡」(『木簡研究』7, 1985年)

藤枝市教委『静岡縣藤枝市 郡遺跡發掘調査槪報Ⅲ―昭和59·60年度立花地區の調査』1986年

静岡縣『静岡縣史 資料編4 古代』1989年

木簡學會編『日本古代木簡選』岩波書店, 1990年

藤枝市史編纂委員會·藤枝市『藤枝市史 資料編2 古代·中世』2003年

燒津市史編纂委員會·燒津市『燒津市史 資料編2 古代·中世』2003年

39) 郡遺跡(4次·立花H地區)

1. 이름 : 고리 유적(4차·릿카 H지구)
2. 출토지 : 静岡縣(시즈오카현) 藤枝市(후지에다시)
3. 발굴기간 : 1985.11~1986.3
4. 발굴기관 : 藤枝市教育委員會

5. 유적 종류 : 관아

6. 점수 : 15

7. 유적과 출토 상황

郡遺跡 東海道를 따라 펼쳐진 藤枝市街地에서 약간 東側으로 비켜간 立花지구에 위치하고 있다. 이 유적에는 '益厨'라고 적힌 묵서토기가 발견되는 등 예상대로 益頭郡衙와 깊이 관련 있는 것이 밝혀졌다.

목간은 SD27에서 2점, SD26에서 13점 출토되었는데 板繪馬로 전용된 것을 제외하면 거의 대부분이 부찰로 보인다. 또 SD26에서는 묵서토기가 26점 출토되었는데 '益厨'가 8점 포함되어 있으며 '益大', '少領' 등 郡司의 관직명과 관련된 것도 포함되어 있다.

출토 토기의 연대로 보아 溝 SD27은 8세기 전반에 거의 매몰된 것으로 보인다.

8. 목간

溝 SD27

(1)

·「物部里五□〔戶?〕宇治部角末呂」

·「米五斗   」

郡里制 하에 있어서 쌀의 貢進付札로 보이는 것이므로 里名과 人名 사이에 '五戶'가 기록되어 있으며 五戶(保)를 대표해서 貢進한 것을 나타낸 것으로 추정된다. 뒷면의 '五斗'의 위에는 2글자로 '白米'일 가능성이 있다. 郡衙단계에서 초기의 徵稅형태를 나타내는 것으로 흥미롭다. 『和名抄』에 益頭郡物部鄕이 있다.

(2)

「∨戶主刑×

溝 SD26

(3)

・×□六日□〔王?〕牛〔牛?〕□□〔木?〕□七月十二日丁□

　□□□□□廿八日□〔癸?〕□九月□×

・『馬繪　　　　　。　　　』

　月日을 중심으로 기록된 목간을 절단해서 전용하고 뒷면에 목재의 가로 방향으로 안장이 없는 말을 그린 판화.

(4)

□〔給?〕□□

益頭郡□〔益?〕

(5)

下　矢田部□〔子?〕毛人

　상단이 손상되었지만 거의 완전한 형태에 가까운 付札로 보인다. '下'에 이어서 인명만을 기록한 것이며 상위기관으로부터의 물자 등의 전달도 있었던 것을 뜻하는것 같다.

9. 참고문헌

八木勝行「静岡・郡遺跡」(『木簡研究』7, 1985年)

藤枝市教委『静岡縣藤枝市 郡遺跡發掘調査概報Ⅲ 昭和59・60年度立花地區の調査』1986年

静岡縣『静岡縣史 資料編4 古代』1989年

木簡學會編『日本古代木簡選』岩波書店, 1990年

藤枝市史編纂委員會・藤枝市『藤枝市史 資料編2 古代・中世』2003年

焼津市史編纂委員會・焼津市『焼津市史 資料編2 古代・中世』2003年

40) 水守 I 遺跡(96年度調査)

1. 이름 : 미즈모리 유적(96년도 조사)
2. 출토지 : 静岡縣(시즈오카현) 藤枝市(후지에다시)
3. 발굴기간 : 1995.10~2000.9
4. 발굴기관 : 藤枝市敎育委員會
5. 유적 종류 : 관아·취락
6. 점수 : 3

7. 유적과 출토 상황

水守 I 遺跡은 藤枝市內 東部 葉梨川과 瀨戶川에 의해 형성된 沖積微高地上에 있는 대규모 취락 터이다.

목간이 출토된 水守 I 은 고훈시대 및 나라·헤이안시대의 취락유적으로 고훈시대의 수혈식 주거, 호상가옥, 강, 溝 등이 발견되었고 강의 유적에서는 제사유물과 대량의 하지키 등이 출토되었다. 한편 나라시대 후반부터 헤이안시대 전반의 호상가옥군이 27동 발견되었다. 전체적으로 토기 등의 유물이 적으며 묵서토기('益少領'을 포함) 및 석대 등이 출토되었다. 목간은 4점 출토되었는데 그중 2점은 나라시대 말기의 바닥에서, 나머지 2점은 호상가옥의 柱穴의 埋土에서 출토되었다.

8. 목간

自今日□〔迄?〕□七□〔日?〕□前□態仕奉□足□

2차적으로 4조각으로 절단한 문서풍의 목간이지만 묵흔이 명료하지 않아서 문장을 파악할 수 없다.

9. 참고문헌

藤枝市鄕土博物館·藤枝市敎委『藤枝市文化財年報 平成8年度』1998年

八木勝行·岩木智繪「静岡·水守遺跡」(『木簡研究』22, 2000年)

藤枝市史編纂委員會·藤枝市『藤枝市史 資料編2 古代·中世』2003年

燒津市史編纂委員會·燒津市『燒津市史 資料編2 古代·中世』2003年

41) 坂尻遺跡(2次)

1. 이름 : 사카지리 유적(2차)

2. 출토지 : 静岡縣(시즈오카현) 袋井市(후쿠로이시)

3. 발굴기간 : 1981.4~1982.3

4. 발굴기관 : 袋井市敎育委員會

5. 유적 종류 : 취락·관아

6. 점수 : 2

7. 유적과 출토 상황

坂尻遺跡은 静岡縣 袋井市와 掛川市의 경계에서 南流하는 原野谷川의 西岸에 형성된 自然堤防上에 입지한다. 인접하여 남쪽으로 옛 東海道가 동서로 지나간다. 이 유적에서는 나라시대의 토기 파편과 고훈시대 중기부터 근세에 이르는 도랑형태의 유구, 竪穴상태의 유구, 柱穴列 등 다량의 유구가 확인되었다. 판독이 어려운 목간 2점이 발견되었다.

8. 목간

(1)

「∨□□□

(2)

「　∨　□□

9. 참고문헌

袋井市敎委『一般國道1號袋井バイパス(袋井地區)埋藏文化財發掘調査槪報 坂尻遺跡第2次調査』1982年

吉岡伸夫「静岡·坂尻遺跡」(『木簡研究』4, 1982年)

袋井市敎委『一般國道1號袋井バイパス(袋井地區)埋藏文化財發掘調査報告書 坂尻遺跡(序文·古墳時代編)(奈良時代編)(平安時代·中世編)(自然科學編)』1985年

42) 坂尻遺跡(3次)

1. 이름 : 사카지리 유적(3차)

2. 출토지 : 静岡縣(시즈오카현) 袋井市(후쿠로이시)

3. 발굴기간 : 1982.4~1983.3

4. 발굴기관 : 袋井市教育委員會

5. 유적 종류 : 취락·관아

6. 점수 : 2

7. 유적과 출토 상황

坂尻遺跡은 静岡縣 袋井市와 掛川市의 경계에서 南流하는 原野谷川의 西岸에 형성된 自然堤防上에 입지한다. 여기에 인접하여 남쪽으로 옛 東海道가 동서로 지나간다.

목간의 削屑은 NSD3이라 불리는 도랑의 경사면에 밀착된 상태로 발견되었다.

溝 안에는 나라시대의 후반의 토기 파편(묵서토기를 포함)이 다량으로 집적되어 있었다.

8. 목간

[   ] □[   ]

□

9. 참고문헌

袋井市教委『一般國道1號袋井バイパス(袋井地區)埋藏文化財發掘調査槪報 坂尻遺跡第3次調査』1983年

吉岡伸夫「静岡·坂尻遺跡」(『木簡研究』7, 1985年)

袋井市教委『一般國道1號袋井バイパス(袋井地區)埋藏文化財發掘調査報告書 坂尻遺跡(序文·古墳時代編)(奈良時代編)(平安時代·中世編)(自然科學編)』1985年

43) 土橋遺跡(5次)

1. 이름 : 쓰치하시 유적(5차)

2. 출토지 : 静岡縣(시즈오카현) 袋井市(후쿠로이시)

3. 발굴기간 : 1991.5~1991.8

4. 발굴기관 : 袋井市教育委員會

5. 유적 종류 : 취락

6. 점수 : 1

7. 유적과 출토 상황

土橋遺跡은 太田川의 東岸에 형성된 해발 9m 전후의 自然堤防上에 위치하고 있다. 이 유적은 나라시대 후기의 유구 및 유물이 한꺼번에 출토되었다. 묵서토기 '國廚', '里當', '里人', '上人' 이나 人面墨書토기가 출토되었다. 유구는 일반 취락이지만 문자자료로 보아 國府와 관련된 취락으로서 주목된다.

목간은 헤이안시대 전기의 溝 SD二에서 灰釉土器와 함께 출토되었다.

8. 목간

二斗五升□

상하 양 끝이 손상되어 전체의 형상은 알 수 없지만 글자의 내용에서 보면 부찰의 가능성이 있다. 한 면에만 글자가 있다.

9. 참고문헌

袋井市敎委『土橋遺跡Ⅴ—太平住宅株式會社建売住宅用地造成事業に伴う緊急發掘調査報告書』1993年

静岡縣敎委『静岡縣の古代寺院·官衙遺跡』(静岡縣文化財調査報告書57) 2003年

松井一明「静岡·土橋遺跡」(『木簡研究』26, 2004年)

44) 仲島遺跡

1. 이름 : 나카지마 유적
2. 출토지 : 静岡縣(시즈오카현) 菊川市(기쿠가와시)
3. 발굴기간 : 1977.(月不詳)
4. 발굴기관 : 菊川町敎育委員會
5. 유적 종류 : 거관
6. 점수 : 1

7. 유적과 출토 상황

仲島遺跡은 JR菊川驛 남동쪽 약 800m의 菊川 左岸에 위치한다. 범위는 동서 275m 남북 450m 정도에 이른다. 목간은 流木이나 자갈이 퇴적된 폭 2m의 溝의 바닥에서 나라시대의 스에키와 함께 출토되었다.

8. 목간

〔刻線〕

□〔得?〕廾□□八十□   ⋮□

□〔共?〕□木□□□〔五?〕□   ⋮

상하 양 끝은 부러지고, 좌측변이 삭제되고, 우측변이 삭제된 것인지 알 수 없다. 판목재이다. 刻線은 혹은 절단할 때 칼집의 흔적일 가능성이 있다. 글자의 과반은 석독을 할 수 없어 문장의 의미는 알 수 없다.

9. 참고문헌

静岡縣教委 『静岡縣遺跡地名表』 1979年

菊川町教委 『森前遺跡·森前外屋敷遺跡-縣營圃場整備事業に伴う第2工區內遺跡發掘調查報告書』(菊川町埋藏文化財報告書10) 1987年 静岡縣 『静岡縣史 資料編4 古代』 1989年

松下德男·山本 崇 「静岡·仲島遺跡」(『木簡研究』 40, 2019年, p.105)

45) 宮ノ西遺跡

1. 이름 : 미야노니시 유적
2. 출토지 : 静岡縣(시즈오카현) 菊川市(기쿠가와시)
3. 발굴기간 : 2009.10~2010.5

4. 발굴기관 : 菊川町教育委員會

5. 유적 종류 : 관아

6. 점수 : 1

7. 유적과 출토 상황

宮ノ西遺跡은 菊川과 西方川 사이에 낀 沖積地上에 있는 복합유적이다. 유구는 주로 야요이 시대부터 고훈시대에 걸친 竪穴住居나 方形周溝墓, 나라·헤이안시대의 掘立柱건물, 중세의 溝 등이 있다.

목간은 나라·헤이안시대의 掘立柱건물군 중에 북동부의 掘立柱건물 SH61南西角柱穴 바닥 에서 묵서면이 아래로 향한 상태에서 1점이 출토되었다. 주춧돌로 사용된 목재이다. 같은 건물 의 주혈에서는 7점의 주춧돌이 출토되었는데 묵서는 확인되지 않는다.

8. 목간

```
郡符          右依大伴直
於郡家不得怠々今狀得
```

판재를 주춧돌로 전용한 것. 글자는 나뭇결에 직행하는 방향으로 쓰여 있으며, 묵서의 흔적 이 양호하여 육안으로도 판독이 가능하다. 묵서면에는 대패에 의한 가공 흔적이 남아 있지만 대패 날의 폭은 명확하지 않다. 내용은 郡符목간이다. '於郡家不得怠々' 등이라고 적혀 있는 것 으로 보아 郡家로의 알현을 명령한 召文으로 이해하는 것이 온당할 것 같다. 단지 大伴直某를 소환한 것인지 大伴直某가 관련된 안건으로의 소환을 의미하는 것인지는 확실하지 않다. 연월 일의 기재는 없지만 弘仁14년(823)에 伴氏로 改姓한 大伴姓이 보이는 것으로부터 그 이전에 기 록된 것으로 생각된다.

9. 참고문헌

髙木淳「静岡·宮ノ西遺跡」(『木簡研究』 33, 2011年)

21. 愛知縣

1) 志賀公園遺跡

1. 이름 : 시가코엔 유적
2. 출토지 : 愛知縣(아이치현) 名古屋市(나고야시)
3. 발굴기간 : 1996.4~1999.3
4. 발굴기관 : (財)愛知縣教育サービスセンター愛知縣埋藏文化財センター
5. 유적 종류 : 취락·유로, 중세취락
6. 점수 : 1

7. 유적과 출토 상황

志賀公園遺跡은 名古屋市 東北部를 향해서 흐르는 庄內川과 그 지류인 矢田川의 합류지점에서 남쪽으로 약 2㎞의 矢田川 左岸에 형성된 沖積地에 입지한다. 해발은 5m 전후이다. 야요이 시대부터 에도시대에 걸친 복합유적이다.

목간이 출토된 유로98K구역 NR07은 고훈시대 후기, 고대 하층, 고대 상층의 3층으로 되어 있으며 그중에 목간이 출토된 층위는 고대 상층이다. 목간 이외에 문자자료로서는 묵서토기가 고대 상층에서 1점 출토되었다. 고대 상하층에서 출토된 목제품에는 제사 도구가 다수 포함되어 이 부근에서 제사가 실시된 것을 시사한다.

8. 목간
(1)

「□磨　□□□　□□〔人?〕□秦人

하단이 손상되었고 그 밖에는 좌측변의 상부를 제외하고는 원형을 보존하고 있다. 묵흔은 첫 번째, 두 번째, 네 번째 글자의 일부밖에 남아 있지 않아 매몰과정에서 다른 부분의 묵흔은 소실되고 표면의 요철 및 묵흔 부분이 하얗게 누락되어 있는 것으로 보아 글자로 추정된다. 내용은 人名으로 생각되는 기록과 병행해서 歷名의 다양한 목간의 가능성이 있다. '磨呂'는 다른 글자와의 위치 관계 및 크기로 보아 한 글자분의 크기로 적혀 있다. '秦人'의 인명은 名古屋市 小幡廢寺 출토의 刻書한 기와와 유사한 사례이다.

(2)

(刻書)

・「『六束』

奈女□首□□

・「□□□□□

편의상 판독이 가능한 글자가 많은 쪽을 앞면으로 한다. 상단과 우측변의 대부분이 원형을 보존하고 있고 좌측변과 하단은 손상되어 있다. 상단은 앞뒤에서 칼집을 넣어서 부러뜨린 것이다. 앞면의 첫 번째와 두 번째 글자는 예리한 칼 같은 것으로 글자를 새기고 있다. 각서와 상단을 다듬은 선후 관계에 대해서 보면, 각서 후에 접어서 꺾은 것으로 판단된다. 내용은 첫 번째 글자가 '六'이라고 한다면 벼의 양을 기록한 것으로 보인다. '奈女□首'는 인명의 가능성이 있다.

(3)

「五束

□〔依?〕□□□〔里?〕□

좌측은 원형을 보존하고 우측변과 하단이 손상되어 있다. 상단은 앞뒤에서 칼집을 넣어 접어서 꺾었는데 앞면은 한 번 칼집을 넣고 나서 위치를 바꿔서 다시 칼집을 넣은 흔적이 있다. 내용은 명확하지 않지만, 벼의 양을 기록하고 있다. 두 번째 행의 첫 글자는 '依'일 가능성이 있는데 현재 상황에서는 縱劃이 하나 부족하여 약간 의심스럽다. 네 번째 글자가 '里'로 지명을 나타낸다고 한다면 郡鄕名의 두 글자 嘉字表記가 지시된 和銅6년(713) 이전의 목간일 가능성이 있다.

9. 참고문헌

愛知縣敎育サービスセンター·愛知縣埋文センター『志賀公園遺跡』(愛知縣埋藏文化財センター調査報告書90) 2001年

永井宏幸·古尾谷知浩「愛知·志賀公園遺跡」(『木簡研究』24, 2002年)

永井宏幸「愛知·志賀公園遺跡(第二四號)」(『木簡研究』25, 2003年)

2) 大毛沖遺跡(94G)

1. 이름 : 오케오키 유적(94G)

2. 출토지 : 愛知縣(아이치현) 一宮市(이치노미야시)

3. 발굴기간 : 1994.12~1995.1

4. 발굴기관 : (財)愛知縣教育サービスセンター愛知縣埋藏文化財センター

5. 유적 종류 : 하천

6. 점수 : 1

7. 유적과 출토 상황

大毛沖遺跡은 一宮市域의 북동부, 木曾川左岸에 형성된 자연제방 및 그 後背濕地에 입지한다.

유적의 중앙을 북동에서 남서로 종단하는 고대에서 중세의 하천에 합류하는 溝에서 9세기 후반의 呪符목간 1점과 灰釉도기 파편이 출토되었다.

8. 목간

「(符籙)」

상부가 일부 손상되어 있지만, 거의 完形品. 기재 내용이 명확하지 않지만, 符籙의 기재로부터 呪符목간의 파편으로 생각된다.

9. 참고문헌

愛知縣理文センター『大毛沖遺跡』(愛知縣理藏文化財センター調査報告書66) 1996年

永井宏幸「愛知·大毛沖遺跡」(『木簡研究』26, 2004年)

3) 勝川遺跡(苗田地區)

1. 이름 : 가치가와 유적(나에다 지구)
2. 출토지 : 愛知縣(아이치현) 春日井市(가스가이시)
3. 발굴기간 : 1987.4~1987.9
4. 발굴기관 : ㈶愛知縣理藏文化財センター
5. 유적 종류 : 하천
6. 점수 : 3

7. 유적과 출토 상황

勝川遺跡은 春日井市 西南端 鳥居松段丘面緣邊部 및 그 남쪽의 段丘下의 庄內川沖積地에 입지한다.

목간은 勝川廢寺南方의 段丘下를 서쪽으로 흐르는 옛 地藏川의 北肩에서 출토되었다. 그 밖에 나라·헤이안시대 중기에 속하는 人形 7점, 묵서토기 약 50점 등이 출토되었다. 목간은 이들 중에 黑笹90호窯式期의 灰釉도기와 함께 출토되었는데 시기는 9세기 후반으로 보인다.

8. 목간

「∨□□〔虎村?〕五斗×

끝부분에 홈이 있는 것과 五斗의 기록으로부터 쌀의 하찰목간으로 생각된다. '虎村'에 대해서는 지명과 인명일 가능성이 있다.

9. 참고문헌

愛知縣理文センター 『愛知縣理藏文化財センター年報 昭和62年度』1988年

樋上昇 「愛知·勝川遺跡」(『木簡研究』 10, 1988年)

愛知縣理文センター 『勝川遺跡IV』(愛知縣理藏文化財センター調査報告書29) 1992年

愛知縣史編纂委員會·愛知縣 『愛知縣史 資料編6 古代1』 1999年

4) 下懸遺跡(00年度調查)

1. 이름 : 시모카케 유적(00년도 조사)

2. 출토지 : 愛知縣(아이치현) 安城市(안조시)

3. 발굴기간 : 2000.12~2001.3

4. 발굴기관 : (財)愛知縣教育サービスセンター愛知縣埋藏文化財センター

5. 유적 종류 : 취락·유로

6. 점수 : 1

7. 유적과 출토 상황

下懸遺跡은 矢作川에 의해 형성된 沖積地의 微高地上에 입지한다. 유구는 주로 야요이시대 중기, 야요이시대 말기부터 고훈시대 전기 및 나라시대부터 가마쿠라시대의 것이다.

목간은 자연유로의 상층에서 1점 출토되었다. 공반유물은 적지만 나라시대에 속할 가능성이 크다.

8. 목간

· 「∨春春春秋秋尙尙書書律

· 「∨令令文文□□□〔是?〕是人

사서오경의 서명 등을 묵서한 습서목간이다.

9. 참고문헌

愛知縣埋文センター『愛知縣埋藏文化財センター年報 平成12年度』2001年

池本正明·福岡猛志「下懸遺跡出土の木簡」(愛知縣埋藏文化財センター『研究紀要』3) 2002年

池本正明「愛知·下懸遺跡」(『木簡研究』24, 2002年)

愛知縣埋文センター『下懸遺跡』(愛知縣埋藏文化財センター調査報告書144) 2009年

5) 下懸遺跡(09年度調査)

1. 이름 : 시모카케 유적(09년도 조사)

2. 출토지 : 愛知縣(아이치현) 安城市(안조시)

3. 발굴기간 : 2009.11~2010.3

4. 발굴기관 : (財)愛知縣教育·スポーツ振興財團愛知縣埋藏文化財センター

5. 유적 종류 : 취락·유로

6. 점수 : 1

7. 유적과 출토 상황

下懸遺跡은 碧海台地東緣崖下에 펼쳐진 沖積地上에 입지한다. 주로 야요이시대 중기부터 고훈시대 初頭까지의 취락유구가 많다.

이 유적은 상하 2층으로 퇴적되었는데 하층은 식물질이 많은 점토로 야요이시대 후기부터 고훈시대 후기까지의 유물이 포함되어 있다. 한편 상층은 흑색계의 점토로 식물질은 하층에 비해서 적으며 나라시대부터 헤이안시대까지의 유물이 출토되었다. 이 중에서 상층은 8, 9세기에 걸쳐 하층 최상부에 인위적으로 굴착한 것으로 폭이 약 5m, 길이가 약 80m 이상의 溝가 확인되었다.

목간은 이 溝에서 1점 출토되었다. 남쪽으로 약 10m 떨어진 大溝堆積 안에서는 齋串 3점도 출토되었다.

8. 목간

□□〔算?〕米物受被□〔賜?〕□

상단은 부러져서 결실되었고 하단도 부러졌다. 쌀이나 물건의 收受에 관한 문서목간으로 생각된다.

9. 참고문헌

愛知縣埋文センター 『愛知縣埋藏文化財センター年報 平成21年度』 2010年
永井邦仁 「愛知·下懸遺跡」 (『木簡研究』 33, 2011年)

6) 惣作遺跡(04年度調査)

1. 이름 : 소사쿠 유적(04년도 조사)
2. 출토지 : 愛知縣(아이치현) 安城市(안조시)
3. 발굴기간 : 2004.10~2005.3
4. 발굴기관 : (財)愛知縣敎育·スポーツ振興財團愛知縣埋藏文化財センター
5. 유적 종류 : 취락
6. 점수 : 1

7. 유적과 출토 상황

惣作遺跡은 鹿乘川의 左岸, 해발 약 7m의 自然堤防上에 입지한다. 유구는 야요이시대 중기부터 고훈시대 초기의 수혈건물이나 土器棺, 나라시대부터 헤이안시대의 호상가옥, 토갱 등이 있다.

목간은 대형 토갱에 있는 유로의 상층에서 1점 출토되었다. 같은 층에서는 橫槌이나 竪杵, 板, 杭 등의 목제품이 한꺼번에 출토되었다. 시기는 10세기 중엽이다.

8. 목간

「□□□□□〔力?〕□」

상단은 거의 수평으로 끊어졌고, 상단과 측면도 넓고 평평하게 다듬었다. 전체가 풍화로 심해서 육안으로 묵서를 판독하기 어렵다. 적외선카메라로 관찰하여 6~7글자가 적혀 있는 것을 추정할 수 있으며 내용은 알 수 없다.

9. 참고문헌

宮腰健司「愛知·惣作遺跡」(『木簡研究』30, 2008年)

愛知縣理文センター『惣作遺跡』(愛知縣理藏文化財センター調査報告書158) 2009年

7) 惣作遺跡(08年度調査)

1. 이름 : 소사쿠 유적(08년도 조사)

2. 출토지 : 愛知縣(아이치현) 安城市(안조시)

3. 발굴기간 : 2008.9~2009.11

4. 발굴기관 : (財)愛知縣敎育·スポーツ振興財團愛知縣理藏文化財センター

5. 유적 종류 : 취락

6. 점수 : 1

7. 유적과 출토 상황

惣作遺跡은 鹿乘川의 左岸, 해발 약 7m의 自然堤防上에 입지한다. 유구는 8세기부터 10세기에 걸친 掘立柱건물과 溝 등이 있다. 목간은 自然流路北岸 부근의 퇴적층에서 1점 출토되었다. 중앙이 절단되어 있으며 출토지점에서 폐기된 것으로 생각된다. 목간의 주변에는 목제품도 발견되었다. 자연유로에서는 8세기에서 10세기에 걸친 스에키, 灰釉陶器가 출토되었으므로 목간도 이 시기로 비정할 수 있을 것이다.

8. 목간
• 「道大巻　得得麻呂　得□□〔巻?〕大　□天平護田　呉部足國　　　　(戱劃?)」
• 「　□　大本　本本本　　　　　本　　本　　本　(戱劃?)　　　　　　」

네 군데에 구멍이 있는 기종을 알 수 없는 판형목제품에 습서한 것이다. 뒷면 글자의 대부분은 묵이 흘러서 부러진 것을 알 수 있다. '呉部'에 대해서는 해당 유적의 부근으로 상정되는 三河國碧海郡皆見鄕을 본관으로 하는 呉部皆萬呂, 同淸虫의 존재를 알 수 있다.

9. 참고문헌
永井邦仁「愛知·惣作遺跡」(『木簡研究』33, 2011年)
愛知縣埋文センター『惣作遺跡Ⅱ』(愛知縣埋藏文化財センター發掘調査報告書172) 2012年

8) 大渕遺跡

1. 이름 : 오부치 유적
2. 출토지 : 愛知縣(아이치현) あま市(아마시)

3. 발굴기간 : 1985.4~1986.3

4. 발굴기관 : (財)愛知縣埋藏文化財センター

5. 유적 종류 : 취락

6. 점수 : 1

7. 유적과 출토 상황

大渕遺跡은 濃尾平野의 남서에 위치한다. 해발 0~1m의 저습지부분에서 동서로 뻗어 있는 砂堆 위에 입지하고 있다. 시기는 야요이시대, 고훈시대 후기, 헤이안시대, 가마쿠라시대의 4시 기로 구분된다. 그중에서도 헤이안시대가 유적의 최전성기이며, 甚目寺를 중심으로 한 마을이 나 거리가 주변에 넓게 전개되어 있었다고 생각된다.

목간은 헤이안시대(9세기 전반)의 溝SD02상층에서 출토되었다. 동시대의 유물로는 掘立柱 건물, 우물이 있으며 건물의 위치로 보아 8~10세기 사이에 여러 차례 재건축된 것으로 생각된 다.

8. 목간

□物□〔部?〕[   ]

상하 모두 부러지고, 좌우도 거칠게 다듬었다. 뒷면도 벗겨져 떨어져 나간 그대로이다. 전 체적으로 묵흔이 희미하다.

9. 참고문헌

愛知縣埋文センター 『愛知縣教育サービスセンター年報 昭和60年度』 1986年

宮腰健司 「愛知·大渕遺跡」(『木簡研究』 8, 1986年)

愛知縣埋文センター 『大渕遺跡』 (愛知縣埋藏文化財センター調査報告書18) 1991年

愛知縣史編纂委員會·愛知縣 『愛知縣史 資料編6 古代1』 1999年

22. 三重縣

1) 六大Ａ遺跡(95年度調査)

1. 이름 : 로쿠다이 Ａ유적(95년도 조사)
2. 출토지 : 三重縣(미에현) 津市(쓰시)
3. 발굴기간 : 1995.4~1996.3
4. 발굴기관 : 三重縣埋藏文化財センター
5. 유적 종류 : 취락
6. 점수 : 2

7. 유적과 출토 상황

六大Ａ遺跡은 津市의 북부, 志登茂川右岸의 해발 4~10m의 완만한 구릉의 경사면에 입지한다.

이번에 발견된 목간 2점은 大溝에서 출토된 것이다. 최 하층부는 야요이시대 후기의 토기, 최상층부에 중세의 토기가 포함되어 있다. 大溝 내부에는 돌을 배치한 井泉, 貼石 등이 부설되어 있다. 井泉이나 출토유물로 보아 고훈시대를 중심으로 한 시기에 제사가 시행된 흔적이 명료하며, 土馬 등의 존재로 보아 이 제사 행위는 율령기에도 존속하고 있었던 것 같다.

목간의 연대는 大溝 출토 자료라고 하는 제약으로 인해 개략적으로밖에 말할 수 없지만 Ⅰ층에서 Ⅳ층으로 크게 나누어지는 퇴적층 중에 하나는 Ⅱ층 출토로 아스카~헤이안시대, 또 하나는 최상층의 Ⅰ층에서는 중세로 비정된다.

8. 목간

・『[ ]』眞　『[ ]　[ ]』『殖□』
　　　　　　　　　[ ]壬』　可　　多　　」
・　　　　殖　　　　□　　　　」

곡물의 바닥판을 전용한 재질로 상단부 및 측면이 손상되었다. 글자는 앞뒤에 존재하고, 임시로 글자가 많은 쪽을 앞면으로 한 경우, 앞면의 글자배열은 규칙성이 떨어지고 또한 기호로 보이는 의미가 명확하지 않은 묵흔도 존재한다. 앞면의 '眞', '可', '多' 이 외에는 선이 두껍고 세 글자와는 다른 필체인 것 같다. 그럴 경우, 글자체가 다른 '殖'이 앞뒤로 존재하게 된다. 기호상태의 묵흔은 呪符로 생각되지만 판독할 수 없는 글자가 많아서 확정할 수 없다.

9. 참고문헌

穗積裕昌「三重·六大A遺跡」(『木簡研究』21, 1999年)

三重縣埋文センター『一般國道23號中勢道路(8工區)建設事業に伴う 六大A遺跡發掘調査報告(木製品編)』(三重縣埋藏文化財調査報告115-17) 2000年

三重縣埋文センター『一般國道23號中勢道路(8工區)建設事業に伴う 六大A遺跡發掘調査報告』(三重縣埋藏文化財調査報告115-16) 2002年

三重縣埋文センター『一般國道23號中勢道路(8工區)建設事業に伴う 六大A遺跡發掘調査報告―資料分析·遺物觀察表·寫眞圖版編』(三重縣埋藏文化財調査報告115-16) 2003年

2) 宮の西遺跡

1. 이름 : 미야노니시 유적
2. 출토지 : 三重縣(미에현) 四日市市(욧카이치시)
3. 발굴기간 : 1988.3~1988.4
4. 발굴기관 : 四日市市遺跡調査會
5. 유적 종류 : 성격불명
6. 점수 : 4

7. 유적과 출토 상황

宮の西遺跡은 크고 작은 하천에 의해서 형성된 沖積低地의 해발 5m 전후의 微高地上에 소재한다.

유물은 헤이안시대부터 가마쿠라시대의 것이 가장 많고 다음으로 나라시대의 것이 많다. 본질유물의 유존상태가 좋고 다량의 목제품이 출토되었다. 유물의 내용은 하지키, 스에키, 灰釉도기, 山茶碗 등의 토기종류가 중심이며 灰釉도기에는 바닥에 묵서가 있는 것이 6점 출토되었다. 그밖에 石帶, 목간, 曲物이 출토되었다.

8. 목간

柴田鄕長右□

柴田鄕은 『和名抄』에 보이는 伊勢國三重郡의 향명(鄕名)이며 궁의 서쪽 유적은 柴田鄕 내에 위치한다.

9. 참고문헌

四日市市遺跡調査會『宮の西遺跡一分讓マンション建設に伴う埋藏文化財發掘調査報告書』(四日市市遺跡調査會文化財調査報告書3) 1988年

春日井恒「三重·宮の西遺跡」(『木簡研究』15, 1993年)

3) 杉垣內遺跡

1. 이름 : 스가이토 유적
2. 출토지 : 三重縣(미에현) 松阪市(마쓰사카시)
3. 발굴기간 : 1986.7~1986.11
4. 발굴기관 : 三重縣敎育委員會

5. 유적 종류 : 취락·하

6. 점수 : 2

7. 유적과 출토 상황

杉垣內遺跡은 松阪市街地에서 서쪽으로 약 3.5㎞ 떨어진 扇狀地扇端部에 위치한다. 이 유적에서는 고훈시대 후기의 수혈거주, 나라시대 말기부터 헤이안시대 초기의 수혈주거·호상가옥·우물, 헤이안시대 전기의 우물, 야요이시대 후기부터 가마쿠라시대까지 존속한 것으로 생각되는 옛 유로 등이 발견되었다. 헤이안시대 전기의 우물에서는 人形, 齋串가 출토되었고 옛 유로에서는 건축 부재나 일용품 등의 목제품, 人形, 刀形, 齋串, 馬形, 陽物 등의 목제용 제사도구, 土馬 등의 토제용 제사도구 등이 다량으로 출토되었다.

목간은 옛 하도 안에 앞서 언급한 유물과 함께 출토되었다.

8. 목간

□村　七月廿×

'七月廿'은 적외선카메라로 석독하였다.

9. 참고문헌

河瀨信幸 「三重·杉垣內遺跡」(『木簡研究』10, 1988年)

三重縣敎委 『昭和61年度農業基盤整備事業地域埋藏文化財發掘調査報告1』(三重縣埋藏文化財調査報告79) 1989年

4) 下郡遺跡

1. 이름 : 시모고리 유적

2. 출토지 : 三重縣(미에현) 伊賀市(이가시)

3. 발굴기간 : 1978.2~1978.4

4. 발굴기관 : 上野市下郡遺跡調査會

5. 유적 종류 : 관아

6. 점수 : 1

7. 유적과 출토 상황

下郡遺跡은 伊賀盆地를 남쪽에서 북쪽으로 관류하는 木津川의 西岸으로 펼쳐진 沖積微高地에 위치한다. 조몬시대 이후, 가마쿠라 및 무로마치시대에 이르는 여러 시대의 유적이 있다. 유구로서는 고훈시대의 수혈주거, 나라시대의 도랑터, 헤이안시대 이후의 掘立柱건물 터, 무로마치시대의 관아 터 등이 발견되었다.

목간은 우물에서 다수의 유물과 함께 출토되었다.

8. 목간

• 「沓縫阿□□□□祖□□　□

• 「[　]出可租稻七束四把四分延曆□

목간은 1점 출토되었다. 온전한 형태로 양면에 묵서되어 있다. 方頭로 도려내지 않고 하반부는 둔하게 뾰족한 유례가 없는 형태를 취하고 있다. '沓縫阿'는 인명인 것 같다. 기년은 명확하지 않지만 延曆 년간(783~806)임을 알 수 있다.

9. 참고문헌

上野市敎委 『下郡遺跡發掘調査報告—三重縣上野市下郡所在』(上野市文化財調査報告 5) 1978年

山田猛 「三重·下郡遺跡」(『木簡硏究』1, 1979年)

木簡學會編 『日本古代木簡選』岩波書店, 1990年

5) 西沖遺跡

1. 이름 : 니시오키 유적
2. 출토지 : 三重縣(미에현) 伊賀市(이가시)
3. 발굴기간 : 1980.7~1981.2
4. 발굴기관 : 上三重縣教育委員會
5. 유적 종류 : 취락
6. 점수 : 2

7. 유적과 출토 상황

西沖遺跡은 服部川 左岸의 해발 243m 전후의 河岸段丘上에 위치한다. 이 유적은 고훈시대 후기부터 나라시대에 걸친 수혈주거터, 헤이안시대 후반기의 호상가옥 및 무로마치시대의 城館 터로 이루어졌다.

목간은 掘立柱건물과 동반된 素掘우물에서 출토된 것이다. 우물의 埋土는 암청회색의 점질 토로 하층에서 많은 유기물, 가공목이 목간과 함께 출토되었다.

8. 목간

「□□□×

이 목간은 우물의 가장 깊은 곳인 해발 241m 전후의 埋土에서 출토되었다.

9. 참고문헌

三重縣教委『昭和55年度 縣營圃場整備事業地域埋藏文化財發掘調査報告』(三重縣埋藏文化財調査報告44) 1981年

森前稔「三重·西沖遺跡」(『木簡研究』3, 1981年)

6) 伊賀國府推定地(3次)

1. 이름 : 이가코쿠후 유적(3차)
2. 출토지 : 三重縣(미에현) 伊賀市(이가시)
3. 발굴기간 : 1990.9~1991.2
4. 발굴기관 : 三重縣埋藏文化財センター
5. 유적 종류 : 관아·취락
6. 점수 : 2

7. 유적과 출토 상황

伊賀國府推定地는 上野市街地의 북북동, JR關西本線佐那具驛의 서쪽 일대에 소재하며, 柘植川北岸의 협소한 段丘面에 위치한다. 유적의 성격을 나타내는 유물로 목간 이외에 온전한 형태의 스에키, 다량의 녹유도기 등이 있는데 목간 이외는 모두 國町川 西岸지구에서 출토되었다.

목간이 출토된 유구는 國町川 東岸 호상가옥군의 북동쪽 폭 약 80㎝, 깊이 약 10㎝이다. 공반유물로는 母子勾玉 1개와 약간의 토기 파편뿐이므로 시기를 특정할 수 없으나 7~8세기의 것일 가능성이 크다.

8. 목간

(1)

黑□二升

(2)

□□□

두 개 모두 약간 손상된 목간의 상부에 홈을 넣은 것이다. 글자의 의미는 판단할 수 없지만 첫 번째에 대해서는 '黑□'라고 하는 물품과 그 분량을 나타낼 가능성이 있다.

9. 참고문헌

三重縣埋文センター『近畿自動車道名古屋神戶線(第二名神)愛知縣境~四日市JCT 埋藏文化財發掘調査槪報Ⅲ一辻子遺跡·山村遺跡·莬上遺跡·東海道想定地·伊坂遺跡·伊坂城跡·西ケ廣遺跡·城ノ谷遺跡』2000年

田中久生「三重·辻子遺跡」(『木簡硏究』23, 2001年)

7) 辻子遺跡(2次)

1. 이름 : 쓰지코 유적(2차)

2. 출토지 : 三重縣(미에현) 三重郡朝日町(미에군 아사히조)

3. 발굴기간 : 1999.7~2000.2

4. 발굴기관 : 三重縣敎育委員會·三重縣埋藏文化財センター

5. 유적 종류 : 취락

6. 점수 : 2

7. 유적과 출토 상황

辻子遺跡은 伊勢平野의 北部 鈴鹿山地에서 흐르는 朝明川의 下流部 北岸에 입지하고 있다. 이 유적은 야요이시대부터 고훈시대 전기와 헤이안시대 후기부터 무로마치시대의 취락이 존재하는 것을 알 수 있다.

목간은 2점 출토되었는데 그중 하나는 호상가옥의 남서에 있는 토갱이다. 출토유물로는 灰釉도기, 하지키, 나막신 등이 있는데 10세기 후반으로 생각된다. 두 번째 목간은 溝에 출토되었는데 유구의 시기는 알 수 없다.

8. 목간

(1)

「□□□

□□□[   ]□□

『武武武武』

□   □□   承□□枚□ 利□□大和恒友垣   」

앞면이 손상되어 판독불가능한 부분이 많다. 상단은 약간 손상되어 있지만 圭頭를 다듬었다. 하단은 배 모양으로 뾰족하다.

(2)

□□□□□

묵흔은 선명하지만 손상되어 판독이 불가능하다.

9. 참고문헌

三重縣埋文センター『近畿自動車道名古屋神戸線(第二名神)愛知縣境~四日市JCT 埋藏文化財發掘調査概報Ⅲ一辻子遺跡·山村遺跡·莵上遺跡·東海道想定地·伊坂遺跡·伊坂城跡·西ケ廣遺跡·城ノ谷遺跡』2000年

田中久生「三重·辻子遺跡」(『木簡研究』23, 2001年)

8) 田丸道遺跡(2次)

1. 이름 : 다마루미치 유적(2차)
2. 출토지 : 三重縣(미에현) 度會郡玉城町(와타라이군 다마키조)
3. 발굴기간 : 2010.11~2011.2
4. 발굴기관 : 三重縣教育委員會·三重縣埋藏文化財センター

5. 유적 종류 : 유로

6. 점수 : 1

7. 유적과 출토 상황

田丸道遺跡은 伊勢平野 남부에 있으며, 남쪽으로 外城田川, 동쪽으로 宮川이 흐르는 해발 15m 정도의 넓은 평지에 위치한다. 주요 유구는 폭이 약 55m의 옛 하도, 고훈시대 후기의 고분 2기, 옛 하도에 동반한 堰, 柱穴住居, 헤이안시대 후기의 掘立柱건물, 중세 후기의 토갱이다.

목간 1점을 포함한 다수의 목제품은 이 둑에서 출토되었다. 이 때문에 유물의 시기를 특정할 수가 없다. 단, 이곳보다 상층의 형성 시기가 출토유물의 연대로 보아 헤이안 중후기인 점, 그리고 옛 유로 주변의 수혈주거, 토갱으로 보아 6세기 중엽부터 7세기 전반에 걸친 스에키가 출토되었으므로 이 유적의 취락의 중심적인 시기는 대체로 고훈시대 후기로 생각된다.

8. 목간

「□ □〔分?〕

우측 변은 깎은 흔적이 확인되며 상단도 일부 깎은 흔적이 보인다. 하단은 부러지고, 좌측 변은 갈라졌다. 파편 자료이므로 전체적인 내용은 알 수 없다. 첫 번째 글자는 '官', '宮', 혹은 이를 변으로 하는 글자로 예를 들어 '館' 등의 가능성이 있지만 어쨌든 문맥이 분명하지 않기 때문에 특정할 수 없다.

9. 참고문헌

三重縣埋文センター『平成21~23年度縣營農業基盤整備事業地域(伊勢管內)埋藏文化財發掘調査報告 寺田遺跡(第1·2次) 田丸道遺跡(第2次) 塚田古墳群 世古里中遺跡 垣內遺跡(第2次) 鳥墓遺跡(第2次) 簀村大塚遺跡(第2次) 西垣外遺跡 茶臼塚遺跡』(三重縣埋藏文化財調査報告 336) 2013年

相場さやか「三重·田丸道遺跡」(『木簡研究』36, 2014年)

23. 滋賀縣

1) 北大津遺蹟

1. 이름 : 기타오쓰 유적
2. 출토지 : 滋賀縣(시가현) 大津市(오쓰시)
3. 발굴기간 : 1973.9~1974.3 ; 1974.11~1975.3
4. 발굴기관 : 滋賀縣教育委員會·(財)滋賀縣文化財保護協會
5. 유적 종류 : 취락
6. 점수 : 1

7. 유적과 출토 상황

北大津遺蹟은 西大津역 건설에 앞서 실시된 조사에서 확인되었다. 유적은 近江大津宮綿遺蹟이 소재하는 小字御所ノ內에서 약 500m 남쪽의 小字山鷺에 있으며 옛 지형은 不動川이 형성된 습지에 남면하는 미고지 남단에 해당한다.

목간은 조사구의 동단을 거의 남북으로 흐르는 폭 약 7m, 깊이 약 1m의 大溝에서 5조각으로 부러진 상태로 출토되었다. 출토 층위는 溝 최하층의 고훈시대 전기 유물을 포함하는 토층의 상층에 퇴적된 흑갈색 부식토층의 아래에서 토기와 목제품이 함께 출토되었다. 흑갈색 부식토층에는 나라시대 토기가 포함되어 있으며 그보다 늦은 시기의 유물은 확인되지 않았다. 이 목간의 연대는 溝와 주변에서 공반된 유물과 大溝의 방위, 인접한 역사 부분에서 확인된 대형 스에키 뚜껑 등으로 보아 7세기 후반 大津宮과 관련된 유물로 보인다.

8. 목간

```
「 汙           □   田須    尼我       阿佐ム
 鑠  □             賛    慕    誣         □[        ]
  ツ           □   久    布       加ム移母
  与里           參須羅不          ツ久   □        □□
```

```
鎧      □      □〔═?〕   采 取 体      □〔洛?〕   □
                         羅布  羅□        □□
            □    久皮
         □    ═    披 開
         米    之
         阿□〔多?〕 □□□    □□    [        ] □
         費       □    □    □           檢
         □〔比?〕   □              [    ]        」
```

　　한자와 그 和訓 내지 同義의 한자를 기록한 사전적인 목간으로 주목된다. 지금까지 여러 판독안이 있었는데 새롭게 판독한 17자를 포함하여 총 79글자 이상에 달하는 것으로 판명되었다. 현재 글자를 확인할 수 없는 가운데 부분에도 당초는 묵서가 존재했을 것이다. 이번에 새롭게 확인한 글자와 訓은 鑠, 鎧, 費, 檢으로 林記昭·近藤慈兩이 언급한 '慕'를 확인시켜줌과 동시에 그 訓인 '尼我布'를 명확히 할 수 있었다.

9. 참고문헌

大津市『新修大津市史』1, 1978年

近藤滋·林紀昭「北大津遺跡出土の木簡」(奈文研『第3回木簡研究集會記錄』1979年)

大津市教委『埋藏文化財包藏地分布調査報告書』(大津市埋藏文化財調査報告書2) 1981年

木簡學會編『日本古代木簡選』岩波書店, 1990年

沖森卓也·佐藤信編『上代木簡資料集成』おうふう, 1994年

滋賀縣立安土城考古博物館『古代地方木簡の世紀―文字資料からみた古代の近江』2008年

奈文研『木簡黎明―飛鳥に集ういにしえの木簡たち』(飛鳥資料館圖錄53) 2010年

濱修·山本崇「滋賀·北大津遺跡」(『木簡研究』33, 2011年)

2) 野畑遺跡(2次)

1. 이름 : 노바타게 유적(2차)
2. 출토지 : 滋賀縣(시가현) 大津市(오쓰시)
3. 발굴기간 : 1982.11~1983.7
4. 발굴기관 : 滋賀縣敎育委員會·(財)滋賀縣文化財保護協會
5. 유적 종류 : 관아
6. 점수 : 1

7. 유적과 출토 상황

노바타게 유적은 近江國廳의 남서쪽 약 1㎞, 堂ノ上遺蹟의 남쪽 약 400m에 동서로 뻗은 구릉지 위에 있다. 남북쪽 약 180m, 동서쪽 약 600m에 걸친 광대한 유적이다. 본 조사는 유적의 동단부의 조사로 중앙에 하천 흔적을 사이에 두고 양측에 굴립주건물군과 우물, 기와 요지, 溝 등이 확인되었다. 목간은 이 가운데 하나의 우물에서 1점이 출토되었으며 시기는 8세기 후반으로 생각된다.

8. 목간

단책형 목간의 하반부로 중앙부 근처에 가로로 홈이 있으며 인위적으로 부러뜨렸다. 흑색 흔적이 몇 군데 확인되나 판독할 수 없다.

9. 참고문헌

林博通 「滋賀·野畑遺跡」(『木簡研究』 5, 1983年)
滋賀縣敎委 『平成4年度 滋賀縣埋藏文化財調査年報』 1994年

3) 南滋賀遺蹟

1. 이름 : 미나미시가 유적
2. 출토지 : 滋賀縣(시가현) 大津市(오쓰시)
3. 발굴기간 : 1995.4~1995.6
4. 발굴기관 : 大津市教育委員會
5. 유적 종류 : 취락
6. 점수 : 1

7. 유적과 출토 상황

南滋賀遺蹟은 大津市의 湖西地域에 위치하며 그 범위는 京阪電鐵石坂線南滋賀驛을 중심으로 동서쪽 약 700m, 남북쪽 약 600m에 달한다. 이 조사는 민간 택지조성에 따른 것으로 조사지는 南滋賀 유적의 동쪽 부근에 해당한다. 조사 결과 주요 유구로 6세기 후반~7세기 전엽경으로 생각되는 굴립주 책열, 굴립주 건물 3동, 7세기 중엽~후반경의 溝가 확인되었다. 목간은 溝에서 1점이 출토되었다. 목간 외에 목간 형태의 목제품이 1점 출토되었다.

8.목간

• 「∨□□〔月?〕□□下□[　]□[　]
• 「∨　　　　□□□□俵□□□小□　□　馬射□

　　三□〔籠?〕[　　　]　[　　]人□□　□□□□曰佐上□俵

　　　　馬曰佐俵二　　　　　　□□□□□□

목간의 형태는 상단이 규두형으로 왼쪽과 오른쪽의 가장 자리에 홈을 새겼다. 하단부는 결실되었다. 목간의 글자는 흑색이 옅어 판독하기 어려우나 '馬曰佐俵二'가 확인되므로 공진물의 하찰목간으로 생각된다. 목간과 공반된 토기로 보아 7세기 후반경의 것으로 추정된다.

9. 참고문헌

大津市教委『大津市遺跡分布地圖』(大津市埋藏文化財調査報告書27) 1996年

靑山均「滋賀·南滋賀遺跡」(『木簡硏究』18, 1996年)

4) 近江國府·管池遺跡

1. 이름 : 오우미코쿠후·스가이케 유적
2. 출토지 : 滋賀縣(시가현) 大津市(오쓰시)
3. 발굴기간 : 2011.6~2011.9
4. 발굴기관 : 大津市教育委員會
5. 유적 종류 : 관아
6. 점수 : 2

7. 유적과 출토 상황

近江國府 유적은 大津市에 있으며 나라시대부터 헤이안시대에 걸친 관아유적이다. 이 조사 결과 고훈시대에 인공적으로 굴착된 동서쪽 방향의 溝가 발견되어 고훈시대부터 가마쿠라시대에 걸쳐 서서히 溝가 메워진 것으로 판명되었다. 목간은 최하층에서 7세기 중엽경의 하지키, 스에키와 함께 2점이 출토되었다.

8. 목간

(1)

□手皮□〔及?〕□

(2)

·「久□□□□□〔川?〕命何命□□□何□□

- 「　　□□事爲之何□□□□□□

9. 참고문헌

大津市教委『近江國府跡·管池遺跡發掘調査報告書』(大津市埋藏文化財調査報告書71) 2013年
田中久雄「滋賀·近江國府跡·管池遺跡」(『木簡研究』35, 2013年)

5) 六反田遺跡

1. 이름 : 로쿠탄다 유적
2. 출토지 : 滋賀縣(시가현) 彦根市(히코네시)
3. 발굴기간 : 2007.8~2008.2
4. 발굴기관 : 滋賀縣教育委員會·(財)滋賀縣文化財保護協會
5. 유적 종류 : 관아
6. 점수 : 4

7. 유적과 출토 상황

목간은 8세기 말~9세기 유물이 다량으로 출토된 자연유로에서 4점이 출토되었다. 이 자연유로는 폭 6~8m, 깊이 1~1.4m의 규모이며 く 자 모양으로 휘어져 있다. 이 자연유로에서는 나막신, 人形, 合子, 盤 등의 목제품을 비롯하여 삼채, 화폐, 도자, 묵서 토기 등이 출토되었다.

8. 목간

- 「□〔牒?〕□ ⌐所[　　　　　]□
　　　　　　　□□□[　]取今奉
- 「□□□□〔取?〕□□□□□□□□

9. 참고문헌

堀眞人「滋賀·六反田遺跡」(『木簡研究』31, 2009年)

滋賀縣教委·滋賀縣文化財保護協會『彦根市宮田町 六反田遺跡Ⅰ-中山間地域總合整備關係遺跡發掘調查報告書3-1』2013年

6) 八角堂遺蹟

1. 이름 : 핫카쿠도 유적
2. 출토지 : 滋賀縣(시가현) 長浜市(나가하마시)
3. 발굴기간 : 1983.1
4. 발굴기관 : (財)滋賀縣文化財保護協會
5. 유적 종류 : 취락
6. 점수 : 1

7. 유적과 출토 상황

八角堂遺蹟은 長浜平野의 북부, 姉川좌안의 충적평야에 있으며 경작지정비를 실시하면서 조사가 이루어졌다. 목간은 깊이 약 50㎝의 沼澤地에서 출토되었다. 목간 외에 스에키, 하지키 등의 토제품을 비롯하여 부찰형목제품 등 다량의 목제품이 출토되었다. 시기는 모두 9세기 후반에서 10세기 중엽에 걸친 것이다.

8. 목간

· 「道道道　　」
· 「□　　□

```
二        「 」
日
```

내용과 문자로 보아 습서로 보인다.

9. 참고문헌

滋賀縣教委·滋賀縣文化財保護協會『ほ場整備關係遺跡發掘調査報告書ⅩⅠ-1』1984年

平井美典「滋賀·八角堂遺跡」(『木簡硏究』24, 2002年)

7) 尾上遺蹟

1. 이름 : 오노에 유적

2. 출토지 : 滋賀縣(시가현) 長浜市(나가하마시)

3. 발굴기간 : 1984.7~1984.9

4. 발굴기관 : 滋賀縣敎育委員會·(財)滋賀縣文化財保護協會

5. 유적 종류 : 호저(호수바닥)유적

6. 점수 : 1

7. 유적과 출토 상황

尾上遺蹟은 余吳川이 琵琶湖로 흘러들어가는 하구부에 위치한다. 조사는 수자원개발공단에 의해 湖岸堤관리용도로건설에 따른 사전개발조사로 실시되었다. 조사 결과, 琵琶湖 수면보다 약 3m 낮은 해발 81.5m에서 헤이안시대 전기의 유물포함층이 확인되었다. 이 유물 포함층에서 人形 8점, 齋串 9점 등이 출토되었다. 유물은 대부분 목제품이며 토기는 매우 소수이다. 목제품은 흩어진 상태로 출토되었다.

8. 목간

「□黑毛□」

　적외선 사진을 통해 □黑毛□가 확인되었다. 또 머리 쪽으로 생각되는 곳에서 말 그림이 그려져 있었다.

9. 참고문헌

滋賀縣教委·滋賀縣文化財保護協會『尾上遺跡發掘調查報告書 東淺井郡湖北町所在』1985年
奈良俊哉「滋賀·尾上遺跡」(『木簡研究』7, 1985年)

滋賀縣教委·滋賀縣文化財保護協會『琵琶湖北東部の湖底·湖岸遺跡—葛籠尾崎湖底遺跡·寺ヶ裏遺跡·尾上浜遺跡·尾上遺跡·今西湖岸遺跡·延勝寺湖底遺跡·早崎遺跡·相撲湖底遺跡·豊公園湖岸遺跡·磯湖底遺跡(第1分冊 本文編)(第2分冊 資料編)』2003年

8) 神照寺坊遺蹟

1. 이름 : 진쇼지보 유적
2. 출토지 : 滋賀縣(시가현) 長浜市(나가하마시)
3. 발굴기간 : 1986.5~1986.7
4. 발굴기관 : 滋賀縣教育委員會·(財)滋賀縣文化財保護協會
5. 유적 종류 : 사원
6. 점수 : 1

7. 유적과 출토 상황

　神照寺坊遺蹟은 長浜平野의 북부, 姉川남안의 중척평지 위에 있는 복합유적이다. 발굴조사를 통해 8~9세기, 12~13세기를 중심으로 하는 두 시기의 주혈, 溝, 토갱 등이 확인되었다. 목간은 공반된 토기로 보아 나라시대 후반에 매몰된 것으로 보이는 溝에서 1점이 출토되었다.

8. 목간

・「寺前田□□女稻百□×

　惠好[　]目湏女卅□×
・「[　] 　付[　]□×

9. 참고문헌

滋賀縣敎委·滋賀縣文化財保護協會『ほ場整備關係遺跡發掘調査報告書XIV-1』1987年

浜崎悟司「滋賀·神照寺坊遺跡」(『木簡硏究』9, 1987年)

木簡學會編『日本古代木簡選』岩波書店, 1990年

滋賀縣立安土城考古博物館『古代地方木簡の世紀—文字資料からみた古代の近江』2008年

9) 大戌亥遺蹟

1. 이름 : 오이메이 유적
2. 출토지 : 滋賀縣(시가현) 長浜市(나가하마시)
3. 발굴기간 : 1993.4~1993.10
4. 발굴기관 : 滋賀縣敎育委員會·(財)滋賀縣文化財保護協會
5. 유적 종류 : 제사유적
6. 점수 : 1

7. 유적과 출토 상황

大戌亥遺蹟은 琵琶湖의 북동부에 위치한다. 발굴조사를 통해 人形代, 齋串 등 제사유물과 비교적 규모가 큰 굴립주건물이 확인되어 공적 시설이 있었던 것으로 생각된다. 이번 조사에서 나라시대~헤이안시대 초기의 유물이 포함된 자연유로와 약간 시기가 늦은 굴립주건물 등이 확인되었으며 자연유로에서 다량의 제사유물이 확인되었다. 목간도 자연유로에서 출토되었다.

한편 제사유물은 유존 상태가 양호하여 제사가 이루어진 장소에서 이동 거리가 짧았을 것으로 생각된다. 당시 제사 형태를 그대로 보존하고 있을 가능성도 있어 귀중한 자료로 보인다.

8. 목간

「∨播寸椋御

목간의 머리 쪽의 좌우에 홈이 있는 하찰 형태이며 하단부는 결실되었다. 네 번째 글자는 伴의 가능성도 있다.

9. 참고문헌

重田勉「滋賀·大戌亥遺跡」(『木簡研究』16, 1994年)

滋賀縣敎委·滋賀縣文化財保護協會『大戌亥遺跡Ⅱ·鴨田遺跡Ⅳ一長浜新川中小河川改修工事に伴う發掘調査報告書5』1997年

滋賀縣立安土城考古博物館『古代地方木簡の世紀一文字資料からみた古代の近江』2008年

10) 八幡東遺蹟(30次)

1. 이름 : 야하타히가시 유적(30차)
2. 출토지 : 滋賀縣(시가현) 長浜市(나가하마시)
3. 발굴기간 : 2007.5~2007.6
4. 발굴기관 : 長浜市敎育委員會
5. 유적 종류 : 취락

6. 점수 : 1

7. 유적과 출토 상황

八幡東遺蹟은 야요이시대부터 헤이안시대에 걸친 취락유적으로 微高地에 입지한다. 과거 조사에서 나라시대의 대형건물 2동이 확인되었다. 이번 발굴조사는 시도개량공사에 의한 것으로 확인된 유구는 나라시대 구상유구 및 하천의 범람에 의해 생긴 퇴적층이다. 목간은 하천의 퇴적층 상층에서 1점이 출토되었다. 공반된 유물로 보아 대략 8세기의 것으로 추정된다.

8. 목간

· 「□□□□□□□」
· 「(墨畵)   」
· 「(墨畵)   」
· 「(墨畵)   」

9. 참고문헌

長浜市敎委 『八幡東遺跡第30次調査報告書』(長浜市埋藏文化財調査資料83) 2007年

山本孝行 「滋賀·八幡東遺跡」(『木簡硏究』 30, 2008年)

11) 勸學院遺蹟

1. 이름 : 간가쿠인 유적
2. 출토지 : 滋賀縣(시가현) 近江八幡市(오미하치만시)
3. 발굴기간 : 1985.10~1986.3
4. 발굴기관 : (財)滋賀縣文化財保護協會

5. 유적 종류 : 관아

6. 점수 : 1

7. 유적과 출토 상황

勸學院遺蹟은 近江八幡市의 서남부에 위치하는데 日野川의 동안 해발 약 79m의 수전지대에 있다. 이 유적 부근에서 나라시대의 묵서토기가 출토되어 薄生郡衙의 추정지로 여겨진다. 조사 결과 나라시대 중기의 2칸×3칸의 굴립주건물 2동, 우물 1기, 溝 1곳이 확인되었다. 목간은 齋串, 柳箱, 복숭아 씨, 網籠, 토기편과 함께 溝에서 출토되었다.

8. 목간

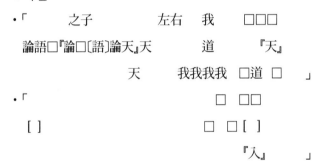

습서목간으로 두 사람의 인물이 기록한 것으로 보인다. 논어라는 서적명과 漢籍의 문장으로 여겨지는 글자를 연습한 것으로 보인다. 논어는 나라시대의 大學寮에서 필수 서적으로 관리 등용시험에도 사용되었다. 이 습서목간도 논어라는 글자를 연습한 하급 관리의 모습을 연상시킨다.

9. 참고문헌

滋賀縣敎委·滋賀縣文化財保護協會『ほ場整備關係遺跡發掘調査報告書ⅩⅢ-2』1986年

仲川靖「滋賀·勸學院遺跡」(『木簡研究』8, 1986年)

木簡學會編『日本古代木簡選』岩波書店, 1990年

沖森卓也·佐藤信編『上代木簡資料集成』おうふう, 1994年

滋賀縣立安土城考古博物館『古代地方木簡の世紀—文字資料からみた古代の近江』2008年

12) 大将軍遺蹟(1次)

1. 이름 : 다이쇼군 유적(1차)

2. 출토지 : 滋賀縣(시가현) 草津市(구사쓰시)

3. 발굴기간 : 1993.6~1994.3

4. 발굴기관 : 草津市教育委員會

5. 유적 종류 : 관아·취락

6. 점수 : 1

7. 유적과 출토 상황

大将軍遺蹟은 草津市 동부의 해발 100~106m 전후의 낮은 구릉부에 위치한다. 1993년부터 1996년에 걸친 구간정비사업에 따른 발굴조사에서 나라시대 중기에서 헤이안시대 전반을 중심으로 한 굴립주건물군이 130동 이상 확인되었다.

목간은 유적 동부 G구 우물SE3 최하층에서 출토되었는데 '稲万呂', '美' 묵서가 있는 나라시대 중기의 스에키와 공반되었다. 그 외 벼루, 나막신, 스에키, 칠기편, 철촉 등이 출토되었다.

8. 목간

□〔伴?〕□□□□【□□□〔郷郷郷?〕】」

목간은 상부와 하부 양단의 일부가 결실되었다. 상부는 앞뒤 모두 깎여 끝이 뾰족하다. 깎인 부분은 2차적인 것으로 생각된다. 먹의 흔적은 앞면에서 8곳 확인되는데 판명된 문자 가운데 아래쪽 3글자의 郷은 위쪽의 伴과는 달리 위아래가 역전되어 쓰여 있으므로 습서목간으로 생각된다.

9. 참고문헌

草津市教委 『平成5年度 草津市文化財年報』 (草津市文化財調査報告書24) 1995年

谷口智樹 「滋賀·大将軍遺跡」 (『木簡研究』 22, 2000年)

滋賀縣立安土城考古博物館 『古代地方木簡の世紀－文字資料からみた古代の近江』 2008年

13) 大将軍遺蹟(2차)

1. 이름 : 다이쇼군 유적(2차)

2. 출토지 : 滋賀縣(시가현) 草津市(구사쓰시)

3. 발굴기간 : 1996.4~1996.6

4. 발굴기관 : 滋賀縣教育委員會·(財)滋賀縣文化財保護協會

5. 유적 종류 : 관아·하도

6. 점수 : 4

7. 유적과 출토 상황

大将軍遺蹟은 草津市 남부에 위치하며 金勝山에서 뻗은 해발 100~106m 저구릉부의 최서남부에 있다. 유적의 주요 유구는 조사지 동쪽에 인접하고 있는데 구간정비사업에 따른 개발조사에서 고훈시대부터 중세에 걸친 복합유적임이 밝혀졌다. 그중에서도 나라시대~헤이안시대에 걸쳐 계획적으로 배치된 굴립주건물군 130동 이상, 우물 10기, 구획된 溝 등이 주목된다. 유물은 벼루, 나막신, 목간, 묵서토기 등이 출토되어 관아적인 요소를 지닌 건물군으로 생각된다.

이번 조사지는 이 건물군 내 북서단에 해당하며 건물군 북측으로 흐르는 자연유로로 유물은 고훈시대부터 헤이안시대의 토기류가 대량으로 출토되었다. 그중에서도 나라시대~헤이안시대의 하지키, 녹유도기, 회유도기 등이 압도적인 양을 점한다. 목간 외에 자, 曲物, 齋串 등이 출토되었다.

8. 목간

(1)

「　[　]

[　] □〔心？〕　□□□□〔長近松丹?〕[　]」

轉用材를 사용한 것으로 추정된다. 상단에 철조망 형태의 압흔이 있어 어떤것으로 묶은 것으로 판단된다.

(2)

[　]□□

(3)

・「□□□奉人□□□□□

・「□〔次?〕若善□〔卅?〕□摠□人[　]

9. 참고문헌

仲川靖「滋賀·大将軍遺跡」(『木簡研究』20, 1998年)

滋賀縣教委·滋賀縣文化財保護協會『襖遺跡·大将軍遺跡發掘調査報告書―草津川改修事業ならびに草津川放水路事業に伴う發掘調査報告書Ⅲ』1999年

滋賀縣立安土城考古博物館『古代地方木簡の世紀―文字資料からみた古代の近江』2008年

14) 服部遺跡(1次~3次)

1. 이름 : 핫토리 유적(1차~3차)

2. 출토지 : 滋賀縣(시가현) 守山市(모리야마시)

3. 발굴기간 : 1974.5~1979.3

4. 발굴기관 : 滋賀縣教育委員會·守山市教育委員會

5. 유적 종류 : 관아

6. 점수 : 5

7. 유적과 출토 상황

服部遺跡은 琵琶湖의 남쪽, 1급 하천 '野洲川'의 하류에 위치한다. 조사지는 방수로의 폭 동서쪽 200m, 연장 남북쪽 600m, 총면적 12만㎡에 달하는데 각 시대의 유구가 중첩된 것이 확인되었다. 확인된 주요 유구는 ①야요이시대 水田유적, 취락유적, ②야요이시대 중기 방형주구묘군, 취락유적, ③고훈 전기 취락유적, ④고훈 중·후기 고분군, ⑤나라·헤이안시대 굴립주건물 등으로 상자 3000개 이상에 달하는 토기류를 비롯하여 대량의 목기, 석기가 출토되었다.

목간은 유적의 동쪽에서 서쪽으로 흐르는 2개의 溝에서 출토되었으며 목간의 하층에서 나라시대 후기의 스에키, 하지키가 공반되었다. 溝 내에서는 목간 외에 대량의 묵서토기를 비롯하여 銅印 등이 출토되었다. 목간은 繪馬로 생각되는 것, 曲物에 묵서한 것을 포함하여 5점이 확인되었다.

8. 목간

(1)
「掛□一斗

(2)
×□野家五人　未一人
　□□□□□〔人?〕

(3)
「寫□□〔弓?〕阿此美　奴志□□□□[　]

(4)

「鳥」

　(5)

(繪馬)

　이상의 5점 가운데 첫 번째만 남쪽의 條里溝(SD7), 두 번째부터 다섯 번째가 북쪽의 溝(SD5)에서 출토되었다. 네 번째의 鳥는 묵서토기에서도 확인되며 이 유적의 성격을 파악하는 데 중요한 시사점을 준다.

9. 참고문헌

滋賀縣敎委·守山市敎委 『服部遺跡發掘調査槪報』 1979年

大橋信弥 「滋賀·服部遺跡」 (『木簡硏究』 2, 1980年)

滋賀縣敎委·守山市敎委·滋賀縣文化財保護協會 『服部遺跡發掘調査報告書Ⅴ(本文編)(圖版編)』 1986年

木簡學會編 『日本古代木簡選』 岩波書店, 1990年

滋賀縣立安土城考古博物館 『古代地方木簡の世紀―文字資料からみた古代の近江』 2008年

15) 石田三宅遺蹟

1. 이름 : 이시다미야케 유적

2. 출토지 : 滋賀縣(시가현) 守山市(모리야마시)

3. 발굴기간 : 1987.7~1988.3

4. 발굴기관 : 滋賀縣敎育委員會·(財)滋賀縣文化財保護協會

5. 유적 종류 : 취락

6. 점수 : 1

7. 유적과 출토 상황

石田三宅遺蹟은 琵琶湖의 남동부 野洲川 하류의 충적평야에 위치하며 天神川에 접하고 있다. 조사는 滋賀縣주택공급공사에 의한 택지조성사업으로 이루어졌으며 溝 등의 유구가 확인되었다. 목간은 헤이안시대 중기에 매몰된 것으로 생각되는 자연유로에서 출토되었다. 이 유적에서는 묵서토기도 5점이 출토되었는데, 10세기 전반으로 추정된다.

8. 목간

×付□〔廣?〕□」

'付' 뒤의 두 글자는 인명으로 생각된다. 목간의 연대는 공반된 스에키로 보아 10세기 전반으로 추정된다.

9. 참고문헌

滋賀縣敎委·滋賀縣文化財保護協會『石田三宅遺跡發掘調査報告書Ⅱ-滋賀縣住宅供給公社宅地造成事業に伴う』1991年

平井美典「滋賀·石田三宅遺跡」(『木簡研究』13, 1991年)

滋賀縣立安土城考古博物館『古代地方木簡の世紀-文字資料からみた古代の近江』2008年

16) 蜂屋遺蹟

1. 이름 : 하치야 유적
2. 출토지 : 滋賀縣(시가현) 栗東市(릿토시)
3. 발굴기간 : 1987.4
4. 발굴기관 : 栗東町敎育委員會
5. 유적 종류 : 취락

6. 점수 : 1

7. 유적과 출토 상황

蜂屋遺蹟은 해발 102m 전후의 선상지 중앙에 있다. 이번 조사는 개인주택건설에 앞서 실시한 것으로 8세기대의 동서 2칸 이상×남북 3칸의 굴립주건물이 확인되었다. 전모는 알 수 없으나 아마 東西棟의 건물로 보인다. 주위에서는 그 외에 동서방향으로 뻗은 목책열과 건물군을 구분하는 폭 0.9m의 溝도 확인되었다. 목간은 이 건물 본채 남동부의 주혈 내에서 출토되었다.

8. 목간

・「□長等來

・　　亦二□

曲物의 측판을 轉用한 것으로 생각되는데 상·하단이 결실되었으므로 홈이나 구멍은 확인되지 않는다. 앞면 최상부의 글자는 묵흔이 옅어 판독할 수 없다.

9. 참고문헌

栗東町史編纂委員會 『栗東の歷史4 資料 I 』 1994年
大崎隆志 「滋賀·蜂屋遺跡」 (『木簡研究』 23, 2001年)
滋賀縣立安土城考古博物館 『古代地方木簡の世紀－文字資料からみた古代の近江』 2008年

17) 十里遺蹟

1. 이름 : 조리 유적
2. 출토지 : 滋賀縣(시가현) 栗東市(릿토시)
3. 발굴기간 : 1999.4~2000.3

4. 발굴기관 : ㈶栗東町文化体育振興事業團

5. 유적 종류 : 관아·취락

6. 점수 : 4

7. 유적과 출토 상황

十里遺蹟은 近江 남부를 지나는 野洲川에 의해 형성된 선상지에 위치하며 中の川과 境川 사이에 있으며 하천을 따라 琵琶湖로 이어진다. 관아의 추정지로 여겨지는 大津市大萱東光寺 유적과 다수의 목간이 출토된 中主町西河原森ノ內 유적의 중앙에 위치하므로 교통의 거점이었던 것으로 생각된다. 이 조사는 町道건설에 따른 것으로 약 1000㎡의 조사 결과 주된 유구는 7세기의 구획 溝, 굴립주건물, 토갱 등이 확인되었다. 유물은 하지키, 목간 3점, 농·공구, 어구, 동물 뼈, 복숭아 씨앗 등이 출토되었다. 대부분 유물은 구획 溝의 중심을 이루는 SD2에서 출토되었다. 溝 SD2의 충적토는 크게 상층과 하층으로 나뉘고 상층은 2층, 하층은 3층으로 세분된다. 목간은 모두 하층의 가장 상층에 근접한 상태로 출토되었다.

8. 목간

(1)

道

師」

　판상의 목제품에 묵서한 것이다. 중앙의 약간 아래쪽에 '道師'라고 묵서되었다. 묵서토기 가운데 '道'라고 쓰인 것이 47점 확인되었다. 天武13년(684)에 제정된 8色의 姓에서 제5위의 姓에 '道師'가 존재하며 또 그 이전에도 土師, 鍛師, 藥師 등과 함께 道師라는 단어 자체가 있었던 것으로 보인다. 공반유물 가운데 송풍관과 칠을 한 토기가 주목된다.

(2)

・「乙酉年四月一日召官大夫 勾連諸□〔相?〕謀賜　　即下」

・「　　　　　　　　　　　　　　　『得』」

    '乙酉年'은 출토된 토기의 연대관으로 보아 685년으로 추정된다. '四月一日'은 '孟夏의 旬'의 날에 해당한다. '勾連'은 '勾'를 본거지로 하는 評의 관인이며 그 지시를 받은 十里遺蹟의 주인이 어딘가에 무엇을 '下給'한 것을 나타낸 것으로 보인다. 뒷면의 '得'은 수령의 의미일 것이다. 앞면과 뒷면은 別筆이다.

9. 참고문헌

栗東町敎委·栗東町文化体育振興事業團『文字資料が語る"律令期の湖南"』2000年

近藤廣「滋賀·十里遺跡」(『木簡研究』22, 2000年)

滋賀縣敎委『平成11年度 滋賀縣埋藏文化財調査年報』2001年

栗東町文化体育振興事業團『栗東町埋藏文化財調査 1999年度年報』2001年

滋賀縣立安土城考古博物館『古代地方木簡の世紀一文字資料からみた古代の近江』2008年

奈文研飛鳥資料館『木簡黎明一飛鳥に集ういにしえの文字たち』(飛鳥資料館圖錄53) 2010年

雨森智美「滋賀·十里遺跡(第二二號)·釋文の訂正と追加」(『木簡研究』33, 2011年)

18) 手原遺蹟

1. 이름 : 데하라 유적

2. 출토지 : 滋賀縣(시가현) 栗東市(릿토시)

3. 발굴기간 : 2006.12~2008.3

4. 발굴기관 : (財)栗東町文化体育振興事業團

5. 유적 종류 : 관아

6. 점수 : 211

7. 유적과 출토 상황

手原遺蹟은 JR草津線手原驛 주변을 중심으로 동서쪽 약 700m의 유적이다. 이번 조사는 추정된 관아구역을 발굴 조사하였는데 그 결과 북측 조사구역에서 나라시대 후반부터 헤이안시대 초두까지, 헤이안시대 후반의 굴립주건물 10동 이상, 구획구 등이 확인되었으며 남측 조사구역에서는 나라시대 중기부터 헤이안시대(11세기)의 굴립주건물 9동, 大溝 등이 확인되었다.

남측 조사구역 大溝SD6에서 목간 11점, 묵서가 있는 삭설 약 200점, 齋串 15점, 橫櫛 2점 등이 출토되었다. 溝가 확인된 면에서 11세기 유구가 존재하므로 11세기에는 溝가 완전히 매몰된 것으로 보인다. 목간은 대부분 삭설로 습서목간이 많다. 목간과 삭설 내용으로 보아 지방관아 활동의 일면을 구체적으로 알 수 있게 되었다.

8. 목간

(1)

·赤染造造□〔造?〕

·書□□□□〔觀御?〕

앞면의 첫 번째 글자는 '出'일 가능성이 있다.

(2)

□詔□連左□

'詔'는 지방관아에서는 희소한 사례이다.

(3)

·足帶□

·八月六

제첨축으로 手原遺蹟에서 문서가 卷子裝으로 이용, 보관된 것으로 추측된다.

(4)

「□□□□ □□□

□□o□o 山寺□ □□□□

```
□□    o□□連□            」
```

단책상 목간 하단부의 좌우를 깎고 羽子板의 손잡이 형태로 만들었다. 구멍이 3곳 뚫려 있다. 구멍 위치까지 동일한 목간이 더 있으므로 2점이 세트였던 것으로 생각된다.

9. 참고문헌

佐伯英樹「滋賀·手原遺跡」(『木簡硏究』 30, 2008年)

栗東市文化体育振興事業團『手原遺跡發掘調査の記錄ー手原東部區劃整理事業に伴う調査』 2009年

19) 宮町遺蹟(4次~37次)

1. 이름 : 미야마치 유적(4차~37차)
2. 출토지 : 滋賀縣(시가현) 甲賀市(고카시)
3. 발굴기간 : 1986.12~2008.3
4. 발굴기관 : 信樂町敎育委員會
5. 유적 종류 : 궁전
6. 점수 : 7,221

7. 유적과 출토 상황

宮町遺蹟은 국가 지정 사적 '紫香樂宮跡'에서 북쪽으로 약 2㎞ 떨어진 곳에 위치하며 삼면이 산으로 둘러싸인 작은 분지에 입지한다. 宮町지구에서는 1975년부터 顯榮圃場整備事業이 개시되었는데 그때 여러 주흔이 발견되었다. 후에 이 목재의 연륜연대를 측정해본 결과 743년에 채벌된 것을 알 수 있었다. 또 광범위한 지역에서 나라시대 유물이 분포된 것이 확인되어 1982년부터 발굴조사를 실시하였다. 그 결과 동서쪽 400m, 남북쪽 2000m의 범위에서 굴립주건물을 비롯한 여러 유구가 확인되어 紫香樂宮과 관련된 것을 알 수 있게 되었다.

1983년에 제1차 조사 이래 1995년 말까지 19차의 조사가 이루어졌다.

1986년에 실시한 제4차 조사에서는 굴립주건물과 토갱에서 8세기 중엽에 제작된 다수의 토기와 전용벼루, 목제품이 출토되었다. 또 목제품은 나막신, 木槌이 출토되었으며 목간은 토갱에서 3점, 동서 방향으로 흐르는 溝에서 1점, 문서 목간 편 5점 등 총 9점이 출토되었다.

8. 목간

제4차 조사

(1)

奈加王

□

여러 왕의 이름을 열거하여 기록한 歷名목간이다. 『續日本紀』 天平寶字元年 (757)5월 丁卯條에 從五位下로 되고 無位로부터 같은 해 7월 '奈加王'에 봉해진 왕이다.

(2)

志×

『續日本紀』 天平勝寶3년(751) 5월 辛亥條에 三嶋眞人의 성을 하사한 '垂見王'일 가능성이 있다.

제31차 조사

(3)

「∨鹿枚脯參　斤九十條　　十四年十二月十三日∨」

상단 일부가 결실되었으나 거의 완형이다. 글자도 선명히 남아 있다. 鹿은 13차 조사때 발견된 목간에서 확인된 적이 있으나 紫香樂宮跡에서 脯는 처음이다. 또 기년과 관련하여 十四年

은 처음이다. 이 목간은 紫香樂宮 조영기의 초기에 폐기된 것으로 여겨진다.

제13차 조사

(4)

· 「山背國司解解宮

　　　后后皇后

　皇后宮職　職　職

　皇后宮皇后宮

· 「　　　　　足

　解解解　　足

　　　　　　足

　解 解 解　(그 밖에 '司' 등의 겹쳐 쓴 것이 있음)

습서목간이다. '山背國司解', '皇后宮職'이 주목된다. 이 목간은 宮町遺蹟에서 쓰였을 가능성이 크므로 紫香樂宮에 있었던 황후궁직의 관계자와 관련 있을 것이다. 또 紫香樂宮와 山背國府 사이에 관원의 왕래가 있었던 것을 상정할 수 있다.

(5)

· 「∨駿河國有度□…□〔調?〕煮堅」

· 「∨魚八斤□〔五?〕…　　」

현재는 두 조각으로 분리되어 있으나 원래는 하나의 목간이었을 것으로 생각된다. 有度 뒤의 글자를 묵흔으로 보아 郡이었을 것이다. 내용으로 보아 駿河國有度郡으로 이어졌다고 보아도 좋을 것이다. 뒷면의 숫자는 八斤五兩이다. 大斤이 八斤五兩八銖이므로 八銖을 공납액으로 한 것을 알 수 있다.

(6)

· 「∨駿河國駿河郡宇良鄕戶主春日部小麻呂戶春日部若麻呂」

· 「調荒堅魚七連一節　　　　　天平十三年十月　　　　　　」

駿河國 調의 하찰이다. 恭仁京에서 紫香樂지방으로 통하는 도로가 개통되는 天平14년 2월
보다 전, 즉 紫香樂 조영 이전이다. 이 점은 다음과 같이 해석할 수 있다. 紫香樂宮의 조영은 恭
仁京의 조영과 관련되어 진행되었다. 따라서 이 목간은 恭仁京에 집적된 것이 紫香樂宮으로 전
송되었다고 추정하는 편이 자연스러울 것이다.

SD6116

  (7)

伊豆國田方郡棄妾鄕戶主大生部綾師戶大生部大麻呂調麁堅魚拾壹斤拾両七□

9. 참고문헌

鈴木良章「滋賀·宮町遺跡」(『木簡研究』10, 1988年)

信樂町敎委『宮町遺跡發掘調査報告Ⅰ一紫香樂宮關連遺跡』(信樂町文化財報告書3) 1989年

木簡學會編『日本古代木簡選』岩波書店, 1990年

信樂町敎委『平成5年度 遺跡發掘調査事前總合調査事業にかかる 紫香樂宮關連遺跡發掘調
査報告』(信樂町文化財報告書8) 1994年

信樂町敎委『今よみがえる紫香樂宮』1995年

鈴木良章·榮原永遠男「滋賀·宮町遺跡」(『木簡研究』17, 1995年)

鈴木良章·榮原永遠男「滋賀·宮町遺跡」(『木簡研究』18, 1996年)

鈴木良章·鷺森浩幸「滋賀·宮町遺跡」(『木簡研究』21, 1999年)

紫香樂宮跡調査委員會·信樂町敎委『宮町遺跡出土木簡槪報』1, 1999年

岩宮隆司「滋賀·宮町遺跡」(『木簡研究』22, 2000年)

古市晃「滋賀·宮町遺跡」(『木簡研究』24, 2002年)

木簡學會編『日本古代木簡集成』東京大學出版會, 2003年

紫香樂宮跡調査委員會·信樂町敎委『宮町遺跡出土木簡槪報』2, 2003年

甲賀市敎委『紫香樂宮關連遺跡發掘調査槪報一甲賀市·宮町遺跡』(甲賀市文化財報告

10) 2008年

滋賀縣立安土城考古博物館『古代地方木簡の世紀―文字資料からみた古代の近江』2008年

鈴木良章·榮原永遠男「滋賀·史跡紫香樂宮跡(宮町遺跡第三七次)」(『木簡研究』31, 2009年)

鈴木良章·榮原永遠男「滋賀·紫香樂宮跡(宮町遺跡第二八次)」(『木簡研究』32, 2010年)

鈴木良章·榮原永遠男「滋賀·紫香樂宮跡(宮町遺跡)」(『木簡研究』33, 2011年)

20) 新宮神社遺蹟

1. 이름 : 신구진자 유적

2. 출토지 : 滋賀縣(시가현) 甲賀市(고카시)

3. 발굴기간 : 2000.4~2000.12

4. 발굴기관 : 滋賀縣教育委員會·(財)滋賀縣文化財保護協會

5. 유적 종류 : 궁도 관련

6. 점수 : 1

7. 유적과 출토 상황

新宮神社遺蹟은 宮町 유적에서 남쪽으로 약 1㎞, 甲賀寺跡에서 북쪽으로 약 1㎞ 지점에 위치한다. 조사 결과 나라시대 중기를 중심으로 하는 시기의 굴립주건물 3동, 우물, 溝, 교각, 河道 등이 확인되었다. 유물은 스에키, 하지키로 구성된 토기류와 목간, 나막신, 曲物, 橫櫛 등 목제품이 출토되었다. 목간은 河道의 교각에서 하류로 약 5m 지점의 떨어진 곳에서 1점 출토되었다. 공반된 목재의 연륜연대측정 결과 743년이라는 결과가 나와 목간의 연대와 함께 유적의 존속연대를 시사한다.

8. 목간

「∨上總國山邊郡[   ]□[   ] 天平十六年十月∨」

거의 완형으로 출토되었는데 묵흔이 거의 남아 있지 않다. 희미하게 남은 글자의 흔적을 토대로 해석하였다.

9. 참고문헌

畑中英二「滋賀·新宮神社遺跡」(『木簡研究』23, 2001年)

滋賀縣敎委·滋賀縣文化財保護協會『新宮神社遺跡 甲賀郡信樂町黃瀬—近畿自動車道名古屋神戶線建設事業に伴う發掘調査報告書2』2004年

滋賀縣立安土城考古博物館『古代地方木簡の世紀—文字資料からみた古代の近江』2008年

21) 西河原宮ノ內遺跡(1次)(84年度試掘調査)

1. 이름 : 니시가와라미야노우치 유적(1차) (84년도시굴조사)
2. 출토지 : 滋賀縣(시가현) 野洲市(야스시)
3. 발굴기간 : 1985.2~1985.3
4. 발굴기관 : 中主町敎育委員會·中主町埋藏文化財調査會
5. 유적 종류 : 취락
6. 점수 : 1
7. 유적과 출토 상황

野洲川 우안의 충적지에 위치하는 유적이다. 이번 조사는 縣道荒見·上野·近江八幡線의 도로개량공사로 인해 실시된 시굴조사이다. 협소한 공간의 조사이며 목간이 출토된 단계에는 조사가 완료된 상태라 유적의 성격은 불분명하나 공반 유물로 보이 7~8세기의 것으로 추정된다. 목간은 다른 목질유기물, 목제 조각과 함께 수평 상태로 출토되었다.

8. 목간

· 「庚子年十二□〔月?〕□[   ]□〔記?〕□千五[   ]o」

· 「[   ]o」

단책형으로 상단 폭이 35㎜, 하단 폭이 41㎜, 두께는 5~10㎜이다. 묵서는 양면에 희미하게 남아 있는 묵흔이 옅고 부러진 곳과 갈라진 곳으로 인해 적외선 사진 등으로도 판독하기 어렵다. 앞면 상단의 庚子年이라 읽을 수 있다.

목간의 내용은 분명하지 않으나 '年月'을 모두에 쓰는 書式으로 보인다. 이는 大寶令의 시행과 함께 '년월일'을 말미에 기재하는 형식으로 변한 것으로 '庚子年'은 주변유구 및 출토된 토기의 연대관으로 보아 700년일 가능성이 크다. 또 하단에 구멍이 뚫려 있어 관리용 목간일 가능성이 있다.

9. 참고문헌

中主町教委·中主町埋文調査會 『縣道荒見·上野·近江八幡線単独道路改良工事(木部·八夫工區)に伴う埋藏文化財試掘調査報告書』(中主町文化財調査報告書14) 1987年

辻廣志 「滋賀·西河原宮ノ内遺跡」(『木簡研究』 25, 2003年)

滋賀縣立安土城考古博物館 『古代地方木簡の世紀—文字資料からみた古代の近江』 2008年

奈文研飛鳥資料館 『木簡黎明—飛鳥に集ういにしえの文字たち』(飛鳥資料館圖錄53) 2010年

濱修 「滋賀·西河原宮ノ内遺跡(第一九·二二·二五·二九號)·釋文の訂正と追加」(『木簡研究』 33, 2011年)

22) 西河原宮ノ内遺蹟(3次)(舊, 湯ノ部遺跡)

1. 이름 : 니시가와라미야노우치 유적(3차) (구 유노베이 유적)

2. 출토지 : 滋賀縣(시가현) 野洲市(야스시)

3. 발굴기간 : 1996.5~1996.11

4. 발굴기관 : 滋賀縣敎育委員會·(財)滋賀縣文化財保護協會

5. 유적 종류 : 취락

6. 점수 : 57

7. 유적과 출토 상황

본 유적과 관련된 발굴조사는 1990년도 이후 縣道의 개량공사에 따른 사업으로 계속되고 있다. 조사 결과 야요이시대 중기부터 근대까지 다수의 유구면이 확인되었다. 주지하듯이 1991년도 조사에서 굴립주건물군, 단야유구가 확인되었으며 묵서토기, '庚子年' 목간이 출토되었다. 이번 조사는 이 목간이 출토된 지점으로부터 북동쪽으로 약 0.5㎞ 떨어진 곳에 위치한다. 조사 결과 다수의 피트군, 굴립주건물군, 토갱, 구획구 등이 확인되었으며 구획구에서 목간이 출토되었다. 이외에 다량의 토기류, 전용벼루, 원면벼루, 동제대금구, 和同開珍이 출토되었다.

8. 목간

목간은 대부분 삭설이다. 현재 점수는 작은 편을 포함하여 10점 정도이나 늘어날 가능성이 있다.

(1)

奈尔波都尔佐

습서목간으로 상단이 비스듬하게 깎여져 있다. 중간 부분이 부러져 하부가 탈락된 상태로 출토되었다. 내용은 당시 글씨 연습에 사용된 難波津의 노래이다.

(2)

部吉麻呂

인명이다.

(3)

寸錦□

　(4)

歲□〔俵?〕

□

　(5)

歲□儀

　모두 歲로 시작하므로 具注曆과 관련된 것으로 보인다.

9. 참고문헌

瀨口眞司·藤田琢司「滋賀·湯ノ部遺跡」(『木簡研究』19, 1997年)

瀨口眞司「滋賀·湯ノ部遺跡(第一九號)·釋文の訂正と追加」(『木簡研究』22, 2000年)

滋賀縣教委·滋賀縣文化財保護協會『西河原宮ノ內遺跡Ⅱ 野洲郡中主町西河原一縣道荒見上野近江八幡線改良工事に伴う中主町內遺跡(Ⅵ)』2001年

木簡學會編『日本古代木簡集成』東京大學出版會, 2003年

滋賀縣立安土城考古博物館『古代地方木簡の世紀—文字資料からみた古代の近江』2008年

濱修「滋賀·西河原宮ノ內遺跡(第一九·二二·二五·二九號)·釋文の訂正と追加」(『木簡研究』33, 2011年)

23) 西河原宮ノ內遺蹟(7次)

1. 이름 : 니시가와라미야노우치 유적(7차)

2. 출토지 : 滋賀縣(시가현) 野洲市(야스시)

3. 발굴기간 : 2006.4~2006.8

4. 발굴기관 : 滋賀縣敎育委員會·(財)滋賀縣文化財保護協會

5. 유적 종류 : 관아

6. 점수 : 7

7. 유적과 출토 상황

西河原宮ノ內遺蹟은 近江지역 호남북부의 琵琶湖 동안 日野川 좌안의 하구 부근에 위치한다. 이 유적을 포함하여 주위에 위치하는 西河原 유적, 光相寺 유적에서 약 100여 점 정도의 목간이 출토되었으며 시기는 7세기 후반부터 8세기에 걸친 것들이다. 이번 조사는 주요지방도 近江八幡守山線 도로개축공사에 따른 것으로 조사 결과 7세기 후반부터 8세기에 걸친 굴립주건물 12동, 溝 4조가 확인되었다.

목간은 조사구 동남부의 유물포함층에서 1점, 굴립주건물 2동을 구성하는 주혈 가운데 피트 1-2에서 1점, 1-5에서 2점, 2-5에서 1점, 3-4에서 1점 총 6점이 출토되었다. 출토 정황으로 보아 목간은 모두 인위적으로 폐기된 것으로 생각된다.

8. 목간

(1)

· 「壬寅年正月廿五日
　　　　　　　三寸造廣山『三□』
　　　　　　勝鹿首大國○「□□〔八十?〕o」

· [　　　　　　　　　　]

　[　　　　□田二百斤　　　　　□□

　[　　　　　　　　　　]　　　　　　　o」

壬寅年은 大寶2년인 702년. 뒷면에도 묵흔이 희미하게 보이나 판독할 수 없다. '三寸造'는 모리노우치(森の內) 유적에서 보이나 '勝鹿首'는 처음 확인된 사례이다. 날짜 아래 2행에 인명이 있고 그 아래에 사인 모양이 있다.

(2)

「辛卯年十二月一日記宜都宜椋人□稻千三百五十三半記o」

인위적으로 가운데서 두 개로 부러뜨렸다. '辛卯年'은 持統5년(691년). '日記'는 8세기 초두 이전의 표기법. 내용은 벼의 양을 '宜都宜椋人'이 기록한 것으로 '宜都宜椋人'은 벼의 관리자로 추정된다. '宜都宜椋人'의 사례는 처음이다.

(3)

· ×刀自右二人貸稻□□〔十斤?〕稻二百□〔斤?〕又□□〔斤?〕稻卅□〔斤?〕貸o」

· ×人佐太大連
　二人知　　　　　　　　文作人石木主寸文通o
　×首弥皮加之　　　　　　　　　　　　　　　　　　」

앞면에는 '刀自' 두 명이 '貸稻'한 것으로 기록되어 있다. 뒷면에는 두 사람의 이름이 쓰여 있고 그 아래에 '二人知'가 있으므로 아마 '貸稻'의 보증인으로 생각된다. 벼 수량의 단위를 나타내는 문자는 벼의 중량을 나타내는 '斤'의 가능성이 있다. '文作人'은 '貸稻' 계약서의 작성자일 것이다. 또 신라의 '대구무술오작비'에 비문의 작자를 '文作人'으로 기재한 사례가 있다.

9. 참고문헌

畑中英二·大橋信弥 「滋賀·西河原宮ノ內遺跡」(『木簡研究』29, 2007年)

滋賀縣立安土城考古博物館 『古代地方木簡の世紀—文字資料からみた古代の近江』 2008年

奈文研飛鳥資料館 『木簡黎明—飛鳥に集ういにしえの文字たち』(飛鳥資料館圖錄 53) 2010年

濱修 「滋賀·西河原宮ノ內遺跡(第一九·二二·二五·二九號)·釋文の訂正と追加」(『木簡研究』 33, 2011年)

24) 西河原森ノ內遺蹟(2次)

1. 이름 : 니시가와라미야노우치 유적(2차)
2. 출토지 : 滋賀縣(시가현) 野洲市(야스시)
3. 발굴기간 : 1985.4~1985.11
4. 발굴기관 : 中主町敎育委員會
5. 유적 종류 : 취락
6. 점수 : 5

7. 유적과 출토 상황

西河原森ノ內遺蹟은 琵琶湖동안 湖南平野 북부의 鈴鹿山系에서 발원한 野洲川와 日野川에 둘러싸인 충적평지에 입지한다. 호수 연안에서 내륙으로 약 3㎞ 들어가 있으며 해발 87m 전후의 저구릉지에 위치한다.

목간은 4점 발견되었는데 공반 유물은 8세기 전반의 토기 외 도자, 낫, 盤, 주걱, 竪杵, 曲物과 묵흔이 없는 부찰, 舟形 등 목제품이 있다.

8. 목간

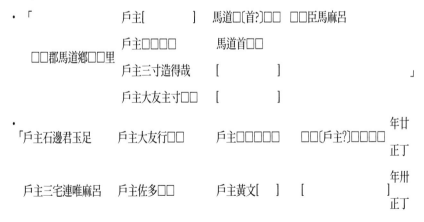

戸主登美史東人	戸主石木主寸[ ]呂 戸主[ ] 同戸人足	年冊二
		正丁
戸主馬道首小廣	戸主郡主寸得足 □□[ ] □□[ ] 」	

　단책형이며 네 모퉁이를 자른 형상을 띤다. 앞뒤에 野洲郡內로 보이는 호주명을 連記하였다. '石邊君玉足'은 평성궁 남면동문 二條大路 北側溝SD1250에서 출토된 목간과 동일 인물로 판단된다. 연대는 平城宮 출토 목간에 '鄕'이 있으므로 715년 향리제 시행 이후이며 溝에서 같이 출토된 유물로 보아 8세기 전엽으로 추정된다.

9. 참고문헌

德網克己·山田謙吾「滋賀·西河原森ノ內遺跡」(『木簡研究』8, 1986年)

中主町敎委·中主町埋文調査會『西河原森ノ內遺跡 第1·2次發掘調査槪要』(中主町文化財調査報告書9) 1987年

中主町敎委·中主町埋文調査會『西河原森ノ內遺跡 第3次發掘調査報告書』(中主町文化財調査報告書12) 1987年

滋賀縣埋文センター『滋賀縣埋藏文化財センター紀要』1, 1987年

中主町敎委『西河原森ノ內遺跡 第1次·2次發掘調査報告書Ⅰ—中主町土地區劃整理事業に伴う埋藏文化財調査報告書Ⅰ』(中主町文化財調査報告書21-1) 1990年

山尾幸久「森ノ內遺跡出土木簡をめぐって」(『木簡研究』12, 1990年)

木簡學會編『日本古代木簡選』岩波書店, 1990年

沖森卓也·佐藤信編『上代木簡資料集成』おうふう, 1994年

滋賀縣立安土城考古博物館『古代地方木簡の世紀—文字資料からみた古代の近江』2008年

奈文研飛鳥資料館『木簡黎明—飛鳥に集ういにしえの文字たち』(飛鳥資料館圖錄53) 2010年

濱修「滋賀·西河原森ノ內遺跡(第八·一二·一四·一八號)·釋文の訂正と追加」(『木簡研究』33, 2011年)

25) 西河原森ノ内遺跡(5次)

1. 이름 : 니시가와라모리노우치 유적(5차)

2. 출토지 : 滋賀縣(시가현) 野洲市(야스시)

3. 발굴기간 : 1989.4~1989.8

4. 발굴기관 : 中主町教育委員會

5. 유적 종류 : 취락·관아

6. 점수 : 10

7. 유적과 출토 상황

목간은 제5차 조사에서 9점, 제7차 조사에서 1점 출토되었다. 제5차 조사는 1984~1985년에 걸쳐 4점의 목간이 출토된 官衙狀관아상유구군(7~9세기)의 동남부에서 실시하였고 제7차 조사는 그 동남부 약 30m 인접지에서 실시하였다. 이 가운데 제7차 조사 목간은 헤이안시대 전기의 포함층에서 출토되었으며 원래 대형 목간의 일부였을 것으로 생각되나 매우 손상이 심하여 판독할 수 없다. 따라서 제5차 조사에서 출토된 목간을 중심으로 보고한다.

조사는 官衙狀유구군의 동남부 일각에 해당하는 918㎡를 대상으로 실시하였다. 7세기 후반부터 16세기까지 5유구면이 있으며 합계 3,002㎡에 이른다. 5유구면 가운데 유물은 주로 3~5유구면을 중심으로 출토되었으며 목간 역시 3~4유구면에서 출토되었다.

8. 목간

제5차 조사

(1)

· [   ]□□□〔午年?〕從□〔之?〕□成賜」

· [   ]使人民直安万呂」

하단과 좌우 양변이 깎여 있으며 상단이 부러졌다. 문장 마지막에 '使人'이 기록되어 앞면과 뒷면을 알 수 있다. 앞면의 '從'의 위는 '年'으로 읽을 수 있을 것 같으며 그 위의 문자는 간지에 의한 기년의 가능성이 있으므로 '牛'가 아닌 '午'로 볼 수 있을 것이다.

(2)

・]百廿束馬評□〔甘?〕每倭」

　　　　　部連加久支廿束

・刀良女六十束　　　　　」

　하단과 좌우 양변이 깎여 있으며 상단이 부러졌다. '인명+○束'의 문서형식의 장부로 세 사람 분이 기재되어 있다. 出擧와 관련된 목간일 것이다.

(3)

・　　　　　　　　□申□□□首□稻□□□[ ]
　「[　　　　]□□〔符道?〕　　　　　　　　　
　　　　　　　　　　[　　　　]　　　　　　」

・　　　　　　　[　　　]
　　　　　　　　□□首貸稻大卅束記　」

　네 모서리가 깎여 있다. 윗부분은 문자가 불명확해서 판독하기 어렵다. 貸稻로 보아 出擧와 관련된 목간일 것이다.

(4)

・「十一月廿二日自京大夫御前□〔謹?〕白奴吾[　　　　]賜□〔別?〕」

・「□匹尓□[　　]大寵命坐□ 今日□□
　　　　　　　　　　　　　　□□□□

　　　　　[　]　　　　　　　　　　　　　　」

前白목간으로 平城宮 목간에 '奴吾', '寵大命'의 유례가 있다.

(5)

・「□九□乙木□〔嶋?〕木□〔國?〕

　　　　　　□□□□□□　」

・有木□□□□□■■■■■■　」

앞면 두 번째 글자는 '大'일 가능성도 있다.

　　(6)

・廿□　　　　　　　　　　　」
　　□□□□利直十束

・又中直五十又五十□〔直?〕

　　□卅□利直卅□□見卅五束」

상단이 부러졌다. 문자가 치졸하여 판독하기 어렵다. 다만 2곳의 利直은 비교적 명확하다. '利息相當'의 의미일 것이다.

　　(7)

・「庚戌金工人　□×

・「午丙午申乙卯×

'金工人'이 주목된다. 이 유적에서는 송풍관과 철재, 목제 농구가 출토되었기 때문이다. 쉽게 징발 또는 고용할 수 있는 小鍛冶가 있었던 것으로 상정해볼 수 있다.

　　제7차 조사

　　(8)

□□〔古?〕□

古의 상하는 2차적으로 도려냈다. '古'는 '百'의 가능성도 있다.

　　제13차 조사

　　(9)

・「受　　　□□〔中?〕□知□〔為?〕矣□子□十　　　　□□

・「□□[ ]　　　　□□□□□□□　三□□□□□　申□□　□□
　　　　　　　　□□□□□□□　□□□　□□□　[ ]

상단이 깎여 있으며 하단이 부러졌다. 좌우 양쪽 면은 2차적으로 깎았다. 뒷면 割書 부분은 글자가 半載되어 있다. 장대하며 활 모양으로 휘어져 있다.

제19차 조사

(10)

・「∨□□□□〔五十?〕□」

・「∨□□戶□□〔福人?〕」

상부 좌우에 홈이 있는 하찰목간. 앞면 2번째 글자는 '世', '也', '道' 등의 가능성이 있다. 뒷면은 공진자의 이름일 것이다.

(11)

・「∨比利田□□□□〔多比部麻?〕□」

・「∨阿皮古俵　　　　　　　　　」

하단 좌측이 결실되었다. 상부 좌우에 홈이 있는 하찰목간. 比利田는『延喜式』神名帳의 '比利多'와 관련된 지명일 것이다. '阿皮古'는 인명으로 공진자는 두 사람이었음을 알 수 있다.

9. 참고문헌

辻廣志「滋賀・西河原森ノ內遺跡」(『木簡硏究』12, 1990年)

山尾幸久「森ノ內遺跡出土木簡をめぐって」(『木簡硏究』12, 1990年)

中主町敎委『平成元年度 中主町內遺跡發掘調査年報』(中主町文化財調査報告書30) 1991年

滋賀縣立安土城考古博物館『古代地方木簡の世紀ー文字資料からみた古代の近江』2008年

濱修「滋賀・西河原森ノ內遺跡(第八・一二・一四・一八號)・釋文の訂正と追加」(『木簡硏究』33, 2011年)

26) 湯ノ部遺蹟(1次)

1. 이름 : 유노베 유적(1차)

2. 출토지 : 滋賀縣(시가현) 野洲市(야스시)

3. 발굴기간 : 1991.4~1992.3

4. 발굴기관 : 滋賀縣教育委員會·(財)滋賀縣文化財保護協會

5. 유적 종류 : 취락

6. 점수 : 1

7. 유적과 출토 상황

유노베(湯ノ部遺蹟)은 舊野洲川이 형성한 선상지성의 저지대 위에 있으며 현재는 미고지 위에 입지하는 취락과 취락에 둘러싸인 논 지대에 있다. 발굴조사는 縣道건설에 따른 것으로 조사 결과 하층에서 야요이시대 전기부터 후기에 걸친 주거지, 제사장 유구, 방형주구묘군이 확인되었다. 또 상층에서는 7세기 후반부터 8세기 전반에 걸친 굴립주건물과 溝, 철기 생산의 단야 관련 유구가 확인되었다. 목간은 유구의 서단을 남북 방향으로 구획하는 溝에서 출토되었다. 목간 1점 외에 스에키, 하지키, 齋串, 목편 등이다. 공반유물의 연대는 7세기 후반으로 생각된다.

8. 목간

· 「丙子年十一月作文記　　　」(측면)

· 「牒玄逸去五月中□〔官?〕□蔭人

　　　自從二月已來[　]養官丁

　　　久蔭不潤□[　　]□蔭人」

· 「次之□□丁[　]□□〔等利?〕

　　　壊及於□□□[　]人□〔宮?〕」

栽謹牒也   」

　목간의 형태는 장방형이며 두께가 2㎝로 두꺼운 편이다. 완형품으로 앞면과 뒷면 외에 측면에도 글자가 기록되어 있다. 측면의 '丙子年'는 676년 또는 736년의 가능성이 있는데 공반유물로 보아 전자일 가능성이 크다. 앞면의 '玄逸'은 인명설이 유력하다. '去五月'는 春五月로도 읽을 수 있겠으나 문맥으로 보아 '去'로 보인다. '蔭'은 세 번 확인되며 '蔭人'이 두 번 확인된다. '官丁'은 처음 확인되었다. '久蔭不潤'은 和文調이다. 뒷면은 표면보다 부식이 심하고 뒷면이 위를 향한 상태에서 출토되었으므로 폐기시점에서 일정 기간 지표에 방치되었던 것으로 생각된다. 1행과 2행 모두 의미가 불분명하다. 이 목간은 문서목간으로 '久蔭不潤'으로 보아 개인이 관아로 보낸 上申문서로 생각된다. 또 두꺼운 목재를 사용하였으며 측면에 기년이 있는 글자를 기록한 것으로 보아 보관문서로 생각된다. '蔭人'은 8세기 초두부터 실시된 蔭位制와 관련된 것으로 생각되는데 『日本書紀』 天武5년(676년)에 보이는 지방호족의 출신법에 관한 勅과의 관련성으로 보아 그보다 일찍 天武朝 초기부터 지방호족의 출신법을 '蔭'이라고 불렀을 가능성이 있다.

9. 참고문헌

濱修 「滋賀·湯ノ部遺跡」 (『木簡硏究』 14, 1992年)

沖森卓也·佐藤信編 『上代木簡資料集成』 おうふう, 1994年

滋賀縣敎委·滋賀縣文化財保護協會 『湯ノ部遺跡發掘調査報告書Ⅰ—縣道荒見上野近江八幡線改良工事に伴う中主町內遺跡(Ⅱ)』 1995年

木簡學會編 『日本古代木簡集成』 東京大學出版會, 2003年

滋賀縣立安土城考古博物館 『古代地方木簡の世紀—文字資料からみた古代の近江』 2008年

奈文硏飛鳥資料館 『木簡黎明—飛鳥に集ういにしえの文字たち』 (飛鳥資料館圖錄53) 2010年

27) 西河原遺蹟(3·10次)

1. 이름 : 니시가와라 유적(3·10차)

2. 출토지 : 滋賀縣(시가현) 野洲市(야스시)

3. 발굴기간 : 3차(1991.11~1992.2), 10차(2002.9~2002.10)

4. 발굴기관 : 中主町敎育委員會

5. 유적 종류 : 취락

6. 점수 : 6

7. 유적과 출토 상황

西河原遺蹟은 野洲川 우안 하류역의 충적지에 위치하는 유적으로 아스카시대부터 에도시대까지 확인된다. 조사는 개인주택의 건설에 따른 사전조사로 285㎡를 대상으로 3유구면에 대한 조사를 실시하였다. 제3유구에서 확인된 구SD3301에서 목간이 출토되었다. 溝SD3301은 총 6개의 층으로 나누어지는데 제6~4층은 7세기 전반에서 8세기 초, 제1~3층은 8세기 중엽에서 9세기 후반으로 생각된다. 목간은 제4층 하부에서 4점 출토되었다.

8. 목간

제3차 조사

(1)

· 「郡司符馬道里長令×

· 「女丁　又來□女□×
　　　　□□〔來又?〕道

野洲郡에서 관내 馬道里의 里長에 女丁의 징발을 하달한 문서로 생각된다. 묵흔이 희미하여 事書의 상세한 내용과 발급자의 位署, 연월일 등은 명확하지 않다. 女丁은 일반민층에서 징발된 여성의 仕丁으로 8~9세기에는 100명 전후였던 것으로 추정된다. 이 목간은 宮內省 또는 近江國司에서 女丁差点의 명령을 野洲郡司를 통하여 율령지방행정의 말단인 馬道里長에게 하달한 문서로 생각된다. 목간 연대는 공반 유물로 보아 大寶원년(701)~靈龜3년(717년) 사이로 생각된다.

제10차 조사

   (2)

·   安今成

·□□

   (3)

·[   ]

·   □

   모두 앞면에 문자가 확인되나 읽을 수 없다. '安今成'은 인명일 것이다. '安今'은 野洲郡의 유력호족이다.

9. 참고문헌

辻廣志「滋賀·西河原遺跡」(『木簡研究』14, 1992年)

中主町敎委『平成3年度 中主町內遺跡發掘調查年報』(中主町文化財調查報告書36) 1993年

德網克己「滋賀·西河原遺跡」(『木簡研究』25, 2003年)

滋賀縣立安土城考古博物館『古代地方木簡の世紀—文字資料からみた古代の近江』2008年

濱修「滋賀·西河原遺跡(第一四號)·釋文の訂正と追加」(『木簡研究』33, 2011年)

28) 光相寺遺蹟(5次)(8次)

1. 이름 : 고우소우지 유적(5·8차)
2. 출토지 : 滋賀縣(시가현) 野洲市(야스시)
3. 발굴기간 : 5차(1986.4~1986.12), 8차(1987.12~1988.1)
4. 발굴기관 : 中主町教育委員會
5. 유적 종류 : 취락
6. 점수 : 7

7. 유적과 출토 상황

光相寺遺蹟은 野洲郡 중부에 위치하고 琵琶湖에서 약 2㎞ 내륙으로 들어간 충적평야에 입지한다. 조사 결과 나라시대 전기 굴립주건물, 溝의 흔적, 자연하도 등이 확인되었다. 목간은 길이 12m, 깊이 30㎝의 溝의 흔적에서 확인되었다.

8. 목간

제5차 조사

(1)
「□□□□〔買塩卅俵?〕三
목간 좌측이 결실되었다.

(2)
「∨大友部龍
姓을 나타낸 것으로 니시가와라모리노우치(西河原森ノ內) 유적의 1호 목간에도 '大友'가 확인된다.

제8차 조사

   (3)

・「田物□〔料?〕□□

・「馬道□□

'馬道□'는 니시가와라모리노우치(西河原森ノ內) 유적 1호 목간에 보이는 '馬長道'의 '馬道'와 동일한 성씨, 또는 '馬道鄕'의 鄕名과의 관계를 상정할 수 있으나 확정할 수는 없다.

   (4)

・[   ]迹文□□□」

・□□[   ]   」

목간 상단을 2차적으로 절단한 것으로 앞뒷면 모두 글자 사이를 띄어 쓴 것이 특징이다. 묵흔이 옅어 판독할 수 없다.

9. 참고문헌

德網克己「滋賀・光相寺遺跡」(『木簡硏究』9, 1987年)

辻廣志「滋賀・光相寺遺跡」(『木簡硏究』10, 1988年)

中主町敎委『光相寺遺跡 第8次發掘調査槪要報告書』(中主町文化財調査報告書20) 1988年

中主町敎委『昭和62年度 中主町內遺跡發掘調査年報』(中主町文化財調査報告書18) 1989年

滋賀縣立安土城考古博物館『古代地方木簡の世紀―文字資料からみた古代の近江』2008年

濱修「滋賀・光相寺遺跡(第一〇號)・釋文の訂正と追加」(『木簡硏究』33, 2011年)

29) 虫生遺蹟(2次)

1. 이름 : 무슈우 유적(2차)

2. 출토지 : 滋賀縣(시가현) 野洲市(야스시)

3. 발굴기간 : 1989.5~1990.3

4. 발굴기관 : 中主町教育委員會

5. 유적 종류 : 취락

6. 점수 : 1

7. 유적과 출토 상황

虫生遺蹟은 琵琶湖의 동안, 野洲川 우안 하류역의 충적지에 있는 미고지의 북측에 위치한다. 조사는 1987년부터 계속적으로 이루어졌는데 그 결과 야요이시대 중기의 방형주구묘, 고훈시대 전기와 나라시대~헤이안시대의 취락유적, 가마쿠라시대의 논 유적 등이 확인되었다.

목간은 미고지 상의 가장 높은 곳에 있는 취락유적에서 동쪽으로 약간 내려온 논 유적의 얕은 溝에서 발견되었다. 이 溝와 부근에서는 소량이기는 하나 나라시대의 스에키 편이 확인되었다.

8. 목간

·□部□〔欲?〕□卅束分□入物□□□□進

·神龜六年正月卅日　　　　　」

장방형이며 상단이 부러졌다. 묵서는 앞뒷면에 보이는데 뒷면에 神龜六年(729)은 명확하다.

9. 참고문헌

辻廣志「滋賀·虫生遺跡」(『木簡研究』12, 1990年)

中主町敎委『平成元年度 中主町內遺跡發掘調査年報』(中主町文化財調査報告書30) 1991年

中主町敎委『縣道野洲中主線關連遺跡發掘調査報告書―比留田法田遺跡·木部遺跡·虫生遺跡』(中主町文化財調査報告書37) 1993年

滋賀縣立安土城考古博物館『古代地方木簡の世紀―文字資料からみた古代の近江』2008年

濱修「滋賀·虫生遺跡(第一二號)·釋文の訂正と追加」(『木簡硏究』33, 2011年)

30) 鴨遺蹟

1. 이름 : 가모 유적

2. 출토지 : 滋賀縣(시가현) 高島市(다카시마시)

3. 발굴기간 : 1979.6~7199.10

4. 발굴기관 : 滋賀縣敎育委員會·(財)滋賀縣文化財保護協會

5. 유적 종류 : 관아

6. 점수 : 12

7. 유적과 출토 상황

鴨遺蹟은 高島町에서 동쪽으로 흐르는 鴨川의 우안에 위치한다. 조사지는 크게 E지구와 W지구로 대별할 수 있는데 목간은 E지구에서 출토되었다. E지구에서는 전장 30m의 板塀列이 확인되었으며 여기서 서쪽으로 11m 떨어진 곳에서 우물이 발견되었다. 이 부근을 중심으로 25m 사방에 걸쳐 식물질이 잘 남아 있는 부식층, 왕겨 층이 80㎝ 전후로 퇴적되어 있었으며 목간군도 이 층에서 발견되었다.

8. 목간

「貞觀十五年九月十七日刈員百八十一扮　　　　　廿二日刈員二百丗六扮

　十八日刈員二百丗五扮　　　　　　　　　　　　廿八坪丗扮廿七坪丗八扮

　　　　　　　　　　　　□[若?]丸南二百三分
　　　　　　　　五加支　　　　　　　　　　　丗三迫田百丗八扮
　十九日刈員二百五十一扮　　　□□　　　　　　　　　　　加目方田
　　　　　　　　　　　　　　　　　　　　　　廿四日刈員百丗分
　　　　　　　[　　]□□□　　　　　　　　　　　　□□□□

　　　　　　　　南百十二扮□

廿八日刈員三百卅五扮　　　　　「□□□□〔遍遍遍遍?〕」　　　四日十七坪百五十扮

　　　　　　　北二百廿三扮

　　　　　　　　　　家五十三□　　　　　　　　　　　　　　　　　庄田百五十□

＝　廿九日刈員六條七里廿七坪五百七十扮　　　　　　五日庄前廿四坪 二百十五扮七坪廿五

　　　　　　廣碓〔雄?〕預五百十七扮　　　　　　　　　　廿四坪卅分

　卅三坪卅扮加廣碓〔雄?〕右惣合五百□□〔卅七?〕扮 六日廿四坪七坪百□〔八?〕十扮七坪廿□〔扮?〕廿四坪百□□〔六十?〕

　　　　　　　　　□〔七?〕日□坪□□〔分?〕　　　　　　　　　　　　　　　」

　　貞觀十五年으로 시작하며 215자가 판독된 일본에서 가장 장대한 목간이다. 폭은 좌측의
약 1/3 가량이 결실되었다. 내용은 9월 17일부터 10월 7일, 실제 결원분을 고려하면 10월 10
일경까지의 苅員을 기록한 것이다. '扮', '分'이 어떤 단위를 나타내는가는 실제 사례가 적은 단
위이므로 내용을 정확히 알 수 없으나 동대사 문서에 '分'의 사용 사례가 있으며 당시 수확의
단위를 나타내는 '束'과 동일하게 취급되고 있다. 아마 이 기록판도 매일 수확한 벼의 양을 나
타냈던 것으로 추정된다. 다만 왜 '束'을 사용하지 않았는가에 대해서는 의문이다.

9. 참고문헌

滋賀縣教委·高島町教委『鴨遺跡』(高島町歷史民俗叢書2) 1980年

丸山竜平「滋賀·鴨遺跡」(『木簡研究』2, 1980年)

木簡學會編『日本古代木簡選』岩波書店, 1990年

滋賀縣教委·滋賀縣文化財保護協會『滋賀縣緊急雇用創出特別対策事業に伴う 出土文化財資
料化収納業務報告書Ⅱ-1』2005年

31) 永田遺蹟

1. 이름 : 나가타 유적
2. 출토지 : 滋賀縣(시가현) 高島市(다카시마시)
3. 발굴기간 : 1984.10~1985.1
4. 발굴기관 : 滋賀縣敎育委員會·(財)滋賀縣文化財保護協會·高島町敎育委員會
5. 유적 종류 : 취락
6. 점수 : 1

7. 유적과 출토 상황

永田遺蹟은 鴨川에서 형성된 충적평야에 입지한다. 조사는 토지개량 사업에 따른 것으로 永田城의 토루상 유구 보존을 위해 그 일대를 확인할 목적으로 실시되었다. 목간은 유적 동북부에 위치하는 9세기 전후의 유물포함층 속에서 출토되었다. 목간과 함께 齋串, 나막신, 陽物, 목반 다수, 묵서토기, 동제과대교구, 和同開珍 등이 출토되었다.

8. 목간

「□田廣浜　　　　　　　秦椋人酒公秦廣嶋□□繼□

o　　　　　　　　　□□[　　]□　　　　　　　」

상하는 온존하나 좌측이 일부 결실되었다. 머리 부분 아래쪽에 직경 3㎜의 구멍이 뚫려 있어 어딘가에 걸었던 것으로 생각된다.

9. 참고문헌

滋賀縣敎委·滋賀縣文化財保護協會『ほ場整備關係遺跡發掘調査報告書ⅩⅡ-8』1985年
白井忠雄「滋賀·永田遺跡」(『木簡硏究』7, 1985年)
木簡學會編『日本古代木簡選』岩波書店, 1990年

32) 上御殿遺蹟(12年度調査)

1. 이름 : 가미고텐 유적(2012년도 조사)
2. 출토지 : 滋賀縣(시가현) 高島市(다카시마시)
3. 발굴기간 : 2012.4~2013.3
4. 발굴기관 : (公財)滋賀縣文化財保護協會
5. 유적 종류 : 취락
6. 점수 : 3

7. 유적과 출토 상황

上御殿遺蹟은 琵琶湖 서안에 있는 高島平野의 남부에 소재한다. 琵琶湖岸에서는 약 2.5㎞ 떨어진 곳에 있으며 靑井川이 흐르는 충적지에 입지하고 있다. 河川개수사업에 따른 발굴조사가 2008년부터 이루어졌는데 조몬시대부터 무로마치시대에 걸친 복합유적이 확인되었다. 2012년 조사에서는 고훈시대 전기의 수혈주거, 나라·헤이안시대 굴립주건물과 溝 등이 확인되었으며 그중에서도 8세기부터 9세기 전반에 걸친 묵서토기, 부적목간, 曲物, 숫돌 등이 출토되었다.

8. 목간

　(1)
尾□□件房ㅇ」
　(2)
□女ㅇ」
　부채살에 묵서한 것이다. 하단과 좌우 양변이 깎여 있으며 상단이 부러졌다.
　(3)
「鬼(符籙)□」
　頭部가 규두상이며 아랫부분은 손잡이 형태를 띠고 있다. 부적목간에서 부록 아래에 문자

하나를 확인할 수 있다. 묵서가 전체적으로 잘 남아 있지 않으나 아래쪽은 마멸되지 않았으므로 원래 묵서되지 않은 것으로 추정된다.

9. 참고문헌
中村智孝 「滋賀·上御殿遺跡」 (『木簡研究』 35, 2013年)

33) 野瀬遺跡(2次)

1. 이름 : 노세 유적(2차)
2. 출토지 : 滋賀縣(시가현) 東近江市(히가시오미시)
3. 발굴기간 : 1984.4~1985.1
4. 발굴기관 : 蒲生町教育委員會
5. 유적 종류 : 취락
6. 점수 : 2

7. 유적과 출토 상황
日野川와 그 지류인 佐久良川와의 분지점에서 남쪽으로 500m 떨어진 곳에 위치하며 宮井폐사 유적 주변에 펼쳐진 취락유적이다. 조사 결과 야요이시대 중기부터 헤이안시대 말기에 이르는 다수의 유구와 유물이 발견되었다. 목간은 대형의 토갱에서 10세기대의 토기류와 나막신, 曲物, 櫛, 건축용재 등 목제품이 함께 출토되었다.

8. 목간

[　　　　　　　] ᵒ

[　　ᵒ　　] ᵒ 」

9. 참고문헌

北川浩「滋賀·野瀨遺跡」(『木簡研究』7, 1985年)

蒲生町敎委『ほ場整備關係遺跡發掘調査報告書(本文編)(圖版編) 野瀨遺跡 堂ノ前遺跡 蒲生堂廢寺』(蒲生町文化財資料集7) 1989年

34) 柿堂遺蹟

1. 이름 : 가키도우 유적

2. 출토지 : 滋賀縣(시가현) 東近江市(히가시오미시)

3. 발굴기간 : 1984.4~1986.9

4. 발굴기관 : 能登川町敎育委員會

5. 유적 종류 : 취락

6. 점수 : 1

7. 유적과 출토 상황

柿堂遺蹟은 愛知川과 통칭 朝鮮人街道라고 불리는 縣道의 교차점 서쪽 측에 위치한다. 1984년부터 공장 확장공사에 따라 발굴조사가 이루어졌다. 유구는 주로 헤이안시대 후기의 유구, 굴립주건물 외에 야요이시대 후기의 자연하도, 방형주구묘, 나라시대 말기~헤이안시대 전기 자연하도 등이다. 목간은 이 하도에서 2점 출토되었다.

8. 목간

· □□〔人?〕錦織主寸□∨」

· □□

　　　　　　小白在　　∨」

　글자는 앞, 뒷면에 모두 확인된다. 장방형 판의 끝을 뾰족하게 하여 다른 한쪽에 홈을 새긴 형태인 완형품으로 판단된다. 小白在는 중앙에 위치하며 錦織과 동일 인물의 손에 의한 것으로 생각된다. 錦織은 錦織主寸이라는 인명일 가능성도 있는데『日本書紀』天智天皇4년 2월조의 기사와 관련된 것으로 생각된다.

9. 참고문헌

山本一博「滋賀·柿堂遺跡」(『木簡研究』8, 1986年)

能登川町教委『柿堂遺跡』(能登川町埋藏文化財調査報告書8) 1987年

木簡學會編『日本古代木簡選』岩波書店, 1990年

滋賀縣立安土城考古博物館『古代地方木簡の世紀―文字資料からみた古代の近江』2008年

35) 斗西遺蹟(2次)

1. 이름 : 도노니시 유적(2차)
2. 출토지 : 滋賀縣(시가현) 東近江市(히가시오미시)
3. 발굴기간 : 1989.7~1990.9
4. 발굴기관 : 能登川町教育委員會
5. 유적 종류 : 취락
6. 점수 : 1

7. 유적과 출토 상황

斗西遺蹟은 琵琶湖의 동쪽 연안으로 펼쳐진 愛知川의 左岸 충적지에 소재한다. 인접한 中澤 유적, 法堂寺 유적을 포함하면 총면적인 약 82핵타르 이상에 달하는 대취락을 형성한 곳이다. 해발은 약 11m이다. 유적에서는 8~10세기에 해당하는 다수의 묵서토기와 건물군이 확인되어 고대 관공서와 거점 취락의 실질적인 관계를 파악하는데 중요한 시사점을 준다.

목간은 자연하천 가운데 남쪽에서 서쪽으로 흐르는 하천에서 출토되었다. 목간과 함께 나라 시대 말~헤이안시대로 비정되는 묵서토기와 벼루, 1000점 이상의 목제품 등이 출토되었다.

8. 목간

「道師布施百四布」

위아래에 깎은 흔적이 있는 완형품이다. '道師'에 대해서는 도교와 관련된 '道士'설과 불교의 '道師'설이 있다.

9. 참고문헌

植田文雄「滋賀·斗西遺跡」(『木簡研究』13, 1991年)

能登川町教委 『斗西遺跡 2次調査(本文編)(圖版編2 木器)』(能登川町埋藏文化財調査報告書 27) 1993年

滋賀縣立安土城考古博物館『古代地方木簡の世紀—文字資料からみた古代の近江』2008年

36) 筑摩佃遺蹟

1. 이름 : 지쿠마츠쿠다 유적
2. 출토지 : 滋賀縣(시가현) 米原市(마이바라시)
3. 발굴기간 : 1989.7~1989.12

4. 발굴기관 : 米原町敎育委員會

5. 유적 종류 : 유물포함층

6. 점수 : 2

7. 유적과 출토 상황

筑摩佃遺蹟은 天野川의 남쪽 평야부에 위치한다. 발굴조사는 국도8호선의 건설에 따른 것으로 米原町교육위원회가 1989년에 실시되었다. 조사 결과 조몬시대 중기의 자연유로, 토갱, 야요이시대 중기의 인공적인 溝와 토갱군 등이 확인되었으며 그 위에 다량의 유물을 포함한 퇴적층이 있었다. 목간은 이 퇴적층에서 출토된 것으로, 나라시대의 것으로 생각되는 유물과 공반되었다.

8. 목간

・ 々 [   ]日學 得□是得   是得   」

・ 々 【□□來 我 來來】『□〔而?〕侍』【衆還】

・ 々 【「之之之   □□〔之定?〕】

　　나무 망치의 손잡이로 생각되며 단면이 상단부는 장방형, 하단부로 향하면서 원형이다. 양단부에 약간 그을린 흔적이 확인된다. 글자는 3면에 기록되어 있는데 達筆이다. 뒷면 글자는 중앙의 2글자가 표면과 같은 방향이며 나머지 문자는 거꾸로 쓰여 있다. 같은 글자가 반복되어 습서목간으로 생각되며 得, 是, 衆 글자가 확인되므로 연습용으로 불경을 사용한 것으로 보인다.

9. 참고문헌

中井均 「滋賀·筑摩佃遺跡」(『木簡研究』 12, 1990年)

37) 狐塚遺蹟

1. 이름 : 기쓰네쓰카 유적
2. 출토지 : 滋賀縣(시가현) 米原市(마이바라시)
3. 발굴기간 : 1987.9~1988.1
4. 발굴기관 : 大江町敎育委員會
5. 유적 종류 : 취락
6. 점수 : 1

7. 유적과 출토 상황

狐塚遺蹟은 天野川 우안의 자연 미고지에 입지한다. 하쿠호시대~헤이안시대의 法勝寺 유적의 서측에 해당한다. 민간택지조성공사에 따른 긴급발굴조사에서 야요이시대 후기~가마쿠라시대 굴립주건물과 구상유구로 이루어진 취락흔적 및 6세기 중엽경의 집, 방패 대도 등 형상하니와가 수립된 가리비형 고분이 확인되었다. 목간이 출토된 유구는 늪상 유구의 제2층이며 여기서 人形, 刀子形, 舟形 등 목제품이 출토되었다. 목간 연대는 스에키 연대로 보아 8세기 중엽으로 추정된다.

8. 목간

- × 　　　　大□人
  　　　　　□　　　　　　□□□□〔止?〕□　　　　　々
- 　　　　　　　　　　　　　　　　[　　　　　]　大十□
  　× 　　　　　　　　　　　　□
  　　　　□　　　　　　　　　　　　　　　　々

장방형이며 노송나무의 판목재를 사용하였다. 상단부는 결실되었다. 앞면의 글자는 육안으로 확인할 수 있으며 적외선카메라로 판독하였다.

9. 참고문헌

中川通士 「滋賀·狐塚遺跡」 (『木簡研究』 11, 1989年)

38) 高溝遺跡

1. 이름 : 다카미조 유적
2. 출토지 : 滋賀縣(시가현) 米原市(마이바라시)
3. 발굴기간 : 1987.11~1988.7
4. 발굴기관 : 大江町教育委員會
5. 유적 종류 : 취락
6. 점수 : 1

7. 유적과 출토 상황

高溝遺跡은 天野川 우안의 자연 미고지에 입지한다. 하쿠호시대~헤이안시대 法勝寺 유적의 남측에 해당한다. 경작지 정비사업에 따른 긴급발굴조사에서 조몬시대 전기~가마쿠라시대까지의 굴립주건물과 구상유구 등으로 이루어진 취락유적이 확인되었다. 목간이 출토된 유구는 늪상의 유구 제2층으로 이 유구에서 대도, 칼집, 가래 등 목제품이 출토되었다. 목간의 연대는 스에키로 보아 8세기 중엽으로 보인다.

8. 목간

「咄吠喱□ 々

단책형으로 노송나무의 판목재를 사용하였다. 하단부는 결실되었다. 묵흔이 약간 남아 있어 적외선카메라로 판독하였다.

9. 참고문헌

中川通士「滋賀·高溝遺跡」(『木簡研究』11, 1989年)

39) 畑田廢寺蹟

1. 이름 : 하타케다 폐사 터
2. 출토지 : 滋賀縣(시가현) 愛知郡愛荘町(에치군 아이쇼우쵸)
3. 발굴기간 : 1978.7~1979.3
4. 발굴기관 : 滋賀縣教育委員會
5. 유적 종류 : 사원
6. 점수 : 1

7. 유적과 출토 상황

畑田廢寺蹟은 大學畑田 취락의 남쪽에 소재하며 일찍부터 초석과 기와가 출토되었으나 구체적인 위치, 범위 등은 불분명하였다. 발굴조사는 농지 정비에 따라 실시되었으며 동서 30m, 남북 18m의 기단을 가진 건물유적을 중심으로 15동의 굴립주건물, 울타리, 溝, 토갱, 유물 등이 확인되었다. 스에키, 하지키, 녹색유도기, 수입자기, 기와, 목제품 이외에 도가니, 송풍관, 동재 등 금속 관련 유물도 확인되었다. 유물로 보아 헤이안시대 전기부터 중기에 번영한 사원으로 보인다. 목간은 우물 내에서 1점이 출토되었다.

8. 목간
「秦秦秦□〔秦?〕秦□〔秦?〕『大火□』×

　　『火火火火　火』

습서목간으로 2행으로 쓰여 있다. 제1행의 大火□와 제2행의 火는 각기 다른 글씨로 총 3

가지 필체로 이루어져 있다.

9. 참고문헌

滋賀縣教委『ほ場整備關係遺跡發掘調査報告書VI-4』1979年

滋賀縣教委『ほ場整備關係遺跡發掘調査報告書VI-5』1979年

近藤滋「滋賀·畑田廢寺跡」(『木簡研究』2, 1980年)

木簡學會編『日本古代木簡選』岩波書店, 1990年

滋賀縣立安土城考古博物館『古代地方木簡の世紀—文字資料からみた古代の近江』2008年

편저자

윤재석　　중국고대사 전공
尹在碩　　현 경북대학교 사학과 교수, 인문학술원장 겸 인문한국플러스지원사업(HK+) 사업단장
　　　　　中國社會科學院 簡帛研究中心 객원연구원, 河北師範大學 歷史文化學院 객원교수 겸 학술고문

논저　　　『睡虎地秦墓竹簡譯註』(소명출판사, 2010)
　　　　　「東アジア木簡記錄文化圈の研究」(『木簡研究』第43號, 2021), 「秦漢《日書》所見"序"和住宅及家庭結構再探」(『簡帛』
　　　　　第8期, 2013), 「秦漢初의 戶籍制度」(『中國古中世史研究』第26輯, 2011), 韓國·中國·日本 出土 論語木簡의 비교 연
　　　　　구(『東洋史學研究』第114輯, 2011), 「睡虎地秦簡日書所見'室'的結構與戰國末期秦的家族類型」(『中國史研究』第67期,
　　　　　1995) 등

저자

오수문　　일본교육사 전공
呉秀文　　현 경북대학교 인문학술원〈HK+〉교수
　　　　　경북대학교 석사·박사 졸업
　　　　　전 대구대학교 일본어일본학과 교수

논저　　　「일본의 한자 전래에 관한 일고찰」, (『일본문화연구』74, 2020), 「『贊』목간과『延喜式』의 贊 비교」(『日本文化學報』84,
　　　　　2020), 「나라 헤이안 시대의 荷札목간」(『대한일어일문학회』86, 2020) 등

하시모토 시게루
橋本繁　　한국고대사 전공
　　　　　현 경북대학교 인문학술원〈HK+〉연구교수
　　　　　와세다대학교 석사·박사 졸업
　　　　　와세다대학교·도쿄대학교 등 강사, 일본여자대학교 객원준교수 등 역임

논저　　　『韓国古代木簡の研究』(吉川弘文館, 2014)
　　　　　「新羅 文書木簡의 기초적 검토 - 신 출토 월성해자 목간을 중심으로」,(『영남학』77, 2021), 「월지(안압지) 출토 목간
　　　　　의 연구 동향 및 내용 검토」(『한국고대사연구』100, 2020), 「월성해자 신 출토 목간과 신라 外位」(『木簡과 文字』24,
　　　　　2020) 등

팡궈화　　동아시아 고대 언어학·문자학 전공
方國花　　현 경북대학교 인문학술원〈HK+〉연구교수 겸 나라문화재연구소 객원연구원
　　　　　아이치현립대학교 석사·박사 졸업
　　　　　나라문화재연구소 특별연구원 역임

논저　　　「고대 동아시아 목간자료를 통해 본 "參"의 이체자와 그 용법」(『목간과 문자』25, 2020), 「부여 부소산성 출토 토기
　　　　　명문의 검토 - 동아시아 문자자료와의 비교 - 」(『목간과 문자』26, 2021), 「신라·백제 문자문화와 일본 문자문화의 비
　　　　　교연구 - 출토문자자료를 중심으로 - 」(『영남학』77, 2021) 등

김도영　　동아시아고고학 전공
金跳咏　　현 경북대학교 인문학술원〈HK+〉연구교수
　　　　　경북대학교 고고인류학과 학사·석사 졸업, 일본 종합연구대학원 박사 졸업
　　　　　일본학술진흥원 특별연구원(DC2), 경북대학교 고고인류학과 시간강사 역임

논저　　　「함안 성산산성 출토 목간의 제작 유형과 제작 단위」(『목간과 문자』26, 2021), 「三國~統一新羅時代 刻銘技術의 特徵
　　　　　과 變遷」(『영남고고학』89, 2021) 등